Estudos *e* **Pareceres** *em* **Direito Civil**

Des. José Osório
de Azevedo Júnior

Estudos *e* Pareceres *em* Direito Civil

1ª Edição

São Paulo
2019

EDITORA SINGULAR

Dados Internacionais de Catalogação na Publicação (CIP)
Agência Brasileira do ISBN – Bibliotecária
Priscila Pena Machado CRB-7/6977

A994 Azevedo Júnior, José Osório de.

Estudos e pareceres em direito civil / José Osório de Azevedo Júnior. — São Paulo : Singular, 2019.

376 p. ; 23 cm

ISBN: 978-85-53066-10-0

1. Propriedade - Brasil. 2. Posse (Direito) - Brasil. 3. Fidúcia. 4. Herança e sucessão. 5. Garantia (Direito). I. Título.

CDU 347

Coordenação editorial	José Carlos Busto
Diagramação	Microart Design Editorial
Capa	Dorival Lopes Junior
Imagem da capa:	JM1366, Getty images
Formato	16 x 23 cm
Tipologia	Times New Roman
Papel *Off-set*	75g/m²
Número de páginas	376

Editora Singular

Tel/Fax: (11) 3862-1242

www.editorasingular.com.br
singular@editorasingular.com.br

APRESENTAÇÃO

Todos os textos que compõem esta edição já foram publicados separadamente no correr dos anos. No geral, foram bem aceitos pela comunidade jurídica.

São agora reunidos em único volume com o que se realiza velho desejo do autor.

Dos temas abordados, os que mais despertaram interesse foram dano moral, posse, função social da propriedade, compromisso de compra e venda e dispensa de escritura.

Agradeço muito ao Dr. João Augusto Michelazzo Bueno pelo contínuo incentivo para a publicação desta obra e pela colaboração na escolha e revisão de textos.

São Paulo, 07 de maio de 2019.

José Osório de Azevedo Jr.

PREFÁCIO

> **"Não pode haver humanismo sem humanistas. República sem republicanos. (...) É impossível praticar a democracia sem democratas"** (Carlos Ayres Britto, *O humanismo como categoria constitucional*).

Honra-me o ilustre jurista José Osório de Azevedo Júnior com o gentil convite para formular o prefácio de sua mais recente obra *Estudos e pareceres em direito civil*. Não tenho dúvida de que a imerecida honraria se deve à nossa amizade e à notória generosidade do ilustre Professor de Direito Civil e Desembargador do Tribunal de Justiça de São Paulo. Trata-se de mais uma relevante contribuição de sua pena à academia e às letras jurídicas do Brasil. A grandiosidade da homenagem que me foi prestada ao solicitar essas linhas em muito supera quaisquer méritos que possa eu ter. Não nego que o convite tocou-me profundamente; por certo, estará entre as inesquecíveis alegrias que a vida acadêmica me proporcionou. Tão logo recebi o convite, busquei, instintivamente, inspiração do que deveria eu dizer a respeito do autor. Nesse momento, inundaram minha mente as palavras de Paulo, na sua Primeira Epístola aos Coríntios. Tais lições bem definem a personalidade do autor: "Ainda que eu falasse as línguas dos homens e dos anjos, e não tivesse amor, seria como o metal que soa ou como o sino que tine. E ainda que tivesse o dom de profecia, e conhecesse todos os mistérios e toda a ciência, e ainda que tivesse toda a fé, de maneira tal que transportasse os montes, e não tivesse amor, nada seria".

José Osório Azevedo Júnior reúne, com invulgar talento, a Ciência e a Arte do bom Direito. Conjuga amor e técnica na tarefa de realizar o Justo. Sintetiza o senso de justiça, fidalguia e generosidade. Ensina-me que gentileza e leveza convivem com a responsabilidade e seriedade da difícil missão de julgar os semelhantes. Mantém o espírito jovem, que, em um altivo cavalgar da existência humana, não embrutece com o passar dos anos. É homem sábio que merece ter a certeza de que a vida concedeu-lhe muitos (e merecidos) dons. Sabe que, aos homens com honra, nada é mais gratificante do que a certeza do cumprimento do dever. Vê o *Justo* (como é próprio dos verdadeiros *jurisprudentes*), e, acima de tudo, ensina qual é a forma de concretamente realizar a Justiça, por que tanto clama a sociedade. Porque vê o Direito com a nitidez própria dos grandes juristas, ensina aos novos a ver um Direito (muito) além da própria Lei. Reli há pouco sua obra "Casos julgados" (que veio a público pela Editora Singular no ano de 2017). Encantei-me uma vez mais com a fina sensibilidade das suas lições. "O que é socialmente impossível é juridicamente impossível (...). A dimensão simplesmente normativa do Direito é inseparável o conteúdo ético-jurídico do mesmo, deixando a certeza de que a solução que se revela impossível do ponto de vista social é igualmente impossível do ponto de vista jurídico". Lições dessa envergadura, tecidas em um voto de sua lavra e que dispensa quaisquer apresentações, porque que é obrigatória referência no estudo da função social da propriedade (e da posse), estão tatuadas na alma de todos os que, como ele, amam o Direito e a Justiça.

O autor dessa obra traz em si a rica experiência de mais de duas décadas de Advocacia (tendo exercido, por seus elevados méritos, a nobre função de Conselheiro da OAB/SP), a grandiosidade de mais de duas décadas de exercício da Magistratura (na condição de Juiz do Primeiro Tribunal de Alçada Civil e Desembargador do Tribunal de Justiça de São Paulo) e a jovialidade de um espírito voltado por mais de trinta anos à docência na renomada Pontifícia Universidade Católica de São Paulo, berço de incontáveis juristas de primeira grandeza. A obra *Estudos e pareceres em direito civil*, que vem a público pela Editora Singular (e que merece os mais sinceros aplausos por tal iniciativa) reúne os indispensáveis trabalhos de José Osório de Azevedo Júnior, em especial nos ramos do Direito das Coisas, Direito Contratual e Responsabilidade Civil. Dentre outros campos, são as searas do Direito Privado que o autor trouxe a especial contribuição às letras jurídicas do Brasil. Concentra os trabalhos escritos ao longo de toda sua vida, alguns deles há décadas (*Considerações sobre a nova lei de loteamentos*, por exemplo). Todos se mantém atuais e imprescindíveis ao jovem estudioso que pretende bem conhecer as bases sobre as quais se edifica a Ciência do Direito no Brasil.

Dentre os excelentes trabalhos ora reunidos e atualizados, no Direito das Coisas, e sem deslustrar quaisquer outros estudos de igual relevo, ouso ao leitor destacar os artigos intitulados *Compromisso de compra e venda*, *Observações sobre a posse no direito atual brasileiro*, *O direito do promitente comprador*, *A dispensa de escritura na venda de imóvel loteado (Crítica da orientação do Conselho Superior da Magistratura de São Paulo)* e *Aquisição de propriedade imobiliária através de compromisso de compra e venda.* São escritos doutrinários de leitura obrigatória aos que desejam afastar-se da superficialidade no estudo do Direito. É não menos indispensável a leitura de seu monumental *Compromisso de Compra e Venda* (obra e que é permanente referência para todos os que se põem à frente do tema). No campo da Responsabilidade Civil, os artigos ora reunidos *Dano moral e sua avaliação*, *Dano moral e sua reparação* e *Juízo prudencial e dano moral* são igualmente preciosos. Inspiram, com vigor, os juristas, nos dias que correm. Na sua fina percepção da realidade e do Direito, José Osório de Azevedo Júnior anteviu o que outros veriam décadas depois. Os seus escritos são exemplos de erudição, cultura jurídica e sensibilidade, de um lado, e, de outro, de clareza, coerência e senso justiça. São textos compreensíveis a todos, desde o mais erudito dos juristas até o homem comum do povo.

Aprendi com José Osório de Azevedo Júnior, como disse Tobias Barreto, que, acima de tudo, "*o Direito não é só uma coisa que se sabe; é também uma coisa que se sente*". Ele está nas linhas (e, em especial, nas entrelinhas) do permanente trilhar da infindável existência humana. Ele me faz perceber o que não vejo, embora esteja aqui, à minha frente, à espera de ser visto. Ensina-me que prudência e coragem são virtudes necessárias a todos os que se propõem a realizar a Justiça. Não posso conter a emoção; deixo, por tudo, o registro do peso de José Osório de Azevedo Júnior no Direito Privado de nosso país. Como disse, é um jurista verdadeiramente à frente de seu tempo, que soube com brilho e talento dignificar os direitos do ser humano nas múltiplas relações da sempre tormentosa vida em sociedade. Brindou a Advocacia, a Academia e a Magistratura de São Paulo por mais de duas décadas. E brinda com a altivez que lhe é própria os amigos, os familiares e todos os que têm o prazer de com ele conviver. Tenho o privilégio de tê-lo como uma referência acadêmica e como um fiel amigo. O tempo jamais nos afasta; só nos aproxima. Ao humanista e democrata que é José Osório de Azevedo Júnior, deixo os votos de sucesso e gratidão por tudo o que significa ao Direito Civil. Ao público, deixo a certeza de que a leitura da obra será tão rica e prazerosa quanto é o convívio com o autor dos escritos que ora são reunidos. São, enfim, os presentes que a vida nos traz.

Sorocaba, em uma manhã de sol de abril de 2019.

Prof. Dr. Alexandre Dartanhan De Mello Guerra

Doutor e Mestre em Direito Civil pela PUC/SP. Membro do Centro de Investigação *Teoria e História do Direito* da Faculdade de Direito da Universidade de Lisboa. Juiz de Direito do Tribunal de Justiça de São Paulo. Professor e coordenador da Escola Paulista da Magistratura e da Faculdade de Direito de Sorocaba. Autor e coordenador de obras e artigos jurídicos.

SUMÁRIO

Considerações sobre a nova Lei de Loteamentos[1]

A lei anterior

I – Até há poucos meses, os loteamentos de terrenos eram regidos pelo velho Decreto-lei n. 58, de 10 de dezembro de 1937, e seu regulamento, o decreto n. 3.079, de 15 de setembro de 1938. Tais disposições já estavam longe de atender as necessidades sociais a que se propuseram quando de sua promulgação.

Visava precipuamente o Decreto-lei n. 58, consoante se vê de seus "*consideranda*", dar maior garantia jurídica aos adquirentes de lotes, que, não sendo titulares de direito real, ficavam à mercê da boa vontade e da solvabilidade dos loteadores.

Como é sabido, tal decreto-lei é originário de projeto do então deputado federal, Prof. Waldemar Ferreira, o qual, por sua vez, se inspirara na lei uruguaia. O projeto foi apresentado à Câmara Federal em 1936, sofreu pequenas emendas, inclusive do próprio autor, sendo afinal aprovado. Estava o mesmo em discussão no Senado Federal quando sobreveio a revolução de 1937. O novo governo, porém, aproveitou o projeto e o fez sancionar naquele mesmo ano.

Esse decreto-lei, hoje com 30 anos de vigência, já foi exaustivamente estudado pelos nossos juristas, citando-se, entre outros, Serpa Lopes, "Tratado" vol. Hl; Wilson Batalha, "Loteamentos e Condomínios"; Sílvio Pereira, "Imóveis a Prestações"; Darcy Bessone, "Da Compra e Venda"; Pontes de Miranda, "Tratado de Direito Predial" vol. III, e já foi suficientemente submetido à jurisprudência.

1. Publicado originalmente em: *Revista dos Tribunais* 388/31, fev. 1968. Republicado em Doutrinas Essenciais vol. IV, Direito Registral, 2011, p. 1159/1178.

Cuidava o decreto-lei tanto do loteamento urbano como do rural, restringindo-se, porém, àqueles que fossem efetuados mediante oferta pública e com pagamento a prazo, em prestações.

Por outro lado, preocupou-se exclusivamente com o aspecto jurídico do loteamento, deixando às municipalidades o encargo da aplicação das normas administrativas competentes. Isto quanto ao loteamento urbano, já que, quanto ao rural, não havia qualquer entidade que pudesse se preocupar com o aspecto administrativo e técnico do loteamento.

Ora, o loteamento não pode e não deve ser entendido apenas como um acontecimento jurídico pelo qual se fraciona a propriedade e se criam direitos decorrentes de contratos bilaterais entre o loteador e o adquirente de lote. O loteamento é um fato da mais alta relevância na vida das comunidades e deve ser tratado como um todo, isto é, deve ter um ordenamento jurídico tal que atenda às exigências urbanísticas ou rurais de desenvolvimento da cidade ou região, da segurança aos compradores e da atividade lucrativa do proprietário.

Como já se disse, o Decreto-lei n. 58 cuidou apenas destes últimos aspectos e assim mesmo deficientemente.

Poder-se-ia dizer que, se é verdade que os loteamentos criaram problemas praticamente em todas as cidades do Brasil, não foi apenas por causa das deficiências da lei, já que esta, exigindo a aprovação do plano de loteamento pela municipalidade, deu a esta a oportunidade de orientar o plano como bem entendesse.

Evidentemente os loteamentos proliferaram por causa dos deslocamentos das populações rurais para as cidades, fenômeno esse que tem suas origens na vida econômica do país. Mas o certo é que, para amenizar os trágicos efeitos desse êxodo rural na vida das cidades, era mister uma boa lei sobre loteamentos.

O Decreto-lei n. 58 não descurou de todo do problema, deixando-o ao encargo exclusivo das prefeituras municipais que deveriam aprovar o plano do loteamento, como condição essencial da inscrição do mesmo e sua consequente validade jurídica (art. V, § 1º).

Mas esta providência revelou-se, no correr dos anos, ineficaz, tornando patente a necessidade de nova lei que enfrentasse o problema em todos os seus aspectos. Que contivesse as normas civis asseguradoras dos direitos dos adquirentes de lotes, como também as normas administrativas amplas que norteariam a política urbanística das municipalidades em matéria de loteamento.

II – Temos para nós que a maior deficiência do Decreto-lei n. 58 foi a total falta de sanção para os transgressores de suas normas. A única medida punitiva a que alude é a multa confinada no art. 1º das Disposições Transitórias aos proprietários de loteamento em curso por ocasião da entrada em vigor da lei que deixassem de adaptar o negócio às novas disposições.

Qual seria, então, a penalidade a que estaria sujeito o proprietário de terreno que promovesse o loteamento em desobediência ao Decreto-lei n. 58?

A rigor, nenhuma.

Entendeu a doutrina, como não podia deixar de entender, que os contratos oriundos de loteamentos não inscritos são nulos de pleno direito (Darcy Bessone, "Da Compra e Venda"; Wilson Batalha, "Loteamentos e Condomínios" § 94; Sílvio Pereira, "Imóveis a Prestações" págs. 41-48).

A jurisprudência, nos pouquíssimos casos em que foi chamada a se manifestar, entendeu do mesmo modo (*RT*, vol. 219/454).

Não havendo sanção para o caso, os proprietários fizeram letra morta do Decreto-lei n. 58 e continuaram a lotear livremente. E foi assim que a maioria dos loteamentos efetuados, mesmo nos grandes centros, como São Paulo, o foram ao arrepio da lei reguladora, sem qualquer consequência para os infratores.

Ora, é de se perguntar: Como é possível ter ocorrido a existência de dezenas ou centenas de milhares de contratos "nulos de pleno direito" sem maiores atritos ou complicações judiciais?

Tal se deu porque a parte que poderia alegar a nulidade (o comprador) não tinha o menor interesse em fazê-lo, porquanto, adquirindo o lote a longo prazo e ganhando com a valorização do mesmo, era evidentemente de seu desejo e interesse fazer valer o contrato para que o negócio chegasse a bom termo. E a isto não poderia se furtar o vendedor, o qual, este sim, não podia alegar a própria malícia e arguir a nulidade do ato (*RT*, vols. 283/593, 290/334, 328/508).

E, assim, veio a jurisprudência em socorro dos adquirentes que, havendo comprado lotes de loteamento não inscrito, encontravam dificuldade em obter a propriedade do mesmo, por impossibilidade de ser lavrada a escritura definitiva de compra e venda (*RT*, vol. 310/517).

E tal foi a pressão social que os próprios oficiais dos registros de imóveis contornaram o problema e passaram a admitir o registro do compromisso e da consequente escritura de venda e compra no caso de loteamentos não inscritos na forma, determinada pelo Decreto-lei n. 58.

E qualquer outra solução, por mais legal que fosse, acabaria por se tornar odiosa ("*summum jus, summa injuria*"), prejudicando aquele que a própria lei visou defender. Com efeito, seria incompreensível que o compromissário-comprador do lote não pudesse vir a adquirir o domínio do mesmo porque não foi obedecida a Lei n. 58.

Esta, embora de ordem pública, teve de ceder nas suas exigências formais, para o melhor atendimento do seu desiderato maior que é dar plena garantia ao adquirente.

Assim é que não se podem aceitar as assertivas tão categóricas dos doutrinadores acoimando de absolutamente nulas todas as vendas de lotes, se desobedecidas as normas do Decreto-lei n. 58. E em abono dessa tese lançamos mão dos ensinamentos do próprio Serpa Lopes ("Tratado" III – fls.), estribado, por sua vez, em Japiot, e Georges Lutzesco. Asseveram esses autores que a noção de ordem pública está intimamente ligada à da nulidade ou da inexistência do ato e que essa noção não é homogênea nem única, sendo variável, pois que um determinado interesse pode se sobrelevar a outro. E para verificar qual o interesse superior é preciso pesquisar qual o fim precípuo da lei, sendo certo que esta, embora considerada de ordem pública, pode conter normas que não o sejam ou que pertençam a uma, ordem pública inferior cuja infração não pode acarretar a nulidade do ato se, desse modo, ocasiona um dano maior àquele direito cuja defesa era o objetivo da lei.

III – Em sendo assim, podemos facilmente notar quão vazio de conteúdo social e mesmo jurídico se tornou o Decreto-lei n. 58. Se embora "*jus cogens*" não traz nenhuma norma punitiva aos infratores; se sua violação não acarreta maior consequência; se para a salvaguarda dos direitos dos adquirentes se fez mister que o registro de imóveis e a jurisprudência fechassem os olhos às suas exigências; se, omisso no campo urbanístico, em nada auxiliou as municipalidades, era mister, há muito tempo, que nova lei o substituísse.

Diversos foram os projetos que surgiram, podendo ser destacados, pela maior importância o do Deputado Federal Anísio Rocha (Projeto n. 1.378, de 1956) e o projeto elaborado pelo Centro de Pesquisa e Estudos Urbanísticos da Faculdade de Arquitetura e Urbanismo da USP, publicado pelo Boletim n. 4 do mesmo Centro, em março de 1960.

Em 1965, o Ministério do Planejamento incumbiu o ilustre jurista Prof. Hely Lopes Meirelles, profundo conhecedor dos assuntos municipais, de elaborar projeto de lei que revisse toda a matéria de loteamento urbano atendendo às exigências sociais do momento. Elaborado o projeto e submetido o mesmo ao Conselho de Planejamento (Consplan), resultou ele num todo x orgânico e completo abordando praticamente todos os aspectos do problema, como as normas técnicas orientadoras do loteamento e ordenadoras dos compromissos de venda dos lotes, a definição da responsabilidade do loteador, do comprador e até da Prefeitura interessada. O autor do projeto, na justificativa do mesmo, assim se expressou: "O projeto de lei ora proposto conserva a legislação vigente no que ela tem de útil, mas reformula completamente o que está obsoleto. Daí porque o projeto substitui inteiramente a legislação atual, condensando num só texto as normas técnicas para loteamento, as disposições sobre a documentação necessária para o registro de lotes, para os contratos e suas transferências. Num capítulo final, o projeto insere disposições orientadoras da conduta dos municípios para o combate aos loteamentos irregulares. Por fim, o novo texto confere os poderes e os instrumentos necessários à implantação do planejamento regional e local, sem os quais não será possível o desenvolvimento racional das comunidades urbanas."

E conclui: "O que o projeto deseja e sugere é a racionalização dos loteamentos, para que possam atender convenientemente os interesses do loteador e as necessidades vitais das populações a que se destinam. Para tanto as Prefeituras devem primeiro, ordenar o desenvolvimento de seu território, e, após orientar os loteamentos segundo suas diretrizes de planejamento."

Inútil, todavia, todo o esforço do ilustre jurista.

Seu substancioso projeto de 41 artigos se viu desfigurado e mutilado, acabando por ser substituído por outro de dez artigos sugerido por um grupo de proprietários de imóveis. Este último pequeno projeto viu-se finalmente transformado em lei através do Decreto-lei n. 271, de 28 de fevereiro de 1967.

A nova lei

Propõe-se a nova lei a dispor sobre loteamento urbano, a responsabilidade do loteador, a concessão de uso e de espaço aéreo e a dar outras providências.

Tratando-se de lei bastante curta, com somente dez artigos, procuraremos analisá-la artigo por artigo.

"Art. 1º O loteamento urbano rege-se por este decreto-lei.

§ 1º Considera-se loteamento urbano a subdivisão de área em lotes destinados à edificação de qualquer natureza que não se enquadre no disposto no § 2º deste artigo.

§ 2º Considera-se desmembramento a subdivisão de área urbana em lotes para edificação na qual seja aproveitado o sistema viário oficial da cidade ou vila sem que se abram novas vias ou logradouros públicos e sem que se prolonguem ou modifiquem os existentes.

§ 3º Considera-se zona urbana, para os fins deste decreto-lei, a edificação contínua das povoações, as partes adjacentes e as áreas que, a critério dos municípios, possivelmente venham a ser ocupadas por edificações contínuas dentro dos seguintes dez anos".

– Procurou a lei definir o que seja loteamento. A lei anterior evitou de fazê-lo. Hoje temos que loteamento urbano é a subdivisão de área em lotes destinados à edificação de qualquer natureza, desde que não seja aproveitado o sistema viário oficial da cidade. Caso a subdivisão se dê junto ao sistema viário oficial e sem a abertura de novas vias, tem-se o simples desmembramento de área maior, fato este que escapa ao alcance da presente lei.

O conceito da lei, embora inferior ao do projeto de Hely Meirelles – que exigia como requisito essencial do loteamento sua afinidade com projetos urbanísticos regularmente aprovados pelo poder competente – , representa um avanço em relação ao direito anterior. Este, para caracterizar o loteamento, exigia os requisitos da "oferta pública" e "do pagamento do preço a prazo, em prestações" e que sempre pareceu desnecessário aos tratadistas. De modo particular o requisito da "oferta pública" foi esta uma das portas pelas quais saíam os loteadores, furtando-se às exigências do Decreto-lei n. 58, ao declararem que a venda de lotes se fazia particularmente, sem propaganda e sem oferecimento ostensivo ao público. E a autoridade do próprio autor do projeto lhes dava razão (Waldemar Ferreira, "O Loteamento e a venda de terrenos a Prestações" págs. 83/84). Posteriormente, porém, os tratadistas foram unânimes em alargar o significado de "oferta pública", entendendo como tal todo o oferecimento a indeterminada pessoa, independentemente de qualquer veículo de propaganda, evitando, assim, o subterfúgio tão utilizado.

– Definiu também o artigo, em seu § 3º, o que seja "zona urbana" para os fins do decreto-lei, abrangendo na definição a chamada zona de expansão urbana. Certamente o fez para o fim de possibilitar o enquadramento legal do loteamento de características tipicamente urbanas de terreno situado em zona rural.

Como bem notou Eurico Azevedo, em artigo publicado na "Folha de S. Paulo" de 2 de abril de 1967, a simplificação que esse parágrafo parece ter trazido ao definir o que seja "zona urbana" é apenas aparente, por isso que vem colidir com outras definições legais sobre a mesma matéria. É o caso do Código Tributário Nacional que, em seu art. 32, § 1º, exige outros requisitos para caracterizar a zona urbana para efeitos de incidência do imposto territorial urbano. Como também é o caso da Lei Orgânica dos Municípios de São Paulo que dá outra definição de zona urbana em seu art. 93: "as áreas de edificação contínua das povoações e as partes adjacentes diretamente servidas por algum destes melhoramentos: iluminação pública, rede de água ou de esgotos, calçamento ou guias para passeio".

Assim é que existem hoje três conceitos legais de zona urbana: um para efeito de loteamento, outro para efeitos tributários e um terceiro para as demais finalidades. Essa disparidade de conceitos certamente trará complicações. Como no caso, por exemplo, de se pretender lotear uma área sem qualquer melhoramento público e adjacente a outra edificada. Tal área é considerada pertencente à "zona urbana" no conceito do Decreto-lei n. 271, mas não o é nos demais. Poderá, assim, a municipalidade se opor tranquilamente ao loteamento, já que não tem ela sobre essa érea sequer competência fiscal, conforme determina lei de ordem superior como é o Código Tributário Nacional.

O projeto de Hely Meirelles pretendia, com razão, unificar todos os conceitos, definindo a área urbana, para todos os fins de direito, como sendo "a de edificação contínua das povoações, e as partes adjacentes, desde que haja escoamento adequado de águas pluviais e mais um dos seguintes equipamentos: guia ou meio-fio; calçamento, abastecimento de água, sistema de esgotos sanitários ou rede de iluminação pública".

– O Decreto-lei n. 271 trata apenas do loteamento urbano.

O loteamento rural continua regido pelo Decreto-lei n. 58, conforme ainda há pouco foi ratificado pelo art. 89 do decreto n. 59.428, de 27 de outubro de 1966, que reza: "nenhuma parcela (de terra) poderá ser vendida em projeto de colonização sem que a empresa tenha inscrito o loteamento no Cartório do Registro de Imóveis, de acordo com o Decreto-lei n. 58, de 10 de dezembro de 1937, do registro de empresa e do projeto, conforme previsto neste Regulamento".

Deverá, porém, atender a todas as atuais exigências da moderna e volumosa legislação agrária, de modo especial: ao art. 65 do Estatuto da Terra (lei n. 4.504, de 30 de novembro de 1964), que não permite a divisão do imóvel rural em parcelas inferiores do módulo regional. Diga-se de passagem que esta proibição vale também para os casos de sucessão "causa mortis" e de divisão amigável e judicial; ao art. 10 da Lei n. 4.947, de 6 de abril de 1966, que veda a inscrição de loteamentos rurais sem aprovação do IBRA.

> "Art. 2º Obedecidas as normas gerais de diretrizes, apresentação de projeto, especificações técnicas e dimensionais e aprovação a serem baixadas pelo Banco Nacional da Habitação, dentro do prazo de 90 dias, os municípios poderão, quanto aos loteamentos:
>
> – obrigar a sua subordinação às necessidades locais, inclusive quanto a destinação e utilização das áreas, de modo a permitir o desenvolvimento local adequado;
>
> – recusar a sua aprovação ainda que seja apenas para evitar excessivo número de lotes com o consequente aumento de investimento subutilizado eia obras de infraestrutura e custeio de serviços".

Como já disse, o Decreto-lei n. 271 resultou de substitutivo elaborado por um grupo de proprietários de imóveis ao projeto de Hely Meirelles. O projeto original continha normas de alto alcance social e ampliadoras da responsabilidade dos loteadores. O substitutivo não podia então simplesmente ignorar o assunto.

Tratou-o, contudo, indireta e maliciosamente, deixando a questão para ser resolvida pelo Banco Nacional da Habitação.

Segundo o artigo em exame, o Banco Nacional da Habitação deverá expedir normas que deverão ser observadas pelas prefeituras municipais.

Trata-se de disposição inconstitucional, infringente da autonomia municipal já que os municípios não poderão, em absoluto, ficar sujeitos às normas baixadas por uma simples autarquia, como é o Banco Nacional da Habitação, em assunto de sua competência normal, qual seja a fixação de disposições de ordem urbanística para os loteamentos em seus territórios. Os municípios poderão, assim, simplesmente ignorar as normas que serão baixadas pelo Banco Nacional da Habitação, sem qualquer consequência, porquanto os casos de intervenção nos municípios são bastante restritos e taxativamente indicados no § 3º do art. 16 da Constituição Federal.

A faculdade outorgada aos municípios, no item II do artigo em exame, no sentido de permitir a recusa de aprovação de loteamento ainda que seja apenas para evitar excessivo número de lotes, poderá gerar uma série de abusos. Na verdade, a medida se justifica nos casos de municípios que tenham seu plano diretor a ordenar o seu crescimento, podendo a rejeição do loteamento se verificar diante dos dados técnicos conhecidos de toda a coletividade. Sem a existência do plano diretor, quem dirá que o número de lotes é excessivo ou não? E sob que critério? Trata-se de norma que, a nosso ver, simplesmente aumenta o campo do arbítrio pessoal do prefeito, em nada concorrendo para uma salutar política urbanística em matéria de loteamento.

> "Art. 3º Aplica-se aos loteamentos a Lei n. 4.591, de 16 de dezembro de 1964, equiparando-se o loteador ao incorporador, os compradores de lotes aos condôminos e as obras de infraestrutura à construção da edificação.
>
> § 1º O Poder Executivo, dentro de 180 dias, regulamentará este decreto-lei, especialmente quanto à aplicação da Lei n. 4.591, de 16 de dezembro de 1964, aos loteamentos, fazendo inclusive as necessárias adaptações.
>
> § 2º O loteamento poderá ser dividido em etapas discriminadas, a critério do loteador, cada uma das quais constituirá um condomínio que poderá ser dissolvido quando da aceitação do loteamento pela Prefeitura".

– Parece-nos totalmente inviável o que pretendeu tal artigo. A lei de incorporações não poderá ser aplicada aos loteamentos pelo simples fato de serem operações estruturalmente diferentes. Na incorporação, os adquirentes das futuras unidades autônomas participam jurídica e economicamente do empreendimento mesmo durante o desenvolvimento físico do mesmo. Desde o início, quando não existe construção, ou indo esta em andamento, os futuros condôminos já tomam parte no negócio, havendo importantíssimas relações jurídicas entre eles e o incorporador e até entre eles próprios.

Já no loteamento, o seu desenvolvimento físico precede a sua entrada no mundo jurídico. Somente depois de executado materialmente o loteamento, com a abertura de ruas, demarcação de quadras e lotes, é que o loteamento é lançado à venda.

Na incorporação, o lançamento à venda geralmente se faz na planta.

Assim, as principais normas que regem a incorporação não podem ser aplicadas ao loteamento pelas diferenças oriundas das próprias operações, visceralmente diversas entre si.

Acresce o fato de o incorporador não ser em geral o dono do terreno, ao passo que, no nosso sistema legal, não se pode sequer cogitar de loteador que não seja proprietário do imóvel (Decreto-lei n. 58, art. 1º).

Vislumbrando dificuldades de adaptação da lei de incorporações ao loteamento, o legislador de última hora remeteu o pesado encargo ao Executivo, dando o prazo de 180 dias para que este regulamente, por decreto, todo o Decreto-lei n. 271, especialmente quanto à adaptação de Lei n. 4.591.

Sendo essa adaptação praticamente impossível, não é de se estranhar que, passados mais de 300 dias, o regulamento ainda não tenha surgido.

Mais fácil e muito mais recomendável será elaborar-se nova lei de loteamento do que procurar adaptar o inadaptável.

– Estranha disposição é também a do § 2º do artigo em foco, segundo a qual o loteamento poderá ser dividido em etapas discriminadas, cada uma das quais constituirá um condomínio que poderá ser dissolvido quando da aceitação do loteamento pela prefeitura.

O loteamento por etapas já estava previsto, e regulado pelo decreto n. 3.079, de 15 de setembro de 1938, no § 1º do art. 1º.

A lei atual procurou inovar e o fez pessimamente.

O dispositivo em questão representa a nosso ver, uma sutil mas profunda brecha em favor dos loteadores clandestinos e a dano dos adquirentes e da coletividade. Isto porque está a admitir, implicitamente, o loteamento sob forma de condomínio, o que é matéria superada em nossa legislação desde 1937.

Com efeito, por força desse § 2º, nada impede que um proprietário ponha à venda uma parte de seu terreno; em lotes, instituindo-se um condomínio (certamente "pro diviso"), condomínio esse que será dissolvido quando da aceitação do loteamento pela Prefeitura. E se a Prefeitura não aceitar? O problema jurídico e social já está criado.

Não se pode entender de outro modo esse dispositivo. Diz ele expressamente que "cada etapa do loteamento constituirá um condomínio"; esse condomínio só poderá ser entre o loteador e os compradores de lotes, pois não se pode conceber um condomínio do loteador consigo próprio. Poderia se verificar um condomínio quando o imóvel a ser loteado pertencesse a mais de uma pessoa. Mas aí se trataria do condomínio tradicional, que não é objeto do Decreto-lei n. 271, nem da Lei n. 4.591.

Admitindo que o loteamento se torne um condomínio antes da aceitação do mesmo pela Prefeitura, previu a lei em tela a venda de lotes também antes de ser ouvida a Prefeitura e antes de inscrito o loteamento, o que põe por terra toda a legislação sobre a matéria.

Poder-se-ia argumentar que tal condomínio estaria sujeito à Lei n. 4.591, por força do "caput" do artigo, argumento esse que não pode vingar, seja porque essa lei só trata do condomínio em edificações, seja porque essa lei não admite a constituição do condomínio antes da manifestação da municipalidade, enquanto que o dispositivo em exame prevê o caso justamente contrário, ou seja, a existência do condomínio antes da aceitação do mesmo pela Prefeitura Municipal.

Assim é que não se poderá dar a esse texto de lei uma interpretação literal, sob pena de contrariar, não somente o espírito da lei, como ainda de toda a legislação sobre o assunto. Ousamos dizer que se trata de texto que já nasceu morto.

> "Art. 4º Desde a data da inscrição do loteamento passam a integrar o domínio público do município as vias e praças e áreas destinadas a edifícios públicos e outros equipamentos urbanos, constantes do projeto e do memorial descritivo.
>
> Parágrafo único. O proprietário ou loteador poderá requerer ao juiz competente a reintegração em seu domínio das partes mencionadas no corpo deste artigo quando não se efetuarem vendas de lotes".
>
> – O corpo do artigo provém de texto idêntico do projeto de Hely Meirelles.

– O Decreto-lei n. 58, em seu art. 3º, declara apenas inalienáveis por qualquer título as vias de comunicação e os espaços livres constantes do memorial e da planta. Esse dispositivo gerou muita controvérsia.

Alguns proprietários mais gananciosos pretendiam indenizações do poder público pela perda dessas áreas livres. Contudo, a melhor doutrina e a melhor jurisprudência negavam-lhes razão – *RF*, vol. 152/294.

Por outro lado, as prefeituras municipais passavam a condicionar a aprovação dos loteamentos à doação daquelas áreas por parte dos proprietários. Tudo, porém, sem amparo legal. *RF*, vol. 164/245.

– A doutrina encontrava dificuldades para a caracterização dessas áreas como bens públicos. O próprio autor do projeto que redundou no Decreto-lei n. 58, Prof. Waldemar Ferreira, em artigo na *RT*, vol. 215/3 precisava argumentar: A lei torna inalienável a área livre após a inscrição do loteamento. O Código Civil, pelo item III do art. 520, afirma que se perde a posse da coisa quando esta é posta fora do comércio; e, pelo art. 69, tem como coisa fora do comércio as legalmente inalienáveis. Concluía então que o loteador, com a inscrição do loteamento, perde a posse dos espaços livres.

Mas o problema da propriedade continuava de pé.

Bem andou, portanto, a nova lei ao determinar a integração no domínio público de todas essas áreas.

Melhor seria, contudo, que dispusesse expressamente sobre o caráter gratuito dessa integração. Nesse sentido, já houve projeto de Lei n. Câmara Federal, em 1951, de autoria do Dep. Lauro Cruz, projeto esse que, infelizmente, não vingou (cf. Wilson Batalha, op. cit., pág. 287).

> "Art. 5º Nas desapropriações não se indenizarão as benfeitorias ou construções realizadas em lotes ou loteamentos irregulares, nem se considerarão como terrenos loteados ou loteáveis, para fins de indenização, as glebas não inscritas ou irregularmente inscritas como loteamentos urbanos ou para fins urbanos".

Embora à primeira vista a disposição deste artigo possa parecer plenamente justificável, na verdade ela pode gerar uma profunda injustiça, contrariando o fim social visado pela lei. Esta pretende salvaguardar o interesse não só da coletividade em geral e do Poder público, como também, e principalmente, o do adquirente de lotes. No caso em exame, o adquirente seria extremamente prejudicado, já que, em geral, é ele quem realiza as benfeitorias mais valiosas de um loteamento, quais sejam as construções.

Tratando-se na grande maioria dos casos de pessoas de baixo nível econômico e cultural, não têm elas condições para saber se um loteamento foi ou não inscrito, ou se o foi regular ou irregularmente. Nada justifica, assim, sejam elas privados da indenização pelas benfeitorias produzidas na maior boa-fé, em benefício do Poder Público desidioso na fiscalização dos loteamentos clandestinos.

Melhor seria estipular que apenas o loteador não faria jus à indenização pelas benfeitorias por ele realizadas, já que foi ele quem deu causa à irregularidade. Mas, para isso, será preciso mudar o texto da lei, que, com sua redação incisiva e taxativa, nega indenização a ambos – loteador e adquirente de lote.

> "Art. 6º O loteador, ainda que já tenha vendido todos os lotes, ou os vizinhos são partes legítimas para promover ação destinada a impedir construção em desacordo com as restrições urbanísticas do loteamento ou contrárias a quaisquer outras normas de edificação ou de urbanização referentes a lotes.
>
> I – Trata-se de salutar norma já sufragada pela jurisprudência e que agora entra para o campo do direito positivo".

Nos loteamentos mais ricos, isto é, de lotes maiores e destinados a pessoas de maior capacidade econômica, é comum a estipulação de normas contratuais impondo restrições ao tipo ou uso das construções, determinando recuos obrigatórios das mesmas, enfim, determinando ao comprador uma série de obrigações sempre em benefício do maior embelezamento ou da comodidade do bairro. Mesmo em loteamentos populares é comum vedar-se a construção de barracos de madeira ou outros de tipo tão inferior.

De início discutiu-se se o loteador, depois de ter vendido todos os lotes, ou se um vizinho, que não foi parte contratante, tinham legitimidade para virem a Juízo fazer valer aquelas normas restritivas, acabando a jurisprudência por firmar-se no sentido positivo (*RT*, vols. 203/287, 226/376, 331/343).

– Vizinho, no caso, não é apenas o confinante, como se entende vulgarmente, mas aquele que está próximo, que mora nas redondezas (Carvalho Santos, "Comentário ao art. 554 do Código Civil"; "Dicionários" de Silveira Bueno e Cândido de Figueiredo), e que possa ser atingido de algum modo pelas normas reguladoras de todo o loteamento. É todo comprador de lote de um mesmo loteamento.

– A parte final do artigo não traz grande novidade, já que o Código Civil sempre facultou ao vizinho exigir a demolição de obra que o prejudique (arts. 554, 555, 576 e 586). Trata-se, contudo, de disposições de alcance relativamente restrito, que pouco ou nada poderiam auxiliar o vizinho prejudicado pelo uso de um lote de terreno com infração das normas do loteamento.

Andou bem a nova lei em esclarecer de vez a questão.

"Art. 7º É constituída a concessão de uso de terrenos públicos ou particulares, remunerada ou gratuita, por tempo certo ou indeterminado, como direito real resolúvel, para fins específicos de urbanização, industrialização, edificação, cultivo da terra, ou outra utilização de interesse social.

§ 1º A concessão de uso poderá ser contratada por instrumento público ou particular, ou por simples termo administrativo, e será inscrita e cancelada em livro especial.

§ 2º Desde a inscrição da concessão de uso, o concessionário fluirá plenamente do terreno para os fins estabelecidos no contrato e responderá por todos os encargos civis, administrativos e tributários que venham a incidir sobre o imóvel e suas rendas.

§ 3º Resolve-se a concessão antes de seu termo desde que o concessionário dê ao imóvel destinação diversa da estabelecida no contrato ou termo, ou descumpra cláusula resolutória do ajuste, perdendo, neste caso, as benfeitorias de qualquer natureza.

§ 4º A concessão de uso, salvo disposição contratual em contrário, transfere-se por ato "inter vivos" ou por sucessão legítima ou testamentária, como os demais direitos reais sobre coisas alheias, registrando-se a transferência.

I – É a parte mais interessante do Decreto-lei n. 271. Por este seu artigo aparece em nossa legislação um novo direito denominado concessão de uso e caracterizado como direito real resolúvel e com os demais característicos claramente definidos na lei".

Parece, e assim entendeu Eurico Azevedo em interessante artigo publicado na *Folha de S. Paulo* de 28 de maio de 1967, que se trata de uma nova forma do velho direito de superfície, que consistia na faculdade de construir ou plantar em terreno alheio. Tal direito deixou de existir em nosso sistema legal ao ser omitido pela Lei n. 1.237, de 1864, a qual declarava ainda em seu art. 6º que "a lei não reconhece outros direitos reais senão os que enumera". O Código Civil também o omitiu, embora constasse expressamente do Projeto Revisto, sob a alegação de que seria fonte de atrito entre proprietário e superficiário.

Discutiu-se muito, em doutrina, se o direito de superfície, embora não constando de texto expresso, ainda poderia ser considerado como existente em nosso direito. A corrente mais forte é negativa (Clóvis, "Comentário ao art. 674"; Lafayette, § 179, nota n. 8; Carlos de Carvalho, art. n. 404). Há, porém, e em nosso entender com razão, os que esposam a tese afirmativa, como está fundamentalmente demonstrado pelo Prof. Mário Moacyr Porto em trabalho publicado na *RT*, vol. 296/7.

Na verdade, a simples exclusão do direito de superfície da relação dos direitos reais do art. 674 não é suficiente a fazer concluir tenha ele desaparecido de nossa legislação. Essa relação é considerada pela maioria como meramente enunciativa, havendo, nesse sentido, manifestação da jurisprudência com acórdão do STF, relatado pelo Min. Orosimbo Nonato, o qual, por sua vez, cita as opiniões de Lacerda de Almeida, Arnoldo Medeiros da Fonseca, Afonso Fraga e Filadelfo de Azevedo (*Arquivo Judiciário*, vol. 93/185).

A mesma dúvida surgiu em outros países, como bem lembra Cunha Gonçalves, *Direito Civil*, n. 1.671. Adverte este que nem o Código Civil francês nem qualquer dos outros que o tomaram por modelo mencionam expressamente o direito de superfície; mas que esse silêncio não indica rejeição dessa instituição tão tradicional e de inúmeras aplicações práticas. Segundo ele, esse direito se encontra nessas legislações, embora não se possa nelas encontrar seu nome.

E em todos esses países o direito de superfície acabou sendo reconhecido pelos tribunais e hoje volta a fazer parte de quase todas as modernas legislações.

II – Em nosso direito, os casos mais lembrados são os decorrentes da análise dos arts. 59 a 545. Ousamos ainda lembrar, mais a título de curiosidade, que, no nosso entender, a instituição das chamadas "cadeiras cativas" de uso cada vez mais largo nos estádios esportivos é um caso típico de direito de superfície. O terreno é de outrem; o titular da cadeira não tem sequer uma fração do terreno; seu direito é perpétuo; transmite-se por sucessão, e é exercido sobre a própria coisa, não se confundindo com locação, servidão ou usufruto.

No Anteprojeto de Código Civil elaborado pelo Prof. Orlando Gomes voltou a ressurgir expressamente o direito de superfície com citação expressa na relação dos denominados direitos reais limitados. Além disso, ganhou todo um capítulo, com oito artigos, para sua maior caracterização.

Foi logo abolido, contudo, nada sobre ele constando do atual Projeto – Mensagem n. 804/65 do Poder Executivo.

Certamente a Comissão Revisora que propugna pela extinção de institutos obsoletos, como a enfiteuse, o uso, a habitação e a anticrese, certamente teve escrúpulo em ressuscitar o velho direito de superfície.

III – Temos para nós que a recente "concessão de uso" criada pelo Decreto-lei n. 271 não se confunde integralmente com o velho direito de superfície.

Muito bem andou o legislador ao abandonar o velho conceito e indicar clara e pormenorizadamente todos os contornos do novo instituto.

Dizemos que ambos não se confundem de todo porque: a, concessão de uso é, por sua própria natureza, resolúvel, enquanto o direito de superfície é, em geral, perpétuo e/ou, pelo menos, de prazo longo, e não se extingue pelo não uso; a finalidade social está presente em toda a caracterização da concessão de uso, enquanto que no direito de superfície predomina a defesa do interesse particular.

IV – Mas na realidade se trata do próprio direito de superfície apenas modernizado. Como verdadeiro direito de propriedade que é, embora limitado, entende-se que tenha ressurgido com forte conotação social, espelhando o rumo da evolução desse ramo do Direito.

A concessão de uso não tem nenhuma ligação com o outro direito real sobre coisa alheia chamado "uso" de que tratam os arts. 742/745 do Código Civil, pelo qual o usuário tem apenas o direito (intransmissível) de fruir uma coisa de outrem apenas para atender às necessidades suas e de sua família. Trata-se de instituto anacrônico e de âmbito restritíssimo e que em boa hora foi abandonado pelo projeto atual.

V – Igualmente a concessão de uso criada pelo Decreto-lei n. 271, como bem notou o já citado Eurico Azevedo, também não se confunde com a concessão de uso ou cessão de uso, que é o contrato administrativo pelo qual o Poder Público cede ao particular a utilização de um bem de seu domínio para que dele se sirva de acordo com o fim a que está destinado e no interesse público. Esta cessão de uso não confere qualquer direito real; é mero contrato administrativo e pode ser revogada pelo concedente, no interesse público, a qualquer tempo. É o contrato; normalmente usado para a cessão de "boxes" nos mercados municipais.

VI – O novo instituto que ora estudamos poderá se tornar num eficientíssimo instrumento jurídico a serviço da administração pública. Através dele os administradores poderão atender ao bem público com muito maior eficácia nos casos de entrega de um terreno público ao particular para uma determinada finalidade. Assim, por exemplo, ao invés de doar ou vender um terreno para a construção de um estádio esportivo de uma escola ou igreja particulares, muito mais convém ao poder público – hoje que "*legem habemus*" – simplesmente conceder o uso do imóvel, retendo, porém, a propriedade do mesmo. No caso de posterior expropriação, apenas seriam indenizadas as benfeitorias realizadas e não o terreno. Tratando-se igualmente de um direito resolúvel por sua própria natureza, com muito maior facilidade e ao mesmo tempo com muito maior vigor, poderá o poder público exigir o cumprimento das obrigações assumidas pelo concessionário.

Extremamente útil também será tal instituto nos casos de loteamento rural para fins de colonização. Muita especulação imobiliária poderá ser evitada nos casos de concessão a particulares de terras devolutas do Estado.

É estranho, contudo, que seja o mesmo o legislador responsável pela criação desse novo instituto e o legislador responsável pela Lei n. 4.380, de 1964 (art. 65, § 4º), que possibilitou a venda a particulares, em condições extremamente vantajosas para estes de quase todos os imóveis residenciais de Brasília, enquanto o curial seria simplesmente que se alugassem esses imóveis aos funcionários ou congressistas durante o tempo e nas condições que conviessem ao interesse público. O fato é que o legislador se baseou em duas filosofias jurídicas radicalmente opostas na elaboração das duas leis.

VII – O artigo em foco é originário de texto idêntico do projeto Hely Meirelles, projeto esse que tinha acentuada preocupação de zelar pelo interesse coletivo e de dar instrumentos de ação eficazes ao administrador público. O substitutivo que redundou no Decreto-lei n. 271, todavia, desfigurou totalmente o projeto primitivo. Mas o que sobrou deste é bom e original, como é o caso da concessão de uso. Nota-se ainda que do Projeto constava mais um parágrafo que foi rejeitado pelo substitutivo, a saber:

> "§ 5º Os terrenos públicos do patrimônio da União, dos Estados e dos Municípios, ou de suas autarquias, quando passível de utilização por particulares, serão, de preferência, concedidos para uso desejado pelos interessados, ao invés de serem vendidos ou doados".

Com a rejeição desse parágrafo, tem-se que o legislador criou o novo instituto, mas teve medo de recomendar a sua utilização.

VIII – Os terrenos particulares também poderão ser objeto de concessão de uso, mas temos a impressão de que, por motivos de ordem comercial, pouca aplicação terá nas atividades entre particulares. Observe-se ainda que somente os terrenos não edificados poderão ter seu uso concedido.

IX – Interessante agora é indagar qual a repercussão do texto da lei comentada dentro do sistema legal do atual Código Civil, especialmente com referência aos arts. 545 e segs.

Sabemos que o Código adotou os princípios "*accessorium sequitur principale*" e "*superficies solo cedit*". No art. 59, diz que a coisa acessória segue a principal, salvo disposição em contrário; no art. 61, III, declara que são acessórios do solo as obras permanentes nele realizadas. E, em consonância com essas regras, estatui, no art. 547, que as plantações ou edificações feitas em terreno alheio ao dono deste pertencem. Assim, no regime do Código Civil, entende-se não ser possível cindir-se a propriedade entre o dono do solo e o dono do supersolo. É verdade que há vozes discordantes, como o já citado Prof. Mário Moacyr Porto, que admite o direito de superfície quando haja expressa renúncia do proprietário do solo. Mas a corrente francamente dominante é a que nega a existência desse direito.

O art. 7º do Decreto-lei n. 271 vem inovar a questão. Ele, na verdade, criou um novo direito de superfície, com roupagens bastante modernas.

Segundo esse artigo é hoje possível pertencer o solo a um e as benfeitorias a outrem.

A nosso ver, as benfeitorias levadas a efeito pelo concessionário a este pertencem por força do verdadeiro direito de propriedade.

Já não têm mais aplicação, no caso, os princípios retro mencionados do Código Civil: essas benfeitorias já não serão mais acessórios do solo, mas imóveis por si mesmas, daí se originando diversas consequências práticas, como por exemplo a possibilidade de o concessionário aliená-las ou hipotecá-las, mesmo sem ter a propriedade do solo. Aliás, o Anteprojeto Orlando Gomes previa, em seu art. 686, a possibilidade de hipotecar-se a superfície.

Tanto é verdade que as benfeitorias pertencem por direito próprio ao concessionário, que o § 3º do artigo em estudo prevê a hipótese de perda dessas benfeitorias no caso de descumprimento de cláusula resolutória do ajuste.

Assim, apesar de ter a lei tratado da concessão de uso como um direito real sobre coisa alheia (§ 4º), entendemos que o direito exercido pelo concessionário sobre as benfeitorias por ele realizadas é de natureza dominial.

Sobre a natureza jurídica do direito de superfície, leiam-se as magistrais lições de Cunha Gonçalves, "Direito Civil" n. 1.670 e segs.

X – Será possível a ocorrência de uma concessão de uso sem obrigações de realizar benfeitorias?

Entendemos que sim, como por exemplo no caso de utilização de uma pastagem natural ou de um parque para recreação. O essencial, segundo, a lei, é que o terreno seja destinado a uma utilização de interesse social.

XI – Cremos que a lei não foi feliz ao dizer que a concessão de uso se transfere "como os demais direitos reais sobre coisas alheias". Recomendável teria sido que se definisse melhor o modo de transferência, com o que certamente se evitariam discussões futuras, já que os direitos reais não se transmitem de modo uniforme.

Assim é que o enfiteuta só pode alienar o domínio útil depois de ouvido o senhorio direto para o exercício de sua preferência.

O usufruto só se transmite, por alienação, ao proprietário. O uso e habitação são intransferíveis.

As servidões prediais só se transmitem juntamente com os prédios; e os direitos reais de garantia praticamente não se transferem; o que se transfere é o crédito por eles garantido.

Assim sendo e nada constando a esse respeito no título, parece-nos que a questão da transferência da concessão de uso vai dar pano para mangas.

Salvo estipulação em contrário, haverá sempre o direito de preferência por parte do proprietário para a aquisição, no caso de transferência da concessão, principalmente tendo em vista as citadas estipulações referentes à enfiteuse e ao usufruto. Além disso, no velho direito de superfície, o proprietário do solo geralmente tinha preferência na aquisição dos direitos do superficiário.

> "Art. 8º É permitida a concessão de uso do espaço aéreo sobre a superfície de terrenos públicos ou particulares, tomada em projeção vertical, nos termos e para os fins do artigo anterior e na forma que for regulamentada".

I – O artigo anterior tem aplicação imediata. Este art. 8º, contudo, depende de regulamentação.

É também oriundo do projeto de Hely Meirelles e traz a novidade de permitir a concessão do uso do espaço aéreo independentemente da transmissão da propriedade do solo.

Trata-se de exigência do moderno urbanismo que deseja ver melhor aproveitado o espaço superior aos terrenos de terceiros. É o caso, por exemplo, dos páteos ferroviários cujos amplos espaços superiores podem ser utilizados com jardins, quadras esportivas ou lojas comerciais.

II – Nada impede que um mesmo terreno tenha o uso de sua superfície concedido a uma pessoa e o uso do respectivo espaço aéreo concedido a outra, desde que, evidentemente, o direito de uma não prejudique o da outra.

Pertencendo à União as jazidas minerais existentes no subsolo, é de se perguntar: o que resta desse imóvel ao proprietário?

Este, não tendo transferido o domínio, continua titular do mesmo, embora despojado de grande parte de seus atributos. Sendo o uso concedido um direito intrinsecamente resolúvel, a qualquer momento pode reincorporar-se ao domínio. Além, disso, o proprietário continua com todos os seus direitos concernentes ao subsolo, contanto que a utilização deste não seja prejudicial ao concessionário, como pode ocorrer no caso de exploração de uma garagem subterrânea.

III – O subsolo não foi abrangido pela concessão criada pelo art. 7º que se refere apenas a "uso de terrenos", cabendo, no caso, apenas uma interpretação restritiva, como sempre ocorre quando se trata dos direitos reais sobre coisas alheias. Além disso, se a lei tratou em dispositivo autônomo a concessão de uso do espaço aéreo, omitindo o uso do subsolo, é porque de fato quis deixar este com o titular do domínio.

E mais ainda: é do proprietário e não do concessionário o direito de participação nos resultados da lavra das jazidas existentes no subsolo, conforme se verifica do § 2º do art. 161 da Constituição do Brasil de 1967.

> "Art. 9º Este decreto-lei não se aplica aos loteamentos que na data da publicação deste decreto-lei já estavam protocolados ou aprovados nas prefeituras municipais, para os quais continua prevalecendo a legislação em vigor até essa data.
>
> Parágrafo único. As alterações de loteamentos enquadrados no '*caput*' deste artigo estão, porém, sujeitas ao disposto neste decreto-lei".

Visou este artigo evitar prejuízos aos loteadores, que já estavam com seus projetos em andamento junto às prefeituras municipais por ocasião da alteração legislativa, o que é muito razoável. Mas, para dizer uma coisa tão simples, bem podia o legislador dar ao texto uma redação mais bonita e agradável.

> "Art. 10. Este decreto-lei entrará em vigor na data de sua publicação, mantidos o Decreto-lei n. 58, de 10 de dezembro de 1937, e o decreto n. 3.079, de 15 de setembro de 1938, no que couber e não for revogado por dispositivo expresso deste decreto-lei, da Lei n. 4.591, de 16 de dezembro de 1964, e dos atos normativos mencionados no art. 2º deste decreto-lei".

Rejeitando o projeto de Hely Meirelles, que reformulava inteiramente a matéria sobre loteamento urbano, e não se sentindo capaz de elaborar um substitutivo à altura, o legislador não teve outra alternativa senão manter a legislação anterior, mandar aplicar outras leis já existentes e ainda acenar com outras normas futuras. O resultado não poderia deixar de ser desastroso, pois hoje quem quiser conhecer as questões sobre loteamento deverá estudar nada menos do que os seguintes textos:

1. o Decreto-lei n. 271;
2. o Decreto-lei n. 58, de 10 de dezembro de 1937;
2. o decreto n. 3.079, de 15 de setembro de 1938, que regulamentou o anterior;
4. a Lei n. 4.591, de 16 de dezembro de 1964; que trata das incorporações e condomínios;
5. o decreto n. 55-815, de 8 de março de 1965, que regulamentou a Lei n. 4.591;
6. as normas que deverão ser baixadas pelo Banco Nacional da Habitação, por força do art. 2º do Decreto-lei n. 271;

7. o decreto pelo qual o Poder Executivo deverá regulamentar o Decreto-lei n. 271, especialmente quanto à aplicação da Lei n. 4.591, conforme determinado no § 1º do art. 3º.

Esta pletora de textos legais sobre o mesmo assunto nos traz à mente o velho brocardo que como o direito de superfície ressurge com grande atualidade: "Plurimae leges, republica corrupta".

O atual projeto de Código Civil é inteiramente omisso a respeito de loteamento de terrenos.

Cremos ser mesmo conveniente deixar esse assunto a cargo da legislação especial, já que ele exige, ao lado das normas civis reguladoras dos direitos e obrigações das partes, outras normas de natureza administrativa, as quais deverão ditar as linhas mestras da política urbanística quanto à problemática do loteamento.

Promessa de venda[1]

1. Introdução

1.1 O compromisso de compra e venda ingressou em nosso direito positivo por meio do Decreto-lei n. 58, de 10-12-1937, o qual se destinava a regulamentar a venda de terrenos loteados. A entrada em vigor desse decreto-lei causou enorme impacto nas nossas letras jurídicas e em nossos tribunais.

Até então, o debate girava em torno do art. 1.088 do CC, que permite o arrependimento de qualquer das partes antes da assinatura do contrato, quando para este for exigido instrumento público, arcando a parte que se arrepender com as perdas e danos decorrentes do arrependimento.

Dominando esse entendimento, o adquirente de imóvel, mediante contrato preliminar, não tinha meios para compelir o alienante a cumprir o contrato na forma combinada.

Caio Mario da Silva Pereira, em sucinto e denso resumo,[2] destaca um estudo pioneiro de Philadelpho de Azevedo[3] que teve viva repercussão. Parte este da análise do contrato preliminar, o qual, gerando uma obrigação de fazer não personalíssima, admite sua execução específica, desde que superado o problema da forma; assim, portanto, no caso da promessa de compra e venda do imóvel, se o contrato se faz por instrumento público e não há cláusula de arrependimento, a execução coativa e direta é viável. Efetuado o contrato por instrumento particular, ainda assim é válido e produz efeitos, sujeitando o inadimplente a perdas e danos.

Este ponto de vista, porém, não chegou a vingar nos tribunais, e poucos foram os autores que o adotaram.[4]

Somente após a vigência do Decreto-lei n. 58 é que o tema ganhou a imensa dimensão que conserva até hoje, sobre o histórico desse decreto-lei e

1. Originalmente publicado na *Enciclopédia Saraiva de Direito*. São Paulo: Saraiva, 1997. V. 62.
2. *Instituições de direito civil*, 1963, v. 3, § 199.
3. Execução coativa da promessa de venda, *Revista de Crítica Judiciária*, 20:593 e s.
4. No mesmo sentido: Carlos Fulgêncio da Cunha Peixoto, Promessa de compra e venda de imóvel, *RF*, 74:437.

suas consequências próximas, muito já se escreveu entre nós, não sendo necessário nem recomendável voltar ao assunto.

Convém frisar, contudo, que os pontos excepcionalmente relevantes, trazidos por aquele diploma legal, dizem respeito à atribuição de direito real ao compromissário comprador que registrar o contrato (art. 5º)[5] e à possibilidade da adjudicação compulsória do imóvel, uma vez pago o preço (art. 16).[6] Além disso, ressaltem-se as disposições dos arts. *22* do Decreto-lei n. 58 e do Decreto n. 3.079, de 15-9-1938, que estendiam o campo de aplicação dos novos diplomas, fazendo com que algumas de suas normas incidissem também sobre operações com imóveis não loteados.

5. Decreto-lei n. 58, art. 5º: "A averbação atribui ao compromissário direito real oponível a terceiros quanto à alienação ou oneração posterior, e far-se-á à vista do instrumento de compromisso de venda, em que o oficial lançará a nota, indicativa do livro, página e data do assentamento".
6. Art. 16 (na redação original):

   "Recusando-se os compromitentes a passar a escritura definitiva no caso do art. 15, serão intimados, por despacho judicial e a requerimento do compromissário, a dá-la nos dez dias seguintes à intimação, correndo o prazo em cartório. § 1º Se nada alegarem dentro desse prazo, o juiz, por sentença, adjudicará os lotes aos compradores, mandando: *a)* tornar por termo a adjudicação, dela constando, além de outras especificações, as cláusulas do compromisso, que devessem figurar no contrato de compra e venda, e o depósito do restante do preço, se ainda não integralmente pago; *b)* expedir, pagos os impostos devidos, o de transmissão inclusive, em favor dos compradores, como título de propriedade, a carta de adjudicação; c) cancelar a inscrição hipotecária, tão somente, a respeito dos lotes adjudicados, nos termos da escritura aludida no § 3º do art. 1º, § 2º. Se, porém, no decêndio, alegarem os compromitentes matéria relevante, o juiz, recebendo-a como embargos, mandará que os compromissários os contestem em cinco dias. § 3º Havendo as *partes* protestado por provas, seguir-se-á uma dilação probatória de dez dias, findos os quais, sem mais alegação, serão os autos conclusos para sentença. § 4º Das sentenças proferidas nos casos deste artigo caberá o recurso de agravo de petição. § 5º Estando a propriedade hipotecada, cumprido o dispositivo do § 3º do art. 1º, será o credor citado para, no caso deste artigo, autorizar o cancelamento parcial da inscrição, quanto aos lotes comprometidos". Esse art. 16 tem hoje a seguinte redação, dada pela Lei n. 6.014/73: "Recusando-se os compromitentes a outorgar a escritura definitiva no caso do art. 15, o compromissário poderá propor, para o cumprimento da obrigação, ação de adjudicação compulsória, que tornará o rito sumaríssimo. § 1º A ação será acolhida se a parte que a intentou não cumprir a sua prestação nem a oferecer nos casos e formas legais. § 2º Julgada procedente a ação, a sentença, uma vez transitada em julgado, adjudicará o imóvel ao compromissário, valendo como título para a transcrição. § 3º Das sentenças proferidas nos casos deste artigo, caberá apelação".

Como restassem ainda muitas dúvidas quanto a essa extensão, foi promulgada a Lei n. 649, de 11-3-1949, a qual, infelizmente, não esclareceu de vez o assunto, que continuou polêmico.[7]

1.2 O compromisso de compra e venda teve e ainda tem enorme aplicação nos negócios imobiliários, sejam eles relativos a imóveis loteados ou não. Seja pela liberdade de sua forma, seja por facilidade de ordem tributária, seja pela sua engenhosidade intrínseca – que permite garantias sólidas ao transmitente, ao mesmo tempo que concede poderes amplos ao adquirente – , o certo é que esse contrato parece ter encontrado entre nós seu *habitat* natural, sendo utilizado e trabalhado com incrível frequência por todos os interessados, como corretores, empresários, advogados, juristas, juízes, políticos e administradores.

Talvez se pudesse até afirmar que é o mais brasileiro dos contratos de direito civil, não pelas suas origens, mas pela frequência de sua utilização entre nós.

Não foi por acaso que tal contrato despertou a atenção de grande civilista português há pouco no Brasil:

> "Merece uma referência especial, no domínio das convenções geradoras da obrigação de contratar, o chamado 'compromisso de compra e venda'.
>
> Trata-se de uma figura curiosa, com alguns traços originais, que despontou cedo no direito brasileiro (com o tal Dec.-lei n. 58, de 10-12-1937), por influência de um diploma legislativo uruguaio".[8]

A jurisprudência, continuamente chamada a se manifestar sobre o assunto, vem formando uma construção rica e elogiável, por todos os títulos.

Daí por que este trabalho se vale com tanta frequência dos subsídios fornecidos pela jurisprudência nacional.

7. Decreto-lei n. 58, art. 22, redação original: "As escrituras de compromisso de compra e venda de imóveis não loteados, cujo preço deva pagar-se a prazo, em uma ou mais prestações, serão averbadas à margem das respectivas transcrições aquisitivas, para os efeitos desta lei". Decreto-lei n. 58, art. 22, com a redação da Lei n. 649, de 1949: "Os contratos, sem cláusula de arrependimento, de compromisso de compra e venda de imóveis não loteados, cujo preço tenha sido pago no ato da sua constituição ou deva sê-lo em uma ou mais prestações, desde que inscritos em qualquer tempo, atribuem aos compromissários direito real oponível a terceiros e lhes confere (*sic*) o direito de adjudicação compulsória nos termos dos arts. 16, desta lei, e 346 do CPC". Decreto n. 3.079/38, art. 22: "As escrituras de compromisso de compra e venda de imóveis, cujo preço deva pagar-se a prazo, em uma ou mais prestações, serão averbadas à margem das respectivas transcrições aquisitivas, para os efeitos desta lei, compreendidas nesta disposição as escrituras de promessa de venda de imóveis em geral".
8. Antunes Varela, *Direito das obrigações*, Rio de Janeiro, Forense, 1977, p. 133.

2. O contrato

2.1 A quase unanimidade dos nossos autores estuda o compromisso de compra e venda a partir da análise do contrato preliminar, i. e., daquele contrato que tem por objeto uma prestação de fazer, prestação essa consistente na celebração de outro contrato, o definitivo, ou principal. O compromisso de compra e venda foi sempre considerado espécie do gênero contrato preliminar.

Darcy Bessone define a promessa de compra e venda, como sendo:

> "O contrato pelo qual ambas as partes, ou uma delas, se comprometeu a celebrar, mais tarde, o contrato de compra e venda" (Da compra e venda, promessa e reserva de domínio, p. 119).

E Pontes de Miranda assim se exprime:

> "Contrato preliminar, ou melhor, pré-contrato (Vorvertrag, nome proposto por H. Thol), *pactum de contrahendo*, entende-se o contrato pelo qual uma das partes, ou ambas, ou todas, no caso de pluralidade subjetiva, se obrigam a concluir outro negócio jurídico, dito negócio principal, ou contrato principal".[9]

De forma semelhante se manifestam quase todos os autores pesquisados.[10]

2.2 Não nos parece que essa forma de encarar o problema tenha sido muito feliz e que tenha produzido bons frutos. Faltou, com a devida vênia, e salvo melhor juízo, uma análise mais concreta e realista do fato econômico e jurídico, tal como efetiva e comumente ocorrido entre as partes e regulado pelo compromisso de compra e venda.

Para uma análise mais abrangente do caso, é pouco dizer que o objetivo das partes ao contratar é celebrar outro contrato. É preciso ter sempre presente que uma das partes quer vender seu imóvel e garantir-se do pagamento do preço; e a outra parte quer adquirir esse imóvel e dele se utilizar logo.

9. *Tratado de direito privado*, v. 13, p. 30, § 1.432, 2.
10. Entre outros, Wilson Batalha, *Loteamentos e condomínios*, 1959, p. 330 e s.; Darcy Bessone, *Da compra e venda, promessa e reserva de domínio*, Belo Horizonte, 1960, p. 99: "O contrato preliminar ou a promessa de contratar caracteriza-se por seu objeto, que é um *contrahere*, uma obrigação de contratar"; "Percebe-se que não são idênticos os objetos do contrato preliminar e do definitivo. No primeiro, o objeto é a obrigação de contratar, ao passo que, no segundo, são as prestações próprias do contrato principal, como, p. ex., as que derivam da compra e venda". Caio Mário, op. cit., n. 198 e s.; Silvio Rodrigues, *Direito das coisas*, 1972, p. 172 e *Dos contratos e das declarações unilaterais da vontade*, 1972, p. 162; Amoldo Wald, *Obrigações e contratos*, 1974, p. 253; Frutuoso Santos, *Contrato de promessa de compra e venda de imóveis não loteados*, Rio de Janeiro, 1951, p. 43.

Não cremos que esta última preocupação com a presença do "fato" durante o estudo do fenômeno jurídico venha contaminar ou degradar de alguma forma o estudo, tornando-o "menos jurídico". Permanecemos no campo da *causa* do negócio jurídico sem ultrapassar para o dos seus *motivos.*[11]

Os tradicionais poderes inerentes ao domínio (jus utendi, fruendi et abutendi) são transferidos ao compromissário comprador, enquanto o compromitente vendedor conserva para si a propriedade nua, vazia, ou menos ainda do que propriedade nua.

A separação, maior ou menor, mais breve ou mais longa, daqueles poderes sempre se fez no correr da história do direito de propriedade e com essa separação os homens do direito estão habituados, não sendo o caso de discutir-se aqui qual a natureza da realidade da nua propriedade.[12]

Para nós interessa notar que, ao contratar o compromisso e havendo preço para ser pago a prazo, o compromitente vendedor conservou alguma coisa real, jurídica e economicamente perceptível: o *jus abutendi* não foi transferido de todo. O compromissário comprador já pode dispor dos direitos que adquiriu e mesmo – podemos dizer – pode dispor do próprio imóvel, tão amplos são os direitos adquiridos. Mas este poder de disposição ainda está limitado por aquilo que o compromitente vendedor conservou.

11. A propósito, a lição de Santoro-Passarelli: "A vontade privada torna-se juridicamente relevante, pode ter força de lei (art. 1.372, *pr.*), neste sentido e relativamente ao sujeito donde promana, não por si mesma e como um fim em si mesma, mas enquanto seja socialmente importante, i. e., tende a realizar um interesse que o ordenamento considera *merecedor de tutela*. Esta função que o negócio deve desempenhar, olhada como *razão determinante* para que o sujeito a realize, aparece como a causa do negócio jurídico e toma esse nome". E após explicar que os motivos "são circunstâncias subjetivas", são aquelas funções ulteriores, que nunca faltam, mas são diferentes de caso para caso, "não influindo na caracterização do negócio", dá o exemplo: "A causa do negócio de venda é sempre a troca da coisa vendida pelo preço, quaisquer que sejam depois as utilizações – os motivos – que o vendedor e o comprador se proponham a dar, respectivamente, ao preço resultante da venda e à coisa adquirida" (*Teoria geral do direito civil*, trad. M. Alarcão, Coimbra, 1967, p. 100-1). No caso do compromisso de compra e venda, o interesse socialmente relevante e merecedor de tutela é o mesmo da compra e venda. O contrato posterior tem finalidade meramente instrumental, sem a virtude de se tomar causa do compromisso, protraindo a "causa" da compra e venda em "motivo" do compromisso.
12. Convém, pelo menos, lembrar a lição de Teixeira de Freitas, a propósito do usufruto: "Usufruto é o direito real (*in re aliena*) que desmembra a propriedade das suas cousas em duas partes: uma transmitindo aos usufrutuários todo o uso, e gozo, delas; outra transmitindo a outro titular o que se chama nua propriedade, que é *nada*" [grifo do autor] (*Vocabulário jurídico*, Rio de Janeiro, 1883, p. 365).

Tanto isso é verdade que ninguém adquire imóvel de compromissário comprador sem se informar se as obrigações deste estão sendo regularmente cumpridas, pois há sempre a possibilidade de o compromisso vir a ser resolvido.

O que se observa, então, é que o domínio em si mesmo foi utilizado apenas com finalidade de garantia (como acontece na venda com reserva de domínio e na alienação fiduciária), o que quer dizer que – no negócio entre as partes – o domínio perdeu sua posição de relevo, ficando apenas como garantidor do crédito. E, à medida que o crédito vai sendo recebido, aquele pouco que restava do direito de propriedade junto ao compromitente vendedor, i. e., aquela pequena parcela do poder de dispor, como que vai desaparecendo até se apagar de todo.

Uma vez quitado o compromisso os poderes elementares do domínio estão – em substância – inteiramente consolidados no direito do compromissário comprador, nada mais restando ao compromitente vendedor do que a obrigação (inexorável) de assinar uma escritura.

Nada, rigorosamente nada, resta ao compromitente vendedor.

Como o usufruto que se extinguiu pela morte do usufrutuário (CC, art. 739, I) ou como a hipoteca que se extinguiu pelo desaparecimento da obrigação principal (CC, art. 849, I), embora com as respectivas inscrições não canceladas, a propriedade do compromitente vendedor tem uma existência fictícia, i. e., não tem existência.

Já dizia o nosso Lafayette, ao negar a perpetuidade do usufruto, que, aliás, confere direitos muito mais limitados do que o compromisso de compra e venda:

> "A propriedade, privada dos direitos de usar e fruir, se torna, por assim dizer, estéril. A perpetuidade desse estado de coisas reduziria o domínio a uma pura quimera (...)".[13]

Tudo isso, e muito mais – e de forma brilhante, profunda e contundente –, foi demonstrado por Barbosa Lima Sobrinho em obra pioneira – *As transformações da compra e venda,* que, in felizmente, e conforme previsto por Darcy Bessone,[14] não ganhou maior ressonância nos círculos jurídicos, apesar de ter suas posições encampadas por juristas do porte de Aguiar Dias.[15]

13. *Direito das coisas*, § 93, 5.
14. Op. cit., p. 176, nota 5, *in fine.*
15. *As transformações da compra e venda*, p. 10 e 260.

Barbosa Lima distingue o contrato preliminar de promessa (que apenas gera obrigação de fazer; que, não cumprida, converte-se em perdas e danos; que não transfere a posse nem os riscos da coisa) do atual compromisso de compra e venda regulado pelo Decreto-lei n. 58 e pela Lei n. 649, para concluir que este é um outro contrato apto a transferir a propriedade imobiliária – como de fato tem transferido –, motivo por que sobre ele deve incidir a tributação correspondente. Diz o autor que:

> "A realidade mostra que a transmissão dos direitos reais se processa por força do contrato de compromisso de compra e venda, e não do segundo contrato".[16]

Barbosa Lima foi quem mais desenvolveu, chegando às vezes às últimas consequências, a pista aberta por Luiz Machado Guimarães, que foi o primeiro, segundo nos parece, a afirmar que

> "em face de sua nova disciplina legal, o compromisso de venda de terrenos loteados para pagamento em prestações sucessivas (Dec.-lei n. 58, art. 1º) ou de imóveis não loteados para pagamento em uma ou mais prestações (Dec.-lei cit., art. 22), averbado no Registro de Imóveis, constitui uma espécie do gênero 'compra e venda', e não do gênero 'contrato preliminar'".[17]

16. Barbosa Lima, op. cit., p. 91. Diz ainda aí o autor: "Mas na forma atual do compromisso de compra e venda irretratável, com a exigibilidade da escritura e a inscrição do contrato, o consenso futuro é perfeitamente dispensável e pode ser substituído pela sentença judicial, ou por uma procuração irrevogável concedida ao próprio comprador. O segundo contrato, mesmo quando seja lavrado, não resulta de um novo consenso; limita-se a obedecer a uma obrigação já definitiva, irretratável e exigível. É uma prestação de fato e não uma alienação. Quanto aos direitos reais transferidos, são os mesmos, nos dois casos, e a escritura definitiva já não encontra nenhum direito real para transferir, pois que posse, uso, gozo, disponibilidade da propriedade – a famosa 'federação de direitos constitutivos do domínio' –, tudo foi objeto do primeiro contrato e já foi atribuído ao compromissário comprador. Chegamos assim ao absurdo de denominar contrato de compra e venda ao ato que efetiva uma obrigação dê fazer, e compromisso de compra e venda ao que transfere todos os direitos reais sobre a coisa, que é objeto de transação".
17. *Código de Processo Civil*, v. 4, n. 486, apud *Transformações*, p. 217. Afirma também o ilustre processualista: "Os caracteres específicos do compromisso aludido aproximam-se da compra e venda com reserva de domínio. É assim que o contrato é perfeito e obrigatório, se bem que subordinado a uma condição resolutória, consistente, esta, no adimplemento, pelo comprador, da contraprestação que lhe incumbe. A alienação, porém, não se consuma, i. e., a propriedade não se transfere para o comprador senão em virtude do pagamento integral do preço: fica, pois, a transferência da propriedade sujeita a uma condição imprópria. O compromisso averbado distingue-se da compra e venda com reserva de domínio porque, nesta, a

Esse, a nosso ver, e com a devida vênia, teria sido o rumo a ser pesquisado, porque mais rico e mais próximo da realidade do que aqueloutro (do contrato preliminar) preferido por nossos mestres. A problemática da validade, da produção de efeitos, da transferência da propriedade, do alcance dos poderes transferidos, da aplicação das cláusulas peculiares à compra e venda, tudo isso – cremos nós – poderia estar hoje, passados já tantos anos, bem mais esclarecido em nosso sistema jurídico.

2.3 Quais terão sido os motivos pelos quais os ensinamentos de Barbosa Lima e Machado Guimarães não produziram os frutos esperados? Creio que esses motivos são de ordem meta ou extra jurídica. Convém lembrar que os estudos de Barbosa Lima se destinavam a demonstrar a incidência de imposto nas transmissões imobiliárias, e que ocorre sempre, no Brasil, uma "conspiração universal toda vez que se trata de iludir interesses fiscais". Do ponto de vista jurídico, parece-nos irrespondível a argumentação do autor, demonstrando que a verdadeira transmissão do imóvel ocorreu com o primeiro contrato, que as cessões deste constituem novas transmissões, que o primeiro contrato é o principal. Só por argumentos lógicos e jurídicos é impossível compreender como pôde vingar majoritariamente o ponto de vista segundo o qual, nos negócios *inter vivos* mediante compromisso de compra e venda, não tenha havido transmissão do imóvel (e assim não se pagava imposto); e, na sucessão *causa mortis,* se tenha considerado o imóvel transmitido, pelo que o imposto só incidia sobre o crédito em favor do promitente vendedor. Na verdade, o que ocorria na época é que a carga tributária era pesadíssima (cerca de 10% nas transmissões *inter vivos,* de 10 a 50% nas transmissões *causa mortis* e de 25% de Imposto de Renda), muito acima do que o "comum dos contribuintes" podia suportar, o que acabava atraindo maior número de adeptos à tal "conspiração universal".

Mas, se é verdade que as teses de Barbosa Lima frutificaram pouco na jurisprudência e quase nada na doutrina, é também verdade que muitas daquelas postulações – seja por força do debate, seja por pressão dos próprios fatos – ganharam ampla consagração legislativa. A cada passo se encontra um texto legal dando tratamento idêntico ao compromissário comprador e ao proprietário.

Assim a própria Constituição Federal (art. 23, I), como variadíssimas leis civis, tributárias, comerciais, agrárias, previdenciárias e penais que tratam da

transmissão do domínio se opera *ope juris* com o implemento da condição (imprópria), ao passo que, naquele, há necessidade de uma nova atividade do vendedor, para a constituição do instrumento público, ou de uma sentença constitutiva do juiz".

matéria;[18] se é proibido vender, é também proibido compromissar à venda; se o proprietário paga um tributo, o compromissário comprador também paga; se é crime vender, também é crime compromissar à venda, e assim por diante.

E as coisas se passam dessa forma porque o compromisso de compra e venda mais se caracteriza como uma espécie do gênero compra e venda do que como mero contrato preliminar dependente de outro, dito principal.

2.4 A mais adiantada construção jurídica elaborada entre nós, em torno do compromisso de compra e venda, é, segundo pensamos, a de Orlando Gomes.[19] Estribado em Trabucchi e Montesano, o mestre baiano distingue, de um lado, a mera promessa de contratar, que se destina "apenas a criar a obrigação de um futuro *contrahere*", geralmente com possibilidade de arrependimento e solução em perdas e danos; e, de outro lado, o compromisso de compra e venda propriamente dito, que traz a "possibilidade, prevista na lei, de se substituir o contrato definitivo por uma *sentença constitutiva*, e pela "atribuição, ao promitente comprador, de um *direito real* sobre o bem que se comprometeu a comprar".

A simples promessa (sem estes atributos) é "contrato preliminar próprio", e o compromisso de compra e venda (com estes atributos) é contrato preliminar impróprio. Neste, as partes não se obrigam a uma *nova* manifestação de vontade, e sim a *reiterar*, a reproduzir a manifestação anterior, pois foi neste momento anterior que o consentimento foi dado de forma cabal e irreversível, motivo por que deste momento anterior devem ser considerados produzidos todos os efeitos concretos do ato.[20]

É de Trabucchi o ensinamento:

> "II negozio ora come contratto tipico regolato dalla legge – preliminare proprio – va tenuto distinto da un altro, molto piü diffuso, che nella pratica si chiama con lo stesso nome – viene detto anche compromisso – ma que non è promessa reciproca di contrarre, bensi contratto definitivo di immediata efficacia, acompagnato dalla promessa di riprodurre [grifo do autor] il con-

18. Leis que equiparam o compromissário comprador ao proprietário: Lei de Incorporação Imobiliária, Lei n. 4.951/64; CP, art. 171, § 2º, II; Estatuto da Terra, Lei n. 4.504/64, art. 66; Decreto-lei n. 66, de 21-11-1966, art. 25, exigindo certificado de quitação junto à Previdência. Social para a alienação de bens imóveis; IR, Decreto-lei n. 1.598, de 26-12-1977, art. 27, § 1º.
19. *Direitos reais*, 1969, p. 445 e s.
20. Daí Orlando Gomes definir: "É, pois, a promessa de venda – que melhor se diria compromisso de venda para prevenir ambiguidade – contrato típico pelo qual as partes se obrigam reciprocamente a tornar eficaz a compra e venda de um bem imóvel, mediante a reprodução do consentimento rio título hábil" (op. cit., p. 448).

senso (non di dare, ma di reprodurre il consenso già dato) in uma forma particolare".[21]

Assim é que a "escritura" não se constitui em outro negócio jurídico, caracterizando-se, isto sim, um "ato devido" que expressa o cumprimento da obrigação assumida no primeiro contrato.[22]

Neste primeiro contrato, diz Francesco Messineo:

"È stata rilevata la fonte di un atto dovuto, quale è l'obbligo di prestasi alia stipulazione dei contratto definitivo e, in genere l'obbligo a contrarre".[23]

Quanto à segunda escritura:

"Si dà luogo, in tal caso, a un documento, avente funzione de representazione delle dichiarazioni di volontà medesime, già emesse; in tal caso, il contratto, che sia, poi, consacrato in forma solenne è privo di autonomia rispetto al contratto originário; e l'inizio di efficacia di questo resta segnata dalla sua data – efficacia ex tunc –, non da quella dei contratto riproduttivo" [os grifos são do autor].[24]

Esse modo de encarar o problema é rico de consequências práticas e não fica mais distante, na realidade, daquele referido no início e aventado por Machado Guimarães que via no compromisso de compra e venda mais uma espécie do gênero compra e venda do que do gênero contrato preliminar.

2.5 De modo não muito diverso também entendeu Antunes Varela, ao dar uma rápida passagem sobre o assunto. Mas convém salientar seu ponto de vista, pois, para nós, é importante saber da impressão de um jurista de escol e de fora a respeito dessa matéria tão controvertida: "Não se trata de uma simples promessa de contratar, mas de um *contrato em formação:* não é um contrato preliminar, mas um *compromisso de venda*".

E, diante do exame do texto do Decreto-lei n. 58, entende que este considerou "implicitamente o escrito inicial, não como simples promessa mas como o instrumento *provisório do único contrato em gestação* (*in itinere*)",

21. *Istituzioni di diritto civile*, Padova, 1968, p. 681.

22. Orlando Gomes, op. cit., p. 456.

23. *Il contratto in generi*, Milano, 1973, t. 2, p. 430.

24. Idem, ibidem, p. 408. Mais adiante afirma o mesmo autor que "óstraendo da *nomen juris* adoperato dalle parte, o dal loro intento, il cosiddetto contratto preliminare, poichè ha un contenuto *interamente* detterminato, *anche nei punti inessenziali,* già esse, sia in grado di produrre quel'effetto de cui sopra, che normalmente è proprio di un contratto definitivo; e va chiamato, allora, preliminare *improprio,* o *compromesso*" (p. 555).

sendo certo que a verdadeira decisão de vender e de comprar está marcada na assinatura do compromisso, motivo por que se podem extrair as mesmas consequências práticas retrorreferidas.

O insigne mestre, contudo, entende que o direito fundamental do compromissário comprador é o direito de crédito (i. e., o direito ao recebimento da escritura definitiva).[25]

2.6 A nós nos parece que o contrato de compromisso de compra e venda gera, fundamentalmente, uma obrigação de dar, uma obrigação de fazer e, uma vez inscrito, acarreta o surgimento de um direito real em favor do compromissário comprador.

Das obrigações surgidas, a de maior relevo que se nos afigura é a obrigação de dar. Como ocorre na compra e venda, o compromissário comprador quer a coisa e o compromitente vendedor quer o preço. Só mesmo no círculo restrito dos juristas se pode trabalhar em torno do entendimento de que o que as partes tiveram em mira, como objetivo principal, terá sido efetuar um outro contrato.

Se a coisa não lhe é entregue, o compromissário comprador tem ação para lhe obter a posse e usá-la e fruí-la, como se comprador fosse. A semelhança ainda mais se acentua em regimes como o nosso, em que o contrato de compra e venda não transfere por si mesmo a propriedade, não deixando, portanto, de ser também, nesse sentido, uma promessa. E o fato de o compromisso aparecer então como uma "promessa de promessa" (o que era motivo de horror para grande número de juristas) é hoje aceito de forma tranquila, sendo certo que essa "cadeia de promessas" já pode hoje se estender indefinidamente, por força dos textos legais que possibilitaram a execução específica das *promessas de cessão* do compromisso e que as guindaram à alta categoria de ato traslativo de direito real.

2.7 Tudo isso é dito para salientar que a mesma obrigação de dar que existe para o vendedor existe também para o compromitente vendedor.

Essa identidade de situação é verificada de modo patente no caso de se tratar de objeto móvel ainda não entregue, ou, se imóvel, se o título não houver sido transcrito, pois, nesses casos, o comprador ainda não é proprietário, mas já tem ação para exigir a coisa.[26] Da mesma forma que o comprador nessas situações, o compromissário comprador tem essas mesmas ações para obter o imóvel.

25. Antunes Varela, op. cit., p. 134-6.

26. Agostinho Alvim, *Da compra e venda e da troca*, 1961, p. 26 e s.

A obrigação de dar é assumida pelo compromitente vendedor no momento capital do negócio, i. e., por ocasião da assinatura do contrato, quando ocorre a *única manifestação de vontade* de partes. E essa obrigação é normalmente executada nessa mesma ocasião ou a curto prazo – pois para isso mesmo que o negócio é realizado –, e geralmente sem maiores complicações, motivo por que esse aspecto do contrato não tem acarretado muitas discussões nos tribunais.

Mas o fato de ser essa obrigação cumprida espontaneamente – como de ordinário acontece por força da engenhosidade operacional do contrato – não a coloca em posição de subalternidade em relação ao outro efeito seguinte dele, i. e., a obrigação assumida pelo compromitente vendedor de outorgar a escritura definitiva de venda, uma vez recebida a totalidade do preço.

2.8 Clóvis V. do Couto e Silva, em obra recente, não deixa de acusar a existência da obrigação de dar, mas a coloca em posição secundária:

> "Além da obrigação de fazer, irradia o pré-contrato a obrigação de dar posse. O credor pré-contratante possui hoje direito à posse do imóvel. Essa obrigação notoriamente é de dar. A obrigação principal e que define o contrato, contudo, é a de fazer".[27]

Convém, então, relembrar os dizeres de Trabucchi retro transcritos de que o compromisso, no sentido primordial, é contrato definitivo de eficácia imediata, acompanhado da promessa de reproduzir o consentimento. Essa formulação, a nosso ver, retrata com felicidade o relevo que, na realidade, tem cada um dos momentos em que se perfaz o único negócio jurídico existente.

2.9 A construção doutrinária em torno da natureza do direito do compromissário comprador obtenção da escritura definitiva está hoje altamente desenvolvida no direito brasileiro.

A redação infeliz do art. 22 do Decreto-lei n. 58, inclusive e principalmente com a alteração trazida pela Lei n. 649/49, acarretou muita perplexidade, fazendo com que os autores e a jurisprudência confundissem os dois principais direitos conferidos ao compromissário comprador, i. e., o direito à obtenção da escritura definitiva e o direito real decorrente da inscrição ou averbação do contrato no Registro de Imóveis.

Com efeito, a Lei n. 649/49, estabelecendo que os contratos, "*desde que inscritos* a qualquer tempo, atribuem aos compromissários direito real oponível a terceiros, e lhes conferem o direito de adjudicação compulsória", dá a entender que a existência deste último direito estava na dependência da inscrição.

27. *A obrigação como processo*, São Paulo, 1976, p. 162.

Para agravar a dificuldade, o art. 23 estipula: "Nenhuma ação ou defesa se admitirá, fundada nos dispositivos desta lei, sem apresentação de documento comprobatório do registro por ela instituído".

E leis posteriores – extensivas do direito real a outras hipóteses – insistiam na mesma formulação, às vezes até explicitando que o direito à execução específica provinha mesmo do registro, como fez a Lei das Incorporações Imobiliárias (Lei n. 4.591, de 16-12-1964), em seu art. 35, § 4º, texto esse que merece ser transcrito:

> "Descumprida pelo incorporador e pelo mandante de que trata o § 1º do art. 31 a obrigação da outorga dos contratos referidos no *caput* deste artigo, nos prazos ora fixados, a carta-proposta ou o documento de ajuste preliminar poderão ser averbados no Registro de Imóveis, averbação que conferirá direito real oponível a terceiros, com o consequente direito à obtenção compulsória do contrato correspondente".

Também a redação do art. 69 da Lei n. 4.380, de 21-8-1964, dava a entender que o registro era necessário para que o promitente cedente pudesse exigir, compulsoriamente, a escritura definitiva de cessão.[28]

Diante de tais textos, que – diga-se de passagem – guardavam coerência entre si e repisavam o tema de maneira semelhante, a jurisprudência era bastante firme nesse sentido, i. e., de vincular o direito à adjudicação compulsória ao registro do contrato.

Daí a Súmula n. 413:

> "O compromisso de compra e venda de imóveis, ainda que não loteados, dá direito à execução compulsória, quando reunidos os requisitos legais".

E esses requisitos eram exatamente a ausência de faculdade de arrependimento e o registro do contrato, conforme se vê dos acórdãos citados na súmula (*RTJ*, 8:265; 10:333; 8:235).

28. "Art. 69: O contrato de promessa de cessão de direitos relativos a imóveis não loteados, sem cláusula de arrependimento e com imissão de posse, uma vez inscrita no Registro Geral de Imóveis, atribui ao promitente cessionário direito real oponível a terceiro e confere direito a obtenção compulsória da escritura definitiva de cessão, aplicando-se, neste caso, no que couber, o disposto no art. 16 do Decreto-lei n. 58, de 10 de dezembro de 1937, e no art. 346 do Código de Processo Civil. Parágrafo único. O disposto neste artigo se aplica aos contratos em via de execução compulsória, em qualquer instância."

2.10 *Do* ponto de vista doutrinário, contudo, o tema, a nosso ver, já estava estudado e resolvido há muito tempo, graças a Darcy Bessone e sua obra imorredoura, *Da compra e venda, promessa e reserva de domínio.*

O ilustre civilista, já na década de 50, distinguia de maneira nítida o direito (pessoal) decorrente do compromisso e o direito (real) decorrente do registro.

Valendo-se de imensa bagagem doutrinária e analisando a estrutura de cada um desses direitos, o autor ultrapassa a interpretação literal do Decreto-lei n. 58 e da Lei n. 649.

A promessa, como contrato preliminar que é, gera uma obrigação de fazer; o promitente "promete um *facere*, um fato pessoal, a exprimir-se na cooperação para a formação do contrato definitivo".[29] E, estando já superada a discussão sobre a inaplicabilidade do princípio *nemo praecise ad factum cogi potest* às obrigações que não sejam personalíssimas, a conclusão razoável é admitir-se a execução direta da obrigação e não a conversão desta em perdas e danos.

O destino normal da obrigação é o seu cumprimento na forma convencionada. Só mesmo havendo impedimento legal ou impossibilidade física, como acontece nas obrigações personalíssimas, ou no caso de desaparecimento do objeto da prestação, é que o direito moderno tolera essa solução indireta da obrigação, qual seja o pagamento das perdas e danos.

Essa possibilidade, portanto, de pleitear o compromissário a adjudicação compulsória do imóvel deriva do próprio contrato preliminar gerador de um mero direito de crédito, ou seja, de exigir um certo comportamento da outra parte, uma certa prestação, no caso, uma manifestação de vontade.

Ora, tudo isso, como é evidente, ocorre apenas no campo dos direitos pessoais, direitos relativos que operam somente *inter partes,* sendo indiferente – para esse fim de exigir a prestação – o fato de estar à promessa registrada ou não.[30]

29. Darcy Bessone, op. cit., p. 147.

30. No mesmo sentido também se manifestava Frutuoso Santos, logo após a promulgação da Lei n. 649: "Outrossim, a análise menos atenta da Lei n. 649/49 faz pensar que, antes da inscrição, o contrato de promessa é uma simples relação de direito *pessoal,* e que, uma vez inscrito, torna o promitente comprador investido de um direito *real,* por força do qual pode, nos termos da lei, promover a adjudicação compulsória do imóvel prometido. Não é, porém, esta a inteligência da lei. A intenção do legislador não foi a de conferir ao compromissário a faculdade de requerer a adjudicação compulsória como uma resultante da natureza real do direito. A execução específica do

Tanto isso é verdade que o direito à adjudicação compulsória só se perfaz com o pagamento do preço, o que pode ocorrer antes ou depois do registro, ou mesmo na ausência deste. E o direito real (ou, como querem outros, a eficácia real do compromisso) surge por ocasião do registro, esteja o preço pago ou não. Assim, portanto, pode haver direito à execução direta sem haver direito real, e pode haver direito real sem haver direito à execução direta.

Essa tese, exposta com brilho incomum por Darcy Bessone, pouco repercutiu na jurisprudência, ficando esquecida por muitos anos, voltando recentemente de modo vigoroso.

2.11 Substancioso acórdão do TJSP, relatado pelo eminente Juiz Antônio César Peluso (*JRT*, 495: 155), traz subsídios doutrinários valiosíssimos para a tese, ao mesmo tempo que informa sobre o estágio atual da jurisprudência sobre o tema.[31]

Essa corrente ganhou nos últimos anos a adesão expressa de Orlando Gomes, conforme se vê do parecer (*RT*, 469:39) que serviu também de supedâneo aos dois acórdãos mencionados acima e à nota 21.

Diz Orlando Gomes, após esclarecer más interpretações de afirmações suas anteriores, que "o novo CPC limpou a área para a aceitação em sentença independentemente da inscrição da execução coativa em forma específica da obrigação de emitir a declaração negocial contraída em promessa irretratável de venda".

Realmente, estipula o CPC, de modo genérico, em seu art. 639, que, "se aquele que se comprometeu a concluir um contrato não cumprir a obrigação, a outra parte, sendo isso possível e não excluído pelo título, poderá obter uma sentença que produza o mesmo efeito do contrato a ser firmado".

Trata-se, portanto, de norma de alcance geral a ser aplicada ao comum dos contratos preliminares, com a só ressalva de haver impossibilidade do cumprimento da obrigação ou o próprio título excluir a execução direta, como acontece quando consta do título faculdade de arrependimento.

contrato de promessa é decorrência de um princípio geral que rege todo contrato" (op. cit., p. 127-8).

31. *V.* também no mesmo volume (495:142) acórdão relatado pelo ilustre Juiz Toledo de Assumpção, rezando a ementa: "Tratando-se de compromisso de compra e venda de imóvel não inscrito, cujo preço foi totalmente pago, o que torna impossível o arrependimento, tem o promitente comprador, nos termos do art. 639 do CPC, o direito de obter sentença que produza o mesmo efeito da declaração de vontade devida pelo promitente vendedor, suprindo o julgado a falta da escritura definitiva e valendo como título a ser transcrito".

Essa disposição tão límpida foi, contudo, um tanto turvada pela Lei n. 6.014, de 27-11-1973, que adaptou ao novo Código diversas leis e decretos-leis, entre estes o de n. 58/37. A nova redação do art. 22 deste decreto-lei, dada pelo art. 1º da Lei n. 6.014, manteve a formulação anterior – tão criticada pelos autores –, que parecia sugerir que o direito à adjudicação compulsória dependia do registro do contrato. A oração "desde que inscritos a qualquer tempo" continua lá antecedendo a atribuição do direito real e do direito de adjudicar.

Seja como for, interpretação razoável é pela aplicação direta do art. 639, i. e., sem exigência do registro, pois não é crível que de todos os contratos preliminares logo aquele que é o mais importante e que sempre mereceu tratamento preferencial do nosso sistema legal fosse sofrer a restrição excepcional da exigência do registro.

Ou, por outras palavras e exemplificando: diante da disposição genérica do art. 639, uma promessa de permuta ou de prestar garantia hipotecária pode ter execução coativa independentemente de qualquer registro. Não é, então, razoável que o registro seja necessário por se tratar de promessa de venda só porque o CPC não foi bem adaptado ao Decreto- Lei n. 58.

2.12 Uma outra discussão jurisprudencial que nos interessa, graças à grande afinidade apresentada com o tema da adjudicação compulsória, dizia respeito ao cabimento ou não do *pedido cominatório* para o compromissário comprador exigir a outorga da escritura definitiva de venda. Sendo o compromisso de compra e venda o instituto mais utilizado nos negócios imobiliários, é muito frequente a hipótese de não poderem – por um motivo ou outro – ser registrados os respectivos títulos.

Diante da inviabilidade, então patente, da ação de adjudicação compulsória, por falta de registro, o adquirente arriscava essa outra via, argumentando de modo semelhante ao retromencionado: independentemente do registro, o contrato gera uma obrigação de fazer consistente na outorga da escritura; descumprida a obrigação, o adquirente pedia a citação do alienante para prestar o fato, com a cominação de uma determinada pena, amparado que estava na disposição geral do art. 302, XII, do CPC de 1939.[32]

As duas situações não são, obviamente, idênticas, já que, por meio da cominatória, a escritura de venda podia não ser outorgada e o domínio do imóvel, portanto, não vir a ser transmitido – o que ocorre de modo fatal e irrefragável com a ação de adjudicação compulsória.

32. "Art. 302. A ação cominatória compete: (...) XII – Em geral, a quem, por lei ou convenção, tiver direito de exigir de outrem que se abstenha de ato ou preste fato dentro de certo prazo."

Mas o objetivo prático visado pelo adquirente era frequentemente atingido, pois o alienante, constrangido pela cominação da multa, acabava por outorgar a escritura.

A discussão atingiu todos os tribunais do país e não foi serenada, embora tenha sido dominante a corrente que admitiu a ação cominatória para aquele fim.

Arruda Alvim (Parecer, RT, 442:53) dá sua adesão a essa corrente dominante e indica a jurisprudência dos tribunais de diversos Estados:

> "A atitude de outorgar uma escritura a alguém consubstancia, tipicamente, uma obrigação de fazer. Nesse sentido já tem, reiteradamente, decidido nossa jurisprudência. V.g., TJSP, *RT*, 366:134; TJRJ, *RT*, 336:449; TJRJ, *RT*, 327:596; TJMT, *RT*, 436:497; TJPE, *RT*, 321:615. Constatamos, desta forma, plenamente, a configuração, na recusa à outorga de escritura, a própria recusa em fazer o que deve, por pacto anterior, ser feito."

Mas o STF tem decidido em ambos os sentidos, não se podendo, portanto, considerar definido o debate.[33]

2.13 O que se nota é uma evidente incoerência da jurisprudência ao tratar da adjudicação e da cominatória: se não admite a adjudicação, não é razoável admitir a cominatória, pois ambas as ações nascem do descumprimento da mesma obrigação de fazer.

Não deixa, portanto, de ser surpreendente, do ponto de vista lógico, o fato de haver preponderado a corrente que negava a adjudicação compulsória se faltasse o registro do contrato, ao mesmo tempo que também preponderava

33. "Promessa de venda. Imóvel não loteado. Contrato, se não foi inscrito no Registro de Imóveis, como dispõe a Lei n. 649, de 1969, não autoriza cominatória visando a outorga da escritura ou adjudicação compulsória" (Rec. Extr. n. 68.732, julgado em 25 maio 1970, *RT*, *421:193*).

"Cominatória. Promessa de venda por instrumento particular não inscrito no Registro de Imóveis. Direito do promitente comprador de propor a ação, cominando pena ao promitente vendedor no caso de não outorgar a escritura no prazo estipulado." "Não se tratando de execução coativa mas de satisfação de prestação convencionada no contrato, sob pena de multa, cabe a cominatória" (Rec. Extr. n. 66.775-GB, 2ª Turma, julgado em 22 set. 1972, Rel. Xavier de Albuquerque, *RT*, 457:286).

O plenário do STF, por maioria de votos, já havia reconhecido a propriedade da ação cominatória para o cumprimento de obrigação de fazer, conforme extenso e erudito acórdão relatado pelo Min. Amaral Santos, autor de obra célebre sobre a matéria (*RTJ*, 52:647). Ressalve-se, porém, que o caso não tratava de compromisso de compra e venda.

(embora de modo menos acentuado) a corrente que admitia a ação cominatória para exigir que o promitente vendedor outorgasse a escritura definitiva.

A nosso ver, cabe aplaudir a nova tendência da jurisprudência que admite a adjudicação compulsória, não obstante a falta do registro do contrato, ao mesmo tempo que, mantendo coerência com esse entendimento, espera se firme de vez a corrente pró-cominatória.[34]

2.14 O tema ainda é de atualidade, uma vez que o novo CPC, embora deixando de se referir expressamente à ação cominatória, trouxe, ao mesmo propósito, disposições mais abrangentes e eficazes, como as dos arts. 287 e, principalmente, 644, *verbis:*

> "Se a obrigação consistir em fazer ou não fazer, o credor, poderá pedir que o devedor seja condenado a pagar uma pena pecuniária por dia de atraso no cumprimento, contado o prazo da data estabelecida pelo juiz".

Trata-se, segundo os ensinamentos de Amílcar de Castro[35] e de A. Mendonça Lima,[36] de inovação em nosso direito, consistente na adoção das *astreintes* do direito francês, pelas quais se pretende constranger o devedor a cumprir a obrigação. Não se destinam elas, por si mesmas, a reparar o dano, e sim a coagir o responsável ao cumprimento da obrigação. Não se assemelham à "pena" do nosso direito anterior porque, segundo o art. 1.005 do CPC revogado, a cominação não podia exceder o valor da prestação. E "exatamente a característica das *astreintes é* poderem ser ilimitadas", conforme os dizeres de A. Mendonça Lima.[37]

34. A compatibilidade entre ambas as ações é ressaltada pelo ilustre Juiz Moreno Gonzales em voto vencedor (*RT*, 441:113): "A ação de adjudicação compulsória, por sua natureza, visando a obter a escritura definitiva de imóvel compromissado, que se não outorgada será substituída, pela adjudicação concedida pela justiça, compreende-se entre as ações cominatórias. Assim, a presente ação, ajuizada para o fim específico colimado nas ações de adjudicação compulsória, permitia a aplicação do art. 276 do CPC, pois, designando-a como ação cominatória, com fundamento no n. XII do art. 302 do CPC, o autor nada mais fez do que invocar o gênero de que a adjudicação compulsória é espécie".
35. *Comentários ao Código de Processo Civil;* comentário aos arts. 644 e 645, São Paulo, Revista dos Tribunais, 1974, v. 8.
36. *Comentários ao Código de Processo Civil*, comentário ao art. 644, Forense, 1974, v. 6, t. 2.
37. Op. cit., p. 777, n. 1.794. No mesmo sentido, Amílcar de Castro: "Pelo art. 1.005 do Código anterior, a cominação pecuniária não podia exceder o valor da prestação, mas o novo Código, acompanhando o direito francês e o direito alemão, não marca

Constituem, assim, elemento de extraordinária força de pressão contra o devedor, pois, como adverte Josserand, citado por A. Mendonça Lima, "não há fortuna que possa resistir a uma pressão contínua e incessantemente acentuada; a capitulação do devedor é fatal; vence-se a sua resistência, sem haver exercido violência sobre a sua pessoa: procede-se contra seus bens, contra a sua fortuna, contra seus recursos materiais".[38]

Não temos ainda notícia quanto à invocação do mencionado art. 644 do CPC para obter escritura definitiva de compra e venda, o que provavelmente ainda vai ocorrer em maior escala se não vingar a nova e liberal corrente em matéria de adjudicação compulsória.

Em relação a um ponto, porém, temos muitas dúvidas: achamos improvável que nossa jurisprudência, tendo em vista a tradição, venha a absorver sem grandes abrandamentos o novo instituto das *astreinte.*[39]

2.15 Se fizemos referência à ação cominatória, é porque o assunto fez parte do desenvolvimento da jurisprudência em torno do compromisso de compra e venda. A cominatória sempre foi grandemente utilizada na exigência do cumprimento de diversas obrigações assumidas mediante compromisso, ganhando relevo, é claro, a obrigação de outorga de escritura definitiva. Mas até mesmo para exigir entrega de chaves, apelou- se para a cominatória.40

2.16 Afirmamos atrás, apoiados em conspícuos autores, que o compromisso deve ser encarado como uma espécie do gênero compra e venda (tema pouco desenvolvido entre nós e também neste verbete), ou deve ser encarado

limite ao valor da *astreinte: a soma cobrada é suscetível de aumento indefinido*" (op. cit., p. 189, n. 253).

38. Op. cit., p. 776, n. 1.792.

39. A *Revista de Processo* (4:399) traz informação sobre o seguinte julgado: "153 – Multa diária – Limite. A multa diária, pedida pelo autor para exigir o cumprimento de obrigações de fazer, deve ser limitada ao valor da causa" (TJSP, 1ª Câm. Cív., Apelação n. 242-390, Rel. Oetterer Guedes, v. un., 10 jun. 1975). Esse julgado, se se referir à cominação de pena imposta já na vigência do novo Código, vem fortalecer essa nossa afirmação, meramente intuitiva, quanto ao futuro das *astreintes* no direito brasileiro.

40. Para exigir o adimplemento de obrigações acessórias assumidas no compromisso, fossem as obrigações de fazer ou de não fazer, a cominatória sempre foi a ação recomendável, como, p. ex., para atender à exigência do Registro de Imóveis (*RT*, 275:297), para *obrigar a construir* (*RT*, 259:251), para fazer cumprir restrições a construções (*RT*, 293:272). Para entrega de chaves (*RT*, 284:4-25; 299:681) não vemos cabimento da cominatória, considerando o caráter nitidamente possessório do ato. Aliás, a jurisprudência firmou-se no sentido de não admitir a cominatória para compelir o réu a cumprir obrigação de dar (STF, Súmula n. 500).

como um contrato preliminar impróprio, i. e., aquele em que a principal e real manifestação de vontade, o negócio jurídico propriamente dito, se dá no primeiro contrato, não passando o último de mero adimplemento do primeiro.

Este modo de ver o problema acarreta importante consequências práticas.

Orlando Gomes cita algumas, como a impossibilidade de o ascendente se comprometer a vender para o descendente sem a expressa concordância dos demais, como também a inviabilidade do compromisso de vender coisas fora do comércio ou inalienáveis, e ainda a dispensa de outorga do cônjuge para a escritura definitiva se o compromisso se fez quando solteiro.[41]

Quanto à venda para descendente, assim decidiu o 2º TACivSP:

> "Não é nulo o compromisso de venda e compra entre ascendente e descendente, feito sem o consentimento de outros descendentes".

Preocupado com a ausência de proibição em qualquer parte do CC ou em qualquer outro diploma legal, o acórdão afirma que:

> "Muito embora, obedecidos os requisitos do Decreto-lei n. 58, de 10-12-1937, ou da Lei n. 649, de 11-3-1949, a promessa de venda de imóveis gere direitos reais, verifica-se que nem sempre a transação é completada. Em o sendo poderia ser impugnada, se com violação do art. 1.152 do CC".[42]

A tese do acórdão parece-nos, *data venia,* insustentável no atual estágio da jurisprudência sobre o assunto. Sendo o compromisso uma espécie de venda, a vulneração do citado art. 1.132 verifica-se logo por ocasião da realização do compromisso. Graves prejuízos podem ocorrer para o comércio jurídico, atingindo a boa-fé de terceiros, futuros adquirentes ou meros credores, e prejuízo maior pode-se verificar para os outros descendentes – beneficiários diretos da norma do art. 1.132 do CC – , os quais precisarão aguardar tempo para a consumação da venda. E se a escritura de venda for procrastinada indefinidamente?

É normal que o CC não aborde o tema, pois, no começo do século, não existia o compromisso de compra e venda com as características de agora. E é também normal que outros diplomas legais façam o mesmo, i. e., também não abordem o compromisso de compra e venda entre ascendentes e descendentes, pois é matéria intimamente ligada à compra e venda, não sendo de se esperar que todas as proibições e cláusulas especiais a esta pertinentes sejam repetidas em relação ao compromisso. A extensão ao compromisso de compra e venda

41. Op. cit., p. 455-6.
42. *RT*, 482:152.

dessas proibições e cláusulas especiais, a nosso ver, é, na maioria dos casos, automática.

Quanto à promessa de venda de bem inalienável, o STF decidiu, há pouco tempo:

> "Promessa de venda. Sua não resolução se, na escritura de promessa de compra e venda, a aquisição dos direitos prometidos alienar ficou condicionada à liberação do bem gravado. A lei proíbe a venda do bem inalienável, mas admite a promessa desse bem, desde que a aquisição do direito fique condicionada à liberação da coisa. Recurso extraordinário não conhecido. Súmulas n. 282, 356, 400 e 454".[43]

Trata-se de decisão de certo modo contrária à tese que vimos defendendo. Dizemos de certo modo, porque a ementa *supra* deixa claro que a promessa vale se na escritura a aquisição tiver ficado condicionada à liberação do gravame. Não havendo a condição, a promessa, portanto, não valerá. Nesse ponto, então, a solução do acórdão coincide com a tese a que aderimos. O ponto de vista do acórdão é bastante sedutor, já que, tratando-se de um contrato preliminar, nada mais natural que seja imposta uma condição dessa natureza. Caso o imóvel não seja liberado, a promessa não produz efeitos, voltando as partes ao *status quo ante*. Mas não cremos que tal ponto de vista – *data venia* – possa resistir aos desdobramentos que acarreta. E, se o promitente vendedor se nega a providenciar a liberação do imóvel, haverá ação para o compromissário comprador o compelir a isso, especificamente? Cremos que não, salvo talvez algumas hipóteses raras de previsão na própria promessa dos bens que receberão o vínculo folgadamente, e desde que não haja contrariedade ao art. 1.676 do CC. No comum dos casos não vemos como possa o compromissário comprador exigir a adjudicação compulsória do imóvel se o compromitente vendedor se furtar a promover a sub-rogação do vínculo. Em suma, entendemos que a tese do venerando acórdão tem cabimento para casos de mera promessa de contratar (contrato preliminar próprio), em que o cumprimento forçado tanto se poderá dar por meio da execução específica ou mediante a conversão em perdas e danos, e não no caso do compromisso de compra e venda, tal como concebido pelo Decreto-lei n. 58 e Lei n. 649, em que a transmissão do bem é fatal, havendo, assim – a nosso ver –, violação do art. 1.676 do CC. É de se observar, por fim, que a violação desse preceito, segundo o entendimento quase unânime dos autores, acarreta a nulidade do ato e não a mera anulabilidade (cf. Clóvis Beviláqua, *Código Civil*, art. 1.676, obs. n. 4; Orlando Gomes, *Sucessões*, 1973,

43. *RTJ*, 73:959, 2ª Turma, Rel. Min. Cordeiro Guerra, 18 fev. 1975.

p. 119). Não é razoável que disposição cogente como essa, que atinge a venda, não venha também a atingir o compromisso de venda.

2.17 Outras consequências práticas podem ainda ser lembradas se considerarmos o compromisso como contrato preliminar impróprio ou como espécie de venda e compra:

a) *Os* problemas quanto à capacidade das partes e aos vícios do negócio jurídico devem ser examinados tendo em vista o momento da realização do compromisso. Assim, "a data do ato de transmissão, para efeito da ação pauliana, é a do compromisso, e não a da celebração da escritura definitiva", segundo os dizeres de Antunes Varela.[44]

b) Não há fraude à execução, se o compromisso de compra e venda preexiste à pendência da lide. Esse mesmo contrato prevalece ainda que o registro do contrato tenha sido feito posteriormente.[45]

c) O direito de preferência, conferido ao condômino de coisa indivisível, pelo art. 1.139 do CC, pode ser exercido contra o compromissário comprador, não havendo por que se esperar a consumação da venda para, então, exercer-se a prelação. O prazo de seis meses para o exercício do direito deve contar-se a partir da data em que se teve ciência efetiva do compromisso.

Interessante acórdão do TJMG (*RT*, 457:191), relatado pelo MM. Juiz Hélio Costa, firmou a primeira tese e negou a segunda.

Com efeito, reza a ementa do acórdão:

> "Se o direito de preferência pode ser exercido contra o promissário comprador depois que a venda se torna definitiva, nada impede que o mesmo direito se exercite antes da venda definitiva, com a sub-rogação do consorte nos direitos do compromissário. O prazo de caducidade para o exercício da preferência há que se contar da efetivação da venda, porque o direito alcançado é o de sequela contra o comprador".[46]

---

44. Op. cit., p. 315, onde faz menção a judicioso acórdão do TJDF (Rio de Janeiro), *RF*, 296:152.
45. Nesse sentido, acórdão do STF, 1ª Turma *(RTJ*, 75:150*)*, com citação de outros julgados do próprio STF. Também nesse sentido, acórdão da 6ª Câmara do 2º TACivSP (*RT*, 482:156), relatado pelo MM. Juiz Salles Abreu, acolhendo embargos de terceiro e afirmando: "Ora, o apelado tem posse justa sobre coisa de que não tem ainda o domínio, através de compromisso de compra e venda, não registrado. De tal sorte tem o direito que lhe confere tal posse e, pois, tem o remédio de que se valeu, para protegê-la contra a turbação que a penhora impugnada lhe causou" (v. ainda *RT*, 487:156).
46. O acórdão noticia a divergência de opiniões entre Pontes de Miranda (*Tratado*, v. 39, § 4.312, nota 6) e Washington de Barros Monteiro (*Direito das obrigações*, 1975, Parte

Entendendo, como temos entendido, que o negócio jurídico propriamente dito se consubstancia no momento do compromisso, o qual irá acarretar fatalmente a transferência do domínio, a conclusão há de ser uma só para ambos os casos, i. e., pode-se pleitear a prelação havendo compromisso, contando-se da data da ciência deste o prazo para se exercer o respectivo direito. Usando do mesmo argumento da primeira parte do acórdão, se a sequela pode ser exercida contra o compromissário comprador depois que a venda se torna definitiva, nada impede, e é até recomendável, que o mesmo direito seja exercido antes da venda definitiva. A sequela, no caso, é decorrência do direito de propriedade do condômino preferente, e pode ser exercida contra a pessoa a quem o imóvel foi alienado (o compromisso é, a nosso ver, forma de alienação), sendo certo que a sequela pode ser invocada por força do próprio direito do preferente, sem necessidade de se impugnar o ato jurídico de disposição indevidamente praticado.[47]

d) A superveniência de leis novas criando obstáculos às transmissões de imóveis não pode alcançar negócios já formalizados por compromisso de compra e venda, registrados ou não. Da mesma forma, uma determinada proibição legal de alienação ou de venda atinge por certo o compromisso de compra e venda.

Trata-se de hipótese extremamente relevante dada a frequência com que esses casos têm ocorrido. Citemos alguns, sem pretensão de exaurir as ocorrências:

d.1) "A LOPS – Lei n. 3.807, de 26-8-1960 – estatuiu em seu art. 142 que as empresas por ela abrangidas não poderão alienar, ceder, transferir ou onerar bens imóveis, embarcações ou aeronaves, sem que provem a inexistência de débito para com a instituição de Previdência Social a que estejam ou tenham estado vinculadas, sob pena de nulidade do ato e do registro público, a que estiverem sujeitas".

2, p. 98), o primeiro pela incidência do direito de preferência em caso de compromisso de compra e venda e o segundo em sentido contrário, e opta pela tese do primeiro. Argumenta com perspicácia o acórdão: "Mesmo porque, nas promessas em que o preço deva ser pago a prestações a longo prazo, seria iníquo que o direito expectativo do compromissário permanecesse inseguro e com caráter de resolubilidade que a lei lhe quis retirar e, pior ainda, que o aviltamento do preço, pelo transcurso do prazo longo estabelecido o seu pagamento em prestações, possibilitasse ao preferente um enriquecimento ilícito que lhe adviria pela compra com o preço aviltado".

47. Conforme José de Oliveira Ascensão, *Direitos reais*, Lisboa, 1971, p. 95, o qual faz remissão a Antunes Varela, op. cit., p. 130-1.

Posteriormente, o Decreto-lei n. 66, de 21-11-1966, deu nova redação a esse art. 142, reformulando toda a matéria e deixando expressa a abrangência dos casos de compromissos de compra e venda, de cessão e de promessa de cessão, para todos exigindo o chamado "certificado de quitação" de débito para com a instituição de Previdência Social.

Havendo compromisso anterior, estando, portanto, perfeitamente delineado e definido o respectivo negócio jurídico, não vemos como se exigir o comprovante de quitação por ocasião da escritura definitiva, conforme tem entendido o STF.[48] Esse entendimento contraria princípios informadores de outros julgamentos do próprio STF sobre a aplicação do compromisso de compra e venda. A tese a que aderimos é a que tem preponderado no Conselho Superior da Magistratura de São Paulo.[49]

O que foi dito acima vale também para os contribuintes como os do extinto FUNRURAL (Dec. n. 73.617, de 12-2-1974, art. 160), i. e., a exigência do

48. "Lei n. 3.807, de 1960, art. 142. As empresas que contribuem para o INPS não têm o direito de alienar seus bens imóveis, sem que façam a prova de quitação de suas obrigações previdenciárias; Promessa de compra e venda de imóvel consumada antes da vigência da norma acima referida não exclui a necessidade de tal prova" (Rec. Extr. n. 72.041, de 6 out. 1972, Rel. Min. Antônio Neder, Doc. n. 142.537 do Centro de Processamento de Dados do Senado Federal). "Previdência Social. Certidão negativa de débito para com o INPS. Está sujeita à exigência do art. 142 da Lei n. 3.807/60 a escritura de compra e venda de imóvel, lavrada após a vigência desse preceito, ainda quando a promessa seja de data anterior" (Rec. Extr. n. 72.010, de 10 ago. 1971, Rel. Min. Osvaldo Trigueiro, Doc. n. 204.000 do Centro de Processamento de Dados do Senado Federal). "As empresas sujeitas ao regime da Lei n. 3.807/60 não podem alienar imóveis sem a prova de quitação das obrigações de Previdência Social. O fato jurídico é a alienação, sendo que a existência de compromisso anterior, mesmo irrevogável e quitado, não isenta da obrigação" (*RTJ*, 50:531, Rel. Barros Monteiro, 10 dez. 1971).

49. Eis importante acórdão relatado pelo eminente Des. Ferreira de Oliveira sufragando a tese que perfilhamos, tendo em vista a natureza do compromisso: "A escritura definitiva de compra e venda em questão, lavrada em 13-8-1971 e cujo registro foi negado pelo oficial do Registro de Imóveis, se refere *a um* compromisso de compra e venda de caráter irrevogável e irretratável, celebrado em 29-3-1960 e devidamente inscrito no Registro de Imóveis em 5-5-1960, anteriormente, pois, à Lei n. 3.807, de 26-8-1960. Assim, se a promessa de venda *foi anterior à lei* que instituiu o registro – certificado de quitação (CQ) – não se pode exigir tal certidão, porque a lei não pode retroagir para alcançar *fatos passados já consumados*". E após se referir aos efeitos da inscrição, segundo Serpa Lopes, conclui: "circunstância que salienta o descabimento da exigência, *de vez que já garantido ao comprador* do apartamento referido na escritura *o direito à adjudicação compulsória*" (*RT*, 443:197).

comprovante de quitação não deve ser feita por ocasião da escritura definitiva em cumprimento de compromisso celebrado anteriormente à exigência legal.

d.2) O Estatuto da Terra (Lei n. 4.504, de 30-11-1964), por seu art. 65, e o Decreto-lei n. 57, de 18-11-1966, art. 11,[50] vedam o parcelamento do imóvel rural em áreas de dimensão inferior ao módulo de propriedade agrária estabelecido para a região. Mas essa proibição não deve atingir os casos de transmissão em que houve compromisso anterior à mencionada lei. Aliás, o Estatuto e a legislação agrária em geral tratam o compromissário comprador de modo muito semelhante ao proprietário, sendo certo que as exigências que são feitas para a venda são também feitas para o compromisso de venda.[51]

d.3) A Lei n. 5.709, de 7-10-1971, criou obstáculos à aquisição de imóvel rural por estrangeiro. Mas ela própria previa a hipótese de negócios jurídicos anteriores e os ressalvou, ao dispor em seu art. 12, § 2º, II:

> "Ficam excluídas das restrições deste artigo as aquisições de áreas rurais que tiverem sido objeto de compra e venda, de promessa de compra e venda, de cessão ou de promessa de cessão, mediante escritura pública ou instrumento particular devidamente protocolado no registro competente, e que tiverem sido cadastrados no INCRA em nome do promitente comprador, antes de 10-3-1969" (data do Dec.-lei n. 494, que regulamentou o Ato Complementar n. 45, de 30-1-1969, que dispõe sobre a aquisição da propriedade rural por estrangeiros).

Consideramos importante salientar tal dispositivo e os anteriores porque eles consagram legislativamente o ponto de vista que está sendo defendido.

d.4) O Decreto-lei n. 685, de 17-7-1969, torna indisponíveis os bens dos administradores, gerentes e conselheiros fiscais das sociedades sujeitas ao regime de liquidação extrajudicial, não podendo aquelas pessoas, "por qualquer

50. Art. 65, *caput*, da Lei n. 4.505/64: "O imóvel rural não é divisível em áreas de dimensão inferior à constitutiva do módulo de propriedade rural". Art. 11 do Decreto-lei n. 57/66: "Para fins de transmissão a qualquer título, na forma do art. 65 da Lei n. 4.504, de 30-11-1964, nenhum imóvel rural poderá ser desmembrado ou dividido em áreas de tamanho inferior ao quociente da área total pelo número de módulos constante do certificado de cadastro. § 1º São considerados nulos e de nenhum efeito quaisquer atos que infrinjam o disposto no presente artigo, não podendo os Cartórios de Notas lavrar escrituras dessas áreas nem serem tais atos transcritos nos Cartórios de Registro de Imóveis sob pena de responsabilidade dos seus respectivos titulares".

51. Observem-se em especial o art. 22 e seus parágrafos, da Lei n. 4.947, de 6-4-1966, que exigem, a apresentação do certificado de cadastro do imóvel rural e a prova de quitação do imposto territorial nos casos de, entre outros, venda e de promessa de venda.

forma, direta ou indiretamente, aliená-los ou onerá-los, até final e definitiva apuração e liquidação de suas responsabilidades" (art. 1.º). Os demais dispositivos do decreto-lei são também violentos e têm tido aplicação frequente encontrando muitos negócios imobiliários em pleno andamento por meio de compromisso de compra e venda. Apesar da gravidade da situação, com o objeto do negócio tornado aparentemente indisponível e, portanto, juridicamente impossível e fora do comércio, não temos dúvida em afirmar que a aludida indisponibilidade não pode atingir os imóveis objeto de compromisso anterior (salvo hipótese de má-fé, é claro), não podendo ser negada a escritura definitiva de venda. O que se tornou indisponível foi aquilo que o compromitente tinha no momento da decretação da liquidação ou falência, i. e., o eventual crédito decorrente do compromisso e não a propriedade propriamente dita ou qualquer resíduo desta. A escritura definitiva como mero "ato devido" não pode ser negada sob pena de afrontar um negócio jurídico já realizado e atingir interesses de terceiros de boa-fé.[52]

2.18 O STF nem sempre tem encarado o compromisso de compra e venda, nesse ponto, com a necessária coerência: às vezes dá maior ênfase à escritura definitiva e às vezes salienta os efeitos imediatos do compromisso por si

52. Por esses motivos, nos afastamos, nesse ponto, do ensinamento de Darcy Bessone, *verbis*: "Consequentemente, se o objeto do contrato definitivo for ilícito, ou impossível, ou se achar fora do comércio, tornar-se-á inviável o contrato preliminar. Sendo a inviabilidade contemporânea de sua celebração, o contrato preliminar será nulo. Se, porém, sobrevier após a sua conclusão e antes do contrato definitivo, este não poderá constituir-se e o contrato preliminar perderá a eficácia. Nesta hipótese, o problema da responsabilidade dos contratantes encontrará solução nas regras próprias" (op. cit., p. 109). A nós nos parece, *data venia*, que, sem levar em conta a distinção entre o contrato preliminar próprio e impróprio (ou outros nomes que se lhes deem) ou ainda sem a consideração do compromisso como espécie do gênero compra e venda, não haverá solução satisfatória para o caso.

A propósito desse importante Decreto-lei n. 685, de 17-7-1969, decidiu o MM. Juiz da Vara de Registros Públicos de São Paulo: "Tenho para mim que é irrelevante argumentar que a escritura de compra e venda se fez em cumprimento a anterior compromisso, quando ainda não havia a restrição anotada. Um fato jurídico superveniente à promessa veio tolher a liberdade contratual dos partícipes, pelo menos temporariamente, ou seja, até que a liquidação encontre o seu término. A alienação, portanto, é inviável, não podendo a escritura, por enquanto, ser transcrita no registro imobiliário competente". Essa sentença foi reformada por acórdãos do Conselho Superior de Magistratura de São Paulo no Agr. de pet. n. 194.119, *DJ*, 16 dez. 1970 e 18 dez. 1970, relatado pelo então Des. Rodrigues de Alckmin, concluindo: "Assim, o referido decreto-lei não pode suprimir os efeitos decorrentes do aludido compromisso de compra e venda e a respectiva transcrição no Registro de Imóveis competente".

mesmo, o que, a nosso ver, é mais conforme à natureza do negócio. Por isso criticamos os acórdãos citados no item anterior que exigiram certificado de quitação de dívidas previdenciárias por ocasião da escritura definitiva, mesmo existindo compromisso anterior à lei que criou aquela exigência. Em casos que com esses guardam certa semelhança, como, p. ex., da cobrança do antigo imposto de lucro imobiliário, o STF entendeu de modo oposto e de forma tranquila, a ponto de dispor na Súmula n. 97:

> "É devida a alíquota anterior do imposto de lucro imobiliário, quando a promessa de venda houver sido celebrada antes da vigência da lei que a tiver elevado".

E coerentemente decidia que "não era devido esse imposto, na ocasião de outorga da escritura definitiva, quando a promessa de compra e venda fosse anterior à Lei n. 3.470, de 28-11-1958",[53] que criou o imposto.

Em todos esses casos se teve presente que o real negócio jurídico ocorreu por ocasião do compromisso, e não da escritura.

2.19 Nessa mesma linha o STF, em sessão plenária, decidiu que "a promessa de compra e venda irretratável, irrevogável e inscrita no Registro Geral de Imóveis, feita pela testadora, posteriormente ao testamento, leva à sua caducidade".[54]

A ementa *supra* faz supor que o STF teria sufragado inteiramente a tese que vem sendo defendida, uma vez que o julgado fez prevalecer a vontade manifestada por ocasião da promessa, aproximando a promessa da venda.

A análise do acórdão, entretanto, revela que não se pode concluir dessa forma, embora já se tenha avançado um pouco mais.

Esse acórdão, relativamente recente, oriundo do plenário do STF, interessa bastante ao nosso trabalho. Tratava-se de saber se o compromisso pode ser considerado título de alienação do imóvel para os efeitos do art. 1.708, II, do CC, a saber:

> "Caducará o legado: (...) II – Se o testador alienar, por qualquer título, no todo ou em parte, a coisa legada. Em tal caso, caducará o legado, até onde ela deixou de pertencer ao testador".

Os eminentes ministros Eloy da Rocha e Thompson Flores ficaram vencidos com a tese:

53. Rec. Extr. n. 71.041, de 23 ago. 1971, Rel. Min. Eloy da Rocha, Doc. n. 203.082 do Centro de Processamento de Dados do Senado Federal.

54. Emb. em Rec. Extr. n. 67.451, de 18 out. 1972, Rel. Min. Djaci Falcão, *RTJ*, 65:693.

"A promessa de compra e venda irretratável e inscrita não equivale à alienação, quando somente desta cogita a lei" (cf. voto do Min. Eloy da Rocha).

Os demais julgadores, acompanhando o Min. Djaci Falcão relator, sufragaram a tese de que a palavra "alienação" está empregada, no inc. II do art. 1.708, em sentido amplo, conforme lição de Carvalho Santos, abrangendo, então, o compromisso.

A equiparação, portanto, do compromisso à alienação só se deu para o efeito acima apontado. A propósito, o voto do Min. Alckmin foi resumido e esclarecedor:

> "O venerando acórdão não afirmou tese absoluta de que haja equiparação de promessa de compra e venda, inscrita e irretratável, à alienação. Acresce que, no art. 1.708 do CC, quando a lei se refere à alienação por identidade de situações, atendendo à manifestação da vontade do testador, também deve abranger a promessa de venda irretratável. Aí há um dado novo a traduzir a manifestação da vontade do testador; essa promessa de alienação deve ser equiparada, nos seus efeitos quanto à caducidade do legado, à própria venda".

Daí podemos concluir que, pelo menos, um outro traço foi executado nesse árduo processo de modelagem do instituto que a jurisprudência, a duras penas, está levando avante.

2.20 Outro acórdão, também do plenário do STF, ainda mais recente, deixou julgado que, "para efeito de preferência enfitêutica do senhorio, a *promessa* de venda irrevogável e irretratável, transcrita [no corpo do acórdão está inscrita] no Registro de Imóveis, com adjudicação compulsória, *equivale à escritura de venda*".[55]

O Min. Aliomar Baleeiro, relator dos embargos não conhecidos à unanimidade, transcreve voto do Min. Luiz Gallotti, relator do acórdão embargado:

> "e no tocante à ação de nulidade da alienação, por não ter a recorrente sido notificada para exercer o direito de preferência que reclamou, ao ter conhecimento da venda, mediante depósito do preço (CC, art. 683), é de ver que não se trata de simples promessa, mas de promessa feita com caráter irrevogável e irretratável, inscrita no Registro de Imóveis, que confere direito à adjudicação compulsória".

Mais um degrau vencido. E agora a distinção expressa entre a "simples promessa" e a "irretratável e inscrita", i. e., aquela que aqui temos chamado de compromisso.

55. Emb. em Rec. Extr. n. 70.436, de 25 abr. 1973, *RTJ*, 68:616.

2.21 Súmulas mais recentes (n. 583 e 590),[56] acompanhando de perto a evolução legislativa em matéria tributária, têm dado a ênfase necessária aos efeitos do compromisso quanto ao pagamento dos impostos predial e de transmissão *causa mortis*. Tais postulados não deixam também de constituir um elemento a mais para nos auxiliar na tentativa de caracterização do compromisso de compra e venda.

É verdade que a Súmula n. 108 considera "legítima a incidência do imposto de transmissão *inter vivos* sobre o valor do imóvel ao tempo da alienação (?) e não da promessa, na conformidade com a legislação local", súmula essa que, embora antiga, continua sendo aplicada (*RTJ*, 74:399; e 59: 783-4). Mas ela se justifica por se tratar de caso especial, expressamente previsto pela legislação local, como a paulista, que, podendo cobrar o imposto no compromisso, nos termos da permissão constitucional (art. 23, I), não o faz, deixando para cobrá-lo por ocasião da escritura definitiva.

56. Súmula n. 583 – "Promitente comprador de imóvel residencial transcrito em nome de autarquia *é* contribuinte do imposto predial urbano". Súmula n. 590 – "Calcula-se o imposto de transmissão *causa mortis* sobre o saldo credor da promessa de compra e venda de imóvel, no momento da abertura da sucessão do promitente vendedor".

A nova Lei do Parcelamento do Solo Urbano[1]

I

Vamos tratar desta tão controvertida Lei do Parcelamento do Solo. Serão cinco as palestras sobre essa lei.

Por esse motivo, vou me permitir fazer algumas considerações de ordem geral sobre ela para, logo mais, entrar em maiores detalhes. Mas me parece que estas observações de ordem geral, no caso desta lei, são importantes para podermos melhor entendê-la e, na medida do possível, melhor interpretá-la.

Para isso convém lembrar que o tema de parcelamento do solo apresenta uma característica rigorosamente oposta àquele que vimos na palestra do Dr. José Eduardo Loureiro, que versou sobre inquilinato.

O Dr. Loureiro nos disse, aqui, que na matéria dele houve dezenas de Leis de Inquilinato. O Brasil conheceu uma infinidade de Leis do Inquilinato, uma quantidade absurda de diplomas legais tratando daquele tema.

Esta matéria que vamos ver hoje apresenta característica oposta. Rarissimamente aparece uma lei cuidando deste assunto. E, quando aparece, parece que o mundo vem abaixo.

Vejamos como essa matéria foi regulamentada entre nós. No início tínhamos apenas o Código Civil de 1916. Só em 1937, portanto, 21 anos depois, é que surge o Decreto-lei 58, que, basta ler os comentadores da época, trouxe grande polêmica. Trouxe um impacto infinitamente maior do que está trazendo esta atual Lei do Parcelamento do Solo. O Decreto-lei 58 sofreu críticas violentíssimas, principalmente o conteúdo e não só quanto à forma.

O fato de permitir a aquisição de imóvel através de instrumento particular e de vedar o arrependimento surpreendeu o ambiente jurídico de então.

1. Publicado originalmente na Revista do Advogado n. 4 – Ano I – Janeiro a março de 1981.

Muitos não se conformavam por não poderem voltar atrás, antes da outorga da escritura pública.

O Decreto-lei 58 veio com essas novidades que então realmente causaram grande impacto.

Passam-se os anos e esse decreto-lei se revela superado por força das modificações sociais e econômicas; aparecem diversos anteprojetos de lei, até que, em 1967, houve um projeto de lavra do professor Hely Meirelles, projeto esse que por pouco não é convertido em lei; às últimas horas, porém, foi substituído por um outro projeto que se transformou no Decreto-lei 271/67, que acabou não fazendo nada de novo. Não teve aplicação maior.

Passam-se mais doze anos até que, finalmente, surge esta Lei do Parcelamento do Solo Urbano.

A rigor, tivemos desde 1937 a 1979 a vigência do Decreto-lei 58. Porque o Decreto-lei 271/67 não podemos considerar uma lei. Ele surgiu para evitar que houvesse uma lei adequada; então, praticamente o desconsideramos. Notamos, então, como raramente acontecem novidades nessa matéria. E, quando elas ocorrem, é natural que nos sintamos um tanto em dificuldades para enfrentar estas novidades.

II

Eis os textos que hoje devemos conhecer nesse campo:

- Lei 6.766/79;

- Despacho normativo da Corregedoria Geral da Justiça - *D.J.* 13.02.80;

- Provimento 6/80, do M. Juiz da 1ª Vara dos Registros Públicos, in *D.J.* 10.06.80;

- D.L. 58/37 e Dec. 3.079/38.

III

Ao entrar em vigor, a Lei 6.766/79 foi saudada como uma grande conquista. Mas, logo em seguida, começaram a surgir críticas severas, provenientes de diversos setores ligados a esse campo.

Quais seriam estas críticas?

É preciso lembrar que no regime do Decreto-lei 58 havia dois pontos fundamentais na matéria e que foram realmente as grandes novidades nele contidos.

A irretratabilidade do compromisso de venda de lote e o consequente direito à adjudicação compulsória, no caso do vendedor sonegar a outorgar a escritura definitiva, bem como a atribuição de direito real decorrente do registro do contrato.

Quais as falhas fundamentais nesse regime anterior?

Havia duas críticas fundamentais:

1ª – A total ausência de preocupação com os aspectos urbanísticos do loteamento.

2ª – A total ausência de sanção para quem não cumprisse as disposições consideradas cogentes, obrigatórias, do Decreto-lei 58.

Quanto ao problema da ausência de normas urbanísticas, a falha não era tão grave porque, de qualquer forma, o Decreto-lei 58 dizia que o projeto precisava passar pela prefeitura. E a prefeitura, então, teria condições de estabelecer as suas normas urbanísticas.

Mas a outra falha era completa. Não havia norma que obrigasse efetivamente, que compelisse o interessado, no caso o loteador, a efetivamente cumprir as disposições do decreto-lei. Em suma, não havia sanção para quem infringisse as normas do Decreto-lei.

Então, o que acontecia?

Loteava-se com ou sem o registro do projeto de loteamento. Mais tarde houve disposições penais, mas ligadas à Lei de Economia Popular que era muito tímida, além disso, não era fácil demonstrar que alguém tivesse sofrido prejuízo econômico se ele comprou um lote barato e depois podia vendê-lo com lucro. Então, os processos penais se frustravam. E sanções civis não haviam.

Criou-se, assim, um clima de absoluta impunidade.

Portanto, era fatal que viesse uma nova lei a qual demorou uma barbaridade para aparecer. Esta lei nova procurou suprir aquelas duas deficiências básicas do regime anterior.

Em primeiro lugar, ela trouxe apenamentos e sanções severas, drásticas, àquele que hoje deixar de obedecê-las.

Além disso, a nova lei conservou aquelas conquistas anteriores do Decreto-lei 58. Nem poderia ser de outra forma. Adjudicação compulsória, direito real, ausência de arrependimento etc. e consagrou também umas tantas conquistas da jurisprudência que veremos mais adiante. Trouxe também normas de caráter urbanístico.

Assim sendo, as críticas que provêm dos setores que se aproveitavam das omissões do regime anterior devem ser recebidas com muitas reservas.

Mas, na verdade, muitas críticas procedem.

Assim aquelas relativas à técnica legislativa.

A lei é muito malfeita. Tem uma *linguagem* arrevesada. Há artigos, como o 25, por exemplo, importantíssimo, pois trata do problema da adjudicação compulsória, do arrependimento e do direito real, que é escrito numa linguagem mais próxima de um dialeto do que propriamente do nosso glorioso vernáculo. Há temas que deveriam ser tratados num lugar e são tratados noutro. As dificuldades de interpretação realmente, por esses motivos, são agravadas. Enfim, tecnicamente a lei causa uma péssima impressão. Cabe aqui um esclarecimento: a redação final não é do senador Otto Cirilo Lehman nem das pessoas que participaram da elaboração do projeto. A redação final é de um substitutivo do Senado.

Além disso contém alguns dispositivos que parecem inexequíveis. Como, por exemplo, aquela espécie de consignatória no âmbito extrajudicial, no âmbito do cartório de registro de imóveis. Parece-me que vai ser de aplicação muito difícil porque há problemas de indenização de benfeitorias. Como é que se vai discutir isso no âmbito do cartório extrajudicial? E o contencioso, como fica? Surgindo, o conflito de interesses se vai desaguar necessariamente no Judiciário.

Outra crítica diz respeito ao cunho burocratizante da lei, tais as exigências que faz em certos casos.

Apenas para ilustrar, lembro a qualificação das partes no contrato. A lei exige tantos requisitos para qualificar os contratantes que grande parte dos brasileiros não poderia adquirir um imóvel, porque não tem CIC e RG. Ora, o comprador de lote que veio do Nordeste e dali a pouco conseguiu comprar um lote, pode não ter nenhum dos documentos citados. Ele estará impedido de adquirir um lote por não ter esses dois requisitos de ínfima categoria? Claro que não.

O que identifica a pessoa é o nome civil, o estado, a filiação, a profissão e outros dados ligados diretamente à pessoa humana. Portanto, mesmo que as pessoas que não tenham CIC e RG, continuam com o seu direito de adquirir o seu lote de terreno, evidentemente.

Mas a lei, para agravar a situação, lançou sobre a responsabilidade dos serventuários do registro de imóveis, não só uma série de atribuições, como essa da consignatória, que não estão na competência natural do serventuário, como também cominou penas muito severas também para o oficial do registro de imóveis que descumprir a lei.

Nós sabemos como os oficiais são cautelosos para registrar os contratos que lhe são submetidos. Os senhores imaginem agora com a ameaça que pesa sobre ele de receber uma incriminação grave se desobedecer uma série de preceitos da lei.

De qualquer forma, para analisar os defeitos e virtudes da nova lei precisamos nos tornar os mais isentos possível. Naturalmente o advogado reflete muito as influências de seu campo de trabalho. Assim a reação dos advogados trabalhistas diante de uma lei nova é diferente conforme sua advocacia, patronal ou de empregados.

Da mesma forma aqui, há advogados que lidam mais com os compradores e advogados que lidam mais com os vendedores. É natural que haja essas divergências entre nós. No caso há ainda os interesses dos empresários, os interesses dos cartorários, enfim, há uma mescla de interesses e preocupações que entram em jogo e, para bem analisarmos a lei, temos de ficar o mais distante possível daquelas posições setoriais sob pena de ficarmos com visões unilaterais dos problemas.

Será que esta lei, no cômputo geral, foi mais positiva ou mais negativa? Será que ela errou mais ou acertou mais?

Analisemos alguns pontos da lei para concluir depois.

1 – O primeiro ponto que lembro diz respeito ao direito intertemporal.

Será que a lei revogou toda a legislação anterior? Dispositivos destas ainda estão em vigor?

Temos visto posições extremadas nessa matéria. Saiu um livro que é um estudo bastante sério e louvável, de autoria do Dr. Toshio Mikai e outros. Parece-me que resolveram o aspecto do que estaria em vigor da lei anterior e o que se aplica da lei atual a contratos elaborados no regime da lei anterior. Vi também um artigo muito bom do Dr. Luiz Carlos Ribeiro dos Santos no "Diário Comércio e Indústria", em maio de 1980. Por outro lado, vi outro artigo em o "Estado de São Paulo", segundo o qual toda a legislação anterior continuava em vigor.

Como advogados, temos necessidade de saber o que está ou não em vigor. Firmei minha posição no seguinte sentido: a lei nova regulamentou o parcelamento do solo urbano e regulamentou de uma forma global. Portanto, tudo o que diz respeito ao parcelamento do solo urbano é regido pela nova lei e nesse ponto está revogada a lei anterior. Isto por princípio elementar de interpretação no sentido de que uma lei nova revoga a anterior quando tem dispositivos incompatíveis com ela. Tendo regulamentado de uma forma geral, parece-me que, em matéria de parcelamento de solo urbano, está em vigor exclusivamente a Lei 6.766.

O que estaria em vigor ainda em relação ao regime anterior?

O parcelamento do solo que não é urbano está sob a égide da lei anterior. Parece-me que os loteamentos rurais continuam regidos pelo Decreto-lei 58.

Outro ponto de extrema importância para nós é saber como ficam os imóveis não loteados, aqueles que não foram objetos de parcelamento, e que estavam submetidos ao Decreto-lei 58 por força do seu art. 22.

A Lei 6.766 não traz nenhuma disposição sobre os imóveis não loteados que, no fundo, é a grande maioria dos imóveis. Basta dizer que os imóveis loteados acabam sendo tidos como não loteados quando termina o loteamento. Então, é exatamente a hipótese que ocorre com maior frequência.

Tenho para mim que o imóvel não loteado, ou melhor, o regime do imóvel não loteado continua sendo o da lei anterior, porque a lei nova é inteiramente omissa nessa matéria e apenas revogou disposições em contrário. Não revogou expressamente o Decreto-lei 58 e o 271.

As disposições do Decreto-lei 271/67, que se referem ao instituto da concessão de uso, continuam em vigor. Trata-se de instituto criado por esse decreto-lei e que não ganhou ainda uma expressão maior no nosso comércio jurídico. Mas, de qualquer modo, é um direito real que está aí. Essa matéria continua ainda tratada pelo Decreto-lei 271 porque a lei nova é inteiramente omissa também nesse assunto que, aliás, nada tem a ver com o parcelamento do solo urbano.

Parece-me que esses são os pontos fundamentais da legislação anterior, que me ocorre, e que permanecem sob a égide do regime anterior.

Como fica o caso de um loteamento irregular, loteamento que não foi registrado e que foi executado em parte no regime anterior? E um contrato também celebrado no regime anterior? Este contrato estará submetido à lei nova ou à lei velha?

Parece-me, respondendo a esta última pergunta, que à lei velha.

Por força do art. 6º da Lei de Introdução ao Código Civil, e do art. 53, § 3º, da Constituição Federal, conhecidíssimos textos que mandam a lei respeitar o ato jurídico perfeito e a coisa julgada, me parece que, pelo fato de haver no caso um ato jurídico perfeito, esse contrato está submetido à regulamentação da lei anterior.

Em matéria penal não se pode nem cogitar de apenas alguém que fez um loteamento no regime anterior. Mas, no caso de um loteamento irregular, poderá o adquirente deixar de pagar as prestações, que é uma das novidades principais da nova lei?

Em princípio fico com a seguinte ordem de ideias: um contrato celebrado no regime da lei anterior está submetido ao ordenamento anterior.

E se o loteamento é anterior, também um loteamento irregular, mas o contrato foi feito após a publicação da Lei 6.766? Portanto, loteamento irregular, anterior, e contrato novo, pode alguém alegar ter direito adquirido? Poderá também entender-se ter havido crime?

Nesta hipótese a lei nova está vigorando com toda a sua força. A lei tem aplicação imediata e geral. Então, o loteador irregular, anterior, poderá alegar que ele tem direito adquirido sobre aquele loteamento irregular, podendo continuar celebrando novos contratos?

Entendo que não. Direito adquirido ocorre quando se trata de um ato jurídico normal e não de um ato ilícito. Ninguém tem direito adquirido por ter praticado um ato ilícito não cumprindo a legislação do Decreto-lei 58. Esta é norma cogente. Não havia sanção para ela mas, ninguém duvida de que suas disposições eram de ordem pública.

Se o loteamento anterior já era irregular, qualquer contrato feito agora, desde que esse loteamento não se regularize, está sob o império da lei nova. Assim é que já aconselhei a algumas pessoas que não vendessem nenhum lote de loteamento anterior e irregular. Achei que, de outra forma, o cliente estaria submetido a um risco que era não tolerável.

2 – Há outro ponto a ser tratado que é muito importante.

São as disposições dos arts. 37 e 38 da lei, e que se referem à faculdade outorgada ao comprador de suspender, os pagamentos, no caso do loteamento ser irregular. O art. 37 diz de maneira categórica:

> "É vedado vender ou prometer vender parcela de loteamento ou desmembramento não registrado".

Trata-se, portanto, de uma proibição legal.

E o art. 38, "caput", diz:

> "Verificado que o loteamento ou desmembramento não se acha registrado ou regularmente executado ou notificado pela prefeitura municipal ou pelo Distrito Federal, quando for o caso, deverá o adquirente do lote suspender o pagamento das prestações restantes e notificar o loteador para suprir a falta".

Assim, portanto, verificam que o loteamento não está registrado ou não foi aprovado pela municipalidade, o comprador pode pura e simplesmente parar de pagar. Acho que isso é um problema mais de política legislativa do que propriamente um problema de natureza jurídica, porque a esta conclusão alguns autores já haviam chegado no regime da lei anterior. Há acórdãos considerando o loteador irregular carecedor de ação para rescindir o contrato por falta de pagamento das prestações.

A lei veio consagrar esse entendimento através de disposição legal expressa.

Digo que é muito importante esse dispositivo porque, parando de pagar evidentemente que o loteador vai sentir um impacto de natureza econômica.

Como é que se resolvia esse problema de loteamento irregular no regime anterior?

O loteador agia irregularmente, à revelia do poder público, depois criava aquela situação prática, real e viva em que ele próprio usava a população que se instalou no local, a fim de pressionar o poder público para levar os equipamentos urbanos para aquela região. Ficavam o loteador e compromissário de lote contra o poder público.

Agora pode inverter-se o sistema de pressão. A prefeitura pode ter um grande e novo número de fiscais que são os compradores de lotes. Ao invés deles pressionarem a prefeitura, podem parar de pagar e eventualmente, levar o caso à esfera penal; ficando na esfera civil, podem simplesmente suspender o pagamento.

O sistema anterior de fiscalização era muito precário. Sabemos que o nosso poder público funciona mal. Além disso, os fiscais de prefeitura são geralmente pessoas relativamente humildes, sem condições para fiscalizar empreendimentos vultosos. Trata-se de ambiente propício à corrupção.

Parece-me que essa inversão do sistema de pressão é muito salutar para regularizar, a matéria que não podia mesmo ficar naquele caos e naquela inimputabilidade completa que ocorriam no regime anterior.

Hoje, efetivamente a lei diz com todas as letras que o comprador não só pode como deve parar, de pagar nessas condições. Se o loteador não regularizar, o poder público pode tomar essa medida e depois se ressarcir contra o causador do dano. Ficou muito fácil advogar contra loteador irregular.

Em compensação está muito difícil advogar para esse loteador.

3 – Outro ponto é o art. 35 que fala da necessidade de devolução de importâncias recebidas pelo vendedor, quando o comprador pagou mais de 1/3 do valor do contrato.

Esse é um dos pontos que mais preocupam os empresários, os quais não estavam muito conscientes de que, mesmo no regime anterior, já havia a obrigatoriedade de devolver a importância recebida, uma vez rescindido o contrato.

Mas essa obrigatoriedade só se efetivava nos casos levados a juízo, que eram poucos.

A lei veio consagrar essa orientação jurisprudencial e, a rigor, é um dispositivo que casa muito bem com outros textos legais que dizem respeito a pagamentos parcelados, de interesse popular.

A velha lei sobre a venda com reserva de domínio e a lei sobre alienação fiduciária em garantia, também têm dispositivos semelhantes.

A Lei 6.766 estipula no art. 35:

> "Ocorrendo o cancelamento de registro por inadimplemento do contrato e tendo havido o pagamento de mais de 1/3 (um terço) do preço ajustado, o Oficial do Registro de Imóveis mencionará este fato no ato de cancelamento e a quantia paga; somente será efetuado novo registro relativo ao mesmo lote, se for comprovada a restituição do valor pago pelo vendedor ao titular do registro cancelado, ou mediante depósito em dinheiro a sua disposição junto ao Registro de Imóveis.
>
> § 1º – Ocorrendo o depósito a que se refere o artigo, o Oficial do Registro de Imóveis intimará o interessado para vir recebê-lo no prazo de 10 (dez) dias, sob pena de ser devolvido ao depositante.
>
> § 2º – No caso de não ser encontrado o interessado, o Oficial do Registro de Imóveis depositará a quantia em estabelecimento de crédito, segundo a ordem prevista no inciso I do art. 666 do Código de Processo Civil, em conta com incidência de juros e correção monetária".

Só para regulamentar esse artigo o provimento do Dr. Valente destinou diversos dispositivos.

Isto é importante para nós, advogados, porque já não podemos apenas notificar para o comprador vir pagar as notificações em atraso. Temos que notificar para pagar as prestações tais e tais de tanto de tanto e de que o montante da dívida é tanto, o número de prestações é tanto, para que o cartório de registro de imóveis venha a fazer esse cálculo, para saber se foi pago ou não 1/3 do preço.

Então, a notificação, que era um total banal, precisa ser feita com cautela, senão vamos ter que repetir inúmeras vezes a mesma notificação.

Há uma série de problemas que são ligados a essa devolução. Se há ou não correção monetária, se o depósito é necessário ou não, mas a lei e o provimento parecem resolver bem esses pontos.

Lembro que a matéria é tratada nos art. 35 da lei e nos arts. 20, 21, 22 e 23 de provimento.

Para os senhores terem uma ideia da complexidade que hoje existe em torno do assunto, tendo em vista a vigência desse provimento, convém lembrar que só a propósito da notificação tem 9 artigos. Com uma agravante. Um dos artigos, que é o 16, tem nove parágrafos. A rigor, temos cerca de vinte preceitos apenas a propósito da notificação.

Esta matéria, independentemente do provimento e independentemente da nova lei, é uma matéria muito difícil. Tanto que, ainda por curiosidade, trouxe uma decisão recentíssima de 10 dias atrás, da corregedoria, entendendo que a notificação para constituir mora tem de ser necessariamente feita pelo registro de imóveis. Esta lei atual também permite que a notificação se faça pelo cartório do registro de títulos. Mas a lei anterior não permitia e o sr. corregedor entendeu que não poderia deixar de ser feita pelo registro de imóveis, não podendo ser nem pela via judicial.

Encontramos acórdãos nesse sentido; porém, a jurisprudência do Supremo Tribunal Federal é noutro sentido. Ela afirma que a notificação pode ser feita por via judicial. Acho essa orientação louvável, sendo um formalismo excessivo de impedir a notificação judicial.

4 – Outro ponto que me parece muito importante da lei é o da indenização por benfeitorias que ela consagra, que também era uma conquista da jurisprudência.

A jurisprudência era absolutamente tranquila sobre este ponto. Uma vez rescindido o contrato era razoável que se indenizassem as benfeitorias necessárias e úteis feitas, ainda que constassem cláusulas em sentido contrário no contrato.

A lei é louvável neste sentido.

5 – Outro ponto é o que diz respeito à possibilidade do desmembramento do imóvel, do terreno, em vendas entre particulares e vendas não abrangidas pelo sistema do loteamento.

A lei mantém a distinção de loteamento e desmembramento. Esse assunto veio a nós pela primeira vez pelo Decreto-lei 271. Os senhores sabem que no desmembramento há o aproveitamento do sistema viário existente. Não há necessidade de abrir novas vias públicas.

Pois bem, a Lei 6.766 mandou aplicar ao desmembramento as disposições referentes ao loteamento. Ora, o loteamento é uma operação muito mais complexa, apresentando problemas urbanísticos muito mais sérios.

O desmembramento, em regra, é uma operação simples. Há desmembramentos que podem trazer também complexidade e se aproximar de um loteamento. Mas é mais raro. O comum é alguém ter um terreno grande e vendê-lo ou dividi-lo em partes por causa de herança. Esse é um dos pontos negativos da lei, porque muito burocratizante, lança uma operação simples num regime complexo.

Mas o Dr. Valente, percebendo a dificuldade, aborda logo no primeiro artigo do seu provimento e acaba resolvendo a maior parte das dificuldades.

Imaginemos um lote de 20 x 50.

Se fôssemos examinar a letra da lei, não seria possível vender esse terreno para duas pessoas sem fazer um projeto de desmembramento, o que, evidentemente, é ridículo. O provimento parece-me que resolve. Logo nos primeiros incisos, o provimento prevê as hipóteses em que é possível fazer-se um desmembramento independentemente das complexidades dos processos de registro de loteamento.

Assim também nos casos de extinção de condomínios ocorridos em épocas anteriores à lei e uma série de outros casos previstos expressamente pelo provimento.

Bem, os senhores veem que a quantidade de dificuldades que a lei apresenta é muito grande e eu jamais tive a pretensão de procurar esclarecer suficientemente aos senhores. Apenas trouxe alguns pontos para análise a fim de vermos se, aos poucos, vamos aclarando as nossas ideias.

A lei está aí e devemos e somos obrigados a aplicá-la. Estou convencido de que vai acontecer o que aconteceu com o Decreto-lei n. 58 que trouxe muita celeuma e acabou se tornando uma lei de grande utilidade social.

Acho que com o esforço de advogados, de serventuários de cartório, de juízes, dos próprios empresários, a nova lei será bem aplicada, pois ela apresenta muitas virtualidades que ainda não foram bem percebidas.

Simplesmente acabar com essa lei, como tantos querem, me parece algo muito pouco aconselhável, pois ela tem um alcance social muito grande. E que garantia temos nós de que virá uma lei melhor? As leis que têm surgido não são do mesmo baixo padrão técnico?

Já não se fazem leis como antigamente. Eu não me sensibilizo muito por críticas de ordem técnica ou estética em relação a leis de maior alcance social. Até desconfio dessas críticas.

Por essas e outras é que esta lei, apesar de tantos defeitos, tem o meu aplauso. Acho que as partes positivas dela superam as negativas.

A Súmula 621 do STF e o imóvel loteado[1]

Súmula 621: Não enseja embargos de terceiro à penhora a promessa de compra e venda não inscrita.

Conforme se vê do título acima, o tema não comporta uma tese propriamente dita.[1]

Tese a esse respeito foi desenvolvida largamente pelo eminente Juiz Negi Calixto no V Encontro, realizado no Rio de Janeiro, em 1981.

Naquela ocasião foi aprovada, por unanimidade de votos, a seguinte proposição:

"O promitente comprador, por escritura pública irretratável, imitido na posse do imóvel, embora não inscrita, pode, através de embargos de terceiro, excluir da penhora o imóvel objeto da promessa feita antes da dívida executada".

Com efeito, essa era a orientação francamente dominante nos Tribunais estaduais, o que acabou por refletir na aprovação da referida tese sem qualquer opinião em contrário.

Por aqueles tempos, mesmo no colendo STF, essa diretriz tinha muitos adeptos a saber:

Min. Cunha Peixoto – "Falta de registro não obsta à procedência de embargos" (RE 87.958-RJ, j. 24.11.77, *RTJ* 91/257 e 88.685, j. 14.3.78, *RTJ* 92/818).

Min. Soares Munoz:

> "Mas insisto, *data venia*, no meu ponto de vista, entendendo que a posse do promitente comprador não é em nome de outrem; é em nome próprio, desde que o proprietário lhe tenha transmitido em razão do contrato. A posse, nos termos do art. 493, III, do CC, se transmite por qualquer dos meios de

1. Publicado originalmente na Revista dos Tribunais *RT* 611/276 set./1986.

aquisição em geral. O promitente vendedor pode acrescer à obrigação de outorgar a escritura definitiva a de imitir, desde logo, o promitente comprador na posse do imóvel."

"Foi o que aconteceu na espécie *sub judice.* Celebrado o contrato de promessa de compra e venda através de escritura pública, o promitente comprador passou a residir no apartamento como se proprietário fosse.

Não necessitava inscrever no Registro de Imóveis a avença para obter a imissão na posse, porque já se acha nela, há muitos anos."

"De outro lado, a situação de visibilidade da propriedade resultante dessa posse confere ao compromissário legitimidade ad causam para propor embargos de terceiro possuidor (AI 28.756; RE 62.198 e 71.162). A pretensão a embargar, por parte do possuidor, salienta Pontes de Miranda, dá a quem quer que tenha posse indireta, ou direta, a legitimação ativa (Comentários ao Código de Processo Civil de 1939), t. IX/52)" ERE 89.696-RJ, TP, j. 8.8.79, *RTJ* 95/282).

Ainda, Min. Cunha Peixoto: "não tenho motivo para mudar meu ponto de vista. De modo que acompanho o eminente Min. Soares Muñoz" (idem).

Min. Rodrigues Alckmin: "Promitente comprador, mediante compromisso irretratável mas ainda não inscrito, com o preço pago, imitido na posse do imóvel, que opõe embargos de terceiro para excluir imóvel de execução promovida contra o promitente vendedor, por dívida ulterior à promessa – Cabimento e procedência dos embargos" (idem).

Min. Thompson Flores: Peço vênia, ao eminente Min. Moreira; Alves, e aos que com ele votaram, para acompanhar o voto do eminente Min. Soares Muñoz e dos que o seguiram (idem).

Posteriormente, a augusta Corte foi-se firmando em sentido contra interpretada como bem autônomo, mesmo quando se tratar de compro misso de compra e venda" (RE 97.527-SP, TP, j. 9.2.83, *RTJ* 111/354).

Min. Décio Miranda: "Acompanho a solução do eminente Min. Oscar Corrêa"(idem).

Todavia, sem antes se ter notícia de uma pacificação no posicionamento dos doutos Julgadores que compõem o Pretório Excelso, sobreveio a Súmula 621 (*DJU*, 211, 31.10.84): "Não enseja embargos de terceiro à penhora a promessa de compra e venda não inscrita".

Contudo, hoje existente o ditame pretoriano, cumpre ser examinado seu alcance.

O primeiro ponto que chama atenção é a inaplicabilidade da referida Súmula aos casos de imóvel loteado. Essa restrição tem passado desapercebida, seja porque a Súmula não faz restrições expressas, seja porque a própria distinção nem sempre é percebida pelos intérpretes e pela jurisprudência.

O exame de cada precedente do colendo STF não deixa dúvidas, a saber:

1. *RT*/111/425: RE 101.546-SP - *conjuntos* 506 e 507 do edifício Winston Churchil (rel. Min. Moreira Alves).

2. *RTJ* 110/711: RE 97.243-RJ - *imóvel não loteado* (menção expressa pelo Min. Djaci Falcão).

3. *RTJ* 101/1.304: RE 95.422-PR - *apartamento* (rel. Min. Rafael Mayer).

4. *RTJ* 96/1.358: RE 91.814-RN - imóvel situado na Praça Bento Praxedes, na cidade de Mossoró (rel. Min. Moreira Alves).

5. *RTJ* 95/282: RE 89.696-RJ, TP - *imóvel não loteado* (citado na Súmula - menção expressa pelo Min. Moreira Alves).

6. *RTJ* 91/257: ERE 87.958-RJ - *apartamento* (rel. Min. Cunha Peixoto).

7. *RTJ* 89/285: RE 87.958-RJ, TP - *apartamento* (citado na Súmula - rel. Min. Cordeiro Guerra).

8. RTJ 111/354: RE 97.257-SP, TP - *apartamento* (rel. Min. Alfredo Buzaid).

9. *RTJ* 63/222: RE 73.527-PE - *imóvel não loteado* (citado na Súmula - menção expressa pelo Min. Djaci Falcão).

10. *RTJ* 100/835: RE 93.443-RJ - *apartamento* (citado na Súmula - rel. Min. Néri da Silveira).

11. *RTJ* 112/890: RE 103.121-SP - *apartamento* (rel. Min. Moreira Alves).

Apenas não foi possível a identificação do tipo de imóvel, dentre os precedentes citados na Súmula, unicamente no que tange ao RE 94.132- RJ, publicado na *RTJ* 107/686.

Observa-se também que o único artigo do Dec.-lei 58/37 referido pela Súmula é o 22, o qual, por sua vez, é o único daquele diploma legal a se referir ao imóvel não loteado: "Os contratos, sem cláusula de arrependimento, de compromisso de compra e venda e cessão de direitos de imóveis *não loteados* cujo preço tenha sido pago no ato de sua constituição ou deva sê-lo em uma ou mais prestações, desde que inscritos a qualquer tempo, atribuem aos compromissários direito real oponível a terceiros, e lhes conferem o direito de adjudicação compulsória nos termos dos arts. 16 desta lei, 640 e 641 do GPC".

Assim, é a própria Súmula que dá os elementos para concluir que ela só se aplica aos imóveis não loteados.

Embora óbvia a conclusão, parece ser conveniente seja ela explicitada.

Em primeiro lugar porque as Súmulas são normalmente divulgadas e utilizadas com a linguagem das normas jurídicas, sem preocupação com os precedentes e com os textos legais a que a matéria se refere. E, na questão que temos em vista, o enunciado da Súmula é francamente genérico ("Não enseja embargos de terceiro à penhora a promessa de compra e venda não inscrita") sem fazer qualquer distinção entre o regime do imóvel loteado e o do não loteado, levando o intérprete a erro ao submeter ao alcance da Súmula hipóteses diversas daquelas por ela abrangidas.

É perfeitamente justificável a interpretação restritiva que se quer dar à Súmula. A legislação de loteamento tem caráter reconhecidamente protetivo. A maioria dos loteamentos não é registrada, e é o loteador quem sempre teve o dever de registrar não só o projeto de loteamento, como também cada *um dos contratos* assinados (art. 11, § 1º, do Dec. 3.079, de 15.9.38: "Ambas as vias ou traslados serão entregues *pelo promitente vendedor* dentro em 10 dias ao oficial do Registro para averbá-las e restituí-las anotadas a cada uma das partes").

Uma vez admitida a necessidade de interpretação restritiva da Súmula, mais fácil se torna evitar a aplicação analógica da mesma, como já *está* ocorrendo em muitas hipóteses que nada têm a ver com os precedentes que a geraram.

Assim, p. ex., nos casos de desquite em que o formal de partilha, ou carta de sentença, deixa de ser registrado, permanecendo, contudo, o imóvel na posse inequívoca de um dos cônjuges, posse essa que justificaria a oposição de embargos de terceiro, nos termos do art. 1.046 do CPC, no caso de dívida contraída pelo ex-cônjuge.

Assim, também nos casos em que haja qualquer outra razão, que não a promessa, para o promissário possuir o imóvel como próprio, a saber: posse por engano; posse transmitida por possuidor aparente; posse já capaz de gerar usucapião, ainda que proveniente de compromisso não registrado; e até mesmo a posse que se iniciou de forma violenta ou clandestina, mas que posteriormente se libertou da violência ou da clandestinidade.

Observe-se ainda que o reconhecimento da interpretação restritiva da Súmula 621 mantém, de certa forma, o debate sobre a importante matéria, que – com a maior vênia – parece ter sido sumulada com alguma precipitação.[2]

2. Não estamos levando em consideração as hipóteses de promessas fraudulentas, porque essas estão sujeitas a regime jurídico próprio e geralmente vêm envoltas em circunstâncias tais que podem ser facilmente fulminadas pela Justiça. A dificuldade reside nos casos em que não houve má-fé. Façamos um esforço para raciocinarmos em função dos fatos tais como eles ocorrem em nossa sociedade, e não em função de meras categorias jurídico abstratas.

De fato, admitindo-se que o regime do imóvel loteado fica fora do alcance da Súmula, poder-se-á, logo mais, admitir que, presentes em casos específicos as mesmas razões de decidir, inclusive as de ordem social, por que não usar, excepcionalmente, essas mesmas razões nas hipóteses submetidas ao outro regime jurídico?

Diante de todo o exposto, submetemos aos eminentes Colegas a seguinte proposição:

A Súmula 621 do STF não abrange as hipóteses submetidas ao regime do imóvel loteado.

A Súmula 621 do STF não abrange casos em que o embargante é possuidor por outros motivos que não a promessa não inscrita.

Vem a pergunta: como se pôde chegar a esse ponto de aviltamento do grande princípio do Direito das Obrigações? Em termos da Ciência do Direito, não temos dúvida em afirmar: é que o Direito brasileiro frequentissimamente ainda respira o clima da jurisprudência dos conceitos e das ficções, que vicejou no século passado, como se não tivesse havido evolução posterior.

O caso ordinário acontece, em regra, da seguinte forma: uma instituição financeira empresta dinheiro para um particular, levando em conta o cadastro fornecido por este. Ela não promove buscas preliminares nos Registros de Imóveis. A quase totalidade dos homens comuns, tendo compromissado à venda um imóvel, transmitido posse e recebido o preço, tem a plena convicção de ter-se despojado de todos os seus direitos sobre aquele bem; já não o coloca em seu cadastro nem o declara ao Imposto de Renda. Quando o devedor deixa de pagar o empréstimo é que a instituição financeira promove as buscas que levam à penhora do imóvel. Por aí se vê que o fundamento da Súmula ("o contrato não registrado não pode produzir efeitos perante terceiros") está muito distante da realidade dos casos ordinários, isto é, daqueles que comumente acontecem no momento do negócio de empréstimo, o credor nem sabe daí existência do imóvel, que já se encontra na posse velha e na esfera de poder econômico e concreto de um terceiro de boa-fé. E o drama termina de forma lúgubre e diabólica: o credor tem seu crédito satisfeito às custas de quem não é devedor!

Compromisso de compra e venda[1-2]

1. O contrato que vai ser objeto deste trabalho é o compromisso de compra e venda tal como existe e opera autenticamente, isto é, em conformidade com as regras de direito positivo, legais e jurisprudenciais, e tendo em vista seu objetivo e sua causa legítima de negócio jurídico de aquisição da propriedade imobiliária, de largo uso na vida econômica brasileira.

Os contratos assemelhados, revogáveis, em que a manifestação de vontade não ocorreu de forma definitiva; ou os chamados "compromissos quitados", em que não se esclarece suficientemente como o preço foi pago; ou aqueles em que a posse não foi transmitida ao compromissado comprador; ou os que não indicam qualquer sinal da data verdadeira da celebração: todos esses atos precisam ser encarados com reserva e, em regra, devem ser analisados à luz da teoria das nulidades, ou da invalidade do negócio jurídico, pois podem estar fraudando um credor, encobrindo um empréstimo ou servindo a qualquer outra finalidade ilícita. Os efeitos de tais atos devem ser neutralizados; em função dessa teoria, e não por aplicação das regras comuns do compromisso de compra e venda relacionadas com a forma e o registro do contrato, com a outorga conjugal etc.

2. O Código Civil brasileiro ignorou a figura do contrato preliminar e do compromisso de compra e venda. Nem por isso tais institutos deixavam de ser utilizados. Não sendo proibido e constituindo instrumento ágil e eficiente nas negociações imobiliárias, o compromisso era largamente utilizado pelos interessados. Mas sua eficácia estava limitada pelo preceito do art. 1.088, segundo o qual, quando o instrumento público for exigido como prova do contrato, qualquer das partes pode arrepender-se, antes de o assinar, pagando as perdas e, danos resultantes do arrependimento.

1. Publicado originalmente em CAHALI, Francisco José; CAHALI, Yussef Said (Coord.). *Contratos nominados*. São Paulo: Saraiva, 1995.
2. O presente trabalho constitui-se de condensação e excertos do *Compromisso de compra e venda* (3. ed., Malheiros), do mesmo autor.

Com isso muitos negócios se frustraram quando o promitente vendedor, comportando-se de forma pouco ética mas com o apoio no texto da lei, deixava de cumprir o contrato no modo originalmente combinado.

A situação era particularmente dramática nos casos dos loteamentos urbanos, que surgiam em grande quantidade por força do crescimento das grandes cidades.

Para enfrentar o mal, em 1937, o então deputado Prof. Waldemar Ferreira apresentou projeto de lei de loteamento, sob influência de lei uruguaia. Um mês após a imposição do Estado Novo, pelo golpe de 10 de novembro, o projeto era convertido naquele que se tornaria o famoso Decreto-Lei n. 58. Nesse momento o eminente jurista e homem público, autor do projeto, curtia as agruras do exílio. Seu esforço, contudo, não foi em vão. O Decreto-Lei n. 58 teve enorme alcance social e percutiu intensamente nas letras jurídicas e nos tribunais.

3. As maiores inovações do diploma legal foram a criação do direito real do compromissado comprador (art. 5º) e a vedação do arrependimento, com a consequente possibilidade da adjudicação compulsória do imóvel, ainda que adquirido por simples instrumento particular (art. 16).

O legislador estabeleceu claramente nova forma – e definitiva – de aquisição da propriedade imobiliária. Mas usou o artifício do contrato preliminar, sugerindo, com isso, que a aquisição estivesse na dependência concreta da lavratura e registro de um segundo contrato.

Mas a realidade, com o passar do tempo, veio à tona, graças ao criativo trabalho da jurisprudência. Com efeito, acabou-se por perceber que o segundo contrato não passa de formalidade vazia, sem conteúdo econômico e, portanto, sem conteúdo jurídico autêntico, como adiante se verá.

O que o legislador de 1937 quis – e realmente conseguiu – foi dar ao compromissário comprador segurança plena, total, de que a aquisição seria fatal, uma vez pago o preço. À medida que o arrependimento ficou proibido e à proporção que o juiz passou a ter poderes para intervir no ato e suprir, com autoridade estatal, a recusa do alienante em outorgar a escritura final, dúvida não fica de que foi criado um sistema sólido e definitivo de aquisição da propriedade imóvel.

4. Tal sistema chocou-se, em parte, com o tradicional, do Código Civil, que previa instrumento público para o título aquisitivo e sua transcrição no Registro Imobiliário, nos termos dos arts. 134, II, e 530, I. Diz-se "em parte" porque o Decreto-Lei n. 58 não teve coragem suficiente para prosseguir, dentro de sua própria lógica, até o fim, impondo a transferência da propriedade com o simples registro do compromisso e o registro da quitação do preço.

Ao invés disso, o novo sistema, que seguia paralelamente ao do Código Civil, ingressou neste e exigiu – quando o compromisso já estava liquidado (!) – a escritura pública de venda e seu registro para que se consumasse a transferência da propriedade:

Foi um grave erro de técnica jurídica, de funestas consequências sociais, como se vai ver adiante.

De qualquer forma, ninguém duvida do enorme avanço representado pelo Decreto-Lei n. 58 no campo da aquisição da propriedade imobiliária, particularmente no que diz respeito às facilidades de forma e de obtenção da posse, bem como quanto à segurança da aquisição, por parte do compromissário comprador e quanto à garantia do crédito em favor do compromitente vendedor.

Tanto isso é verdade que houve fortes resistências às inovações, que só foram absorvidas lentamente pelo ambiente jurídico brasileiro. O processo de absorção, aliás, ainda não terminou.

Houve até súmulas do STF para consagrar obviedades da lei, como a Súmula 166, que diz ser inadmissível o arrependimento no compromisso de compra e venda sujeito ao regime do Decreto-Lei n. 58; ou para restringir gravemente o alcance da lei, como a Súmula 167, que afastava do regime do Decreto-Lei n. 58 o compromisso de compra e venda não inscrito, no Registro Imobiliário. Observe-se que esta última súmula, sem ter sido alterada expressamente, perdeu sua eficácia pelo desuso.

Quando se observa um compromisso de compra e venda comum, com transmissão de posse e saldo de preço a pagar, percebe-se que dois dos poderes elementares do domínio (*jus utendi et fruendi*) foram transmitidos ao compromissário comprador, que poderá usar da coisa e extrair dela os frutos. Parte do *jus abutendi* também foi transmitida, pois o adquirente poderá ceder seus direitos, mesmo à revelia do promitente vendedor, e o imóvel passará à esfera de interesse de terceiro. Mas é inegável que o compromitente reservou algo substancial, ou seja, deixou de transferir o domínio sobre a coisa. Tanto é assim que o adquirente não pode ainda dispor plenamente da coisa, isto é, não pode depredá-la ou demoli-la, salvo autorização expressa do compromitente.

O que ocorreu foi que o direito de propriedade foi usado exclusiva e esplendidamente como garantia do pagamento do preço. Aí está outra grande virtude do compromisso de compra e venda.

Como já tivemos oportunidade de dizer (*Compromisso de compra e venda*, 3. ed., p. 21), o que se observa, então, é que o domínio em si mesmo foi utilizado apenas com finalidade de garantia (como acontece na venda com reserva de domínio e na alienação fiduciária), o que quer dizer, que, no negócio entre as partes, o domínio perdeu sua posição de relevo) ficando apenas como garantidor do crédito. E, à medida que o crédito vai sendo recebido, aquele pouco que restava do direito de propriedade junto ao compromitente vendedor, isto é, aquela pequena parcela do poder de dispor, como que vai desaparecendo até se apagar de todo. Quitado o compromisso de compra e venda, os poderes elementares do domínio estão – em substância – inteiramente, consolidados no direito do compromissário comprador, nada mais restando, ao compromitente vendedor do que a obrigação (inexorável) de assinar, uma escritura. Nada de útil, rigorosamente nada, resta ao compromitente vendedor.

Daí a aludida falha técnica do sistema: para completar a transmissão da propriedade, isto é, para formalizar a transmissão do que restava do *jus abutendi*, bastaria a averbação no Registro de Imóveis do instrumento de quitação do compromisso de compra e venda.

Essa forma de encarar o compromisso de compra e venda no direito brasileiro encontra raízes nos trabalhos de Luiz Machado Guimarães e de Barbosa Lima Sobrinho, com lúcido desenvolvimento por parte de Orlando Gomes.

O mérito está em enfrentar o fenômeno jurídico tal como ele ocorre na realidade, tendo em vista sempre a natural evolução dos institutos, sempre no rumo da finalidade social da lei e do direito.

Orlando Gomes, com apoio em Trabucchi e Montesano, mostrou que o compromisso de compra e venda é um contrato preliminar impróprio. Este tipo de contrato opõe-se ao preliminar próprio, em que há, necessariamente, duas autênticas manifestações de vontade: uma no contrato preliminar, outra no contrato definitivo. No contrato preliminar impróprio existe uma só manifestação de vontade, que se verifica no primeiro contrato. No segundo contrato vai haver apenas a *reprodução da mesma vontade* já manifestada anteriormente.

O contrato preliminar teve larga aplicação neste século, surgindo como decorrência do dinamismo dos negócios: os interessados querem consumar desde logo o negócio, ultrapassando entraves burocráticos e fiscais. Para tanto, o contrato preliminar impróprio foi de grande utilidade porque a primeira manifestação de vontade já era suficiente para tornar definitivo e irreversível o negócio.

É o que ocorre com o nosso compromisso de compra e venda.

A realidade mostra que se trata de um *único negócio jurídico.* A fonte autêntica de direitos e obrigações está no primeiro ato. O segundo ato, embora denominado contrato de compra e venda, não é *fonte* de direitos e obrigações, e sim *causa de extinção* de obrigação, caracterizando-se autenticamente como um *pagamento.*

Exatamente por isso o legislador, em diversas leis esparsas, e a jurisprudência passaram a prestigiar, progressivamente, o primeiro contrato em detrimento do segundo, que, hoje em dia, não pode ser tido como principal. Tudo que importante é deliberado no primeiro contrato.

Assim é que o direito do compromissário comprador cada vez mais é equiparado ao do proprietário. Se o contrato está registrado e o preço está pago, a equiparação é praticamente total.

Leis das mais diversas naturezas, como tributárias, administrativas, penais, locatícias, agrárias, previdenciárias, comerciais, bancárias etc., dão tratamento semelhante ao compromissário e ao proprietário. Se é proibido vender, também é proibido compromissar à venda; os tributos que incidem sobre a propriedade incidem também, como regra, sobre a posse do compromissário comprador etc.

Se uma lei nova entra em vigor no curso de um compromisso de compra e venda, devem ser respeitados os direitos e as obrigações nascidos do contrato.

Os problemas relativos à capacidade das partes devem ser examinados tendo em vista a data do primeiro contrato, pois foi nesse momento que se deu a manifestação da vontade. *Idem* quanto aos vícios do consentimento.

Hoje já ninguém duvida de que, para efeito de ação pauliana, tem-se como data da transmissão a do compromisso e não a da escritura definitiva, segundo lembrava Antunes Varela.

Da mesma forma as questões referentes à legitimação delas, como acontece com a venda para o descendente, com a preferência enfitêutica, do condômino, ou do locatário.

Se a venda de um bem acarreta a caducidade do testamento, o mesmo ocorre com a celebração do compromisso de compra e venda (*RTJ*, 65:693).

Tão pouco importante é a tal escritura definitiva que a morte do mandante não extingue o mandato para a prática do ato. E mesmo após findo o inventário admite-se alvará para outorga da escritura.

Considerando a natureza do compromisso de compra e venda como título aquisitivo, que se completará mesmo à revelia do vendedor, não se pode também deixar de tê-lo. Como justo título para efeito de contagem do prazo de usucapião. Existem ainda opiniões em contrário, que, *data venia*, não merecem aplauso, porquanto se afastam gravemente dos fins sociais da lei (art. 5º da LICC), criando obstáculos e protelando a regularização fundiária, urbana e rural.

Se o adquirente por compra e venda tem a ação de imissão de posse, também a tem o compromissário comprador; inegável que o compromisso de compra e venda, em regra acompanhado de transmissão de posse, gera também obrigação de dar.

Até mesmo a ação reivindicatória tem sido admitida para o compromissário comprador com contrato registrado recuperar o imóvel contra terceiros. Nem deve ser de outro modo, pois o compromitente vendedor, que já recebeu o preço, desinteressou-se do negócio, nada justificando que a propriedade imobiliária fique indefesa e exposta a aventureiros.

8. A questão de saber se há a necessidade ou não de estar registrado o contrato para o compromissário exigir a escritura de compra e venda atormentou a jurisprudência.

A boa doutrina entendeu que o registro é dispensável, porquanto o contrato gera um direito pessoal de obtenção da escritura de venda, nada tendo que ver com o direito real decorrente do registro. Essa tese sempre foi mais defensável do que a outra, do ponto de vista ético e social, pois impedia que compromitentes vendedores se valessem das proverbiais dificuldades junto ao Registro para deixar de cumprir a obrigação livremente assumida de alienar o imóvel.

A tese da dispensabilidade do registro chegou a dominar os Tribunais Estaduais, mas ficou em minoria no STF, o que acabou repercutindo naturalmente naquelas cortes.

O *E.* STJ volta a prestigiar a boa tese: REsp 30, rel. Eduardo Ribeiro; *RSTJ*, 28:420, rel. Nilson Naves; *RSTJ*, 29:351, rel. Sálvio de Figueiredo; *RSTF*, 32:9, rel. Fontes de Alencar.

9. Outro ponto em que o STJ alterou a jurisprudência do STF refere-se à possibilidade de o compromissário com contrato não registrado opor embargos de terceiro por ocasião da penhora do imóvel em execução movida contra o compromitente.

Com efeito, dispõe a Súmula 621 do STF: "Não enseja embargos à penhora a promessa de compra e venda não inscrita no registro de imóveis".

Essa súmula sofreu muitas e respeitosas críticas, inclusive por parte deste autor (*RT*, 611:216).

A jurisprudência do STJ orientou-se decididamente em sentido contrário à referida súmula: *RSTJ*, 10:466, rel. Cláudio Santos; 11:299; rel. Athos Carneiro; *10:314*, rel. Bueno de Souza; *9:291*, rel. Gueiros Leite; *8:29*, rel. Fontes de Alencar; 8317, rel. Waldemar Zveiter.

Não encontramos nenhum julgado do STJ em sentido contrário.

10. O ponto mais sensível do compromisso de compra e venda é a mora.

A matéria foi regulada, para os casos de imóvel loteado, pelos arts. 14, e respectivos parágrafos, do Decreto-Lei n. 58/37 e do Decreto n. 3.079/38; hoje o é pelos arts. 32 e 33 da Lei n. 6.766/79; para as hipóteses de imóvel não loteado, pelo Decreto-Lei n. 745/69; e, para o caso especial de incorporação imobiliária, pelo art. 63, e seu § 1º, da Lei n. 4.591/64.

Apesar de haver textos expressos, o assunto oferece ainda enorme dificuldade, e o exame dos casos julgados mostra que nos encontramos ainda diante de verdadeiro cipoal.

Os Tribunais Superiores não conseguem uniformizar a jurisprudência, provavelmente porque mora é fundamentalmente questão de fato, e os fatos, como se costuma dizer, são rebeldes a sistematizações.

Nos casos de imóvel loteado, a constituição em mora é feita da seguinte forma: o compromitente vendedor requer ao oficial do Registro de Imóveis em que está registrado o loteamento a intimação do devedor para pagar, em cartório e no prazo de trinta dias, a prestação em atraso, mais as que se vencerem até a data do pagamento e mais os acessórios da dívida. Purgada a mora, tollitur quaestio. Não purgada, o credor requererá o cancelamento da averbação. Se o devedor não for encontrado, a intimação far-se-á por edital. Graves questões permanecem em torno do assunto, inclusive a fundamental, isto é, a de saber se o promitente vendedor precisa pedir judicialmente a resolução do contrato ou se essa resolução se opera *pleno jure* após o escoamento do prazo de trinta dias, não purgada a mora.

A interpretação literal da lei ("vencida e não paga a prestação, considera-se o contrato rescindido 30 (trinta) dias depois de constituído em mora o devedor") leva a esta última conclusão. E assim tem ocorrido na prática, sem maiores discussões.

Esse entendimento, *data venia* de opiniões em contrário, não se justifica. Poderosas vozes se levantaram contra ele desde os primeiros momentos.[3]

Com efeito, uma cláusula resolutória, ainda que tácita – pois a expressa é francamente proibida –, jamais poderia ser "apreciada sumariamente por um oficial de registro", sob pena de afronta a graves princípios constitucionais.

Além disso, sabe-se que o regime jurídico da mora (arts. 955 e 963 do CC) exige, para caracterizá-la, tanto o elemento objetivo, ou seja, ó simples retardamento, como o subjetivo, isto é, a culpa. A interpretação literal do art. 32 da Lei n. 6.766/79, que reproduziu o art. 14 do Decreto-Lei n. 58/37, leva à

3. Waldemar Ferreira, O *loteamento e a venda de terrenos a prestações*, v. 2, p. 99; Serpa Lopes, *Tratado dos registros públicos*, v. 4, p. 249; e posteriormente Orlando Gomes, *Direitos reais*, 1969, p. 464.

supressão da culpa e permite ao mero retardamento a produção do grave efeito de confundir-se com a mora, convertendo esta em inadimplemento absoluto e conduzindo à resolução do contrato.

A constituição em mora deve ser feita segundo as normas do direito comum e das leis especiais – CC, art. 960; Lei n. 6.766/79, arts. 32 e 49; e Decreto-Lei n. 745/69.

É preciso aqui o maior cuidado. Não se podem confundir dois institutos: a mora e o inadimplemento absoluto. Os autores, inclusive nós, às vezes, desavisadamente, usamos a expressão "mora" num sentido muito amplo e ambíguo, como se ela pudesse abranger o inadimplemento absoluto.

O legislador, no campo das leis especiais, é ainda mais confuso, como logo se verá.

É preciso lembrar que a mora, por si mesma, não acarreta a resolução do contrato.

Antunes Varela, inegável autoridade no tema, esclarece que "a mora tem dois efeitos fundamentais: por um lado, obriga o devedor a reparar os danos que causa ao credor o atraso no cumprimento; por outro, lança sobre o devedor o risco da impossibilidade da prestação", Em seguida afirma que "a resolução do contrato, quando a obrigação do faltoso se integre num contrato bilateral, não é um efeito da mora. O direito de resolução só nasce (para o credor) quando a mora se converta em não cumprimento da obrigação,[4] ou seja, quando o incumprimento se deu de forma definitiva, caracterizando o inadimplemento absoluto.

Quanto ao imóvel loteado, vemos que o art. 32 da Lei n. 6.766/79 refere-se à constituição em mora em trinta dias, mas admite que a purgação se dará com o pagamento das prestações vencidas, vincendas, juros e custas. Todos esses dados (e mais a multa, se o atraso for superior a três meses – art. 26, V) constituem típicas consequências da mora, a qual já preexistia, portanto, desde o vencimento do prazo normal da prestação. Em suma, o prazo de trinta dias não é para constituição em mora e sim para que esta, se não purgada, se converta em inadimplemento absoluto.

O mesmo se dá com o imóvel não loteado. O Decreto-Lei n. 745/69 afirma: "Nos contratos a que se refere o art. 22 do Decreto-Lei n. 58/37, ainda que um deles conste cláusula resolutiva expressa, a constituição em mora do promissário comprador depende da prévia interpelação, judicial ou por intermédio do Cartório de Registro de Títulos e Documentos, com 15 (quinze) dias de antecedência".

4. *Das obrigações em geral*, Coimbra, 1974, p 111.

Tal dispositivo legal não teve por mira premiar os maus pagadores, pura e simplesmente. A preocupação do legislador foi impedir a resolução automática do contrato, preocupação essa revelada no uso da frase "ainda que deles conste cláusula resolutiva expressa", inteiramente dispensável se se quisesse apenas protrair a mora por mais quinze dias.

A ver de outro modo, o legislador estaria a dar tratamento mais benigno ao comprador de imóvel não loteado do que ao do imóvel loteado, que, para purgar a mora, tem de pagar juros (moratórios), custas e até multa.

Na verdade as leis especiais não alteraram o sistema tradicional do Código Civil, cujo art. 960 estabelece que o inadimplemento da obrigação positiva e líquida, no seu termo, constitui de pleno direito em mora o devedor.

A mora, ou inadimplemento relativo, no caso da obrigação positiva e líquida, continua ocorrendo com o simples vencimento do prazo da prestação. Essa mora poderá ser purgada nos prazos estabelecidos pelas leis especiais para evitar a conversão dela em inadimplemento absoluto.

Daí por que poder-se dizer com segurança, após interpretação sistemática das Leis especiais, que elas usaram a expressão "mora" para significar o inadimplemento absoluto e não o relativo. Aliás, seria esperar demais do nosso pouco preparado legislador que ele soubesse da distinção entre mora e inadimplemento absoluto.

Assim, nada impede, por exemplo, que o devedor, também no caso de imóvel não loteado, seja notificado para pagar as prestações em atraso, mais as consequências da mora, como a correção monetária, juros e multa, desde que pactuados.

A forma da notificação também é a indicada pelas leis especiais, ou seja, através do Cartório de Registro de Imóveis, nos casos de loteamento registrado, ou do Cartório de Registro de Títulos e Documentos. A interpelação judicial, mais solene que as outras, tem sido admitida, em conformidade com jurisprudência do STF (*RTJ*, 55:467; *RT*, 490:161). O STF também aceitava a citação para ação de resolução como a mais enérgica das interpelações (*RTJ*, 74:551). O E. STJ mostra-se mais severo e está exigindo interpelação preliminar mesmo quando o contrato não está registrado (*RTSJ*, 28: 529, rel. Nilson Naves).

O importante é ter presente se o devedor estava ou ficou realmente ciente do *quantum* do lugar, dos encargos, em suma, das diversas condições do pagamento, tudo só podendo ser exigido nos termos da lei e do contrato. Mas também não se deve exagerar nas formalidades quando se trata de devedor contumaz, ou quando se nota que o devedor até mesmo já desistiu efetivamente do negócio.

Nos casos de loteamento irregular ou clandestino, exige-se severidade contra o loteador, que está em situação de mora permanente, o que é explicitado pelo art. 39 da Lei n. 6.766/79, segundo o qual é considerada nula de pleno direito a cláusula de rescisão do contrato por inadimplemento do adquirente, quando o loteamento não estiver registrado. Em tais casos, o loteador, por causa de sua mora, nada pode exigir do adquirente.

Outro ponto em torno do qual há controvérsia está na possibilidade, ou não, de o devedor purgar a mora no prazo da contestação na ação de resolução do contrato.

Se não houve interpelação premonitória, dúvida alguma existe de que o devedor pode purgar a mora. Da mesma forma o poderá o cônjuge que não foi notificado.

A oferta da prestação precisa ser efetiva *e* não simbólica, e deve abranger o valor do débito mais o do prejuízo que à mora acarretou, em geral a correção monetária, juros, multa – se houver, custas e honorários de advogado.

A possibilidade de o devedor purgar a mora no prazo, da defesa é de tradição arraigada do direito brasileiro.

Se houve interpelação e o devedor deixou escoar o prazo sem pagamento, a jurisprudência diverge.

Podem ser consideradas mais frequentes as decisões que impedem a purgação. Principalmente quando o contrato previa cláusula resolutiva expressa. Entendem os defensores dessa corrente que, com o escoamento do prazo, a mora transmudou-se automaticamente em inadimplemento absoluto e o contrato ficou resolvido, também automaticamente, nada mais cabendo ao juiz do que declarar a resolução preexistente.

Não havendo cláusula resolutiva expressa, a resolução só se verificaria por decreto do juiz. No momento da contestação, o contrato ainda não estaria resolvido, nada impedindo, assim, o deferimento do pedido de purgação da mora.

Essas formas de encarar a questão, se são atraentes, por sua lógica, pecam, a nosso ver, por exagerado tecnicismo, com risco concreto de se perpetrarem muitas injustiças, o que é muito grave, não podendo deixar de atemorizar os juízes mais atentos à sua função fundamental, que é a de fazer justiça.

Segundo nossa opinião, o julgador goza de razoável arbítrio para conceder ou não a purgação da mora no prazo da contestação, ainda que tenha havido notificação preliminar.

Não se está a dizer que esse devedor tenha direito incontroverso de purgar a mora nessa ocasião. O que se diz é que, em certas hipóteses, a purgação pode ser permitida.

Como se sabe, em relação à mora predominam as questões de fato sobre as de direito, não se recomendando a formulação de teses radicais. A equidade está presente.

J. X. Carvalho de Mendonça já ensinava que "as questões sobre a mora eram (desde o Direito, Romano) *de bono et aequo, ... magis facti quam juris*, muitas vezes entregues à apreciação do juiz, *apud judicem examinabitur*, doutrina ainda hoje não desprezada".[5]

Com efeito, é muito diferente a mora de um devedor na fase inicial do contrato e que desde logo se revela mau pagador, em comparação com outro que sempre pagou corretamente e que se encontrou em dificuldades, pelas mais variadas razões, por ocasião das últimas prestações.

Além disso, é o juiz – e não o credor – quem vai dizer a última palavra sobre a delicada questão de ser ou não útil ao credor a prestação oferecida com atraso pelo devedor. O interesse a ser examinado é mesmo o do credor, mas não é este que, unilateralmente e por motivos meramente subjetivos, vai dizer que a prestação já não lhe é útil.

Em suma: deixando o devedor de pagar no prazo da notificação, sua posição fica muito incômoda e difícil. Contudo, a resolução do contrato depende ainda de pronunciamento judicial, podendo, então, permitir-se a purgação da mora, no prazo da contestação, em conformidade com a tradição do nosso direito, se o devedor fizer por merecer a nova oportunidade e se a prestação ainda for de utilidade para o credor.

Fica ainda a observação de que, tratando-se de prestação pecuniária, a oferta do valor atualizado mais juros, custas, multa, honorários etc., dificilmente essa prestação deixará de ser ainda útil ao credor.

Casado o compromissário comprador e registrado o contrato, é de rigor a notificação de ambos os cônjuges, mesmo nos casos de o contrato ter sido firmado por apenas um deles. É consequência direta da doutrina sobre a transmissão dos direitos reais consagrada pelo Código Civil, no art. 235, I.

Hoje em dia já não se pode negar que o compromisso de compra e venda é forma de alienação/aquisição de imóvel, estando, como tal, submetido àquela regra.

5. *Tratado de direito comercial brasileiro*, v. 6, p. 412.

Mesmo à falta do registro se faz necessária a interpelação de ambos os cônjuges. Isto porque, constituindo-se o compromisso de compra e venda um contrato preliminar impróprio e admitida a sua execução específica, esteja ele registrado ou não, a alienação definitiva do imóvel será fatal, impondo-se, dessa forma, a cientificação do outro cônjuge para maior observância do mencionado preceito do art. 235, I, do Código Civil.

Convém notar ainda que a lei processual vigente - art. 10 e parágrafo único - não alterou substancialmente o direito anterior (CPC de 1939, art. 81), sendo certo também que o inciso IV do aludido parágrafo firma a necessidade da citação de ambos os cônjuges nas ações que tenham por objeto o reconhecimento, a constituição ou a extinção de ônus sobre imóveis de um ou de ambos os cônjuges. E o termo "ônus" nesse texto de lei é usado em sentido amplo, como bem demonstra Arruda Alvim,[6] abrangendo os ônus reais e hipóteses assemelhadas, entre as quais inclui expressamente o compromisso de compra *e* venda não inscrito.

A tese da necessidade de interpelação de ambos os cônjuges está hoje fortemente amparada pela consagração constitucional (art. 226, 5º, da CF de 1988) do princípio da igualdade entre eles, a saber: "Os direitos e deveres referentes à sociedade conjugal são exercidos igualmente pelo homem e pela mulher".

Em negócio imobiliário de tal relevância, que pode acarretar a perda de direitos e da posse sobre imóvel comum, às vezes a residência do casal, torna-se evidente que ambos os cônjuges têm direito de ser interpelados para a purgação da mora e assim evitar-se a ação de resolução do contrato.

Essa mesma argumentação vale para os casos de alienação do imóvel, por compromisso ou cessão, em que se faz necessária a manifestação de vontade, como compromitentes, tanto do marido como da mulher.

A exigência da interpelação do devedor desaparece quando evidenciado que ele próprio está tomando providências para pagar. É o que acontece quando propõe ação de consignação em pagamento. Se a consignatória não obtém êxito, a propositura da consequente ação de resolução, com base na mesma dívida, independe de interpelação premonitória.[7]

Quanto à ação que cabe ao compromitente, diante do inadimplemento ou mora do compromissado, tem-se que o pedido adequado é de resolução do contrato, podendo ser cumulado com o de reintegração de posse. A reintegratória direta, em decorrência de alegada resolução de pleno direito do contrato,

6. *Código de Processo Civil comentado,* 1975, v. 2, p. 59.
7. *RJTJ*, 102:28, rel. Sabino Neto, indicando precedentes.

após regular notificação e por força de cláusula resolutória expressa, não tem sido admitida.

A esse propósito, vejam-se os inúmeros julgados colacionados por Ana Maria Scherer (*Rescisão da promessa de compra e venda.* Porto Alegre, 1978, p. 186).

Em apoio a tal orientação, vale a argumentação já expendida a propósito da necessidade de pronunciamento judicial para a resolução do contrato.

A reivindicatória também é admitida, desde que cumulada ou precedida da ação resolutória do compromisso, valendo também, para tanto, os mesmos argumentos retrorreferidos.[8]

Problemas difíceis surgem – no campo da constituição em mora – quando são emitidos títulos de crédito por ocasião da celebração do contrato. Desejando o promitente vendedor meio mais enérgico de cobrança e facilidade na cessão do crédito, vale-se da emissão de cambiais, cujo regime jurídico é rígido, contendo muitas normas de ordem pública, pois a circularidade do título interessa à ordem econômica e à boa-fé de terceiros.

Se os títulos são emitidos *pro soluto*, dificuldade maior não há: o pagamento está feito e o contrato está cumprido por parte do compromissário. Em tais casos, é frequente a outorga imediata da escritura de venda. Com ou sem esta, não tendo sido pagas as cambiais, cumpre ao credor (promitente vendedor ou endossatário) executar os títulos. O devedor será citado ou interpelado para pagar o débito consubstanciado no título e não para pagar as prestações do contrato, uma vez que houve novação da dívida original.

Se os títulos são emitidos *pro solvendo*, o que ocorre na maioria dos casos, principalmente nos de imóveis loteados, pois os promitentes em regra não abrem mão da garantia consistente no próprio direito de propriedade, prepondera o interesse do compromissário comprador. Aí não houve pagamento do preço, não passando os títulos de mera garantia. Esses títulos estão vinculados a um contrato, o que normalmente vem expresso neles, ou se percebe por sua quantidade ou numeração sequencial. Os endossatários dificilmente poderão alegar ignorância da vinculação dos títulos com o contrato.

No conflito entre normas de ordem pública, deve preponderar aquela de maior conteúdo de normatividade pública, que, no caso, são as do loteamento e a do art. 1.092 do Código Civil.

8. "Inadmissível a reivindicação baseada no art. 524 do CC contra promitente comprador imitido na posse, sem prévia ou simultânea rescisão do contrato de promessa de compra e venda" (*RTJ*, 50:727).

Não é demais lembrar que o título que merece real proteção da ordem jurídica é o autenticamente abstrato, ao passo que o *pro solvendo* é um título causa.[9]

Esse ponto de vista está hoje reforçado pelos preceitos do Código de Defesa do Consumidor, que consideram abusivas cláusulas que impossibilitam ou atenuam a responsabilidade do fornecedor (art. 51, I); que transferem suas responsabilidades a terceiros (inc. III); que colocam o adquirente em desvantagem exagerada (inc. IV) etc.

No campo do imóvel loteado, resolvido o contrato por culpa do compromissado comprador, a perda das importâncias pagas só podia acontecer se tivesse havido pagamento de mais de um terço do preço ajustado, nos termos do art. 35 da Lei n. 6.766/79.

Essa matéria é hoje regulada pelo Código de Defesa do Consumidor – Lei n. 8.078/90 – cujo art. 53 determina que, nos contratos de compra e venda de móveis ou imóveis, mediante pagamento em prestações, consideram-se nulas de pleno direito as cláusulas que estabeleçam a perda total das prestações pagas em benefício do credor. Em consonância com tal disposição, o inciso II do art. 51 também considera nulas as cláusulas que subtraiam ao consumidor a opção de reembolso da quantia paga.

O Código de Defesa do Consumidor aplica-se aos compromissos de compra e venda relativos às incorporações imobiliárias e aos loteamentos, consoante se vê dos termos amplos do art. 3.º. A expressão "contratos de compra e venda" envolve por certo o compromisso, que é a forma usual utilizada pelo consumidor naquelas operações, ou seja, na aquisição, por oferta pública, de unidades autônomas ou de lotes de terreno.

Assim sendo, parece claro que o limite de um terço previsto no mencionado art. 35 da Lei n. 6.766/79 já não vigora, incompatível que é com as novas disposições legais.

O direito do compromissário ao reembolso das importâncias pagas não é absoluto, no seguinte sentido: o valor do reembolso é um dos componentes (talvez, o principal) para a apuração da indenização, além de outros, como o valor de eventual fruição do bem, prejuízos comprovados e diretos que o compromissário tenha ocasionado, valorização do imóvel etc. Lembre-se de que o novo texto legal veda a *perda total* das prestações pagas, admitindo-se, portanto, em tese, uma perda parcial.

A matéria é nova e exige amadurecimento. Por ora ficamos apenas com a certeza de que a cláusula de decaimento tornou-se írrita nos regimes da

9. JTA,78:43, rel. Carlos Antonini, indicando precedentes, inclusive no STF.

incorporação imobiliária e do loteamento. As consequências serão apuradas de conformidade, em primeiro lugar, com as regras e princípios do próprio Código de Defesa do Consumidor, e após, segundo as leis especiais respectivas e segundo o direito comum.

18. Tratando-se de imóvel não loteado, e aplicando-se então o direito comum, é preciso levar em conta os preceitos dos arts. 920 e 924 do Código Civil, pelos quais o valor da cláusula penal não pode exceder o da obrigação principal, facultando-se ao juiz reduzir o valor da pena quando a obrigação tiver sido cumprida em parte.

Admite-se, portanto, como regra, que a multa pode exceder o limite de 10%. previsto da lei de Usura (Dec. n. 22.626/33, art. 9°. Mas não pode ser exagerada, devendo, neste caso, ser criteriosamente reduzida pelo juiz.

A perda das prestações pagas, quando inteiramente permitida, exclui, em regra, outras perdas e danos.[10]

Quanto às benfeitorias, em caso de imóvel loteado, devem ser sempre – as necessidades e úteis – ser indenizadas, em conformidade com o disposto no art. 34 da Lei n. 6.766/79.

Nas hipóteses do imóvel não loteado, a jurisprudência reconhece com frequência ao compromissário comprador o direito de se indenizar das benfeitorias realizadas. Às vezes determina a perda tanto das prestações como das benfeitorias; outras vezes só daquelas e não destas; e outras vezes a perda só de parte das prestações.[11]

Como orientação geral, as cláusulas de perda de benfeitorias necessárias e úteis são tidas como leoninas e nulas, ainda que parcialmente, naquilo, que contraria as disposições cogentes dos arts. 34 e 35 da Lei n. 6.766/79 e 920 do CC.

É válida a chamada cláusula de vencimento contagiante, isto é, aquela cláusula que determina o vencimento da dívida em caso de falta de pagamento de alguma parcela, ou no caso de descumprimento de outra obrigação relevante do contrato.

Não há dúvida de que, seja o imóvel loteado ou não loteado e constando ou não do contrato o vencimento antecipado da dívida, o compromissário deverá ser interpelado para pagar somente as prestações vencidas e não toda a dívida.

10. *RF*, 73:300, rel. Bilac Pinto; *RJTJ*, 119; 232, rel. Sabino Neto; 112: 66, rel. José Cardinale; *RSTJ*, 6: 360, rel. Sílvio de Figueiredo.

11. *RT*,489:69, rel. Geraldo Roberto; 467:151, rel. Moniz Barreto; 466:170, rel. Kazuo Watanabe; 463:174, rel. Costa Carvalho; *RTJ*, 118: 1137, rel. Djaci Falcão.

A dificuldade está em saber se, não atendida a interpelação e constando aquela cláusula, o compromitente vendedor tem alternativa para impedir a resolução do contrato ou para cobrar o preço total.

Nós que consideramos que o compromisso não se resolve *pleno jure*, conforme foi visto atrás, nos sentimos à vontade para escolher a segunda hipótese, isto é, aquela segundo a qual o compromitente pode optar pela cobrança de todo o preço.

Ordinariamente a solução é pela resolução do contrato, por se tratar de medida mais enérgica e de maior conveniência econômica, mas nada impede que se opte pelo outro caminho.

Se na compra e venda essa solução é admitida, conforme ensina Pontes de Miranda,[12] não deve ser ela negada no caso de compromisso.

Da mesma forma, a cláusula de vencimento antecipado é também permitida nos casos de direitos reais de garantia, consoante o disposto no art. 762, III, do Código Civil. Apresentando o compromisso de compra e venda afinidades com aqueles direitos, não afronta o sistema, em absoluto, admitir-se aquela cláusula no compromisso.

Tenha-se também presente que as prestações, no caso, não são de trato sucessivo, e sim – para usar a terminologia de Antunes Varela – "prestações fracionadas, divididas ou repartidas", que "têm de comum com as anteriores (as de trato sucessivo) o fato de a sua execução se prolongar no tempo. Mas diferem delas pela circunstância de o *seu objeto estar previamente determinado e não depender*, consequentemente, *da sua duração no tempo.*[13] *A distinção tem consequências práticas, pois aqui o vencimento do prazo pode desencadear o vencimento das prestações seguintes, e a resolução do contrato vai produzir efeitos ex tunc*, viabilizando, em tese, a devolução das prestações (parcelas do preço) já recebidas.

O arrependimento é inteiramente proibido no campo do imóvel loteado.

Afastar a retratabilidade do contrato, até então possível diante dos termos do art. 1.088 do Código Civil, foi um dos objetivos primordiais do Decreto-Lei n. 58/37.

A Lei n. 6.766/79 manteve a orientação (art. 25) e ainda foi além ao estatuir (art. 27) que os instrumentos preliminares, com a reserva de lote, proposta de compra etc., são hábeis para exigir do loteador a conclusão do contrato.

12. *Tratado de direito privado*, v. 13, p. 1533, n. 6.
13. *Direito das obrigações*, Forense, 1977, v. 1, p. 86.

No ambiente do imóvel não loteado, admite-se o arrependimento, desde que conste cláusula contratual expressa.

Estar-se-á, então, diante de simples promessa bilateral de venda e compra, instituto diverso do autêntico compromisso de compra e venda, como sempre frisou Orlando Gomes.[14]

Pode-se dizer que o direito, como regra geral, não consagra a faculdade de arrepender-se, preferindo prestigiar a irretratabilidade das declarações. É o que ocorre até mesmo nas promessas de contratar.

No caso do compromisso, a jurisprudência está assentada, há dezenas de anos, no sentido de que o exercício do direito de arrependimento só se pode dar até o pagamento da última ou das últimas prestações. Invocam-se, em tais casos, argumentos de ordem jurídica e moral (*RT*, 373:94, rel. Samuel Mourão).

A melhor doutrina indica o início do cumprimento do contrato como o prazo final para o interessado arrepender-se, o que já vem encontrando apoio em diversos julgados.[15]

Como se sabe, a cláusula de arrependimento, mesmo no ambiente natural deste, que é o das arras, precisa ser expressa. Na omissão, o contrato é irretratável. Com maior razão é o que se dá com o compromisso.

Na dúvida, decide-se contra o arrependimento.[16]

14. *Contratos*, 5· ed., p. 279.
15. [14] Serpa Lopes, *Tratado*, v. 3, p. 217. Pontes de Miranda, *Tratado de direito privado*, cit., v. 13, p. 2928, n. 2; *RT*, 493:149, rel. Kazuo Watanabe.
16. *RT*, 420: 161, rel. Carlos Ortiz; 399: 142, rel. Salles Abreu, JTA.

O dano moral e sua avaliação[1]

1. Meus amigos, é com enorme prazer que volto à Associação dos Advogados para conversamos um pouco sobre mais um tema jurídico. Agradeço o convite feito pela Dra. Lia. A Associação marcou-me muito. Eu era um tremendo frequentador dos cursos da Associação, sempre com caráter prático, objetivo, inteligente. Esses cursos me ajudaram muito na vida profissional. E hoje aqui volto para esta casa, com enorme satisfação.

Acho que a Dra. Lia e eu, quando escolhemos o tema, fomos um pouco irresponsáveis. Porque falar sobre o dano moral não é fácil, mas dá para falar, pois existe uma literatura extensíssima. Agora, falar sobre a avaliação do dano moral realmente é preocupante. Mas há o que falar, há o que meditar, sabendo que cada um vai tirar consequências muito pessoais para a parte profissional.

Vamos ver, primeiramente, qual o direito positivo em torno dessa matéria, vamos indicar alguns preceitos legais, a fim de que nós não nos percamos e não corramos o risco de divagação. Hoje, diante desses textos legislativos, já não se propõe mais a rigor discutir-se se é caso, ou não, de se indenizar por dano moral, porque nós já temos lei, mas é importante nós abordarmos esse tema porque esse estudo vai repercutir na fase seguinte, da avaliação. Muitas das dificuldades que aparecem ao final decorrem de um mau entendimento do essencial, da parte primeira. Afinal de contas, o que é dano moral, o que ele tem de positivo ou negativo.

Nós entraremos, em seguida, nos problemas da avaliação propriamente dita, veremos alguns casos concretos porque a matéria não escapa do casuísmo. Só a partir da análise detalhada de muitos casos é que se pode tirar alguma regra. Todo o nosso esforço está no seguinte: tentar não parar naquele ponto em que, muitas vezes, o expositor para, isto é, quando a questão depende da livre convicção do juiz, do razoável arbítrio do juiz. Vamos fazer um esforço para ir além disso e ver como é que está se manifestando esse decantado razoável arbítrio do juiz.

1. Publicado originalmente na *Revista do Advogado*. São Paulo: AASP, n. 49, dez. 1996.

Os preceitos-chave são e sempre foram os artigos 76 e 159 do Código Civil. Dois artigos conhecidos, importantes: para propor ação é necessário legítimo interesse econômico e moral; o dano deve ser reparado, inexistente qualquer distinção se o dano ê patrimonial ou moral. Depois, a série de artigos sobre a liquidação das obrigações por atos ilícitos: artigos 1.537 e seguintes, aqueles que tratam da indenização no caso de homicídio, por dano estético, por injúria e calúnia, para a mulher agravada em sua honra; um artigo importantíssimo, o artigo 1.553 segundo o qual nos casos não previstos em lei a indenização será fixada por arbitramento.

Na legislação extravagante, nós temos preceitos mais importantes ainda do que esses que foram mencionados. No Código Brasileiro de Telecomunicações, que é a Lei nº 4.417 de 1962, o artigo 84 refere-se especificamente à estimação do dano moral, consagrou a indenizabilidade do dano moral como ainda nos deu critérios que são da maior importância para nós. A Lei de Imprensa também se refere expressamente ao dano moral, artigos 49 e seguintes. A Lei de Imprensa é a Lei nº 5.250 de 1967. O preceito mais importante é o artigo 5º da Constituição Federal, incisos V e X. Aqui é que veio a consagração definitiva no Direito Brasileiro da tese favorável à indenizabilidade do dano moral. Nesses dispositivos há referência ao direito de imagem e ao dano moral.

No inciso X já se refere a alguns direitos personalíssimos como a intimidade, a vida privada, a honra, a imagem das pessoas, para assegurar o direito à indenização pelo dano material ou moral.

Assim é importante lembrar que a Constituição não consagrou a tese de uma forma geral. Apenas previu esses casos, mas é evidente que o princípio ficou consagrado para todos os casos. Não faria sentido que outros valores até superiores a esses que mencionei, como a integridade física, a liberdade, a saúde, ficassem fora dessa proteção. Não há a menor dúvida de que a menção feita pela Constituição é de ordem meramente enunciativa e não taxativa. Mesmo depois da Constituição, ainda tivemos mais um preceito legal expresso, a propósito do dano moral. Onde está? Está no Código de Defesa do Consumidor, realmente de enorme importância, artigo 6º, incisos VI e VII. São direitos básicos do consumidor a efetiva prevenção e reparação de danos patrimoniais e morais. Só para vocês imaginarem o vasto campo de atuação do Código de Consumidor, as relações de consumo são milhões e milhões, e aí está o consumidor amparado na proteção dos danos morais eventualmente sofridos.

2. Com essa base de direito positivo, vamos ver um pouco de doutrina. O tema do dano moral normalmente é tratado, aliás sempre é tratado, dentro do campo da Responsabilidade Civil e a Responsabilidade Civil, geralmente, e estudada em sua forma esquemática. Esse esquema parte dos pressupostos da

Responsabilidade Civil. Um ato ou omissão, um dano, o nexo de causalidade e a culpa, que pode estar presente ou não. Os três primeiros elementos estão sempre presentes e sem eles não se estabelece uma situação de Responsabilidade Civil. A culpa, como todos sabem, pode estar presente ou não, dependendo se se trata de responsabilidade subjetiva ou objetiva.

Isso tudo para nós é muito importante porque o nosso estudo vai se centrar no dano, nesse requisito da Responsabilidade Civil.

Que o dano patrimonial deve ser reparado é elementar. O Direito, o homem, o ser humano, percebeu cedo que o dano tem que ser reparado. Isso é dos primórdios da vida do Direito. "*Neminen laedere*" é um dos princípios fundamentais do Direito.

Mas chama a atenção como é que um tipo de dano, que é o dano moral, tenha demorado tanto para ingressar no contexto jurídico da eficácia. Enquanto o dever de indenizar o dano patrimonial está consagrado há mais de 2.000 anos, o dano moral praticamente ingressou de uma forma consistente no Direito apenas no século passado.

O Direito Brasileiro levou um século a mais do que a maioria dos povos ocidentais para consagrar a tese. O nosso Código Civil não destinou nenhum preceito genérico sobre essa questão. Eu citei diversos artigos, mas sem nomear nenhum deles que usasse a expressão dano moral. Entretanto, autores, já do primeiro momento, admitiram a tese. O próprio Beviláqua, com toda a sua autoridade de autor do Projeto de Código Civil, entendia que, por esses artigos que eu nomeei, não se podia afastar a indenização por dano moral. Pedro Lessa, em 1920, já Ministro do Supremo, também via a necessidade dessa indenização. Mas não pegou. Na Doutrina, sim. A Doutrina é amplamente majoritária na recomendação da tese. Autores como Manoel Ignácio, Carvalho de Mendonça, Orozimbo Nonato, Philadelpho Azevedo, Pontes de Miranda etc.

Entretanto, alguns autores notáveis como Orlando Gomes e Agostinho Alvim, embora admitindo a tese da reparabilidade, não encontravam apoio no direito positivo.

O fato é que a Jurisprudência não sufragava a tese.

A Jurisprudência é engraçada; às vezes, ela vai além da Doutrina, outras vezes ela fica para trás. Numa outra matéria que eu tenho estudado bastante, que é o Compromisso de Compra e Venda, por exemplo, a Jurisprudência construiu praticamente tudo, em grande parte à revelia dos doutos. Aqui neste campo do dano moral, deu-se o contrário: a Doutrina recomendava, mas o juiz não concedia. Por que essa timidez? Eu vejo dois motivos. O primeiro, creio, é fruto de um positivismo jurídico exacerbado. Foram gerações de juízes formados numa linha muito positivista, só de enxergar o texto expresso da lei. Como disse Mário

Moacir Porto, é o "juiz São Tomé", que só acredita naquilo que vê escrito e expresso. Para superar o positivismo jurídico tradicional não é preciso apelar para o direito natural. Um positivismo crítico que se valha dos princípios que estão disseminados pela ordem jurídica teria, por certo, sido mais fértil.

Mas o fato é que, nesse período, dominava os espíritos um positivismo exacerbado. Um segundo ponto, que eu acho bem objetivo, está na dificuldade de avaliar o dano moral. Como isso é muito difícil, o juiz fica tentando a não avançar. "É melhor parar por aqui, nem chegar à execução". É a consequência daquele argumento da tese negativista, segundo o qual é impossível mensurar e avaliar a dor moral.

Essas, talvez, as duas causas de termos ficado tão fora do contexto do Direito Comparado, por tanto tempo.

3. Quais foram os argumentos fundamentais pela não indenizabilidade do dano?

O principal é que seria imoral exigir-se dinheiro por uma ofensa moral, pela perda de um ente querido, pela perda de um direito personalíssimo, em suma, seria imoral você exigir algo econômico pela violação de um direito que não é econômico. Nosso grande e extraordinário Lafayette, no século passado, disse que era uma extravagância do espírito humano admitir-se uma reparação pecuniária por um dano moral. O prestígio das opiniões de Lafayette prosseguiu até após a vigência no Código Civil. O Código Civil já estava em andamento, já era Lei, e muita gente ainda achava que a opinião de Lafayette deveria preponderar.

O segundo argumento consiste na dificuldade de encontrar um valor. Achar um valor para essa indenização. E se você, eventualmente, achar um valor, nunca vai conseguir provar como é que você achou esse valor. Essa mensuração econômica do dano seria impossível.

Outro ponto de dificuldade. Quem tem direito de exigir a indenização? O dano moral, geralmente, atinge um grande número de pessoas; quem é que pode exigir reparação? Só os filhos, os pais? Até que ponto? Um amigo? O avô? Se muitos sofrem profundamente com a perda de um ente, como é que se vai saber a quem atribuir o direito de ação?

Depois, no caso do dano moral, impossível você voltar ao "*statu quo ante*", ou tentar voltar, objetivos da responsabilidade civil. O que se busca? O que é indenizar? E tornar indene, isto é, apagar o dano ocasionado.

Isto é impossível quando se trata de dano moral. Aliás, em relação ao dano patrimonial, nem sempre é possível também.

Mais ainda: a função da responsabilidade civil é reparar o dano, não é punir ninguém. Isso é dogma da responsabilidade civil clássica. É a doutrina seguida pelo nosso Código, artigo 1.060: "Ainda que a inexecução resulte de dolo do devedor as perdas e danos, a indenização, não pode ir além daquilo que efetivamente se perdeu". Desconsidera-se o problema do dolo e da graduação da culpa. E, no caso de dano moral, nunca se deixou de entender que aquilo que se vai atribuir ao lesado tenha um aspecto punitivo.

Outro ponto também deve ser considerado: é que a dor, geralmente, passa. Ela não é permanente, não é do ser humano conservá-la por muito tempo. Por que indenizar alguma coisa que você já sabe que vai acabar?

4. Todos esses argumentos não impediram a vitória da tese oposta.

Mais imoral do que indenizar o dano moral é deixar o dano irressarcido, é deixar o causador do dano impune. Um autor italiano deu uma explicação muito boa. É um equívoco ver imoralidade na exigência de uma indenização por dano moral. O que é imoral é trocar a honra por dinheiro, é vender amor e ceder amor em troca de dinheiro, isso sim é imoral. Mas não é absolutamente imoral receber-se algum dinheiro porque a honra foi violada. Se está defendendo a honra e não praticando com um ato imoral. É que, se é verdade que a dor não tem preço, também é verdade que algum valor pecuniário ajuda a amenizar essa dor. O dinheiro sozinho é evidente que não dá felicidade, mas de que ele ajuda a criar uma situação mais favorável para se enfrentar a dor, não há a menor dúvida.

Na impossibilidade – esse outro argumento é importante – de se saber quanto vai custar, qual vai ser o valor que seria atribuído à indenização, há solução. A nossa lei prevê o arbitramento. Arbitramento é um dos meios de prova admitidos na Lei Civil, artigos 136, inciso VII, e 1.553.

5. Repita-se: hoje, o problema da consagração genérica da tese pode ser tido como superado: CF, artigo 5º, V e X, além de outros dispositivos já mencionados.

Embora os preceitos constitucionais refiram-se ao direito de resposta e aos direitos a imagem, intimidade, vida privada e honra, não se tem tido dúvida de que tal enunciação seja meramente enunciativa, abrangendo, portanto, os casos assemelhados. Nem faria sentido deixar a descoberto a proteção a valores ainda maiores, como a liberdade, a integridade física, a saúde etc.

Temos ainda pelo menos duas súmulas relevantes na matéria:

Súmula 491 do STF: "É indenizável o acidente que cause morte de filho menor, ainda que não exerça trabalho remunerado". (Muitos ainda veem aqui um dano patrimonial. Mas é um dano moral, como veremos adiante, se houver tempo).

Súmula 37 do STJ: "São cumuláveis as indenizações por dano material e por dano moral no mesmo fato".

6. A questão que hoje desafia o direito brasileiro diz respeito aos critérios de avaliação do dano moral.

Os meios tradicionais utilizados com relação ao dano patrimonial não podem ser utilizados. O objetivo ideal da responsabilidade civil, ou seja, a volta ao estado anterior ao dano, nunca será atingido quando se trata de dano moral.

Em caso de dano dessa natureza, não se está, a rigor, diante de uma indenização (tornar indene). O que se atribui ao lesado é mera COMPENSAÇÃO pelo sofrimento, para ajudar a amenizá-lo, além de uma SATISFAÇÃO que a ordem jurídica lhe dá, de forma a não deixar impune o causador do dano, que assim é indiretamente levado a não reincidir. A palavra certa – o CONSOLO – O *Estado de S. Paulo* de 17/4/96 publicou a notícia de uma condenação de um Supermercado de Belo Horizonte cujos funcionários humilharam uma cliente imputando-lhe o furto de uma sandália. Disse a autora, uma digna senhora do povo: "Dinheiro nenhum pode pagar a vergonha que passei, mas a indenização não deixa de ser um consolo". Essa expressão é muito feliz para retratar o tipo de reparação que se concede pelo dano moral.

O valor da indenização deve ser razoavelmente expressivo. Não deve ser simbólico, como já aconteceu em outros tempos (indenização de um franco). Deve pesar sobre o bolso do ofensor como um fator de desestímulo a fim de que não reincida na ofensa.

Mas deve, igualmente, haver comedimento, a fim de que o nobre instituto não seja desvirtuado em mera fonte de enriquecimento.

Os autores são praticamente unânimes em proclamar que a indenização deve ser concedida.

Já decidiu o STF em memorável acórdão. "A esses elementos de ordem moral e social – porque suporta a própria estrutura social – não deve estar alheio o juízo, ponderando-os serena e convictamente e valorizando-os moderadamente com o prudente arbítrio do bom varão". *RTJ*, 108/294, r. Oscar Corrêa.

Na Ap. 253.723-1, em declaração de voto vencedor, pude dizer que nesse campo o arbítrio do juiz deve ser, a um só tempo, razoável e severo. Só assim se atenderá a finalidade de compensar e de dar satisfação ao lesado e de desincentivar a reincidência.

Era caso de litígio entre dois pesquisadores científicos em que um era acusado de haver usurpado o trabalho do outro. A indenização foi de R$ 50.000,00, sendo de se considerar que não foi comprovado nenhum dano patrimonial. Nestas hipóteses, a indenização por dano moral é naturalmente aumentada.

7. Deve-se temer o arbítrio do juiz?

Claro que sim. Toda concessão de arbítrio deve ser vista com cautela. Nem sempre ele, juiz, sabe lidar com números e valores. Mas não há saída. Caso contrário, põe-se por terra todo o instituto e sua eficácia.

"Em matéria de dano moral, o arbitrário é até da essência das coisas". Aguiar Dias, 6ª ed. II, p. 305.

Pior seria o arbítrio do legislador, que sempre impõe indenizações tarifadas insuficientes, como acontece com o seguro obrigatório em acidentes de veículos ou em acidentes do trabalho.

O arbítrio do juiz não é limitado. Tem que ser razoável, E deve ser demonstrado, indicando as circunstâncias do caso e valendo-se dos critérios adiante indicados.

Convém lembrar que não é qualquer dano moral que é indenizável. Os aborrecimentos, percalços, pequenas ofensas, não geram o dever de indenizar. O nobre instituto não tem por objetivo amparar as suscetibilidades exageradas e prestigiar os chatos. Já tive conhecimento de caso em que um juiz moveu ação contra seu colega que reformou um seu despacho de forma que ele considerou ofensiva... Também um perito moveu ação contra o advogado que criticou o laudo com energia...

O Código Civil Português tem dispositivo de grande sabedoria e utilidade. É o artigo 496[9]:

> "Danos não patrimoniais
>
> 1. Na fixação da indenização deve atender-se aos danos não patrimoniais que, pela sua gravidade, mereçam tutela do direito".

Por outras palavras, somente o dano moral razoavelmente grave deve ser indenizado.

Em 1965, a III Conferência Nacional de Desembargadores, realizada na Guanabara, já recomendava aos juízes:

> "O arbitramento do dano moral será apreciado livremente pelo juiz, atendendo à repercussão econômica (esta circunstância deve hoje ser afastada, pois trata de dano patrimonial), à prova da cor e ao grau de dolo ou culpa do ofensor".

Ainda o Código Brasileiro de Telecomunicações – Lei nº 4.417, de *27I&I&2*, artigo 84 – Na estimação de dano moral, o juiz terá em conta, notadamente, a posição social ou política do ofendido, a situação econômica do ofensor, a intensidade do ânimo de ofender, a gravidade e a repercussão das ofensas.

E também a LEI DE IMPRENSA – Lei n. 5.250/67, a qual, ao que consta, está para ser alterada.

> "Artigo 53 – No arbitramento da indenização em reparação de dano moral o juiz terá em conta notadamente:
>
> I – a intensidade do sofrimento do ofendido, a gravidade, a natureza e a repercussão da ofensa e a posição social e política do ofendido;
>
> II – a intensidade do dolo ou o grau da culpa do responsável, sua situação econômica e sua condenação anterior em ação criminal ou civil fundada em abuso no exercício da liberdade de manifestação do pensamento e informação;
>
> III – a retração espontânea e cabal, antes da propositura da ação penal ou cível, a publicação ou transmissão da resposta ou pedido de retificação, nos prazos previstos na Lei e independentemente de intervenção judicial, e a extensão da reparação por esse meio obtida pelo ofendido."

Esses critérios das leis especiais são ricos e extremamente úteis para o juiz. Podem e devem ser utilizados nos casos comuns.

Entretanto, os limites de valor das indenizações aí previstos (100 e 200 salários mínimos) não precisam nem devem ser observados. Servem como orientação. Esses limites até sugerem indenização superior. Isto porque, nos casos dessas leis especiais, existe um outro e relevante valor jurídico-social que o legislador quer salvaguardar, isto é, a liberdade de informação. Nesse sentido, já decidiu a 4ª Câmara de Direito Privado do TJ Ap. 253.73-1, r. Olavo Silveira com votos de José Osório, declarado, e Barbosa Pereira.

8. No ambiente familiar, cabe indenização por dano moral, em casos de adultério, rompimento de casamento, de noivado?

Em princípio, sim, com as muitas limitações relativas a esse ramo do Direito. A dor é natural em todo rompimento. Tem-se afastado a ideia de culpa. E o dano moral, em regra, decorre da culpa.

Em Direito de Família, só em caso de dolo ou culpa muito grave em que uma das partes sofreu pesada humilhação.

9. Quem é o titular do direito à indenização? Quem pode propor a ação por dano moral?

Esse sempre foi problema de difícil solução porque muitos são os atingidos pelo dano moral.

Os parentes próximos: descendentes, ascendentes e cônjuge. Os ligados a alimentos, sucessão, previdência.

Em relação a estes, a presunção é quase absoluta de que houve sofrimento e, portanto, de que houve dano moral indenizável – Ap. 247.934-1, r. Orlando Pistoresi, com voto vencedor de Cunha Cintra. Podem eles mover ação cumulativamente – Ph. Le Tourneau, n. 444. Os demais parentes precisam comprovar a dor. Cônjuge e concubinos devem mostrar que a união é atual, ou muito recente a separação.

10. Pessoas jurídicas podem exigir indenização por dano moral?

Sim, com limitações. Não podem alegar o sofrimento físico, evidentemente. Mas a má fama sim, como acontece quando há acusação de ser a empresa corruptora, de ser gravemente depredadora do meio ambiente, de ser má pagadora. Abalo de crédito é dano patrimonial, mas nunca se consegue comprová-lo. A admissão da indenização por dano moral, em tais circunstâncias, vem superar a dificuldade.

Protesto de duplicata paga – Ap. 204.288-1, do TJSP, r. Felipe Ferreira.

Também: STJ, *RT* 727/123, Ruy Rosado de Aguiar.

11. E o prejuízo sexual?

Evidentemente. Mas escapa a todo critério – Yves Chartier, n. 551.

Nós temos o artigo 1.549 do CC: "Nos demais crimes de violência sexual, ou ultraje ao pudor, ARBITRAR-SE-Á JUDICIALMENTE a indenização".

Admite-se também, em tese, o prejuízo por tabela (*par ricochet*). O marido ficou impotente, houve indenização, na França, para ele e para a mulher, pessoalmente – Y Ch. 556.

A propósito de dano sexual, veja-se acórdão da 8ª Câmara – Ap 210.146-1, r. Felipe Ferreira, que tem proferido notáveis votos sobre dano moral. O caso não foi exclusivamente de dano sexual porque a vítima já tinha problemas de impotência, mas estava se tratando. Como disse o relator, o ofendido "entrou vesgo e saiu cego", Após o tratamento, ficou com o pênis deformado, dolorido, com graves problemas de micção. A indenização por dano moral foi de R$ 80.000,00, mais tratamento amplo no exterior. Não sei se o caso transitou em julgado.

O simples assédio sexual, sem gravidade, não é indenizável, porque, em regra, por sua insignificância, não merece proteção legal. Como já foi dito, não se deve exagerar nas hipóteses indenizáveis, sob pena de desprestigiar o instituto. Como disse o cronista José Simão, a propósito do exagero das alegações de assédio sexual: "já não dá mais nem para ajudar velhinha a atravessar a rua..."

12. Uma importante lembrança para o advogado militante; a fixação do valor é tida como questão de fato. *RTSJ* 62/432 – REsp 43.488.

13. A condenação deve ser em quantia certa e paga de uma só vez (ou em poucas vezes). Nunca pensão (ou o dobro da pensão).

Não se deve incentivar o prolongamento da dor.

14. "Na indenização por morte de filho menor, o termo final do pagamento de pensão será a data em que o falecido completar 65 anos". Assim decide, às vezes, o E. STJ. Essa orientação, contudo, sujeita-se a respeitosas críticas.

Trata-se, na verdade, de dano patrimonial.

Ainda tem toda aplicação a Súmula n. 491 do STF, a saber:

> "É indenizável o acidente que cause a morte de filho menor, ainda que não exerça trabalho remunerado".

O que já não se justifica é o uso da via oblíqua para indenizar dano moral, pois, hoje, existe fundamento legal direto para tanto.

Caso tenha ocorrido dano patrimonial em razão de morte do filho menor que não trabalhava – hipótese difícil de acontecer – , deve-se indenizar esse dano patrimonial, como também o dano moral. O que não é possível é utilizar-se simultaneamente da via oblíqua e da via direta.

Há 50 anos, Aguiar Dias, com apoio em Orozimbo Nonato e outros, louvava esse "generoso expediente de prestação de justiça por via oblíqua". Mas o obtemperava, do ponto de vista técnico, pela simples razão de tratar-se de dano moral – op. cit. II, p. 322.

Haverá, por certo, exagero no valor global da indenização, ou seja, a verba do dano moral mais centenas e centenas de prestações salariais.

15. Quanto aos recentes julgamentos relativos ao episódio da morte de presos no Carandiru.

O *Estado de S. Paulo* de 4/5/96 dá notícia de acórdão da 8ª Câmara de Direito Público do TJSP negando indenização aos familiares da vítima, por maioria de votos. Ao se reverem essas notas, já se sabe que o julgamento inverteu-se em grau de embargos infringentes.

A 3ª Câmara DPub – Ap 243.364-1/7, rel. Pires de Araújo, Viseu Jr. e José Cardinale – julgou procedente a ação fixando indenização de 100 salários mínimos.

A tese pode ser considerada vencedora. O dano moral está presente. Qualquer mãe não deixa de sofrer moralmente com o assassinato imotivado e brutal do filho, ainda que ocorrido em prisão. O filho, afinal, foi preso para cumprir pena de cerceamento da liberdade e não para ser morto.

A circunstância de se tratar de "filho-problema", morto em presídio, deve ser levada em conta para se fixar moderadamente a indenização e não para afastar o dever de indenizar.

Temos ainda muita coisa para tratar, mas, afinal, estamos além do nosso horário, e vamos parar por aqui. Eu agradeço muito a presença de vocês e a atenção com que me ouviram. Muito obrigado.

FECHAMENTO

Meus parabéns, Dr. José Osório de Azevedo Júnior; realmente, V. Exa. abrangeu todos os tópicos da matéria, abrangeu um Direito positivo, a história e a evolução da Doutrina em matéria de Dano Moral e trouxe-nos aqui todas as formas possíveis em que se pode tratar do Dano Moral. Eu creio que todos nós ficamos bastante satisfeitos porque hoje pudemos aprender com a sua palestra. Muito obrigado.

Como é do nosso hábito, vamos abrir aqui para os debates, e aqueles que quiserem fazer perguntas, tendo em vista que temos muitas pessoas no auditório, pedimos que nos encaminhem as perguntas por escrito, que nossas funcionárias nos trarão à mesa para uma seleção para que o Dr. José Osório possa responder aquelas que tiverem maior interesse.

DR. JOSÉ ROGÉRIO CRUZ E TUCCI – DIRETOR SECRETÁRIO DA ASSOCIAÇÃO

Eu gostaria inicialmente de parabenizar o Eminente Desembargador pelo panorama exuberante que nos apresentou sobre temas que, efetivamente, conduzem os advogados à meditação, à reflexão. Gostaria de formular apenas duas indagações ao Desembargador José Osório. Em primeiro lugar, se o fator tempo, isto é, se a inércia prolongada para o exercício do Direito à jurisdição é um componente que deve ser considerado para a fixação da indenização? E, em segundo lugar, e eu até tenho discutido muito sobre este assunto com o meu colega, Dr. Jayme Queiroz Lopes Filho, ilustre Vice-Presidente da Associação, que é um estudioso desta matéria, se, naqueles casos em que a responsabilidade é do preponente, ou seja, o dano é causado pelo preposto, é pacífico o cabimento do pedido de indenização por dano moral? Se, por um lado, ao que se visa é a compensação da vítima, por outro, é certo que a condenação deve representar uma sanção, deve servir de exemplo ao ofensor. E nessa hipótese de responsabilidade por atos do preposto, a condenação em dano moral causa alguma perplexidade ao operador do direito.

DESEMBARGADOR JOSÉ OSÓRIO DE AZEVEDO JÚNIOR

As duas perguntas são extremamente enriquecedoras. Em relação ao tempo, eu não tenho dúvida em afirmar que o tempo é um daqueles fatores que o juiz deve levar em consideração, particularmente em caso de Dano Moral. Nós sabemos que a dor não se prolonga indefinidamente. Então, o fato de ter permanecido muito tempo inerte é particularmente importante para nós, no Direito Brasileiro, que temos um prazo alucinantemente longo de prescrição, que é de 20 anos. Então, não se pode deixar de levar em conta esta circunstância.

Até mesmo para negar a indenização, pois já não estamos diante de um dano que esteja a merecer a proteção do direito. Ou então – como estratagema frequentemente usado pelos juízes, daqui e de fora – para conceder uma indenização pequenina.

Quanto à indenização por culpa do preposto, é sempre bom lembrar que há, aí, dupla incidência de ambas as teorias, no seguinte sentido: a teoria da culpa em relação ao ato do preposto, e a do risco, ou objetiva, em relação ao ato do preponente.

(Se a culpa deste presumida de forma absoluta, já estamos fora da teoria da culpa.) Ambas as teorias levam ao dever de indenizar. Mas de forma diversa. Porque o elemento culpa é fundamental para exacerbar ou diminuir o valor da indenização. Nesse ponto, isto é, para fixar o valor da indenização, a culpa não deve ser presumida, a meu ver. Deve ser provada concretamente. A responsabilidade civil, no campo do dano moral, apresenta alguma conotação punitiva, como já foi dito. Aproxima-se, assim, da responsabilidade penal, em que a culpa, ou dolo, do preponente precisa ficar caracterizada. A matéria é de alta indagação e exige aprofundamentos. Só esse ponto é suficiente para justificar uma tese acadêmica, com rigor científico, que venha em auxílio da Jurisprudência.

Dano moral e sua reparação[1]

Manifesto a minha enorme satisfação de participar de um seminário tão elevado e vim aqui sem outro objetivo do que aquele aqui já afirmado: o de trocar ideias. Nós estamos diante de uma matéria em que tudo é movediço, com que a relação a qualquer dogmatismo, qualquer sectarismo, pode levar a resultados danosos.

Tenho o convite que me foi feito como uma homenagem ao Tribunal a que tenho também a honra de pertencer, que é o Tribunal de Justiça de São Paulo, que, no nosso Estado, é o Tribunal que tem competência genérica para tratar desta questão.

Então vamos ao nosso tema que é muito vasto e, como o tempo é curto, vou tentar sintetizar o máximo possível.

Em matéria de Dano Moral, vamos ver, pelo menos, alguns textos legais, qual é o apoio de Direito positivo que temos, a fim de que não corramos riscos de muitas elucubrações elevadas sem apoio nestes textos, e como a jurisprudência está enfrentando esta questão, e eventual crítica desta jurisprudência. Não temos nenhuma preocupação, por hora, com questões de "de lege ferenda", Direito a ser ainda constituído.

Bem, quais são os textos importantes que temos nesta questão? Nós temos um artigo tradicionalíssimo, o 159, do Código Civil, que manda reparar o dano, sem fazer distinção entre Dano Moral e Dano Patrimonial. Depois temos uma série de artigos, 1.537 e seguintes das Liquidações dos Atos Ilícitos, das obrigações por atos ilícitos, onde há diversos artigos que se referem ao Dano Moral, ao dano estético, ao valor de afeição, à indenização em caso de homicídio, os casos de injúria e calúnia etc.

Na legislação especial é que vamos encontrar alguns pontos de extremo interesse para nós. O Código Brasileiro de Telecomunicações, de 1962, cujo artigo 84 nos indica alguns critérios para a apuração do Dano Moral. A lei de

1. Palestra proferida no Seminário "*Responsabilidade civil no transporte terrestre de passageiros*" realizado pelo SETPESP CEPES, 24 a 26 de maio de1996.

Imprensa, de 1967, a Lei 5.250, cujo artigo 53 também oferece elementos de enorme valia para a questão.

Mas é na Constituição Federal que nós temos o ponto de apoio maior, que é o artigo 5º, incisos V e X. É assegurado o direito de resposta proporcional ao agravo, além da indenização por dano material moral ou a imagem. São invioláveis a intimidade, a vida privada etc., assegurado o direito à indenização pelo dano material ou moral decorrente de sua violação.

O Código de Defesa do Consumidor também tem dispositivo expresso, que foi referido inclusive pelo Dr. Carlos Alberto Gonçalves em sua obra sobre a Responsabilidade Civil, que é a Lei 8.078/90, artigo 6º, inciso VI: a efetiva prevenção e reparação de danos patrimoniais e morais individuais, coletivos e difusos. Sem ter uma preocupação de exaurir, não me parece que haja outros textos importantes que se refiram diretamente a essa problemática.

Costuma-se abordar os temas sobre Responsabilidade Civil dentro daquele esquema que todos conhecem: a partir dos requisitos, dos pressupostos, da Responsabilidade Civil. Um ato ou omissão, a existência de um dano, um nexo de causalidade entre este ato e este dano que há existência de culpa, que é o requisito que pode estar presente ou não estar presente na medida em que se adota para determinadas circunstâncias, a Teoria da Responsabilidade Objetiva e então se prescindiria deste último requisito e da culpa no caso da Responsabilidade Subjetiva. Este ponto, vamos voltar a ele, me parece de enorme interesse dos Srs. que estão voltados, fundamentalmente, para a Responsabilidade Objetiva: Vai ter, a meu ver, consequências diretas no momento crucial dessa matéria, que é apurar o valor desse dano.

De que o dano deve ser reparado, é uma matéria tradicional. O Direito chegou a ele em seus primórdios. É princípio do Direito não prejudicar a ninguém e o dano ter que ser reparado. É um dos princípios gerais do Direito. Então há 3 mil anos que este princípio está consagrado. Mas que dano? O dano patrimonial. Para chegar-se à reparação do Dano Moral houve um percurso, um caminho, extremamente lento e sofrido da ordem jurídica, da sociedade humana. Apenas há quanto tempo que se pode dizer que se chegou à conclusão de que o Dano Moral deva ser indenizado? Há muito pouco tempo. Cem anos atrás, pouco mais do que isso na doutrina. O Direito Brasileiro ainda demorou um século a mais, porque agora é que nós estamos realmente sentindo na carne as dificuldades que a matéria traz, e os senhores sentindo de forma econômica uma parte dessas dificuldades.

Então, o nosso objetivo é ver como estamos, no Direito Brasileiro hoje. Certamente, o Professor Carlos Alberto Bittar trará elementos de grande profundidade. Se houver uma sobreposição de temas, não me parece que seja grave, porque nós estamos, dissemos, trocando ideias. A matéria é tão movediça que estamos iniciando de tal forma a aplicação desse tema no Direito Brasileiro vivido na Jurisprudência, na economia, que podemos pisar e repisar e voltar ao assunto porque temos muita coisa para absorver nesse campo.

Dos danos, como todos sabem, temos uma divisão perfeita. São como os vinhos, nacionais ou estrangeiros. Os danos são patrimoniais ou não patrimoniais; ninguém aceita mais aquela ideia de que Dano Moral que tenha reflexo patrimonial. Não, os danos são patrimoniais ou não patrimoniais ou chamados morais. É claro que um mesmo ato pode provocar danos de ambas naturezas. Um mesmo ato pode afetar a saúde de uma pessoa e essa pessoa não poder trabalhar e com isso ocasionar um dano patrimonial; e pode afetar outra esfera que não é a patrimonial, causando-lhe dor, sofrimento físico, moral, psicológico, medo, depressão, angústia, vergonha, desprezo, má fama, toda uma faixa que nós não estamos muito acostumados a trabalhar com ela.

O Direito, então, demorou muito para aceitar esta indenizabilidade do Dano Moral. Os argumentos para impedi-la, que levaram esta demora, são muito conhecidos, mas acho que nós precisamos examiná-los, para irmos exatamente absorvendo bem essas ideias e elas vão ser necessárias quando nós chegarmos na parte seguinte, que é da avaliação.

O ponto fundamental era de que seria imoral exigir-se valor dinheiro pela perda de um ente querido, pela violação de um direito personalíssimo, ou seja, seria imoral exigir valor econômico pela ofensa de um valor moral. Ainda um outro argumento que viria bem nessa linha é que isso estaria a demonstrar a decadência da nossa sociedade atualmente, que reduz tudo a dinheiro. Então, estaríamos até reduzindo o Dano Moral a uma indenização pecuniária.

Outro ponto fundamental era de ser impossível determinar o valor pecuniário da dor. Como também é impossível a prova da mensuração do dano. Ainda, impossível saber quem tem direito a indenização, quando a dor se distribui por várias pessoas. É a mulher, é o filho, é o amigo, é o pai, a mãe, todos sofrem com a perda de um ente querido. Depois seria impossível voltar ao "*status quo ante*", que é o que se deseja com a Responsabilidade Civil.

Apagar, voltar, em caso de Dano Moral é impossível.

A função da Responsabilidade Civil é reparar o dano e não punir e não trazer uma pena privada para o causador do dano. Também se dizia que a "dor moral passa, ela não permanece, mais cedo ou mais tarde o ser humano reage psicologicamente contra ela". Então, como é que se vai indenizar algo passageiro? Indeniza e depois vai acabar essa dor e ficou com o lucro.

Esses argumentos não impediram a vitória decisiva da tese oposta. Hoje, a rigor, esse tipo de discussão estaria superado. Eu acho que não está porque precisamos tê-los bem presentes para a segunda fase. Estes argumentos todos sucumbiram a outros argumentos. Mas imoral seria deixar passar em branco a ofensa. Essa ligação de injúria e dinheiro, que ora é o grande argumento contra a tese da indenização do Dano Moral, essa condenação parte de um grande equívoco. O que é imoral é vender a honra, é usar a honra, é abrir mão dela em função de dinheiro. Isso evidentemente é imoral. Agora, absolutamente não é imoral alguém que teve a honra ofendida receber alguma coisa por este motivo. Até que assim se dá maior valor à honra, à dor física, à dor psicológica. Se é verdade que a dor não tem preço, não é menos verdade que o dinheiro ajuda a amenizá-la. Não vai resolver, mas pode ajudar, pode criar condições mais favoráveis, dá para distrair um pouco. Isto também é tema já postulado, integralmente aceito na doutrina.

Há impossibilidade de provar-se tecnicamente o valor da indenização? Em inúmeros casos há, mas a lei prevê, é o arbitramento. O arbitramento é um dos meios de prova previstos em lei. Temos aí o artigo 136 do Código Civil, que se refere expressamente ao arbitramento. O próprio Código Civil, artigo 136, inciso VII, e o artigo 1.549 que exatamente está tratando de Dano Moral. Não podendo aferir de quanto foi o prejuízo, não tendo elementos para dizer, o Juiz arbitrará. Será caso de arbitramento judicial, como diz o texto da Lei.

Então, o fato é que o Direito Brasileiro demorou demais para admitir a indenização por Dano Moral. A doutrina não. A doutrina foi mais viva foi mais esperta e, digamos, numa preponderância acentuadíssima propugnava pela indenização do Dano Moral.

Em 1920, Pedro Lessa já assim decidia, mas tal decisão não vingou. Escrevia em textos que até hoje são atuais. Manoel Inácio Carvalho de Mendonça, que escreveu até antes do Código Civil, Azevedo Marques, Filadelfio de Azevedo, Aguiar Dias, Orozimbo Nonato, Pontes de Miranda, Caio Mário, Mário Moacir Porto, inúmeros Juristas, até o Desembargador Yussef Kahali, no seu livro "Dano e Indenização", dá uma catalogação dos autores em grande número, mas autores de nomeada como Orlando Gomes e Agostinho Alvim, por exemplo, que, embora do ponto de vista doutrinário defendam a indenização do Dano Moral, entendiam que o Direito Brasileiro não comportava esta solução.

Então, a verdade é que a doutrina caminhou, mas a jurisprudência não. A jurisprudência foi tímida. Só na década de 80 é que começou (e assim mesmo, um julgamento aqui, outro ali) que foi efetivamente entrando de uma forma mais decidida, mandando indenizar.

Por que será que demorou tanto? Por que será que essa jurisprudência foi tão tímida? A doutrina estava ali, em inúmeros autores e também em textos da legislação que permitiam. Bevilácqua, por exemplo, era um também, não sei se eu nomeei Bevilácqua aqui, mas ele (que fez o projeto e ele mesmo propugnava por esta tese) escreveu sobre isso, mas não pregava. Eu acho que é porque nós, juízes, e o nosso ambiente jurídico fomos criados, educados num ambiente de muito positivismo jurídico. Positivismo exagerado. Então se não estava escrito ali rigorosamente *Dano moral*, então não pode dar. Me parece que foi um pouco isso. E também a dificuldade em apurar esse valor. Os juízes ficavam com medo. Primeiro, já estava meio nebuloso: como e que eu vou dar esse valor? Então, ele preferia ficar meio de fora com isso. Mário Moacir Porto, por exemplo, costuma dizer são juristas São Tomé, de tipo São Tomé, quer dizer, precisa ver para crer. Se ele não chegar e não puser o dedo ali, ele não vai acreditar que ele poderia, já há muito tempo, e hoje, já, nós teríamos passado as dificuldades que estão passando hoje aqui no Sindicato em épocas muito anteriores. Naquele tempo em que os valores eram bem menores, os ônibus eram mais primitivos e tudo, os valores, as quantidades de pessoas menores e nós estaríamos hoje aqui e já com essa matéria muito mais amadurecida, como aliás acontece em outros países.

Então, hoje, não se pode mais discutir esta questão: se deve- se indenizar ou não. Porque está aí a Constituição Federal mandando indenizar. Nós temos duas súmulas importantes nesta matéria. Uma do Supremo Tribunal Federal, antiga 491, e que diz "*é indenizável o acidente que cause morte de filho menor, ainda que não exerça trabalho remunerado*", afinal de contas, porque é criança e, no entanto, a jurisprudência, temerosa de sancionar a indenização por Dano Moral, contornava o problema e dizia que, nas classes menos favorecidas, há uma perspectiva de auxílio futuro por parte dessas crianças, que muitas vezes começam cedo. Então, é preciso indenizar este potencial de prejuízo patrimonial. Hoje, o próprio Supremo chegou a admitir que era caso de Dano Moral. Eu me lembro bem de um acórdão famoso do Ministro Eliomar Baleeiro que disse "*não, isso é Dano Moral*". Hoje muitos duvidam, mas a maioria entende que é efetivamente um Dano Moral, uma forma de indenizar a dor sofrida por aquela família, por aqueles pais, pela morte da criança.

O Superior Tribunal de Justiça ainda não se definiu muito pelo que eu pude ver. Ainda está entendendo que é dano patrimonial. Por isso que eu fui cauteloso e corrigi logo. Tem um grande Tribunal que é o maior responsável hoje por esta questão que entende que esta indenização é de dano patrimonial. Mas o Tribunal também já sumulou o seguinte: "São cumuláveis as indenizações por dano material, por dano moral oriundos do mesmo fato". Então vejam, aqui realmente é uma matéria, uma questão, em que se justifica uma certa preocupação. Porque talvez haja aqui uma dualidade de indenizações por

Dano Moral, salvo maior juízo. Mas a impressão que se tem é que o rumo será realmente dirigir-se apenas para o Dano Moral.

Bem, então já temos estes textos de lei, temos estas súmulas, tivemos essa doutrina, a favor e contra com esses argumentos fundamentais. O ponto que me parece central dessa matéria nossa é a seguinte, e que tem gerado, a meu ver, muita confusão, muita dificuldade. E que nós estudamos o Dano Moral, então, dentro do esquemão da Responsabilidade Civil. Acontece que, o objetivo da Responsabilidade Civil, como todos sabem, é voltar ao *status quo ante*, é indenizar, é pagar. Isto é o que se deseja. Nem sempre é possível, mesmo no caso do dano patrimonial, mas de qualquer forma o que se deseja é isso, e sempre que possível deve ser feito.

No caso do Dano Moral é mesmo impossível voltar ao estado anterior. Não dá. É contra a natureza do próprio dano ocasionado. Não dá para apagar a dor. Então, nós ficamos em dificuldade, na medida em que muitas distorções ocorrem. O Código Civil fala que pode haver uma fixação razoável nos lucros cessantes, mas nos danos permanentes tem que ser completo, tudo isto não dá em Dano Moral.

Na temática, na problemática do Dano Moral não se vai buscar uma indenização neste sentido técnico de *indenit*, tirar o dano. A palavra que os autores usam é *compensação*. Se vai buscar é uma compensação por aquela dor, mas com algo mais. São dois pontos que me parecem fundamentais. A compensação que precisa ser dada por essa dor ocasionada, e uma satisfação que a ordem jurídica vai dar para a vítima de que o causador do dano está recebendo, a coisa não está passando em brancas nuvens. Esta satisfação é um elemento fundamental da temática do Dano Moral e que não aparece na outra; a outra é só indenização ampla, total e restrita e pronto. Não tem este aspecto da satisfação.

Até outro dia, falando na Associação dos Advogados, me veio à mente um assunto de jornal muito recente. *O Estado de S. Paulo* publicou o caso porque a matéria está mesmo na ordem do dia e isso dá ibope, qualquer notícia a esse propósito recebe um tratamento privilegiado. E o jornal então dizia o seguinte: uma senhora de Belo Horizonte foi extremamente humilhada num supermercado, porque achavam que ela tinha roubado, e ela recebeu uma indenização de quarenta mil reais depois que terminou a demanda. E disse ela "*dinheiro nenhum pode apagar a vergonha que passei, mas* a *indenização não deixa de ser um consolo*". A palavra é muito boa. Os autores normalmente não usam. Então ficam a compensação e a satisfação. O consolo pega mais ou menos, tem alguma coisa das duas expressões. Achei que esta senhora do povo foi muito feliz e adotei, já, essa expressão dela. Encontrei o Desembargador

Maurício Vidigal, quando Juiz da 1ª Alçada, num acórdão muito interessante em que ele também usou esta expressão *consolo.*

Então, eu acho que isso é muito importante para nós podermos decidir com mais objetividade. Não esquecer jamais desse caráter dúplice. A um só tempo, punitivo e compensatório. Ou pela ordem anterior, compensatório e punitivo. É preciso, a meu ver, alargar o raciocínio para além do esquema comum da Responsabilidade Civil. Se ficarmos só vinculados ao esquemão tradicional vamos encontrar muitas dificuldades. Tanto é assim que um autor português escreveu sobre Responsabilidade Civil. Diz o seguinte: "*o ideal, seria tirar essa parte do Dano Moral da Responsabilidade Civil*". Diz ele aqui: "*não vamos porém analisar o regime desse instituto* – Dano Moral no livro dele é Responsabilidade Civil – *pensamos que a reparação dos danos não patrimoniais escapa em larga medida às coordenadas legais do sistema da Responsabilidade Civil à total arbitrariedade do julgador na fixação da 'compensatio doloris' e na determinação das pessoas que a ela tem direito, foge quase inteiramente aos princípios que regem a Responsabilidade Civil. Só haverá vantagens em não prejudicar a já complicada construção dessa, com os elementos anômalos que resultam da reparação daqueles dados*".

Aí então ele diz mais algumas coisas que aqui o tempo não permite ler. "A *prudência* – diz ele – *manda separar os dois institutos, tanto na construção teórica como na aplicação prática. A fusão de ambos prejudica o bom entendimento de cada um*".

Aqui no Direito Brasileiro não há a menor possibilidade, nem é o caso de se querer retirar da Responsabilidade Civil a temática do Dano Moral. Não dá, quer dizer, nós já temos tanta dificuldade em estudar as matérias de uma forma sistemática, não vamos assim também atomizar tanto. Mas é fundamental, a meu ver, deixar claro que é um capítulo autônomo, particularmente, quando se trata da reparação de encontrar um valor. Aí nós precisamos lembrar sempre desses dois objetivos fundamentais, *compensação e satisfação ou* então *consolo,* e deixar à parte que volta ao estado anterior, a indenização propriamente dita, para o outro caso.

Bem, então vamos ver, pelo menos, alguma coisa desta parte mais difícil, que é a avaliação, para ver a quantas andamos. O esforço que se faz, pelo menos eu tenho procurado dirigir minhas preocupações nessa linha, é superar aquilo que para o advogado, para o Juiz, é terrível quando ele encontra no livro de doutrina. Esta matéria fica ao razoável arbítrio do Juiz e o jurista normalmente para ali. Como por dizer: isso é questão de fato! Meu Deus, mas é isso que nos aflige. Nós queremos saber, exatamente, até que ponto esse arbítrio está indo, até que ponto ele vai, e eu acho que este é o esforço maior, ao que me parece, que os estudos jurídicos deviam se preocupar.

Bem, então nós podemos fazer algumas afirmações nessa linha. Não há dúvida de que é o Juiz que vai fixar essa indenização. Se mais tarde vier alguma lei dando outros critérios, daí é outra discussão. No estágio atual, é o Juiz, e não o Perito. Não tem nada de mandar pro Perito. Juiz é nessa hora. Arbítrio por arbítrio, é melhor o dele do que o do Perito, sujeito a menos injunções.

Mas deve, pelo menos em princípio, ser mais maduro e saber melhor o que está fazendo e ele deve realmente criar, usar desse arbítrio da forma que vamos ver daqui a pouco.

Vimos este autor português, Pessoa Jorge, que estava dizendo que ninguém duvida de que é o Juiz que vai definir este valor. É um dos pontos em que o Juiz tem seu maior desafio. É um ponto em que ele realmente vai ter que, digamos, *confiar no taco,* de realmente pesar circunstâncias, de dizer qual é o valor, levando uma série de circunstâncias ali em conta.

O Desembargador Fonseca Tavares outro dia estava citando o autor francês Rippert que tem um livro famoso *Le prie de la dubent* (O Preço da Dor). "*Na fixação* – diz Rippert – *do quantum reparador, na hipótese de Danos Morais, a melhor norma é a que permite ao Juiz exercitar, de maneira plena o seu poder de apreciação*". Então, na doutrina, não há dúvida nenhuma de que é um dos pontos em que esta margem de atuação do Juiz é a mais acentuada. Volta aquele tema que se condenava, que se discutia antes da consagração da doutrina de dinheiro e dor.

Um autor italiano, Adriano De Cupis, tem um livro clássico *Il dano.* Ele diz que há uma tendência, genérica, no direito de resolver uma série de coisas através de dinheiro, indenização, perdas e danos etc. e tal. E isso tudo traz uma situação meio difícil de misturar estas duas coisas. Esta equivalência sempre vai ser artificiosa. É inútil pensarmos que vamos conseguir algo assim que resolva tudo. Não. É sempre algo que traz alguma insatisfação. Nós sempre vamos entender que a coisa é meio artificiosa. É de se temer o arbítrio do Juiz? É claro que é de se temer, tudo que é arbítrio assusta, mas não há outro meio. Realmente, não há. Agora, esse arbítrio é o arbítrio do bom varão. Mesmo que o Juiz não se sinta, ele mesmo, como um bom varão, que cada um tem suas tendências, um é mais emotivo, outro é mais racional, um é gastador, o outro é "munheca".

Então, isso tudo começa de repente a aparecer numa decisão. Não é isso que a lei manda. A lei diz que é o arbítrio do bom varão. Este que é gastador, este que é sovina, ele tem que se cuidar e quando se diz que está no razoável arbítrio, ele deve dizer por quê. Ao fixar uma indenização, geralmente a gente não tem muito hábito de dizer diretamente porque que é aquele valor. E nós fazemos de forma um pouco indireta. Então nós carregamos na sentença, no acórdão, quando começa a acentuar o grau, o dolo que houve, a culpa, o grau exacerbado da culpa, é porque já está dizendo que lá vai sair uma indenização pesada.

Então, às vezes, o advogado acha que o Juiz não disse por que foi aquele valor. Ele não disse diretamente, mas se o acórdão estiver bem fundamentado no seu contexto todo, a sentença, a decisão, vocês vão encontrar ali os fundamentos. Mas em princípio precisa dizer por que se chegou àquele valor. Nós temos alguns critérios que devem ser observados, inclusive critérios legais.

Já em 65, na Conferência Nacional dos Desembargadores, realizada no então Estado da Guanabara, já se indicou algum dado. O arbitramento do Dano Moral será apreciado livremente pelo Juiz, atendendo à repercussão econômica. Isto aqui não está certo, isto aqui já está superado, porque aí é dano patrimonial, então já está fora. Então, devemos ficar com o seguinte: o arbitramento do Dano Moral será apreciado livremente pelo Juiz, atendendo à prova da dor e ao grau de dolo ou culpa do ofensor.

Estes mesmos critérios aparecem, de forma mais explícita, em dois diplomas legais que nós devemos ter muito presentes: o Código Brasileiro de Telecomunicações e a Lei de Imprensa. O artigo 84 do Código de Telecomunicações diz: "*Na estimação do Dano Moral o Juiz terá em conta, notadamente, a posição social ou política do ofendido, a situação econômica do ofensor, a intensidade, o ânimo de ofender, a gravidade e a repercussão das ofensas*". É muita coisa para se levar em conta. Dá para pesar muito bem ali. E a Lei de Imprensa também fala na intensidade do dano sofrido: a gravidade, a natureza, a repercussão da ofensa, a posição social, a intensidade do dolo, a condenação anterior. O Juiz também leva em conta isso, porque aquele aspecto de satisfação, hoje em dia, nesta matéria, o caráter punitivo é real, é presente. Vi um caso do Tribunal da França, de Paris, em que um jornalista, insistia em ofender e ofendia, ofendia: então o autor mostrou como as indenizações foram crescendo, até que o jornalista parou com as ofensas, mas ele levou em conta esta vida pregressa.

Aqui também a Lei de Imprensa fala uma coisa importante. A. retratação espontânea, nos casos comuns, nos casos dos senhores, parece muito importante, porque é um comportamento posterior ao dano. Não se pode dar o mesmo tratamento àquela empresa, àquele motorista que ocasionou o dano e não deu a menor satisfação mais com aquele que procurou minimizar as consequências daquele dano. Tudo isso é elemento fundamental para o Juiz chegar a uma conclusão e os advogados convencerem o Juiz. E mais para o advogado, até, que tem que levantar toda a problemática para não deixar o Juiz deixar de pensar em todas estas circunstâncias.

Então, o arbítrio do juiz deve ser temido, neste sentido, pois nenhum arbítrio pode deixar de ser temido. Porém estamos diante de um fato que é ligado à natureza das coisas. Geralmente, quando o legislador entra em cena, na experiência brasileira, ele acaba "nas tabelas", acaba impondo, acaba indo muito por baixo, com enormes reflexos em todo comportamento da Justiça nessa matéria de Responsabilidade Civil.

Se a indenização de acidente do trabalho fosse mais digna, talvez não tivesse surgido a jurisprudência da culpa, que depois acabou até em dispositivo constitucional.

A indenização de acidente de trabalho surgiu exatamente para ultrapassar a problemática da culpa. Quando o legislador põe esses valores tarifados relativamente baixos, ele tem um interesse em jogo. Ele quer salvaguardar outros valores. Se não fosse tarifada esta indenização, o que aconteceria em relação ao transporte aéreo? No começo do século, discutiu-se muito isso. Talvez teria inviabilizado o desenvolvimento rápido que teve a indústria de transporte aéreo. Então, frequentemente, o legislador, quando tarifa, quer salvaguardar alguns outros valores também. Às vezes, na Justiça, a gente encontra Juízes que, na dificuldade de avaliar o dano, usa a Lei de Imprensa, que vai até 200 salários mínimos, no máximo, e o Código de Telecomunicações, se não me engano, vai até 100.

Eu disse que devemos usar aqueles critérios para aferir o valor, encontrar um determinado valor, mas, absolutamente, não se deve usar os valores da Lei de Imprensa e do Código de Telecomunicações. Por quê? Porque aí o legislador tem em vista a defesa de outros valores, que são a liberdade de expressão, a liberdade de imprensa. Ele não quer mesmo que o dano ultrapasse aquele determinado limite. Na problemática do Dano Moral, não está em jogo isso. A liberdade é maior, deve usar aqueles critérios: grau da culpa, intensidade do dolo etc.

A indenização deve ser por importância única, importância só. Às vezes, o Juiz diz: não se duplica a indenização do dano patrimonial. Não, ele tem que buscar a indenização do Dano Moral. O juiz, também, sabiamente, muitas vezes, se não existiu meios de se indenizar patrimonialmente, dá uma indenização por Dano Moral um pouco mais elevada. E vice-versa. Quando a indenização do Dano Moral já foi muito grande, ele dá uma indenização um pouco menor, embora sem falar muito, mas é perfeitamente adequado, e eu acho que aí entra aquele arbítrio sábio que ele deve levar em considerado.

Há aqui ainda uma série de temas que a gente poderia abordar, mas vamos deixar para depois, quando das questões, e peço escusa aqui por ter-me alongado mais do que devia, mas fui autorizado. Muito obrigado a todos.

Observações sobre a posse no atual direito civil brasileiro[1]

1. Na primeira metade do século XX, autores de envergadura consideraram a posse um instituto em decadência, que deveria tornar-se, com o passar do tempo, cada vez mais desnecessário e inútil. Isto por causa dos avanços tecnológicos que estavam a aprimorar os cadastros imobiliários e a tornar os julgamentos mais rápidos. Assim, por exemplo, pensou Manoel Rodrigues Júnior, professor de Coimbra.[2]

Mais uma vez a história viva do Direito em matéria possessória contrariou o prognóstico dos doutos.

Antes disso muitos autores já haviam sugerido o abandono da proteção possessória, por motivos éticos e jurídicos, temerosos do enfraquecimento do direito de propriedade. Mas a "história física, experimental, do Direito", no dizer de Butera, citado por Agostinho Alvim, provou o contrário: todos os regimes legais consagraram a proteção possessória.

No atual direito positivo brasileiro, dois pontos chamam particularmente a atenção: o tratamento dispensado pela Constituição Federal de 1988 ao princípio da função social da propriedade e a recente Lei 9.785, de 29.01.1999.

2. Comecemos por esta última, que teve por objetivo principal criar facilidades para a implantação de parcelamentos do solo em favor de pessoas de baixa renda promovidos por entidades públicas. Para tanto, a nova lei alterou vários dispositivos da atual Lei de Loteamentos – Lei 6.766/79; um preceito da Lei de Desapropriação – DL 3.365/41; e um da Lei de Registros Públicos – Lei 6.015/73. Estes últimos são os que mais interessam ao presente tema.

A Lei de Desapropriação foi alterada para acrescentar-se um § 3º ao art. 5º, de modo a impedir que a gleba desapropriada para aquele fim fosse utilizada com outra finalidade. Por esse mesmo motivo, vedou-se a retrocessão.

1. Publicado originalmente em *Direitos Humanos: visões contemporâneas*. Associação Juízes para a Democracia, São Paulo, 2001.
2. *A posse*. 3. ed. Coimbra: Almedina, 1981. p. 13.

Com tais comandos, deixou claro o legislador que o andamento vagaroso do processo desapropriatório não impedia a irreversibilidade da implantação do parcelamento do solo e construção das habitações populares.

A Lei de Registros Públicos foi modificada com a previsão de mais um tipo de registro – n. 36 do inciso I do art. 167, ou seja, abriu-se, no rígido sistema registrário, a possibilidade do registro da *imissão provisória na posse, e respectiva cessão e promessa de cessão, quando concedida à União, Estados, Distrito Federal, Municípios ou suas entidades delegacias, para execução de parcelamento popular, com finalidade urbana, destinado às classes de menor renda.*

Coerentemente com a providência anterior, permitiu-se que o empreendimento fosse implantado de forma segura para o adquirente de lote independentemente da transmissão definitiva da propriedade da gleba desapropriada para a entidade pública. Esta promove o registro imobiliário do despacho da imissão de posse no imóvel desapropriado e, com isso, sua posse passa a ter prosápia de direito real, isto é, pode ser oposta perante terceiros, não só como poder de fato sobre a coisa, mas também como poder jurídico fortemente amparado pela lei.

Em seguida, altera-se a Lei do Parcelamento do Solo a fim de permitir que a entidade pública pudesse lotear a posse, antes de ser proprietária, e ceder parceladamente aos pretendentes os direitos relativos a cada lote.

Por outras palavras, nesse tipo de parcelamento do solo, dispensa-se o título de domínio, bastando o de posse, naquelas condições. E ao invés de celebrar-com os adquirentes de lotes compromisso de compra e venda, celebra-se cessão ou promessa de cessão de direitos possessórios sobre cada um dos lotes, cujos instrumentos também poderão ser registrados.

Da mesma forma que o tradicional contrato de compromisso de compra e venda, estando registrado, confere direito real ao seu titular, o mesmo ocorre com o novo contrato de cessão ou promessa de cessão de direitos possessórios.

3. O atual legislador usou de técnica semelhante ao de 1937, que criou um registro novo para o compromisso de compra e venda exatamente para conferir-lhe direito real.

O novo diploma não se referiu expressamente a "direito real", talvez para não sugerir discussões em torno do velho tema sobre a natureza da posse, se é fato ou se é direito.

Mas é inegável que foi conferida eficácia real ao registro do despacho de imissão provisória na posse e aos contratos de cessão ou de promessa de cessão. Parece claro que os adquirentes, que já são possuidores, obtêm, com o registro de seus contratos, as prerrogativas de sequela e preferência em relação aos respectivos lotes, como acontece com o compromissário comprador tradicional.

Também é forte sinal do elevado prestígio da posse nessa nova ordem legal a redação dada pelo art. 3º da Lei 9.785/00 ao § 5º do art. 26 da Lei 6.766/79, pela qual o simples registro da sentença proferida na ação de desapropriação acarreta a conversão da posse em propriedade, ou converte a cessão da posse em compromisso de compra e venda, se houver ainda obrigações a cumprir.

4. Não é de admirar que tanta novidade tenha surgido em uma lei sobre loteamento. Leis sobre esse tema sempre foram incisivamente inovadoras. A começar pelo DL 58/37, que vedou o direito de arrependimento e possibilitou a ação de adjudicação compulsória, de larga aplicação posterior; e que criou o direito real do compromissário comprador. Também o DL 271/67 criou um novo direito real – a concessão de uso. E a Lei 6.766/79 que previu, em caso especial (art. 41), a possibilidade da transferência da propriedade do lote somente com a prova do pagamento, independentemente da chamada escritura definitiva. Essa possibilidade foi estendida pela Lei 9.785/99 para todos os casos de imóveis loteados. Mas este é assunto para outro estudo.

O que se ressalta nesta ocasião é o tratamento absolutamente inovador dado ao "velho e enigmático" instituto da posse, permitindo o registro imobiliário de algo tido pela maioria dos autores como mero fato.

Observa-se, contudo, que é comum o legislador afrontar a dogmática da posse e alterar sua regulamentação, em função de necessidades sociais e éticas.

Veja-se, por exemplo, a bipartição da posse em direta, e indireta realizada pelo Código Civil (art. 486), alterando o sistema anterior que exigia a presença de *corpus* e *animus* para caracterizar a situação possessória. Alterou-se simplesmente em razão da conveniência prática de conferir-se proteção possessória tanto ao possuidor direto como ao indireto.

Também com referência ao ladrão, segundo os princípios da dogmática, ele devia ter posse, vista a questão sob qualquer doutrina, pois ele tem *corpus & animus*. Entretanto, não tem posse, apenas porque o legislador (sabiamente) lhe negou.

Em suma, o legislador mais uma vez se valeu do velho instituto e deu-lhe tratamento novo, sem desnaturá-lo, adaptando-o a uma situação especial. A meu ver, só merece aplauso pelo que fez.

5. Outro – e ainda mais importante – texto que prestigiou a posse no atual direito positivo brasileiro é a Constituição Federal de 1988.

A começar pela consagração do usucapião social, seja urbano (art. 183) seja rural (art. 191), com a drástica redução do tempo de posse para cinco anos.

O fundamental, contudo, foi a ênfase dada ao princípio da função social da propriedade.

Sempre que a Constituição Federal garante o direito de propriedade (arts. 5º, XXII, e 170, II,) impõe logo a restrição: "a propriedade atenderá a sua função social", arts. 5º, XIXIII, e 170, III.

Em relação à propriedade urbana, a função social estará sendo cumprida se atendidas as exigências fundamentais expressas no Plano Diretor, art. 182, § 27.

Quanto à propriedade rural, a própria Constituição Federal indica os requisitos a serem observados, segundo critérios e graus de exigência estabelecidos em lei, a saber: aproveitamento racional e adequado; utilização adequada dos recursos naturais e preservação do meio ambiente; observância das disposições que regulam as relações de trabalho; e exploração que favoreça o bem-estar dos proprietários e dos trabalhadores, art. 186.

Parece evidente – independendo de maiores demonstrações – que é impossível, sem o exame objetivo da posse, verificar se um determinado imóvel urbano está sendo, utilizado, em conformidade com as exigências do Plano Diretor, ou que a utilização de um imóvel rural está preenchendo os requisitos acima mencionados.

Isto quer dizer que o *jus possidendi* ganhou nova dimensão no debate em torno do direito de propriedade e da posse.

Como se sabe, o litígio possessório prende-se ao *jus possessionis,* ou seja, à posse enquanto posse, desvinculada, portanto, do direito de possuir, pouco interessando o *jus possidendi*, que é a posse do proprietário, ou de alguém que tenha um outro direito ou razão jurídica para possuir.

6. Hoje, o *jus possidendi* precisa, em muitos casos, ser analisado em razão da forma do seu exercício e não apenas em razão de sua causa jurídica.

Não se trata mais, nesses casos, de saber se o proprietário conseguiu manter a sua posse com a prática de atos possessórios tradicionais. Trata-se de examinar o conteúdo da sua posse, isto é, como ela está sendo exercitada, se o seu poder de fato sobre a coisa está em conformidade com os preceitos constitucionais relativos ao princípio da função social da propriedade.

Em suma, *o jus possidendi* pode ser hoje elemento natural em um debate em torno da posse, seja no juízo possessório seja no petitório.

Já não se pode, então, aceitar passivamente teorias tradicionais sobre o fundamento da posse, inclusive a mais corrente, segundo a qual protege-se a posse para melhor proteger-se a propriedade. Segundo esse ponto de vista, a posse não é considerada como um instituto autônomo e fica em posição de manifesta sujeição em relação ao domínio.

Na verdade, não parece atualmente possível, diante do atual direito positivo brasileiro, não ser considerado autônomo um instituto que dá legitimidade ao outro.

Nesse rumo é que apontam estudos recentes sobre a posse, vendo-a como um instituto corretor do direito de propriedade.[3]

7. A relevância do tema já havia sido detectada pelo Prof. Renan Lotufo antes mesmo da vigência da CF/88. Disse o eminente jurista ao tratar do ocaso da exceção de domínio nas ações possessórias:

> "O paralelismo do encurtamento dos prazos de usucapião e a associação da posse ao trabalho revelam que a exceção de domínio não caiu por mero acaso, ou por falta de advertência, mas parece acompanhar a própria evolução do conceito de propriedade, que hoje tem na posse produtiva, ou na posse útil, o requisito de manutenção do próprio direito de propriedade".[4]

A questão é delicada, pois pode atingir o cerne do conceito de "posse injusta", em sentido amplo, pois a posse justa de um proprietário que a tenha adquirido regularmente, pode, com o passar do tempo, ser considerada injusta porque contrária ao direito positivo vigente.

Por tudo se conclui que os novos estudos sobre a posse por certo vão se apegar à realidade concreta da mesma, abandonando as abstratas e infindáveis elucubrações sobre o tema.

A esse propósito, veja-se o alerta de Antônio Hernandez Gil:

> "Surpreende que a posse, com tão forte conteúdo de fato, isto é de acontecer vital, se apresente como que estratificada nos livros e nos códigos. Ela tem sempre fundidas as suas razões nas mais elementares manifestações da convivência social e, contudo, (ainda) não se retiraram disso as indispensáveis consequências".[5]

3. Fernando Luso Soares. *Ensaio sobre a posse como fenômeno social e instituição jurídica*, a título de prefácio na obra supra citada.
4. Da exceção de domínio no direito possessório brasileiro. In: CAHALI, Youssef Said (Coord.). *Posse e propriedade*, São Paulo: Saraiva, 1987. p. 708.
5. *La función social de la posse*. Madrid: Alianza Editorial, 1969. p. 90, Apud Fernando Luso Soares, op. cit., p. 25.

Do direito do promitente comprador[1]

Palestra proferida no Seminário realizado em 8/11/2002

O tema que me foi dado abordar é o compromisso de compra e venda, o direito do promitente comprador, que aparece no Código com essa denominação, integrando os direitos reais. A rigor, esse direito real já estava em nossa legislação, como um direito real autêntico, mas estava fora do Código. Agora, aparece em dois artigos - 1.417 e 1.418 - como direito real do promitente comprador.

Na parte de contratos, não aparece nada. Então, fica-se em dúvida e dificuldades e vou adiantando já o rumo da minha exposição, que é mais de ordem crítica ao Código nesse ponto. Falo isso com muita tranquilidade porque tenho elogiado muito o novo Código Civil, principalmente quando notamos ali a consagração de princípios tão relevantes, como os que prestigiam a boa-fé, a equidade e o poder que está sendo dado ao juiz.

Parece-me que estamos ingressando em um novo e rico período do estudo e da prática do Direito Civil, como se vê aqui pelo interesse de um público seleto como este.

Mas, nesse tema, que é objeto de nosso estudo de hoje, lamentavelmente não posso dizer que está tudo bem. Por quê?

Primeiro porque o Código foi avaro nesse ponto, é muito pouco o que está presente no Código, apenas dois artigos sobre o direito do promitente comprador.

É um dos contratos mais polêmicos, que mais gera controvérsias. Vocês vejam aí qualquer compêndio de jurisprudência e vão notar que o verbete *compromisso de compra e venda* é mais extenso do que o da própria compra e venda.

Vocês sabem que é um contrato popularíssimo. É rara uma negociação imobiliária que não tenha começado por um compromisso. Ninguém vai

1. Publicado originalmente na *Revista da Escola da Magistratura do Estado do Rio de Janeiro*. Julho/2002 a Abril/2003.

diretamente ao Cartório assinar uma escritura. É algo muito vivo, ainda mais quando se lembra da grande quantidade de loteamentos nem sempre conduzidos de forma regular do ponto de vista jurídico e urbanístico. Nesses casos, a segurança de quem adquiriu o imóvel – que muitas vezes é o único de sua vida – está apoiada nesse contrato simples, pequeno, informal.

Era de se esperar, então, um tratamento jurídico mais abrangente, mais sólido, porque o interesse social, no caso, é muito amplo, muito intenso.

Mas o Código não foi feliz.

Manteve os pontos fundamentais que foram trazidos pelo Decreto-lei n. 58/37, incorporados na Lei 6.766/79 e na legislação posterior.

Esses pontos fundamentais são: o direito real; o direito à adjudicação compulsória, e consequente proibição de arrependimento; e a facilidade de forma para o contrato. Mas um desses pontos – o direito à adjudicação compulsória – ficou muito limitado pelo novo Código, que impôs o registro do contrato como requisito para o exercício daquele direito.

Para o surgimento do direito real, é evidente a necessidade do registro, não podia ser de outra forma. Mas, para o exercício do direito à adjudicação compulsória, na verdade não é, como adiante se verá.

Mas, por que será que o Código foi tão acanhado no tratamento do caso?

Explica-se: Na Parte Geral dos Contratos, o Código inovou e dedicou toda uma seção – a VIII – ao contrato preliminar, matéria inteiramente ausente do código anterior. É bom lembrar que isso não quer dizer que não existisse o contrato preliminar no sistema anterior, não só por causa da legislação especial, mas porque o contrato preliminar não era proibido, e, sendo assim, era permitido, como é regra do direito privado. E realmente utilizava-se muito o contrato preliminar, mesmo na sua figura anterior ao Decreto-lei nº 58. Só que, no contrato preliminar do sistema anterior, estava ele submetido ao disposto no artigo 1.088 e que dizia o seguinte: "Quando o instrumento público for exigido como prova do contrato, qualquer das partes pode arrepender-se, antes de o assinar, ressarcindo à outra as perdas e danos resultantes do arrependimento, sem prejuízo do estatuído nos arts. 1.095 a 1.097". Foi essa consagração do direito de arrependimento que causava um dano terrível aos adquirentes por contrato preliminar. Daí o surgimento da legislação paralela sobre o compromisso.

Então o Código novo tem essa modernidade, no sentido de haver tratado do contrato preliminar de uma forma genérica.

O contrato preliminar ganhou uma dimensão imensa no século XX, em todos os países. Em grande parte pelas dificuldades burocráticas que surgiram, com a complexidade da vida econômica e jurídica, havendo inúmeras dificuldades para se fazer o contrato definitivo. A criatividade dos advogados e dos empresários fez surgir e difundir enormemente o contrato preliminar. Se é impossível, praticamente, celebrar o contrato definitivo, celebra-se o preliminar, e o negócio está realizado.

No Brasil, o contrato preliminar vicejou enormemente, pois houve épocas em que a carga tributária nas transações imobiliárias definitivas era ainda maior que a de hoje.

O Código novo trata do contrato preliminar genericamente, como já foi dito, permitindo, em princípio, que qualquer contrato possa ser precedido de um preliminar, desde que a natureza da obrigação não o impeça e desde que estejam presentes os requisitos do definitivo, com exceção da forma. O que se compreende porque, se fosse exigida a mesma forma, o contrato preliminar não teria razão de existir.

A falha, a meu ver, foi impor, como regra, a obrigatoriedade do registro de todo contrato preliminar – art. 463, parágrafo único.

Vejam que pode existir contrato preliminar de quase todo tipo, como de locação, de prestação de fiança, de aval, de partilha, e não só de compra e venda. Para que registrar tudo isso? Essa crítica é feita respeitosamente ao Código porque parece que às vezes ele foi tomado de uma certa volúpia registral.

O registro é necessário para fazer valer o contrato perante terceiros, mas para valer entre as partes; entre os contratantes, não há necessidade do registro e a exigência deste só vai servir para enfraquecer o contrato porque o contratante que quiser sair do vínculo vai buscar mais essa desculpa para não cumprir suas obrigações. O brasileiro é meio displicente, tem pouca disponibilidade financeira, o sistema de registro é rigoroso e dispendioso. A maior parte dos contratos não é levada a registro.

Em suma, a abordagem do código ao contrato preliminar em geral e ao direito real do promitente comprador é muito insatisfatória e está longe de contribuir para a solução de dificuldades novas, que não param de surgir em torno do tema.

Convém lembrar que a exigência do registro para o exercício do direito à adjudicação compulsória constitui tema que já foi debatido *ad nauseam* no Direito Brasileiro.

Os tribunais estaduais concluíram, com jurisprudência firme, no sentido de se dispensar o registro para a obtenção da escritura. Sob qual fundamento?

O fundamento está na natureza dos dois tipos de direito subjetivo que estão presentes na hipótese: o direito real decorrente do registro, que opera contra terceiros; e o direito pessoal, exigível contra o contratante.

O direito à adjudicação compulsória tem natureza pessoal, é um direito do promitente comprador contra o promitente vendedor. É só entre eles que se estabelece o vínculo; independentemente de estar registrado ou não o contrato, a obrigação de dar escritura deve ser cumprida, da forma como foi combinada. Nesse sentido, formou-se fortíssima corrente com apoio em grandes nomes, como Pontes de Miranda e Darci Bessone, corrente essa que se firmou nos tribunais estaduais.

O Supremo Tribunal Federal, contudo, com apoio em interpretação literal de leis especiais, caminhou em um sentido oposto e exigia o registro, o que, evidentemente, estava enfraquecendo a corrente oposta, embora houvesse muitos Desembargadores e Juízes de Alçada que, em respeitosa rebeldia, dispensavam a exigência.

Aí, surge um fato importantíssimo na vida jurídica brasileira que foi a nova Constituição e a criação de um novo tribunal, que é o competente para julgar essa matéria. O que aconteceu? O Superior Tribunal de Justiça não aceitou a orientação do Supremo, a discussão voltou, predominando a tese oposta, a ponto de ser editada a Súmula nº 239, a saber: "*O direito à adjudicação compulsória não se condiciona ao registro do compromisso de compra e venda no cartório de imóveis*".

Agora, vem o Código novo e desconsidera tudo isso.

Independentemente de uma tese ser mais conveniente do que outra – o que é sempre discutível – , a verdade é que, com enorme sacrifício, a sociedade, os advogados, as partes, os juízes, sofreram muito até a questão ser pacificada. Nada justifica voltar-se ao clima de vinte anos atrás.

Percebe-se o que aconteceu. O Projeto é de 1974 e levou em conta, como não podia deixar de ser, a jurisprudência então dominante no STF. Ficou esquecido por quinze anos nas prateleiras do Congresso e acabou sendo aprovado sem maiores discussões e atualizações, pelo menos nesse campo, pois não levou em conta a jurisprudência que se formou no STJ.

O que se pode prever é que o STJ, cioso de sua competência, dará uma interpretação larga ao texto do código e manterá a orientação sumulada.

O outro ponto em que me parece ter ocorrido grande omissão do Código foi o de perder a oportunidade para enfrentar tema também candente e de relevância para o comércio jurídico atual.

Refiro-me à manutenção da chamada escritura definitiva de compra e venda.

Hoje em dia, não se vê ninguém na doutrina defender a tese de que há necessidade concreta, objetiva, de se lavrar um segundo contrato, lavrar-se uma escritura pública, quando já houve um compromisso de compra e venda registrado e cumprido. O devedor pagou, o credor deu quitação, a posse foi dada há muito tempo e então é preciso formalizar a transmissão da propriedade. Tem-se entendido que, pela legislação tradicional genérica do Código Civil, seria necessário lavrar-se um segundo contrato. Será que isso é verdade? Será que realmente existe essa necessidade? O que é transmitido pelo promitente vendedor nessa ocasião? Será que ele conservou alguma coisa de útil, de válido, depois que o compromisso foi cumprido?

A realidade mostra que, no momento da celebração do compromisso, o promitente vendedor tem algo muito valioso e digno de proteção jurídica, que é a garantia do preço a receber, pois a venda se fez a prazo, o vendedor não sabe se a outra parte vai pagar, e ele quer usar a propriedade, o domínio, como garantia do seu crédito, como a dizer que não vende, que apenas promete vender, e que venderá na hora em que receber a totalidade do preço.

Aí está a estrutura real do compromisso. Acontece que o contrato tem que ser examinado no seu dinamismo, na sua vida, ele nasce, vive e morre. Então o contrato foi sendo cumprido: a dívida foi sendo paga, o crédito foi se esgotando. Depois de tudo pago, o que sobrou para o promitente vendedor?

Vejam que estamos diante de direito real de aquisição, alguém quer comprar, outro quer transmitir a propriedade de um imóvel. O que é a propriedade, qual é o conteúdo do direito de propriedade? Todos sabem que esse conteúdo consiste nos tradicionais poderes, o *jus utendi fruendi et abutendi,* o direito de usar, fruir e dispor. É isso que está no cerne do direito de propriedade e que é objeto da transmissão.

Esses poderes estão na titularidade do compromissário comprador ou na do compromitente vendedor? Este – depois de recebido o preço – tem apenas o "domínio em tese", não pode usar, não pode fruir e não pode dispor. Ele, de útil, não tem nada. A rigor, ele tem menos do que nada, ele tem algo negativo, no seu passivo, que é a obrigação de outorgar uma escritura. Tudo que representa valor econômico-jurídico está na esfera de poder do compromissário. Este, entretanto, permanece na dependência da formalidade, vazia de conteúdo, que é a lavratura desse segundo contrato, dessa chamada escritura definitiva.

O Decreto-lei nº 58, que criou o compromisso, gerou um sistema novo de transmissão de propriedade, paralelo ao Código Civil, só que, ao invés de prosseguir no rumo inovador, voltou para o Código ao impor a necessidade da escritura. Mas o natural seria dar sequência àquilo que se iniciou: houve um compromisso, registrou-se o contrato, entregou-se o bem, deu-se a posse, pagou-se o preço, existe quitação. O normal é registrar o instrumento de quitação e averbar-se a quitação no registro já existente e tem-se como completada a transmissão da propriedade.

Isso já está muito entranhado na doutrina e, agora, até mesmo na legislação brasileira. Vejam que, a par de uma disposição da Lei de Loteamentos, a Lei 6.766, temos, agora, uma lei, que é a Lei nº 9.785, de 29 de janeiro de 1999, que trouxe importantes novidades. Esse diploma alterou alguma coisa das leis de desapropriação e de registro de imóveis, para facilitar a implantação de conjuntos habitacionais. Mas acabou introduzindo um § 6º ao artigo 26 da Lei 6.766, de natureza genérica, dispondo: "*Os compromissos, as cessões, promessas de cessão uma vez registrados e acompanhados do instrumento de quitação, são títulos hábeis para a transferência da propriedade*".

Então, isso tudo que acabei de dizer, já está hoje amparado por lei, no campo do loteamento.

Agora vem o Código Civil, ignora esses avanços e mantém o sistema arcaico.

Essa me parece ser uma crítica fundamental, principalmente quando notamos, também, que o Código, em seu artigo 108, repete o artigo 134, § 2º, que diz que, para a transferência e aquisição de direitos reais sobre imóveis acima de determinado valor, há a necessidade do instrumento público. O Código pôs o limite de 30 salários mínimos, que está dando, atualmente, seis mil reais. O Código de 1916 falava em um conto de reis que era algo expressivo, algo que dava mais ou menos para a aquisição de um imóvel popular, o que era natural, para liberar as classes menos favorecidas dessas despesas. Por seis mil reais, tenho que a impressão que não se compra nenhum imóvel popular. A disposição idêntica do Código anterior sempre foi letra morta nesse país, ou vocês já viram por aí, a não ser no ambiente do Sistema Financeiro da Habitação, a escritura particular de venda e compra? Ninguém viu, aquela disposição nunca foi levada a sério.

Não fica bem a um Código novo conter uma disposição que parece ter nascido morta.

Por falar em valor que deve ser atualizado, lembro, respeitosamente, outro deslize do Código nesse art. 108. Manda corrigir o valor pelo salário mínimo, o que é vedado pela Constituição Federal – art. 7º, inciso IV, vinculação do salário mínimo para qualquer finalidade, dispositivo esse que vem sendo prestigiado pelo STF.

O importante, parece-me, é ressaltar que o novo Código, que em tantos pontos tem recebido justificados elogios, podia e devia dispensar aquela escritura definitiva, ou pelo menos fazer com que esse escrito definitivo não precisasse ser por instrumento público no caso de um valor menos elevado.

Se o Código resolveu adotar o direito real do promitente comprador, seria bom que o fizesse de uma forma mais atual, e o respectivo contrato devia estar inserido na parte específica da compra e venda. Se o Código ainda mantém a retrovenda, sempre suspeita, a venda a contento, a preempção, institutos que positivamente não apresentam uma relevância social maior, não devia ignorar o compromisso de compra e venda, que gera tantos problemas, como, por exemplo, os relativos ao arrependimento, à transferência, à outorga uxória, à purgação da mora, à perda de importâncias pagas etc. Então, aqui, acho que o Código merece crítica. Mas, pensando bem, às vezes, me pergunto se não é melhor deixar como está, porque, para regular como ele regulou a questão do registro, seria melhor deixar por conta da legislação especial e da jurisprudência.

Muita discussão vai continuar. O Des. Sidney Hartung disse no início desta sessão que não é a entrada em vigor de um Código que muda inteiramente o sistema jurídico de um país. As influências vão continuar, o ambiente jurídico é meio parecido com o físico, às vezes. Colocar uma coisa muito diferente, pouco adequada, leva a um processo de rejeição jurídica, e os advogados, juízes e promotores, aqueles que trabalham com o direito, levarão a modificações.

Acho que teria mais alguma coisa para falar, mas agora é a hora do Professor Fábio de Mattia. Estou à disposição para, no fim, tentar responder alguma questão que eventualmente seja levantada.

O compromisso e a compra e venda[1]

1. O Código Civil de 1916 não se refere em nenhum momento ao compromisso de compra e venda. Também ignorou o contrato preliminar.

Nem por isso, entretanto, deixavam de ser celebrados, desde o início da vigência do Código e mesmo antes, inúmeros contratos preliminares de compra e venda sobre imóveis, já que não havia proibição, e no direito privado, como se sabe, é permitido fazer tudo que não for proibido. Até fazendas valiosas eram objeto de contratos preliminares de venda, denominados vulgarmente de compromissos.

Ocorre que, no regime daquele Código, vigorava o disposto em seu art. 1.088, segundo o qual, quando o instrumento público for necessário à prova do contrato, qualquer das partes pode se arrepender antes de o assinar, ressarcindo à outra as perdas e danos decorrentes do arrependimento.

Com isso, muitos negócios se frustravam e deixavam de atingir seu objetivo prático, que era a aquisição do imóvel.

A questão assumiu conotação social muito grave com o processo acelerado de urbanização das grandes cidades e consequente proliferação dos loteamentos e venda de terrenos a prestações de longo prazo. Muitas vezes o promitente vendedor, após receber grande parte – ou até mesmo a totalidade do preço – e diante da natural valorização imobiliária, deixava de cumprir a sua parte no contrato preliminar, negando-se a assinar a escritura de venda e propondo-se a devolver em dobro o valor das prestações recebidas.

Esse comportamento de certos loteadores era imoral, mas não deixava de ser considerado lícito, pois encontrava apoio no direito positivo, o que, de certa forma, o tornava ainda mais imoral.

1. Publicado originalmente em FRANCIULLI NETO, Domingos; MENDES, Gilmar Ferreira; MARTINS FILHO, Ives Gandra da Silva (Coord.). *O novo Código Civil:* homenagem ao Professor Miguel Reale. São Paulo: LTr, 2006.

O legislador veio em socorro dos adquirentes. Um mês depois do golpe político de novembro de 1937, foi editado o DL n. 58, 10.12.37, aproveitando-se projeto de lei do deputado cassado, Prof. *Waldemar Ferreira*, ilustre jurista da Faculdade de Direito de São Paulo, projeto esse inspirado na legislação uruguaia.

O novo diploma legal causou enorme impacto no ambiente jurídico do país. Houve muita dificuldade em assimilar as novidades surgidas, as quais batiam de frente com o sistema tradicional de transmissão da propriedade imobiliária consagrado pelo Código Civil.

As inovações maiores foram as seguintes: a) facilidade de forma para a negociação de imóvel, admitindo-se contrato por instrumento particular; b) a criação de um novo direito real, o direito do compromissário comprador, para garantir a aquisição e evitar onerações ou futuras alienações; c) a vedação do arrependimento, na medida em que o contrato passou a comportar execução específica, com a possibilidade de propor-se ação de adjudicação compulsória do imóvel.

A doutrina reagiu negativamente, com repercussões na jurisprudência. Preceitos, da lei, absolutamente óbvios, acabaram gerando polêmicas, que culminaram em Súmulas do STF 166, 167, 168 e 413. Tudo para afirmar que o arrependimento era inadmissível no regime do DL n. 58; que o compromisso podia ser inscrito no curso de ação; e que o compromisso dava direito à ação de adjudicação compulsória mesmo nos casos de imóveis não loteados, se preenchidos os requisitos legais. Uma das súmulas, a n. 167, entendeu que o registro do contrato não era obrigatório, como se aquelas normas legais não fossem de ordem pública... Esta súmula acabou esgotando-se por si mesma.

Mas, aos poucos, aquelas inovações foram sendo absorvidas pelo sistema.

Verificou-se, então, um salutar fenômeno de influência do novo regime do imóvel loteado no do imóvel não loteado, tanto na jurisprudência quanto na legislação. Por exemplo: a Lei n. 649/49 dissipou dúvidas quanto à aplicação ampla de importantes dispositivos referentes ao direito real e à adjudicação compulsória. Mais tarde, o DL n. 745/69 passou a exigir notificação com prazo de 15 dias para que o compromissário pudesse purgar a mora e evitar a resolução automática do contrato.

Mas uma certa interpretação literal gerou intermináveis discussões em torno da necessidade do registro do contrato para obter-se a adjudicação compulsória do imóvel.

Em relação à terminologia, observa-se que o DL n. 58/37 adotou as expressões tradicionais e vulgares: *compromisso de compra e venda, compromitente e compromissário.* Muitos autores criticam o termo *compromisso,* mas é a expressão que a lei usa e serve ainda para distinguir o *compromisso* da simples *promessa*, a qual não apresenta as características nem produz os mesmos efeitos daquele – Orlando Gomes, *Direitos reais*, Forense, 1969, p. 448.

De qualquer forma, a verdade é que o sucesso do DL n. 58 foi imenso. Sua aplicação generalizou-se, absorveu a utilização das arras e passou a estar presente no início de quase toda aquisição imobiliária.

Do ponto de vista doutrinário, chamou a atenção positiva de renomados juristas estrangeiros – Antunes Varela, J. M., *Direito das obrigações*, Forense, Rio de Janeiro, 1977, p. 133.

Foi submetido a intenso e longo debate jurisprudencial e foram os Tribunais que, aos poucos, forjaram o instituto com os contornos com que hoje se apresenta – Azevedo Júnior, José Osório, *Compromisso de compra e venda*, 4. ed., p. 27 e s.

A longa aplicação do DL n. 58 mostrou suas deficiências. As principais eram a ausência de normas punitivas para os infratores, particularmente no que se refere aos loteamentos clandestinos; e também a falta de disposições de natureza urbanística. Críticas severas já eram feitas por especialistas consagrados, como Hely Lopes Meirelles, que apresentou projeto de nova lei de loteamentos, projeto esse que acabou desfigurado e foi convertido no DL n. 271/67. As aludidas deficiências não foram superadas. Cf. José Osório de Azevedo Júnior, A nova lei de loteamentos. A concessão de uso – Um novo direito real – *RT* 388:31-43, 1968.

Com o mesmo objetivo, surgiu a nova Lei do parcelamento do solo urbano – Lei n. 6.766/79. Essa lei estabeleceu um mínimo de disposições urbanísticas a serem seguidas pelos Municípios e trouxe regras penais severas para os infratores: as transgressões são tidas como crimes contra a administração pública (não meras contravenções ou crimes contra a economia popular), com penas de até cinco apos de reclusão.

Essa lei revogou o DL n. 58/37, pelo menos na sua parte substancial, que é a referente ao loteamento urbano.

Mas aqui aconteceu mais um interessante fenômeno. Aquele diploma, como já foi dito, encontrou forte resistência para entrar com eficácia no sistema jurídico. Mas acabou entrando com tal profundidade, que parece não sair mais. Embora revogado na sua quase totalidade, continua servindo de fundamento para arrazoados e decisões.

Isto se dá porque os pontos capitais do velho texto foram mantidos pela nova lei, ou seja, a forma do instrumento particular, o direito real e o direito à adjudicação compulsória e consequente vedação de arrependimento. Não há, portanto, erro de conteúdo naquelas fundamentações, mas não é de boa técnica o apoio em lei revogada.

A Lei n. 6.766/79 originou-se de anteprojeto elaborado por técnicos e consultores da EMPLASA, empresa pública de planejamento do Estado de São Paulo, entre os quais os Profs. Cândido Malta Campos Filho, urbanista, Celso Antônio Bandeira de Mello e José Osório de Azevedo Júnior. O anteprojeto enfrentou forte oposição de grupos econômicos, sofreu graves alterações no Congresso e só foi convertido em lei graças ao empenho pessoal do então Presidente da República, Gen. João Batista Figueiredo.

Dessa lei, é importante destacar, em vista do objetivo do presente trabalho, o art. 41, segundo o qual, uma vez regularizado o loteamento pela Municipalidade e demonstrado pelo adquirente de lote o pagamento do preço, haveria a transferência da propriedade do lote por força do próprio compromisso de compra e venda. Pela primeira vez na legislação brasileira, admitiu-se a transmissão da propriedade imobiliária só em decorrência do contrato preliminar, o compromisso, independentemente da celebração do contrato definitivo, a escritura de venda.

Convém lembrar que o DL n. 58 criou uma nova forma de venda e compra de imóvel, ao lado da tradicional, prevista no Código Civil. Com o registro do compromisso, o compromissário já ficava titular de um direito real sobre o imóvel, direito esse oponível a terceiros e impeditivo de outras alienações. Com a prova do pagamento do preço, e com o direito à adjudicação compulsória, a transmissão já se tornava inexorável. Do ponto de vista lógico, nada mais precisaria ser providenciado, a não ser a averbação da quitação no Registro de Imóveis, pois o negócio imobiliário estava completo.

Mas aqui aparece a falha estrutural do compromisso, como formulado pelo DL n. 58/37. Ao invés de dar o negócio jurídico como findo, o decreto-lei fez o contrato ingressar no sistema do Código e exigiu a tal escritura definitiva de venda e seu registro.

Após vários anos da vivência negocial e judiciária do compromisso, ficou claro para todos que o compromisso era mesmo uma nova forma de venda, e que esse contrato preliminar era um contrato preliminar impróprio, daquele tipo que se esgota com uma única manifestação de vontade, não passando a segunda manifestação (ou segundo contrato) de mera reprodução da anterior – José Osório de Azevedo Júnior – *Compromisso*, p. 24 e s. Atualmente, nenhum autor leva a sério a necessidade da escritura definitiva, típica superfetação criada pela ordem legal brasileira.

Extremamente avançado nesse ponto, o Projeto Orlando Gomes, há quase quarenta anos, já dispunha em seu art. 567, § 1º:

"Se o instrumento da promessa encerra todos os elementos da compra e venda constituirá título hábil à transferência do domínio mediante sua transcrição e do documento de quitação ao promitente-comprador, se esta já não constar da promessa inscrita".

Mas o legislador continuava renitente. Vários anteprojetos e projetos de lei encontravam obstáculos no Congresso Nacional.

Finalmente – e de forma inesperada – surgiu a Lei n. 9.785, de 29.1.99 – *DOU* 1º.2.99. É mais uma lei revolucionária que aparece no direito brasileiro no ambiente do loteamento.

Teve como objetivo final criar facilidades para a implantação de loteamentos e conjuntos habitacionais para as pessoas de baixa renda, promovidos por entidades públicas, ou suas delegadas. Para tanto, alterou vários dispositivos da Lei n. 6.766/79; um preceito da Lei de Desapropriação e um da Lei de Registros Públicos.

Diante da lentidão do processo expropriatório, no qual a transmissão da propriedade só vai se verificar com o registro da sentença, o legislador criou a possibilidade de se lotear a posse na qual foi imitida a entidade pública encarregada da implantação do projeto. A posse, então, será parcelada e alienada através de instrumentos de cessão ou promessa de cessão aos interessados, tudo como se fosse um parcelamento do direito de propriedade. Findo o processo de desapropriação e transmitida a propriedade do imóvel ao expropriante, a posse dos adquirentes de lotes converte-se automaticamente em propriedade; ou os contratos de cessão, ou promessa de cessão de posse, convertem-se em compromissos de compra e venda. Com o registro dos compromissos e respectiva quitação, completa-se o processo aquisitivo, independentemente da lavratura e do registro da escritura de venda e compra.

Para a finalidade do presente trabalho, que visa a demonstrar o estágio do compromisso e da compra e venda no atual direito brasileiro, o importante é notar as modificações trazidas pela Lei n. 9.785/99 ao regime legal do compromisso.

O art. 3º dessa lei repete o *caput* do art. 26 da Lei n. 6.766/79, e os respectivos incisos; e repete ainda os §§ 1º e 2º. Esse art. 26 é um dos mais importantes da lei porque diz respeito aos requisitos do compromisso em qualquer loteamento, seja destinado a pessoas de baixa renda ou não. É, portanto, dispositivo de caráter geral na temática do loteamento. A esse preceito foram acrescentados quatro parágrafos, três dos quais (3º, 4º, 5º) expressamente dirigidos aos loteamentos populares. Já o § 6º é genérico, estando assim redigido:

"Art. 26, § 6º Os compromissos de compra e venda, as cessões e as promessas de cessão valerão como título para o registro da propriedade do lote adquirido, quando acompanhados da respectiva prova de quitação".

Ao contrário do que aconteceu com os outros novos parágrafos, não há nenhuma indicação de que o texto desse § 6º fosse restritamente dirigido aos loteamentos populares e aos conjuntos habitacionais.

A interpretação teleológica leva ao mesmo resultado. A Lei n. 9.785 tem inegável objetivo social: destina-se confessadamente a proteger as populações de baixa renda. A imensa maioria dos loteamentos comuns é implantada na periferia das cidades, sua clientela também é constituída pelas populações de baixa renda. Não se vê motivo lógico, racional ou social para interpretar-se de forma restritiva o texto genérico do aludido § 6º e deixar fora de seu alcance os adquirentes de lotes dos loteamentos comuns.

Não é porque o legislador teve como escopo principal resolver a dificuldade maior encontrada pela implantação de conjuntos habitacionais, que ele, legislador, estivesse impedido de inserir no corpo da nova lei outros preceitos de finalidade social, perfeitamente compatíveis com aquele desiderato maior da lei, ou seja, beneficiar a todos os compradores de lotes de terreno. Por isso mesmo, a nova lei não se constituiu num diploma orgânico que regulasse por inteiro a matéria de conjuntos habitacionais e loteamentos populares. Ela apenas trouxe alterações na lei genérica do parcelamento do solo urbano.

O legislador brasileiro, aliás muito frequentemente, aborda temas até estranhos à finalidade maior do diploma legal.

Pode-se citar até exemplo no próprio campo da legislação sobre loteamento. O DL n. 271/67, que tinha por objetivo regular o loteamento urbano, também dispôs sobre a concessão de uso criando um novo direito real, que constitui certa versão do antigo direito de superfície. Ora, essa matéria liga-se muito pouco ao tema do loteamento urbano. Tanto é assim que continua em vigor, nesse ponto, mesmo após a vigência da Lei n. 6.766/79.

As presentes palavras sobre a interpretação do atual § 6º do art. 26 da Lei n. 6.766/79 vem sendo escritas sob a evidente inspiração do nosso homenageado, o eminente Prof. Miguel Reale. Depois de tudo que S. Exa. fez inserir no novo Código a propósito da socialidade do direito, do princípio da função social do contrato e da propriedade, parece impossível que se interprete de forma restritiva aquele texto e deixe de fora de seu alcance os adquirentes de lotes nos loteamentos comuns.

2. Foi nesse estágio de desenvolvimento do direito brasileiro sobre o compromisso de compra e venda, com os seus contornos bem definidos pela

jurisprudência e pelos novos textos de direito positivo, que veio a lume o novo Código Civil.

Como se sabe, o projeto esteve paralisado no Congresso Nacional por bem mais de duas décadas e depois recebeu atualizações rápidas e sem maiores debates.

Como não podia deixar de ser, o Código, em vários pontos, acabou por refletir a jurisprudência, principalmente do STF, e a legislação especial vigentes na época da apresentação do projeto.

Com o compromisso de compra e venda, houve algo ainda mais grave. Apesar de ser um contrato imobiliário muito relevante e, sem dúvida, o mais encontradiço na vida jurídica e econômica brasileira, como se nota de um simples exame dos repertórios de jurisprudência, o compromisso não recebeu atenção do projeto nem das atualizações posteriores.

Figuras de validade ético-social duvidosa, como a retrovenda, e outras pouco utilizadas, como a preempção e a venda com reserva do domínio, receberam tratamento detalhado.

Para o Código novo, a expressão *compromisso* (art. 851 e s.) é a mesma que era para o Código antigo: a instituição do juízo arbitral...

O Código talvez tenha considerado dispensável o tratamento específico do compromisso de compra e venda, porque destinou toda uma Seção (arts. 462/466) ao contrato preliminar. Mas, pela sua relevância e por suas peculiaridades, devia ter tido tratamento especial.

O Código, portanto, ignorou o compromisso de compra e venda como contrato típico, nominado, apesar de estar ele presente em estatutos legais de variada natureza, como leis processuais, tributárias, agrárias, administrativas etc.

O fato de às vezes receber a denominação de "promessa" não lhe retira a tipicidade, pois, com um nome ou outro, apresenta contornos próprios, bem definidos.

Melhor seria que o Código o tivesse incluído entre os contratos nominados e indicasse suas características e efeitos.

3. Seja como for, o Código aborda a matéria do compromisso de compra e venda em dois momentos: ao relacionar o direito real do promitente comprador – art. 1.225, VII – e ao caracterizar esse direito – arts. 1.417 e 1.418, a saber:

"Art. 1.225, São direitos reais:

VII – o direito do promitente comprador do imóvel;

Art. 1.417. Mediante promessa de compra e venda, em que se não pactuou arrependimento, celebrada por instrumento público ou particular, e registrada no Cartório de Registro de Imóveis, adquire o promitente comprador direito real à aquisição do imóvel.

Art. 1.418. O promitente comprador, titular de direito real, pode exigir do promitente vendedor, ou de terceiros, a quem os direitos deste forem cedidos, a outorga da escritura definitiva de compra e venda, conforme o disposto no instrumento preliminar; e, se houver recusa, requerer ao juiz a adjudicação do imóvel".

Quanto à inclusão do direito do promitente comprador no rol dos direitos reais, não houve propriamente novidade, já que esse direito existe desde o DL n. 58/37. Outros direitos reais não foram incluídos: a promessa de cessão de direitos de compromisso relativos a imóveis não loteados – Lei n. 4.380/64, art. 69; a concessão de uso, criada pelo DL n. 271/67, art. 7º; e a posse, nos termos da recente Lei n. 9.785/99. A falta de inclusão não acarreta maiores consequências, porquanto o Código não revogou, como regra, a legislação especial.

Observa-se que, nos artigos 1.417 e 1.418, acima transcritos, o novo diploma destacou, entre os contratos preliminares, a promessa irretratável de venda, deixando expresso que ela, uma vez registrada, confere direito real ao promitente comprador, e este, sendo titular de direito real, pode exigir judicialmente adjudicação do imóvel.

Ora, esse tema já foi discutido *ad nauseam* no direito brasileiro, durante mais de cinquenta anos, e o debate pode ser considerado como serenado.

Diante do novo texto, impõe-se agora, infelizmente, voltar-se ao velho assunto, o que é feito resumidamente, para não maçar o leitor.

Certos textos de lei, como a Lei n. 649/49 e os arts. 345/349 do CPC antigo, mantidos pelo art. 1.218 do CPC vigente, levavam a uma interpretação literal segundo a qual o registro do compromisso era requisito indispensável para a propositura da ação de adjudicação compulsória. Essa corrente dominou por alguns anos, mas revelou-se insatisfatória. Havia quantidades de demandas visando à obtenção da escritura definitiva, seja com pedido de adjudicação, seja para cumprimento de obrigação de fazer, com pedido cominatório etc., sempre esbarrando na falta do registro.

Com efeito, muitíssimas vezes o registro não era obtido por deficiências formais e secundárias do título, como a falta de um reconhecimento de firma, o nome de uma testemunha, mínimos enganos na descrição da área etc. Ainda que com o preço pago e o adquirente na posse tranquila do imóvel há anos, a ação não tinha êxito por falta do registro do contrato... Disso se valia o compromitente vendedor que pretendia reaver o imóvel ou obter um valor extra para o preço. O tempo passava, com grande ansiedade e insegurança para o adquirente que, com frequência só conseguia regularizar a aquisição da propriedade através da complexa e dispendiosa ação de usucapião.

Doutrina e jurisprudência sensibilizaram-se, os estudos aprofundaram-se em outras frentes. Autores e magistrados, entre os quais, Pontes de Miranda, Darcy Bessone, Cezar Peluso e inúmeros outros, mostraram que o direito à adjudicação consistia num direito meramente pessoal, obrigacional, decorrente do contrato. Estando ou não registrado, o contrato, uma das partes pode exigir da outra o cumprimento do mesmo.

Já o direito real, este sim, nascia do registro, o qual era necessário apenas para a produção normal dos efeitos desse tipo de direito absoluto, como a eficácia *erga omnes*, garantindo o adquirente original de uma segunda alienação do imóvel.

Assim, a falta de registro não poderia impedir que o compromissário comprador exigisse a execução específica do contrato, exercitando seu direito obrigacional, relativamente ao outro contratante.

Esse ponto de vista ganhou força e passou a dominar a jurisprudência dos tribunais estaduais. Mas o STF, com algumas vozes discordantes, prestigiava a corrente pró-registro, que, assim, se revigorava nos tribunais dos Estados.

Com a Constituição Federal de 1988, criou-se o STJ, deslocando-se para este a competência sobre a matéria. O debate ressurgiu e voltou a preponderar a primeira tese, a ponto de ser editada a Súmula n. 239, a saber:

> "O direito à adjudicação compulsória não se condiciona ao registro do compromisso de compra e venda no cartório de imóveis".

4. Parece-me, s.m.j., que o teor dos aludidos arts. 1.417 e 1.418 não devem abalar a orientação solidamente consagrada pelo STJ. Talvez tudo tenha se passado em razão de simples mal-entendido.

Consoante já foi dito, o Projeto de CC refletia o entendimento jurisprudencial então dominante no STF. Permaneceu por quase trinta anos no Congresso, período em que ocorreram fatos relevantíssimos na vida política e jurídica do país, particularmente com o surgimento de outro tribunal competente, que deu novo e seguro rumo à jurisprudência sobre o assunto.

Até que as grandes divergências nos tribunais fiquem superadas, muito sofrem os jurisdicionados, seja do ponto de vista negocial, econômico, até psicológico. Não se trata de saber qual a tese certa ou a errada. O debate jurídico, aliás, não deve ser posto nesses termos, pois as teses sempre encontram seus respeitáveis fundamentos. O que não é possível é, com fundamento na redação obsoleta de dois artigos de lei, lançar fora todo hercúleo esforço desenvolvido pelo meio jurídico brasileiro durante décadas.

Certamente não é isso que o legislador do Código Reale quer. Cabe ao Judiciário harmonizar o texto com os princípios atualmente consagrados por regras e jurisprudências tão sólidas e que também encontram apoio na legislação especial.

5. O Código também merece crítica por ter mantido a exigência do segundo contrato, ou seja, da chamada escritura definitiva de venda.

Consoante foi afirmado atrás, o art. 41 da Lei n. 6.766/79 já havia quebrado o tabu da necessidade de tal escritura para a transmissão da propriedade do lote. Segundo estabeleceu esse texto de lei, nos casos de loteamentos regularizados pelo Poder Público, a transferência da propriedade do lote opera-se mediante o registro do compromisso e da quitação do pagamento do preço.

Também como já foi mencionado, atualmente esse sistema vigora de forma ampla, para todos os tipos de loteamento, por força do art. 26, § 6º, da Lei n. 6.766/79, com a redação dada pelo art. 3.º da Lei n. 9.785/99.

A mesma *ratio juris* está presente nos casos de direito comum, isto é, nas hipóteses de compromisso sobre imóveis não loteados. Uma vez recebido o preço pelo compromitente vendedor, nada de positivo, útil e juridicamente válido permanece na sua titularidade. Só restou uma parte negativa, isto é, uma obrigação, a obrigação de outorgar uma escritura, nem sempre fácil de ser obtida, pois o compromitente já se desinteressou do negócio e o passar do tempo trouxe alterações quanto à existência e o estado das pessoas, o que exige do compromissário providências custosas relativas a inventários, alvarás, suprimentos etc.

Esse segundo contrato é de inocuidade total, pois nada vai transmitir de autêntico conteúdo jurídico, pois tudo de útil dos poderes inerentes ao domínio já se acha consolidado na titularidade do compromissário. Veja-se, a esse propósito, o nosso *Compromisso,* p. 21.

Perdeu o Código boa oportunidade de agilizar e baratear o processo de aquisição da propriedade imobiliária, completando-o com a simples averbação do instrumento de quitação do preço, como, aliás, sempre se fez com o direito de real de hipoteca.

Resta esperar que uma jurisprudência dinâmica e criativa estenda, como já aconteceu tantas vezes, o regime jurídico do imóvel loteado para o do imóvel não loteado.

No que diz respeito ao tratamento dispensado especificamente ao contrato de compra e venda – arts. 481 e s., o Código merece elogios, pois manteve o que estava bem assentado em nosso Direito ao mesmo tempo em que resolveu muitos pontos polêmicos, além de ter tido a cautela de manter o que havia de avançado na legislação especial.

Destacam-se aqui alguns pontos, que são válidos não só para a compra e venda, como também para o compromisso, como a compra e venda entre cônjuges, a venda de ascendente para descendente, a venda *ad mensuram* e *ad corpus* e a venda de coisa em condomínio.

Durante muito tempo, quando o compromisso ainda era visto como mero contrato preliminar, achava-se que certos atos proibidos para a compra e venda não o eram para o compromisso. Assim, por exemplo, o pai não podia vender definitivamente o bem para o filho, mas poderia fazê-lo por compromisso. Como, entretanto, o compromisso comportava execução específica, sendo, portanto, um contrato que criava situações irreversíveis e afetava gravemente interesses de terceiros, tudo foi se esclarecendo e o compromisso passou a ser visto como uma forma especial de compra e venda.

Por isso, o que vai ser dito adiante vale para ambos os contratos.

O Código – art. 499 – é expresso em permitir a venda entre cônjuges, relativamente aos bens excluídos da comunhão.

O diploma anterior era omisso, mas os autores, em grande maioria e seguindo tradição arraigada do Direito luso-brasileiro, considerava ilícita a venda, para evitar pressões ou influências de um cônjuge sobre o outro, particularmente do marido sobre a mulher.

Esse ponto de vista é hoje insustentável, porquanto a mulher ocupa na sociedade posição de relevo econômico e cultural que a deixa em posição de poder resistir às tais influências.

O Código Reale apenas acompanhou a tendência das legislações modernas de permitir negócios entre marido e mulher. Nem podia ser de outro modo, sob pena de ficarem os cônjuges em situação desvantajosa em relação aos companheiros, que podem negociar livremente ao mesmo tempo em que constituem autêntica família.

O importante é que o bem objeto da negociação seja excluído da comunhão. Ainda que o regime seja o da comunhão universal, há situações em que o negócio é permitido, pois existem bens que dela são excluídos.

A questão precisa ser tratada com certa largueza pelo juiz, pois em casos de separação de fato do casal formam-se frequentemente patrimônios distintos. Além disso, o regime de bens não é mais imutável (art. 1.639, § 2º), podendo os cônjuges alterá-lo e negociar entre si posteriormente, sempre de boa-fé e respeitados os interesses de terceiros.

6. Quanto à venda de ascendente para descendente, há inovações profundas.

O CC/16 – art. 1.132 –, com linguagem incisiva, estabelecia que o ascendente não podia vender para o descendente sem que os outros descendentes expressamente consintam. Mas não dizia qual a consequência da infração, ao preceito, isto é, não esclarecia se o ato seria nulo ou anulável e qual o prazo prescricional da ação anulatória.

Instalou-se interminável discussão, a ponto de serem geradas duas súmulas do STF.

A primeira delas, de n. 152, entendia que o prazo era de quatro anos, contados a partir da abertura da sucessão do ascendente. Se este tardava em falecer, passava-se muito tempo, o prejudicado ficava tolhido, situações jurídicas novas eram consolidadas, terceiros de boa-fé podiam ser prejudicados.

Nova súmula foi editada, a de n. 494, dando como marco inicial do prazo a data do ato, mas estabelecendo o longo período de vinte anos, com o que aquelas críticas continuavam pertinentes.

Passaram-se anos e o STJ julgava nos dois sentidos (REsp 86.489, j. 4.6.1996, e REsp 50.828, j. 3.9.1996), mantido o clima de insegurança, deixando evidenciado que o tema estava mal regulado pela lei.

O CC/02 tomou rumo novo e optou expressamente pela anulabilidade do ato – art. 496. E o prazo de prescrição da ação anulatória reduziu-se drasticamente por força do art. 179, segundo qual, quando a lei dispuser que determinado ato é anulável, sem estabelecer prazo para pleitear-se a anulação, será este de dois anos, a contar da conclusão do ato.

Bem andou o Código assim preceituando, pois não existe nessa matéria interesse público, ou coletivo tão importante a justificar a grave pena de nulidade. A questão, embora tratada no direito das obrigações, é fundamentalmente de direito de família, no qual as peculiaridades são muitas e se apresentam carregadas de ingredientes psicológicos e econômicos próprios desse ambiente. O exame de todos esses aspectos ficaria de fora se a opção for pela teoria da nulidade.

Também surge novidade boa na venda de imóvel por medida de extensão – art. 500.

No regime anterior, só se previa a hipótese de ocorrer falta de área. O art. 1.136 do CC/16 só se referiu ao *comprador*. Se houvesse excesso de área, o vendedor ficava desamparado, pois o entendimento era no sentido de que o vendedor deve conhecer bem aquilo que está vendendo.

Ocorre que, muitas vezes, o vendedor tem motivos justificáveis para ignorar as dimensões certas de seus imóveis, como, por exemplo, se as medições são antigas, feitas com aparelhos ou métodos rudimentares.

O Código Reale também ampara o vendedor. Desde que ele prove que tinha motivos para ignorar a medida exata da área vendida, poderá exigir que o comprador, à escolha deste, complete o valor correspondente do preço ou devolva o excesso de área.

Já no que diz respeito à venda de coisa pertencente a condômino - art. 504, o Código nada inovou, e não contribuiu para se pôr fim a outra querela antiga, ou seja, se o dever de dar preferência para os outros condôminos incide somente no caso de coisa indivisível ou também na de coisa divisível.

Passados mais de oitenta anos de vigência do CC/16, os tribunais ainda julgam nos dois sentidos, havendo forte corrente no sentido de se ultrapassar uma interpretação meramente literal do texto da lei, que continuou o mesmo - REsp 71.371-0-SP j. 24.3.1997, v. u., r. Cesar Asfor Rocha, *Bol. STJ*, 09, 13.6.1997, p. 16; REsps 4.180-SP e 9.934-SP.

Inexistindo culpa não há mora. O que que se pagou presume-se verificado[1]

1. O eminente advogado Dr. Renato Mange me solicita parecer sobre cobrança judicial de multa por atraso na entrega de obra, em contrato de construção por empreitada global de um edifício comercial, denominado "Residencial HM", no centro da cidade de xxxxx, com 72 unidades autônomas e vagas de garagem.

O feito está se desenvolvendo perante a 4ª Vara Cível de Mogi das Cruzes – Proc. 000/01, sendo autora H Empreendimentos Imobiliários Ltda. e ré S. Sociedade Incorporadora e Construtora Ltda. A autora H. é a incorporadora e dona da obra. A ré é a construtora.

A ré contestou a ação sob os argumentos fundamentais de que o atraso foi mínimo, além de justificável.

O feito encontra-se em fase pericial.

O douto consulente indaga se houve motivos suficientes para justificar o atraso e quais suas consequências.

Foram-me exibidas cópias das peças principais do processo.

1. Passo a responder à consulta.

Observa-se desde logo a peculiaridade do presente caso no contexto geral das incorporações imobiliárias em São Paulo e no Brasil.

O contrato de construção se fez por empreitada global e pelo prazo de 24 meses e a autora informa que o atraso foi de 16 dias. Com efeito, no 17º dia além do prazo previsto, a obra foi recebida pela autora, sem qualquer objeção ou ressalva. Mais ainda: em seu informativo oficial "H. News", de 16 de junho de 1999, a ré informa a todos seus clientes que o edifício "HM" estava entregue no prazo.

1. Parecer de 28.06.2004

Seis meses depois, a autora devolve à ré a vultosa importância de R$ 203.204,85 referente a valores caucionados em garantia do fiel desempenho do contrato. Por ocasião dessa devolução, também não houve ressalvas ou objeções.

Quase três anos depois do tranquilo recebimento da obra, ou seja, em 24.07.2001, é que foi proposta a presente ação para a cobrança de R$ 122.821,67 referentes a multas diárias pelos 16 dias de atraso.

O exame do caso revela que a questão do pequeno atraso já estava superada.

As peças, contudo, não revelam os motivos íntimos e determinantes do surpreendente comportamento da autora, que, tanto tempo depois, foi vasculhar o passado para atingir o patrimônio (e a honra profissional) da ré.

2. A alegada multa moratória não cabe, a meu ver, pelo simples motivo de inexistir mora.

É da tradição do direito positivo brasileiro que a mora do devedor, no que diz respeito ao tempo no cumprimento da obrigação, constitui-se de dois elementos: um, concreto, objetivo, físico, ou seja, o mero retardamento, conforme previsto no art. 394 do CC (antigo art. 955).

O outro elemento é subjetivo, psicológico, ou seja, a culpa, como é exigida pelo art. 396 (antigo art. 963), a saber:

Não havendo fato ou omissão imputável ao devedor, não incorre este em mora.

A questão é elementar e não oferece divergência na doutrina.

Veja-se, por todos, Agostinho Alvim, em obra clássica:

> "O art. 955 cogita dos elementos objetivos da mora; o art. 963, dos subjetivos.
>
> (...)
>
> A culpa é elementar na mora do devedor, como seu elemento subjetivo.
>
> É da associação dos art. 955 e 963 que resulta, em nosso direito, o conceito de mora "*solvendi*".
>
> Esse ponto é pacífico na doutrina e na jurisprudência, registrando esta os mais variados casos de devedores absolvidos, por ausência de culpa, não obstante a existência de qualquer das circunstâncias objetivas da mora. E cita Bevilaqua, Lacerda de Almeida, Orozimbo Nonato, Carlos de Carvalho, M. I. Carvalho de Mendonça". *Da inexecução das obrigações e suas consequências*, 4. ed., Saraiva, São Paulo, 1972, p. 12 e 13.

2. As peças exibidas oferecem comprovação de que o pequeno atraso se deu por fato imputável ao dono da obra e não ao empreiteiro.

Os documentos apresentados com a contestação, não impugnados pela autora, mostram que houve solicitação de serviços extraordinários relacionados detalhadamente em 22 itens, serviços esses que foram realizados e pagos. A autora não nega esses fatos, chegando mesmo a informar ao público que o Residencial foi concluído no prazo, acrescido de itens que o valorizam ainda mais.

Realmente, foram serviços de monta, no valor total de R$ 103.381,94. A alegação da autora de que houve redução da área construída não convence. Nenhum empreitador paga tanto dinheiro em razão de diminuição de mão de obra e de material. A questão está em que houve efetivamente serviços adicionais ao contrato, que sempre alteram o cronograma e afetam a execução da obra, com reflexos automáticos no prazo previamente estipulado.

Por isso mesmo, diz renomado autor argentino em obra recente:

> "Si la falta de entrega en el momento estipulado obedece a la realización de trabajos adicionales o a circunstancias ajenas a la voluntad de las partes (caso fortuito o fuerza mayor), no genera responsabilidad alguna a cargo del locador". Carlos Alberto Ghersi, *Contratos civiles y comerciales*, t. 1 cap. XXII, *Locación de obra*, 4. ed., Ed. Astrea, Buenos Aires, 1999, p. 614.

Conforme foi dito, os serviços adicionais indicados pela ré, sem impugnação pela autora, foram em grande quantidade e estão claramente detalhados.

5. Na verdade, como está muito bem demonstrado na contestação, o contrato foi plenamente executado: a obra foi realizada, entregue e recebida, sem qualquer ressalva; e o preço foi pago.

Pode-se dizer que é entendimento universal que o contrato de empreitada extingue-se pela execução da obra e pagamento do preço. O empreiteiro apenas continua responsável pelos defeitos não aparentes, ligados à segurança e à solidez da obra.

Eduardo Espínola repete ensinamento de Planiol, Ripert e Rouast: o contrato de empreitada se extingue quando cumpridas todas as obrigações dele decorrentes, isto é, quando concluída e aceita a obra e pago o preço. Permanecem contudo alguns efeitos eventuais atinentes à responsabilidade do empreiteiro quanto aos vícios da construção. *Dos contratos nominados no direito civil brasileiro*, Rio de Janeiro, 1953, p. 288, nota 35.

No caso em foco, a autora reconhece que a obra foi entregue e recebida sem ressalvas, mas alega que o recebimento só abrangeu a obra em si mesma e não a regularidade da entrega quanto ao tempo.

Ocorre que existe no direito positivo brasileiro texto expresso sobre o tema, ou seja, o § 1º do art. 614 (antigo parágrafo único do art. 1.241), a saber:

"Tudo que se pagou presume-se verificado".

O referido parágrafo não abre qualquer exceção e não deixa fora de seu alcance qualquer circunstância quanto à forma, ao lugar e ao tempo do cumprimento da obrigação.

A presunção gerada pelo texto legal é fortíssima, é absoluta, é *juris et de jure*, para usar as palavras de Bevilaqua (Código Civil, comentário ao art. 1.241).

Eis o que diz Hely Lopes Meirelles:

> "Ainda é da lei que tudo que se pagou presume-se verificado (parágrafo único do art. 1.241). Esta presunção é absoluta, haja ou não o proprietário procedido à verificação. Aceita a obra ou parte dela e pago o preço, não é admissível mais reclamação de quem a recebeu, por defeitos ocultos que só posteriormente se revelem (...).
>
> O atraso na entrega poderá justificar a recusa do recebimento (...)". *Direito de construir*, 4. ed., Ed. RT, São Paulo, 1982, p. 198.

Pontes de Miranda é categórico:

> "Tudo que se paga presume-se verificado, diz o art. 1241, parágrafo único, do Código Civil.
>
> O empreitante ou recebe a obra ou a recusa: então, ou a rejeita, pois considera inadimplente o empreiteiro, ou a recebe se houve alteração do preço (...)". *Tratado de direito privado*, t. XLIV, 3. ed., Rio de Janeiro, 1972, p. 417 e 418.

Se houve atraso na entrega, que a autora recusasse o recebimento, mas não que recebesse, pagasse e viesse cobrar multa quase três anos depois.

6. O artigo 1.241 do CC/16 constitui, iniludivelmente, preceito a benefício do empreiteiro. Quem o diz é Bevilaqua:

> "É uma atenuação do direito comum em benefício do empreiteiro. Outro favor é a presunção, **juris et de jure,** de que a obra paga está verificada. Era, de fato, direito do dono da obra verificar, antes de pagar, se a porção entregue estava em condições de ser aceita. Se, porém, efetua o pagamento, declarou-se com ela satisfeito, haja ou não procedido à verificação". Código Civil, comentário ao art. 1.241.

Assim sendo, é vã a tentativa da autora em interpretar o texto de modo prejudicial ao empreiteiro, como se o dono da obra pudesse aprovar, com o pagamento, a forma da execução da obra e desaprovar o tempo dessa mesma execução. Como se o dono da obra pudesse verificar a construção e pagar o preço e ao mesmo tempo pudesse guardar escondido na manga do casaco um trunfo, ou uma arma, para, tanto tempo depois, voltar-se contra o empreiteiro em nome de pequeno retardamento.

Nosso mestre da interpretação ensina que

"Não se interpreta um texto de modo que resulte a má-fé, o dolo, a fraude, a cavilação". Carlos Maximiliano, *Hermenêutica e aplicação do direito*, 9. ed., Forense, n. 317, p. 262.

7. É verdade que não existe instrumento escrito de quitação em favor da ré.

Mas o que está em jogo não é a existência de um instrumento, e sim a demonstração de que a obrigação do empreiteiro foi ou não cumprida.

Obter a quitação é um direito do devedor, não um dever. E o "direito a quitação regular" a que se refere o art. 319 do CC.

Se o devedor não a exige, pode vir a ter percalços no futuro para provar que a obrigação foi cumprida. Nada mais do que isso, mas toda a ordem jurídica continua à sua disposição para a comprovação do pagamento.

Embora muito útil, a quitação é um instituto menor, no direito civil. Até o credor, signatário do instrumento, muitas vezes pode demonstrar que a quitação não está abrangendo determinadas verbas. E o devedor, na maior parte das vezes, demonstra que a obrigação está cumprida, mesmo não dispondo do instrumento da quitação.

O cumprimento pode ser provado nos termos gerais de direito, diz o Prof. Inocêncio Galvão Telles, *Direito das obrigações*, 3. ed., Coimbra Editora, 1980, p. 237.

E Antunes Varela:

> "A quitação não é um ato de 'disposição do crédito', nem sequer constitui, necessariamente, uma 'declaração de vontade'. E uma 'prova do pagamento' (uma 'declaração de ciência', à qual o declarante adita muitas vezes a declaração formal ('juízo de ciência') de que o devedor fica liberado ou de que ele considera a dívida extinta. Mas este juízo é, por sua natureza, precário, porque pode suceder que a prestação efetuada não seja válida, etc. (...).
>
> A prova do pagamento pode fazer-se por meios diferentes da (declaração de) quitação.
>
> E ainda por se tratar de simples matéria probatória, estabelece a lei uma série de presunções fundadas em 'máximas ou regras da experiência comum'. (...).
>
> Na prática, a quitação só é geralmente usada (e exigida) como meio de prova do cumprimento no círculo das obrigações pecuniárias.
>
> Nas restantes obrigações, designadamente nas obrigações de prestação de fato, a prova do cumprimento se faz através dos meios (probatórios) nor-

mais, de acordo com as regras que presidem ao '*onus probandi*'. *Direito das obrigações*, v. II, Forense, Rio de Janeiro, 1978, p. 46-48.

6. O novo Código não se prendeu ao rançoso formalismo (mais aparente do que real) do anterior, no tema da quitação.

O atual art. 320 substituiu o antigo art. 940, que tratava dos requisitos do instrumento de quitação. Esses requisitos foram repetidos, mas introduziu-se parágrafo único, com importante preceito: aqueles requisitos de forma já não são considerados indispensáveis:

> "Art. 320. A quitação, que sempre poderá ser dada por instrumento particular, designará o valor e a espécie da dívida quitada, o nome do devedor, ou quem por este pagou, o tempo e o lugar do pagamento, com a assinatura do credor, ou do seu representante.
>
> Parágrafo único. Ainda sem os requisitos estabelecidos neste artigo valerá a quitação, se de seus termos ou das **circunstâncias** resultar haver sido paga a dívida".

Em suma, a quitação é uma das formas (não a única) de se provar o cumprimento da obrigação e até para essa forma as circunstâncias podem ser decisivas.

7. No caso em tela, as circunstâncias apresentam-se de modo francamente favorável à tese da ré.

A autora pagou a totalidade do preço da empreitada e reconheceu em várias passagens que a construção foi entregue em perfeitas condições, como se verifica da réplica.

Quanto ao modo execução física – a obra foi recebida sem restrições.

Quanto ao prazo de entrega e ao contrário do que insinua a autora, também não houve restrições por parte da empreitante.

As peças não mostram, em nenhum momento, qualquer tipo de restrição: tanto no recebimento da obra, como no pagamento da parcela final do preço e na devolução da caução.

A autora, aliás, não diz que tenha feito alguma ressalva de algum direito decorrente do excesso de prazo.

A pretensão de cobrar multa moratória só veio à tona quase três anos depois da entrega, com a propositura da presente ação.

Esse comportamento não é ético nem jurídico.

A multa tem natureza tipicamente acessória. A execução da obra é a obrigação principal do empreiteiro. Recebendo a obra e admitindo expressamente que a recebeu sem restrições, é evidente que estava dando quitação quanto ao principal.

Não ressalvando eventuais direitos sobre as consequências da mora, a declaração sobre o principal abrange o acessório.

Está presente a mesma *ratio legis* do art. 323 (antigo art. 944), segundo o qual, *sendo a quitação do capital sem reserva dos juros, estes presumem-se pagos.*

Dispensa-se qualquer esforço técnico para mostrar as afinidades entre os juros moratórios e a multa moratória, pois a percepção é imediata.

Milita, portanto, em favor da empreiteira a presunção de que a questão da multa tenha ficado superada pelo recebimento da obra após o prazo, sem ressalvas.

Ocorre aqui, pelo menos, inversão do ônus da prova, cabendo à empreitante demonstrar que o recebimento da obra não redundou em liberação da multa.

Essa prova, pelo que se vê das peças exibidas, não foi realizada.

8. A matéria prende-se também ao tema da purgação da mora.

Como já foi visto antes, o empreiteiro não incidiu em mora, ausente o seu elemento subjetivo. Houve apenas retardamento físico, em razão de fato imputável ao dono da obra, que solicitou serviços adicionais.

Entretanto, e mesmo raciocinando em torno da existência da mora, esta teria desaparecido porque purgada.

Antunes Varela enfrenta admiravelmente a questão:

> "São duas as vias pelas quais, conforme o disposto no art. 959 (do CC/16), a mora pode ser purgada: uma, através da oferta (tardia) da prestação, acrescida da importância dos prejuízos causados nesse meio tempo ao credor; outra, renunciando o credor indenização a que tem direito e prontificando-se a receber apenas a prestação retardada.
>
> No primeiro caso, o devedor reconstitui a situação que se teria verificado, se a obrigação fosse pontualmente cumprida. No segundo caso (art. 959, III), é o credor que passa uma esponja sobre a falta, apagando as consequências específicas do retardamento culposo, estabelecidas em seu beneficio, e se dispõe a receber a prestação, como se mora não tivesse havido".

E explica mais:

> "Outras formas intermédias de composição de interesses são, evidentemente, viáveis entre credor e devedor.
>
> A renúncia do credor à indenização dos danos moratórios, prevista no inciso II do artigo 959, tanto pode ser feita de modo expresso, como tacitamente,

mediante a aceitação da prestação atrasada, sem protesto. (...) a aceitação da prestação atrasada sem protesto, por parte do credor, terá o sentido que as circunstâncias e as declarações trocadas entre as partes lhe atribuírem". *Direito das obrigações*, Forense, Rio de Janeiro, 1978, v. II, p. 149 e 150.

Também aqui as circunstâncias favorecem a empreiteira, pois, consoante já afirmado, se alguém dá quitação do principal, sem ressalva do acessório, é porque quis dar quitação da totalidade e "passou uma esponja" sobre as consequências da mora, que é considerada purgada.

9. No ambiente da mora, estando as partes em harmonia, é frequente haver tolerância recíproca.

E a interpretação plausível para o caso em foco, inexistente, na época, qualquer sinal de atrito entre empreitante e empreiteira.

A autora tolerou o atraso e recebeu naturalmente a obra. E a ré tolerou que pagamentos que contratualmente deviam ser feitos na entrega da obra, fossem efetuados posteriormente.

Este último pagamento merece análise especial porque torna patente que a questão da multa moratória estava inteiramente superada.

Por força da cláusula 5.5 do contrato, a autora reteve, a título de caução, 3% (três por cento) do valor de cada pagamento do preço da empreitada. A importância da caução, devidamente corrigida, devia ser restituída pela autora até 60 dias da vistoria e recebimento definitivo da obra.

A restituição, portanto, devia ocorrer em 14 de agosto de 1999; no entanto, só o foi em 22 de dezembro de 1999. Durante todo esse tempo, a autora esteve em mora, mas houve tolerância por parte da ré.

10. A autora devolveu o valor da caução por inteiro – R$ 203.204,85, sem descontar o valor da multa moratória, ora cobrada, no importe de R$ 122.821,67.

Não é esse o comportamento normal de qualquer empresário. Se ele pode pagar cerca de R$ 80.000,00, por que pagaria R$ 203.000,00? Por certo porque ele tinha consciência de que o contrato estava extinto e extinta a multa moratória.

A explicação dada pela autora para esse comportamento improcede.

Diz ela que era seu dever restituir a totalidade da caução porque esta consistia em garantia única da perfeição na *execução física* da obra, jamais para garantir o prazo de entrega.

Ora, não é o consta da aludida cláusula 5.5 do contrato: a caução foi dada "em garantia do cumprimento de suas (da empreiteira) obrigações até a entrega efetiva da obra contratada". A caução, portanto – e como sempre acontece –, garante todas as obrigações, inclusive no que diz respeito ao prazo, particularmente quando o contrato de empreitada global o fixou solenemente.

11. Em suma, nunca se viu um empresário que, podendo, deixasse de compensar um débito de tão elevado valor.

Compensação não é negócio jurídico, não depende de manifestação de vontade. Constitui forma de extinção de obrigações e opera automaticamente.

Eis o que ensina Antunes Varela, escrevendo sobre o direito brasileiro:

> "O artigo 1.009 afirma, som suficiente clareza, que, no caso de duas pessoas serem titulares de créditos recíprocos, **as suas obrigações se extinguem** – por mera força desse preceito legal, não ficando a extinção condicionada a qualquer declaração de vontade da parte interessada.
>
> Nem no artigo 1.009, nem em qualquer outra disposição reguladora da compensação, se faz alusão, explícita ou implícita, à declaração da parte interessada, como sucederia se o legislador tivesse pretendido enveredar pelo sistema germânico.
>
> Pode, por conseguinte, dar-se como assente que a compensação opera **ipse jure** os seus efeitos. **Não necessita** de ser requerida ou declarada por nenhuma das partes, podendo ser invocada por qualquer delas". Op. cit., p. 241-242.

Isto torna evidente que, se existisse o crédito em favor da autora, decorrente da multa moratória, a autora não deixaria de tê-lo por compensado a fim de abater a dívida referente à devolução da caução.

12. Também por outro motivo – exclusivamente de direito – vê-se que a autora não tem razão quando tenta explicar por que não se beneficiou da compensação.

O art. 373 do CC atual, repetindo o art. 1.015 do anterior, dispõe:

> "Art. 373. A diferença de causa nas dívidas não impede a compensação, exceto:
>
> I – se provier de esbulho, furto ou roubo;
>
> II – se uma se originar de comodato, depósito ou alimentos;
>
> III – se uma for de coisa não suscetível de penhora".

Por outras palavras: não se tratando das dívidas excepcionais previstas nos incisos, a compensação sempre se verifica, qualquer que seja a origem delas. É indiferente que a dívida tenha por causa uma multa ou uma caução. Com maior razão, não é caso de distinguir o âmbito da caução, se era para garantir somente a perfeição da obra ou para garantir o contrato todo.

É de Bevilaqua o lapidar esclarecimento:

> "A *causa debendi* não interessa, exceto nos casos mencionados nos incisos etc.".

Na verdade, a dona da obra, ao devolver a caução, não abateu o valor da multa moratória porque sabia que essa multa já não existia.

13. Deixo de abordar a questão de poder o valor da multa ser eventualmente reduzido em razão do disposto no art. 413 (antigo 924), que prevê hipótese de cumprimento parcial da obrigação, porque tenho a convicção de que a obrigação foi cumprida integralmente e de que não houve mora.

14. De tudo que foi dito, extraio as seguintes conclusões:

a) Não houve mora por parte da empreiteira, em razão de inexistência de culpa, que é elemento estrutural do conceito jurídico da mora. Houve apenas retardamento físico.

b) O pequeno retardamento físico de 16 dias foi desconsiderado pela autora, que divulgou publicamente que o prédio foi entregue no prazo.

c) O retardamento de 16 dias verificou-se por fato imputável ao dono da obra, que solicitou serviços adicionais, o que também foi por ele admitido publicamente.

d) O contrato foi executado e consumado.

e) A aceitação da obra, sem protestos nem ressalvas, implicou em quitação do principal e do acessório.

f) O comportamento da autora, aceitando a obra e efetuando os pagamentos finais, inclusive da caução, mostra que ela própria deu o contrato como consumado.

g) A ausência de compensação do alegado crédito da autora e a demora de mais de dois anos para a propositura da ação apontam no mesmo sentido.

h) Ainda que tivesse havido mora, essa deve ser considerada purgada, seja pela aceitação da prestação, sem objeções, seja em razão de tolerância recíproca das partes.

i) Tudo conduz para a improcedência da ação.

É o meu parecer, *sub censura.*

São Paulo, 28 de junho de 2004.

José Osório de Azevedo Júnior

Professor de Direito Civil da PUC-P.

Posse considerada justa no juízo possessório não faz coisa julgada no juízo dominial[1]

1. Os eminentes advogados Drs. Fernando Corrêa da Silva e Ricardo César Dosso me consultam sobre a r. sentença que julgou improcedente ação reivindicatória movida por JCSN contra sua ex-mulher PFV, ação essa que tramitou pela xª Vara da Comarca de São José do Rio Pardo – SP – Proc. n. 0000/2012.

Interposto recurso de apelação, indagam os consulentes se a r. sentença deve ser confirmada ou se merece reforma. Formulam quesitos.

Segundo se vê das peças que me foram exibidas, os fatos se passaram, em resumo, conforme segue.

Autor e ré casaram-se em 1993 pelo regime da separação plena de bens – art. 276 do CC/16, a que corresponde o art. 1.687 do CC/2002.

Ao se separarem, mesmo sendo cada cônjuge proprietário exclusivo de seus bens, combinou-se que a mulher ficaria com a propriedade do gado leiteiro existente na Fazenda Santa Theolinda, em São José do Rio Pardo, de propriedade exclusiva do marido, aquiescendo este que o gado permanecesse na área de cerca de 61 alqueires, perfeitamente conhecida pela ré e já ocupada pelo gado.

Valendo-se o intérprete da conhecida regra do *quod plerumque accidit*, ou seja, *o que comumente acontece*, não é difícil perceber como os fatos se passaram.

A inexistência de qualquer contrato sobre prazo e valor da ocupação conduz à conclusão de que estava prevista a retirada breve do gado, com a natural tolerância por parte do marido diante das providências necessárias para a mudança.

---

1. Parecer de 22 10.2013

Não pode haver dúvida de que a ré encontrou dificuldades para retirar o gado.

Difícil encontrar 61 alqueires (uma autêntica fazenda, naquela região), com instalações de um retiro leiteiro, mediante um aluguel condizente com a exploração leiteira.

Sem nada pagar, a nova ocupação era inteiramente impossível.

Diálogos gravados pela ré revelam suas dificuldades, nos quais dizia não poder retirar o gado porque "não tenho para onde levar", "eu vou vender um pouco" etc.

A opção da ré foi pela protelação da retirada. A inércia recomendava o prolongamento da ocupação gratuita. Melhor seria demandar indefinidamente, contando com a lentidão da Justiça e com eventual insucesso processual do autor, que de fato ocorreu, pois os litígios possessórios foram favoráveis à ré.

O insucesso do autor na ação de reintegração de posse ocorreu por ter sido reconhecida posse justa por parte da ré por ter recebido a terra pelas mãos do autor.

2. Na presente ação reivindicatória, a defesa da ré consiste na mesma tese, ou seja, na circunstância de ser justa a sua posse. Em sua contestação, afirma textualmente:

> "**justa** é a posse da requerida sobre a área de terras, porque oriunda de válida transação celebrada com o próprio requerente, então seu marido, que cedeu-lhe gratuitamente o uso e gozo da área até que fosse ultimada a partilha da sociedade de fato existente entre os litigantes, objeto da ação ordinária de reconhecimento e dissolução de sociedade de fato c/c com partilha de bens etc."

A tese fundamental da ré, portanto, é que sua posse é justa porque oriunda de uma transação válida que estaria em vigor até que fosse feita partilha de uma sociedade de fato.

Contudo, as peças mostram não ter havido qualquer negócio jurídico entre as partes a não ser o anterior acordo sobre a propriedade do gado leiteiro. Não houve instituição de algum direito real, como usufruto ou uso, ou mesmo de direito pessoal como locação ou comodato a respeito da terra em que estava o gado leiteiro.

Ora, o objeto da presente ação diz respeito exclusivamente à recuperação da terra om fundamento no direito de propriedade e não na posse.

Nota-se, desde logo, que a alegação de que a cessão da terra foi decorrência de uma transação ligada a uma sociedade de fato a ser liquidada soa como artificial, inverossímil e contrária ao que acontece no mundo dos negócios, sejam gratuitos sejam onerosos. A mesma regra que manda interpretar, ou presumir fatos ou declarações, segundo aquilo que comumente acontece, repudia a existência da tal sociedade de fato.

Quem se casa pelo regime da plena separação de bens não vai, quando da separação, celebrar um esquisito e informal *pacto posnupcial* para a exploração econômica de um imóvel.

A tal sociedade de fato - pelo que se vê das peças oriundas da própria ré - é fruto de declaração unilateral dela, ré, a quem aproveita a manutenção da discussão judicial indefinidamente.

3. A cessão inicial da ocupação nunca foi negada pelo ex-marido. Por isso mesmo, como já foi dito, o desfecho da ação de reintegração de posse movida pelo ex-marido foi favorável à ex-mulher e sua posse foi considerada justa.

Nesse ponto e no ambiente jurídico do juízo possessório, já não há mais o que debater diante do trânsito em julgado da decisão em que se discutiu a posse com fundamento na própria posse.

Ocorre que agora estão as partes em outro cenário jurídico, ou seja, no juízo petitório, através do qual se busca a recuperação da posse com fundamento num direito maior, que é a propriedade.

Apesar desse novo fundamento e desse novo ambiente, a r. sentença ora em análise julgou improcedente a ação de reinvindicação.

O digno magistrado deixou claro que sabe, teoricamente, que ambos os juízos são distintos, pois afirmou que "*não há coisa julgada pois os pedidos possessório e reivindicatório não se confundem*".

Mas, ao decidir, confundiu os dois juízos e considerou que a questão de ser justa a posse já estava definida na ação possessória:

> "(...) a sentença prolatada nos autos 965/2008 entre as mesmas partes por este juízo de Direito mantida pelo acórdão de fls. declarou justa a posse da ré (...). Observa-se que a justiça da posse afirmada naquela sentença não pode ser rediscutida nestes autos, nem incidentalmente, sob pena de afronta aos artigos 468 e 471 do CPC frente ao trânsito em julgado. Trata-se de questão aqui prejudicial, com eficácia de coisa julgada e, desta forma, de observância obrigatória".

A contradição é flagrante: ao mesmo tempo em que diz não haver coisa julgada entre os dois juízos, diz que não pode julgar a questão da justiça da posse porque essa questão já foi decidida no juízo possessório e invoca os preceitos relativos à coisa julgada.

4. É verdade que a considerada posse da ré foi tida como justa no juízo possessório. Contudo, considerar que a decisão lá proferida produz efeito de coisa julgada no juízo dominial constitui, sempre com a maior vênia, erro muito grave.

Na realidade, a r. sentença considerou duas realidades distintas como se fossem uma só.

A mesma expressão *posse justa* reflete uma realidade quando se está no juízo possessório, ou seja, a posse que não é violenta, clandestina ou precária – art. 1.200 do CC.

Contudo, quando se está no juízo dominial – art. 1.228, *direito de reivindicar contra quem injustamente possua.* A expressão ganha outro significado. A posse pode não ser violenta, clandestina ou precária e ainda assim ser injusta a ponto de autorizar, de justificar, a recuperação do imóvel. É, por exemplo, o que acontece com quem adquiriu um bem *a non domino.* Está de boa-fé e tem posse sem qualquer vício. No entanto, essa posse é injusta perante o verdadeiro dono.

As razões de apelação bem demonstram o equívoco da r. sentença e indicam doutrina e jurisprudência, inclusive do STF, com destaque para o texto do jurista e desembargador Francisco Eduardo Loureiro.

Lembre-se ainda do que diz outro consagrado autor moderno, Joel Dias Figueira Jr.:

> "O conceito de posse injusta ora mencionado (art. 489 CC/1916 e 1.200 CC/2002) não se confunde com o do art. 524 (1.228 CC/2002), que assegura ao proprietário o direito de usar, gozar e dispor de seus bens e de reavê-los do poder de quem quer que *injustamente o possua*" (grifo do autor).
>
> "Em sede possessória, a injustiça da posse está restrita aos três vícios que a maculam (*stricto sensu*), enquanto no dispositivo relativo à propriedade a expressão está empregada para designar todas as situações (e não apenas os vícios da posse) que repugnam ao titular do mais amplo direito real (*lato sensu*). A ação reivindicatória apresenta-se com objeto imediato à recuperação do bem frente ao antagonismo ao pleno exercício do direito real de propriedade, dirigindo-a o autor da demanda contra quem quer que injustamente o possua, donde brota o poder de sequela e a oponibilidade *erga omnes*[2]".

Admira-se que a questão ainda precise chegar ao segundo grau de jurisdição, pois, a rigor, pode ser considerada resolvida há muito mais de um século. Lafayette já ensinava que

2. *Posse e ações possessórias,* Juruá Editora, Curitiba, 1994, p. 239.

> "Posse justa em sentido lato é aquela cuja aquisição não repugna ao direito. No caso contrário, a posse se diz injusta. Em sentido restrito posse justa a que é isenta de algum dos três vícios seguintes: violência, clandestinidade ou precariedade".[3]

5. Repetindo: como se está no juízo petitório, a posse da ré é injusta porque ela está, sem justificativa alguma, ocupando um imóvel que não é seu, é do autor, que provou o seu domínio, e, portanto, tem direito de recuperá-lo. E a ré não prova a existência de nenhum título, nenhuma justificativa plausível para a sua ocupação.

Mas não é apenas isso. A alegada posse da ré é agora também injusta, sob o outro aspecto, porque padece do vício da precariedade.

Como costuma acontecer com o proprietário que sucumbe no juízo possessório, o autor dirigiu-se para o campo dominial a fim de recuperar o que é seu e propôs, então, a presente ação reivindicatória, tomando antes a cautela de notificar formalmente a ré para restituir o imóvel no prazo razoável de noventa dias.

O *ato jurídico simples* de entrega da posse, o qual será analisado adiante, não foi submetido a um prazo determinado, o que evidentemente não significa que tal ato não esteja submetido aos azares do tempo, pois todo ato jurídico existe no tempo e no espaço.

Como toda manifestação de vontade, está submetido ao preceito do parágrafo único do art. 397 do CC, que vale tanto para os negócios jurídicos como para os atos jurídicos simples (art. 185). Diz esse art. *397: Não havendo termo, a mora se constitui mediante interpelação judicial ou extrajudicial.*

O dever de restituição, que estava implícito no ato de recebimento do imóvel, ficou agora expresso com a notificação estabelecendo o prazo certo de noventa dias para a desocupação. Ultrapassado esse prazo, a posse torna-se viciada, precária, o que é elementar.

Sobre a gravidade do vício do precário, diz o Prof. Silvio Rodrigues, com a elegância habitual:

> "A posse precária não convalesce jamais porque a precariedade não cessa nunca. O dever do comodatário, do depositário, do locatário etc. de devolverem a coisa recebida, não se extingue jamais, de modo que o fato de a reterem, e de recalcitrarem em não entregá-la de volta, não ganha foros de juridicidade, não gerando, em tempo algum, posse jurídica".[4]

3. *Direito das cousas,* B. L. Garnier, Rio de Janeiro, 1877, p. 26.
4. *Direito das coisas*, Saraiva, São Paulo, 1997, p. 29.

Na verdade, a insistência da ré em permanecer no imóvel, mesmo após o prazo da notificação, torna a ocupação tão injurídica como a de um sem-terra comum. Ressalvada a distinção quanto ao extrato social, tanto a ré como o sem-terra comum são pessoas ligadas às atividades agropecuárias que não dispõem de terra e querem resolver seus problemas à custa da terra de outrem. A injuridicidade é igualmente grave em ambas as hipóteses.

6. Sobre a formal e escorreita notificação, diz a r. sentença:

> "Insuficiente a notificação ocorrida em 2011 comunicando o intento de retomar a propriedade, pois o mesmo efeito produziu a citação naquela ação" (a possessória).

O erro é grave e suas consequências gravíssimas, como se verá adiante.

Não é possível entender-se que a finalidade da notificação estivesse absorvida na citação da ação possessória. A citação visava à retomada do imóvel com fundamento na posse e o assunto ficou superado com a decisão de improcedência. Já a notificação opera noutro mundo: estabeleceu um prazo para a desocupação do imóvel sob pena de propositura de ação fundada no domínio.

Vencido o prazo, sem a desocupação, tudo mudou de figura, o que, entretanto, não foi percebido pelo digno magistrado, que só se apoia nos aspectos possessórios já decididos, com o que torna a posse imutável, definitiva, bloqueando a pretensão reivindicatória.

A consequência do erro é gravíssima porque criou uma espécie de posse perpétua inexistente no direito brasileiro e no direito comparado, pois aniquila – sem ocorrência de usucapião – o mais importante direito real, que é a propriedade.

7. Sempre com a maior vênia, é preciso dizer que a sucessão de erros da sentença continua ao dizer que "não demonstrada a modificação da causa que deu origem ao ingresso legítimo da ré na posse das terras (...) presume-se que tal posse permanece justa".

Está claro no debate que não houve negócio jurídico entre as partes. Muito menos negócio causal. Houve apenas um ato jurídico simples de entrega da posse, nada mais do que isso. E o autor assim agiu por natural tolerância, simplesmente porque quis. Como agora pede a restituição porque quer. E para tanto só tem que provar o seu direito de propriedade, o que já fez, cabendo à ré – como é elementar – provar a existência de uma razão jurídica que justifique a sua permanência no imóvel após o prazo concedido através da notificação.

Essa prova a ré não produziu. Apenas se volta ao passado distante, com a nostalgia do dia em que recebeu uma posse de forma espontânea.

Querer, como fez a sentença, que o autor demonstre *modificação da causa* que deu origem à posse da ré, constitui – sempre com a devida vênia – afirmação despropositada.

Os motivos do acerto sobre o gado e da cessão do imóvel não interessam ao desfecho do caso. São de foro íntimo e podem ser vários. Este parecerista entende que o motivo está relacionado com o provável cumprimento de uma obrigação natural ou com a existência de uma doação remuneratória.[5] Mas esses motivos podem ser de outra ordem e – sejam quais forem – não poderão nunca afetar o desfecho do litígio em torno do domínio. Como se sabe, os motivos não integram o conteúdo do negócio jurídico, nem se confundem com causa jurídica e mesmo esta só interessa nos negócios causais.

8. Como já foi dito (n. 1) não houve qualquer negócio jurídico quando da entrega do imóvel. Negócio jurídico houve quando do acerto sobre a propriedade do gado leiteiro, negócio feito e consumado. A permanência do gado resultou da natural tolerância do autor para a retirada em prazo normal, ou seja, de um *ato jurídico simples, não negocial.*

Como se sabe, o CC/1916 tratou das duas realidades – ato jurídico simples e negócio jurídico – em um único preceito, o art. 81, sob a denominação de *ato jurídico.*

O CC/2002 distinguiu o *negócio jurídico* (art. 104 e seguintes) do ato jurídico simples, a que chamou de *ato jurídico lícito não negocial* (art. 185), ao qual mandou aplicar, no que couber, as disposições sobre o negócio jurídico.

A distinção entre os dois institutos nem sempre é fácil. Como regra, pode-se afirmar que no negócio jurídico a atuação da vontade é mais presente, mais ativa, trata-se de ato mais refletido. O ato não negocial é mais espontâneo, menos refletido, não cria preceitos de comportamentos obrigatórios, isto é, *não faz lei entre as partes.*

Alguns exemplos ajudam a esclarecer: o transporte de uma pessoa como *carona* é um ato jurídico simples, não negocial, pois não revela o propósito de estabelecer uma vinculação jurídica, como ocorre no contrato de transporte.[6]

Um presente de casamento, embora transfira a propriedade da coisa, constitui ato não negocial, submetido a regras diversas de uma doação *propter nupcias.* A aquisição por ocupação de uma coisa móvel sem dono (art. 1.263) constitui ato jurídico simples para o qual nem se exige capacidade do agente.

5. Sobre as afinidades entre os institutos da obrigação natural e a doação remuneratória, v. *Comentários ao CC*, art. 540. Netto Lobo, P. L., Saraiva, São Paulo, 2003. p. 296.

6. I. Galvão Telles, *Teoria geral do direito civil*, Coimbra, 1967. p. 81.

Outros aspectos do tema são abordados no nosso *Breves anotações sobre o pagamento e o ato jurídico não negocial*.[7]

No caso que se tem em vista no momento, não tenho dúvida em afirmar que a permanência da ré no imóvel foi fruto de mera permissão e tolerância por parte do autor para que o gado ali permanecesse por prazo razoável até que a ré providenciasse a mudança. Tal ato não teve a *intenção de produzir efeitos práticos vinculativos,* que é da essência do negócio jurídico. Sem essa intenção, o ato caracteriza-se como *ato jurídico simples, não negocial,* ou, na linguagem do Código Civil, *ato jurídico lícito, que não seja negócio jurídico* – art. 185.

Entrega da posse autêntica, em termos técnicos, só ocorreria em caso de locação, comodato, usufruto, ou outro verdadeiro negócio jurídico que criasse direitos e obrigações entre as partes.

A mera permissão do autor para a permanência do gado até que a ré providenciasse a mudança não passou de ato jurídico não negocial incapaz de produzir os efeitos que erroneamente tem favorecido a ré há cerca de sete anos.

Voltando aos termos técnicos, a chamada *posse* da ré não passou, na acepção precisa, de mera *detenção*, como se vê do importante preceito do art. 1.208 do CC, segundo o qual *não induzem posse os atos de mera permissão ou tolerância.*

Reconheça-se, entretanto, que no litígio entre as partes esse tema está superado pelo trânsito em julgado da decisão de improcedência da ação de reintegração de posse, cujos efeitos, porém, se restringem ao juízo possessório, como já se examinou longamente.

9. Foi dito atrás que os erros da sentença têm consequências gravíssimas, entre as quais a chocante perpetuação da posse e consequente aniquilamento do direito de propriedade.

A transitoriedade é da natureza da posse enquanto posse pura. Ao converter-se em propriedade, a posse continua existindo, mas como simples reflexo da propriedade.

A pura posse, aquela que é tratada no *jus possessionis*, é visceralmente transitória. No entanto, a r. sentença, na medida em que julga improcedente a ação reivindicatória porque na ação possessória reconheceu-se como justa a posse da ré, fez surgir a estranha figura da posse perpétua, desconhecida do direito brasileiro e – ao que me consta – também do direito comparado.

7. [6] *Temas relevantes de direito civil contemporâneo*, Coord. Giovanni Ettore Nanni, Reflexões sobre os cinco anos do Código Civil – estudos em homenagem ao Prof. Renan Lotufo, São Paulo, Atlas, 2008. p. 352-370.

Outras consequências igualmente graves estão a ocorrer porquanto a r. sentença acaba se chocando com o Direito Civil como um todo, isto é, a r. sentença atropela institutos relevantes dos diversos ramos daquele Direito.

Assim é que o Direito de Família vê vulneradas suas normas de ordem pública relativas ao regime de bens adotado pelos cônjuges, porquanto a sentença, na prática, faz ex-mulher usufruir indefinidamente de parte expressiva do patrimônio do ex-marido.

Sabe-se que a ordem jurídica ampara a família como instituição, seja na primeira união seja nas seguintes. Pois bem. O autor constituiu nova família e reside com sua companheira da Fazenda Santa Theolinda. A ré instalou-se também na mesma fazenda, a cerca de quinhentos metros de distância da sede. Todas as qualificações da ré, indicadas por ela própria, acusam sua residência na Fazenda Theolinda. Fácil perceber o constrangimento acarretado ao novo casal pela presença verdadeiramente acintosa da ex-mulher no mesmo solo e nas imediações do novo lar do ex-marido em sua própria fazenda. Nem mesmo a presença de um sem-terra na fazenda seria tão acintosa para com o autor, pois não acarretaria o envolvimento das relações familiares.

Nota-se aí violação de um dos mais importantes direitos civis, que é o direito personalíssimo do autor (art. 11 e seguintes da Parte Geral do Código Civil), de viver em condições psicossociais normais com sua nova família.

O Direito das Obrigações também está afetado, pois foi prestigiada a situação de parasitismo vivenciada pela ré há anos com ofensa ao alto princípio condenatório do enriquecimento sem causa, consagrado nos art. 884/886 do CC.

Até mesmo o direito de constituir a ré em mora para a desocupação do prédio foi negado pela sentença ao desqualificar a notificação – art. 397 do CC.

O Direito das Coisas foi por certo o mais gravemente afrontado, como se viu no correr deste parecer, porquanto, num juízo exclusivamente petitório, a posse acabou preponderando sobre a propriedade.

Em suma, minha conclusão é de que a r. sentença não pode subsistir, acolhendo-se o recurso para julgar procedente a ação.

O litígio é grave, envolve valores econômicos e morais expressivos e merece pronunciamento do Judiciário do Estado de São Paulo menos superficial do que o constou da r. sentença, com cerca de 900 palavras, incluindo o relatório.

10. Passo a responder aos quesitos.

1º – Há nos autos elementos suficientes para demonstrar a discordância do autor quanto à permanência da ré na gleba intitulada Retiro Santa Theolinda?

Sim. O diálogo entre as partes no qual o autor, de forma contundente, insiste com a ré para retirar o gado, bem como a propositura da ação de reintegração de posse e a notificação que precedeu a ação reivindicatória não deixam dúvida quanto à discordância do autor com a permanência da ré no imóvel.

2º – A notificação enviada pelo autor, recebida pessoalmente em 1º de dezembro de 2011, é instrumento adequado e suficiente para tornar a posse da ré injusta, especialmente para fins reivindicatórios?

Sim, como desenvolvido nos n. 5, 6 e 7 do parecer.

3º – Qual das partes litigantes tem melhor direito para exercer posse da referida área?

O autor, como proprietário que é, tem todo o direito de exercer posse sobre o imóvel. A ré não tem nenhuma justificativa para permanecer no imóvel, particularmente após o vencimento do prazo concedido pela notificação de 01/12/2011.

4º – A r. sentença interpretou corretamente os conceitos de "posse justa" e "coisa julgada em ação possessória", considerando a natureza dominial da ação proposta?

Não. A interpretação dada pela sentença está errada, como afirmado nos n. 2, 3, 4. 5 e em outras passagens do parecer.

5º – Consta dos autos algo a indicar concordância do autor com o uso gratuito da gleba?

Segundo as peças examinadas, não há nenhum sinal de concordância do autor com o uso gratuito da gleba. Entendo que houve apenas tolerância por parte do autor para que a ré retirasse o gado em prazo razoável, conforme os usos. Segundo entendo, essa razoabilidade nunca iria além de um prazo de 30 dias, que bem atenderia às circunstâncias do caso.

6º Diante do recurso de apelação interposto pelo autor, a r. sentença merece ser reformada? Em que extensão?

Conforme visto por todo o parecer, a r. sentença deve ser reformada, restituindo-se o imóvel ao autor, arcando a ré com perdas e danos, inclusive lucros cessantes, a partir do vencimento do prazo de noventa dias estabelecido pela notificação de 01/12/2011. Quanto ao período anterior de ocupação, entendo que o trânsito em julgado da sentença que julgou improcedente a ação de reintegração de posse impede a rediscussão sobre os efeitos da posse naquele período.

É o meu parecer, sub censura dos doutos.

São Paulo, 22 de outubro de 2013.

José Osório de Azevedo Júnior

OAB 10.110

Afastamento definitivo da exceção de domínio[1]

Falarei sobre a posse do novo Código Civil e o direito real do promitente comprador. Vou dedicar mais tempo à posse.

Se nós observarmos o novo Código no capítulo que trata da posse e compararmos com o anterior, pensaremos que quase nada mudou. Houve, é verdade, uma redução de artigos: de 40 passou-se para 29 artigos. Mas a mudança foi formal, pelo menos aparentemente. O Código novo modernizou a linguagem e retirou do texto antigo uma série de preceitos de ordem processual, com o que ficou reduzida a quantidade de artigos.

Mas alguma coisa mudou e eu indico alguns pontos inovadores e positivos.

Assim, por exemplo, um ponto importante está no parágrafo único do art. 1.198.

Esse artigo trata do detentor. Acho que o tema da detenção mereceria maiores esclarecimentos por parte do legislador, já que os operadores do direito frequentemente pensam, a partir do *caput* do artigo, que detentor é apenas o servidor da posse, quando se sabe que o conceito é mais amplo: detentor é todo aquele que tem poder de fato sobre a coisa mesmo sem estar elevado à categoria de possuidor.

O ponto interessante está no parágrafo único, que trouxe a possibilidade de inversão do título da posse. Essa questão sempre foi muito discutida.

Segundo muitos, se a posse começou fundada num determinado título, com uma determinada motivação, essa razão de ser não podia mais ser alterada a ponto de mudar a natureza da posse. Assim, se alguém passou a ocupar um bem porque era empregado ou comodatário, não poderia tornar-se

1. Publicado originalmente em GOZZO, Débora; ALVES, José Carlos Moreira; REALE, Miguel. *Principais controvérsias no novo Código Civil.* Textos apresentados no II Simpósio Nacional de Direito Civil. São Paulo: Saraiva, 2006.

possuidor em nome próprio e, consequentemente, jamais poderia tornar-se proprietário por força de usucapião.

No tribunal, sempre julgamos em sentido contrário. Por quê?

Porque muitas vezes inicia-se a situação possessória dessa forma, que é modificada com o passar do tempo, principalmente quando o dono se ausenta e perde contato com o preposto. Tempos depois, este primitivo preposto pode estar agindo como um possuidor autêntico. Ele não é mais detentor. Ele é possuidor. No entanto, quando da demanda de usucapião, podia aparecer um contratinho de comodato ou uma outra coisa semelhante e este possuidor ficava inteiramente indefeso.

Agora, com o novo Código, essa questão da inversão do título da posse obtém tratamento mais adequado, mais realista: há uma presunção de que o detentor continua como tal e que, portanto, não exerce posse; porém, é-lhe permitido provar o contrário, ficando claro que se está diante de mera presunção relativa – art. 1.198, parágrafo único.

No que diz respeito à aquisição e perda da posse, tenho para mim que o Código também evoluiu – Caps. II e IV do Título I.

O Código anterior entendeu de detalhar quais as hipóteses em que a posse era adquirida ou era perdida. O Código hoje é muito mais claro, muito mais sucinto. Adquire-se desde o momento em que se torna possível o exercício, em nome próprio, de qualquer dos poderes inerentes à propriedade. Portanto, a pessoa que está se comportando como proprietário é tida como possuidora desde o momento que passou a agir dessa forma. E quando já não pode mais exercitar aqueles poderes, ainda que contra a sua vontade, perde a posse. Essas questões ficaram mais objetivas, mais claras e mais simples no novo Código.

Outro ponto também que me parece muito relevante é o afastamento definitivo da exceção de domínio.

O Código Civil anterior, embora dispusesse que não se devia invocar o direito de propriedade nos litígios possessórios, dizia também que a causa não deve ser julgada contra aquele a quem evidentemente pertença o domínio; isto gerou discussões intermináveis, não superadas até por Súmula do Supremo Tribunal Federal (n. 487 – "Será deferida a posse a quem, evidentemente, tiver o domínio, se com base neste for ela disputada"), nem pelas alterações da legislação processual (Lei n. 6.820/80).

Agora, o Código Civil novo me parece que põe um fim nesta aborrecida discussão. Se o tema é possessório, se a ação é possessória, só se deve discutir posse, irrelevante a alegação de domínio.

Essa a opinião de Donaldo Armelin, escrevendo sobre o novo Código:

"A supressão da '*exceptio proprietatis*' veio eliminar, definitivamente, (...) causa de procrastinação da prestação da tutela jurisdicional em tema de posse e resultante de inserção no pleito de matéria a ela alheia. A partir da vigência do novo Código o litígio possessório manter-se-á adstrito ao 'jus possessionis' afastando-se para a tela petitória toda questão referente ao domínio, o '*jus possidendi*'. Essa separação radical dos temas em litígio mais do que a tutela interina prevista nos procedimentos dos interditos possessórios provocará maior efetividade à tutela possessória" (A tutela da posse no novo Código Civil, in *Estudos em homenagem ao Prof. Miguel Reale*, 1. ed., São Paulo: LTr, p. 955).

4. Essa questão de *jus possessionis* e *jus possidendi* merece mais considerações, pois essa distinção é fundamental nos estudos em torno da posse. No *jus possessionis*, encara-se a posse por si mesma, independentemente do direito de possuir. É a posse pela posse. Já no *jus possidendi*, vê-se a posse ligada a um direito, em regra o direito de propriedade. E a posse fundada numa razão jurídica, num contrato, no domínio etc.

No *jus possessionis* está o ambiente natural e autêntico do direito possessório.

Ao afastar definitivamente a exceção de domínio nos litígios possessórios, evidentemente que o Código deu maior relevo, maior *status*, ao *jus possessionis*. Espera-se que essa querela em torno do direito de propriedade nas ações possessórias seja superada. Será?

5. O Código novo também não se refere à idade da posse, se nova ou velha. A expressão "ano e dia" não é encontrada no novo Código.

Qual é o motivo, a razão de ser daquele limite? Era possibilitar um deferimento liminar para a defesa da posse.

Essa questão hoje já não é tão importante, porquanto a legislação processual generalizou os provimentos liminares e antecipatórios de tutela, plenamente aplicáveis à proteção possessória. Veja-se, a esse propósito, o estudo de Donaldo Armelin retromencionado.

Já dissemos que, tendo o novo Código mantido os preceitos tradicionais sobre a posse, somos levados, num primeiro momento, a crer que tudo continuou como antes. Não me parece assim. A modificação foi substancial.

O Prof. Venosa ainda hoje se referiu à forte redução dos prazos de usucapião. O Código enalteceu a posse-trabalho, a posse-moradia, a posse com uma função social. Nestes casos, a redução foi ainda mais acentuada. Vejam-se os arts. 1.238 e s.

Lembro também outro ponto que mostra uma relevância do Código para a posse. Está no texto que trata da perda da propriedade por abandono tanto do imóvel urbano como do rural, conforme previsto no art. 1.276 e parágrafos, texto esse que ainda não tem sido muito abordado.

Nos termos do *caput* do artigo, o imóvel urbano que o proprietário abandonar, com a intenção de não mais o conservar em seu patrimônio, e que se não encontrar na posse de outrem, poderá ser arrecadado como bem vago, e passar, três anos depois, à propriedade do Município. Quanto ao imóvel rural nas mesmas circunstâncias, a propriedade passará para a União (§ 1º).

Observa-se o relevo dado à posse: havendo posse por quem quer que seja, a propriedade do imóvel não passará para o Poder Público. Prestigia-se tanto a posse do proprietário como a posse do terceiro não proprietário. Mais ainda: a intenção de abandonar é presumida de modo absoluto se, cessados os atos de posse, o proprietário deixar de pagar tributos (§ 2º).

Em suma, havendo posse, o proprietário não corre risco de perder o imóvel.

Eis aí a posse dando legitimidade à propriedade.

Dúvida não há de que o Código consagrou expressamente a tese e o princípio constitucional da função social da propriedade:

> "Art. 1.228 (...) § 1º O direito de propriedade deve ser exercido em consonância com as suas finalidades econômicas e sociais e de modo que sejam preservados, de conformidade com o estabelecido em lei especial, a flora, a fauna, as belezas naturais, o equilíbrio ecológico e o patrimônio histórico e artístico, bem como evitada a poluição do ar e das águas".

E o parágrafo único do art. 2.035 eleva à condição de normas de ordem pública aquelas que dão efetividade ao princípio:

> "Nenhuma convenção prevalecerá se contrariar preceitos de ordem pública, tais como os estabelecidos por este Código para assegurar a função social da propriedade e dos contratos".

Ora, parece claro que é impossível saber se o direito de propriedade sobre determinado bem está ou não sendo exercido em conformidade com sua função social sem examinar a posse do proprietário. Como a posse é a exteriorização do domínio, somente o exame dela permitirá conhecer a realidade do domínio. E impossível você saber se o imóvel rural está sendo utilizado adequadamente, se o meio ambiente está sendo preservado, se o imóvel urbano não está sendo utilizado só como especulação imobiliária se você não examinar a posse do proprietário.

Por outras palavras, o *jus possidendi*, a posse do proprietário, tem, no contexto do novo Código, enorme relevância, porque é essa posse que vai dar legitimidade ao exercício do próprio direito de propriedade.

Tanto para o Código antigo como para o moderno, posse justa é aquela que não é violenta, clandestina ou precária. Mas a doutrina sempre deixou claro – e ninguém duvida – que, em sentido amplo, posse justa é toda aquela que não contraria direito. Ora, sob esse aspecto, a posse com características antissociais, ainda que exercida pelo proprietário, pode ser considerada injusta, por contrariar direito consagrado pelo Código Civil e pela Constituição Federal.

A posse como hoje é tratada pelo direito positivo brasileiro, e como foi dito acima, é que vai dar legitimidade à propriedade. O instituto que era meramente subalterno ganha a dimensão de elemento corretor do direito de propriedade.

Por isso mesmo, não se pode dizer que o novo Código, mesmo mantendo tantos preceitos do Código anterior ligados à posse, tenha adotado a teoria de Ihering, pelo menos nesse aspecto fundamental que estamos examinando.

Para Ihering, a posse é a fortaleza avançada da propriedade; defende-se a posse para melhor defender-se a propriedade. Nessa perspectiva, a posse não tem autonomia, é mera servidora do domínio.

Agora, não. A posse antissocial, e, portanto, injusta, poderá afetar gravemente o direito do proprietário.

Completa-se, então, o que foi dito no início: o novo Código prestigiou o *jus possessionis* ao impedir a discussão sobre o domínio na demanda fundada na posse. E ao mesmo tempo prestigiou o *jus possidendi* na demanda fundada no domínio, exigindo que se examine a posse do proprietário, para saber se ela, posse, é ou não antissocial.

Através dos §§ 4º e 5º do art. 1.228, o Código procurou, iniludivelmente, valorizar a posse-trabalho, deixando clara a preocupação social do novo diploma:

> "Art. 1.228 (...) § 4º O proprietário também pode ser privado da coisa se o imóvel reivindicado consistir em extensa área, na posse ininterrupta e de boa-fé, por mais de cinco anos, de considerável número de pessoas, e estas nela houverem realizado, em conjunto ou separadamente, obras e serviços considerados pelo juiz de interesse social e econômico relevante.

§ 5º No caso do parágrafo antecedente, o juiz fixará ajusta indenização devida ao proprietário; pago o preço, valerá a sentença como título para o registro do imóvel em nome dos possuidores".

Esse texto tem acarretado fortes discussões: se é inconstitucional, se se trata de usucapião, de desapropriação etc. Ainda hoje o Prof. Arruda Alvim trouxe luzes ao debate.

Entendo, s.m.j., que o novo instituto não terá maior aplicação. A ocupação de "extensas áreas por número considerável de pessoas" é problema grave, urbano ou rural, que exige, para seu equacionamento, a intervenção positiva da Administração Pública. Isoladamente, o Poder Judiciário – desequipado e despreparado para desafios tão dramáticos – é impotente, não dará conta do recado.

Há também dificuldade de ordem técnico-jurídica.

Essa usucapião coletiva do Código Civil exige o requisito de boa-fé por parte do possuidor. Boa-fé, no contexto do Código, significa que o possuidor ignora o vício de sua posse, ou seja, ignora que ela seja violenta, clandestina ou precária.

Por certo não há, nesses tipos de ocupações, nenhum possuidor que não saiba que o terreno não é dele, e que ele lá entrou ou em clandestinidade ou por violência. Normalmente em clandestinidade. Essa exigência do requisito da boa-fé, a meu ver, destrói a eficácia prática do dispositivo.

O Código aqui merece crítica porque é impossível exigir boa-fé em situações como essa. Quando se quer efetivamente dar solução ao problema social e humano, prescinde-se da boa-fé tradicional, como, aliás, vem fazendo, há séculos, o direito brasileiro com a usucapião extraordinária, que sempre afastou a exigência de justo título e de boa-fé.

O preceito do Código Civil, entretanto, não fará falta. Os interessados provavelmente irão procurar se valer da usucapião coletiva prevista no Estatuto da Cidade – Lei n. 10.257, de 10 de julho de 2001 –, cujo art. 10 assim dispõe:

> "As áreas urbanas com mais de duzentos e cinquenta metros quadrados, ocupadas por população de baixa renda para sua moradia, por cinco anos, ininterruptamente e sem oposição, onde não for possível identificar os terrenos ocupados por cada possuidor, são? susceptíveis de serem usucapidas coletivamente, desde que os possuidores não sejam proprietários de outro imóvel urbano ou rural".

Por aí se vê que está ausente o requisito da boa-fé. E dos parágrafos que seguem constam preceitos processuais e operacionais que podem viabilizar o instituto.

O novo Código Civil seguiu o sistema do anterior tratando da posse no título inicial Do Direito das Coisas. No título seguinte, cuida dos direitos reais, em cuja relação (art. 1.225) não consta a posse. Ambos os Códigos não quiseram tomar posição expressa na tradicional querela sobre a natureza da posse: se é fato, se é direito.

Melhor seria, ao meu sentir, reconhecer que a posse, no direito brasileiro de nossos dias, é um direito real. É uma realidade econômica, objeto de inúmeros negócios jurídicos, e só mesmo o amor à tradição ou o apego a uma posição doutrinária explicam a visão da posse como mero fato.

A esse propósito, gostaria de chamar a atenção sobre a Lei n. 9.785/99, que modificou artigos da Lei n. 6.766/79, a Lei de Loteamentos, da Lei de Registros Públicos e da Lei de Desapropriação. O que motivou essa Lei n. 9.785/99 foi o seguinte:

O Poder Público, a Administração, tem enorme dificuldade para implantar conjuntos habitacionais. A questão da moradia, como se sabe, é um dos maiores e mais prementes desafios deste país. Um dos empecilhos para o enfrentamento do problema está em que a gleba a ser adquirida para o empreendimento frequentemente precisa ser expropriada e então só vai passar para o domínio da Administração após o trânsito em julgado da sentença de desapropriação, o que levará muitos anos. Lembrem-se de que as leis de loteamento sempre exigiram título de propriedade e não de compromisso de compra e venda, ou outro direito real.

O legislador veio em socorro do administrador e possibilitou o loteamento da mera posse, ou seja, do direito de posse obtido com o despacho inicial de imissão na posse proferido na ação de desapropriação. Vejam que coisa inesperada que ocorreu no direito brasileiro. O título a ser levado a registro é o mandado de imissão na posse, o qual é obtido rapidamente no limiar da ação desapropriatória. Com esse registro será possível promover o loteamento e a implantação do conjunto habitacional.

Tudo vai se passar, na prática, como se o Poder Público, ou a entidade delegada, fosse dono, mas não é, é apenas possuidor.

Em vez da outorga de compromissos de compra e venda, serão outorgados aos adquirentes promessas de cessão de direitos possessórios particularizados lote a lote.

Quando o Poder Público se tornar proprietário, com o registro da sentença de desapropriação transitada em julgado, a posse cedida converter-se-á automaticamente em propriedade ou, se existir ainda preço a pagar, as promessas de cessão de direitos possessórios converter-se-ão em compromissos de compra e venda.

Ora, num sistema jurídico de direito positivo que trata a posse dessa maneira, não se justifica ignorar, como fez o Código, que a posse é um direito real.

É verdade que a Lei n. 9.785/99 é recente, e os autores do Projeto de CC dela não podiam ter conhecimento. Mas a posse como objeto de negociações jurídico-econômicas é conhecida de nossa sociedade há muitíssimos anos. São milhões de pessoas pelo Brasil afora, na cidade e no campo, que compram, vendem, doam, alugam seus direitos (reais) possessórios.

Outro direito real que devo abordar é o direito do promitente comprador de imóvel, previsto expressamente pelo Código nos arts. 1.225, VII, 1.417 e 1.418. Eu havia pedido ao Prof. Antônio Jorge para me permitir dedicar mais tempo ao tema da posse do que ao compromisso de compra e venda por me parecer a posse mais relevante no contexto do Código Civil. Por isso, agora terei de ser breve, cingindo-me apenas à análise de dois importantes aspectos de que o Código tratou, ou deixou de tratar, a propósito do direito real do promitente comprador.

Como contrato nominado, o Código ignorou o compromisso de compra e venda. Também o ignorou como espécie de compra e venda, ou como cláusula especial à compra e venda, embora tenha cuidado de institutos muito menos importantes, como a venda com reserva de domínio, ou até mesmo de instituto de validade social controvertida, como a retrovenda.

Neste ponto, ao deixar de lado o contrato mais popular do direito imobiliário brasileiro, o Código ficou longe de merecer aplauso.

Mas tratou do tema no Livro III (Do Direito das Coisas), reconhecendo a existência do direito real do promitente comprador, já consagrado há décadas por inúmeras leis extravagantes.

É verdade que o Código referiu-se, em quatro artigos, ao contrato preliminar. Talvez por isso tenha considerado dispensável a abordagem específica.

Acontece que o compromisso de compra e venda, no direito brasileiro, é um contrato preliminar muito especial, impropriamente chamado de preliminar, pois gera direitos e obrigações definitivas.

O Projeto de Código Civil ficou dormindo por cerca de 20 anos no Congresso Nacional. O projeto refletia (timidamente) a jurisprudência e a doutrina que dominavam àquela época. Quando da aprovação do Projeto, tudo se passou às pressas. Não se levaram em conta acontecimentos de maior envergadura, como a promulgação de nova Constituição e a consequente criação de novo Tribunal com competência sobre o assunto.

Assim, o Projeto não foi adaptado aos novos tempos e o Código acabou por refletir apenas a doutrina e a jurisprudência de 25 anos atrás.

Ressalto os dois pontos que me parecem os mais relevantes.

Primeiramente a questão de saber se o contrato precisa ou não estar registrado para permitir a ação de adjudicação compulsória.

Esse assunto foi estudado e debatido *ad nauseam* no direito brasileiro. O Supremo Tribunal Federal, contrariando os tribunais estaduais, concluía, às vezes por maioria, que o registro era necessário. Posteriormente, o Superior Tribunal de Justiça mudou o rumo, a ponto de editar a Súmula n. 239: "O direito à adjudicação compulsória não se condiciona ao registro do compromisso de compra e venda no cartório de imóveis". No entanto, vem agora o Código Civil – arts. 1.417 e 1.418 – e exige o registro.

A classe jurídica, as partes, enfim, a sociedade, já padeceu suficientemente com essa insegurança jurídica, nada estando a justificar nova mudança de rumo.

Ainda bem que o Superior Tribunal de Justiça já sinalizou claramente que não vai alterar a sua súmula e vai dispensar o registro. O Tribunal está muito cioso e convicto de sua jurisprudência. Em Simpósio de Direito Civil, dirigido e iluminado pelo Ministro Ruy Rosado de Aguiar, foi aprovado unanimemente o Enunciado n. 95, a saber:

> "Art. 1.418: O direito à adjudicação compulsória (art. 1.418 do novo Código Civil), quando exercido em face do promitente vendedor, não se condiciona ao registro da promessa de compra e venda no cartório de registro imobiliário (Súmula n. 239 do STJ)".

Essa a tese correta. Pois se sabe que o compromisso gera dois direitos: um direito pessoal decorrente do próprio contrato; e um direito real, decorrente do registro. Se o adquirente cumpriu sua parte no contrato e pagou o preço, pode exigir que o transmitente cumpra a sua e outorgue a escritura de venda. Eventual falta de registro não pode servir de desculpa para o transmitente deixar de cumprir a sua parte no contrato. O registro existe não para valer entre as partes e sim para valer perante terceiros.

O segundo ponto em que o Código merece crítica está na perda da enorme oportunidade de pôr fim à exigência da decantada escritura definitiva para completar o processo de transmissão do direito de propriedade.

Depois de pago o preço e transmitida a posse, tudo que interessa, tudo que tem real valor, já está no poder do compromissário comprador. Assim, a formalização do segundo contrato (a compra e venda) é uma providência inócua, cara e complicada que atrapalha a vida do brasileiro. O Código devia ter resolvido isto. Não o fez. Então, será preciso ainda – pelo menos no campo do imóvel não loteado – o cidadão ficar prestando vassalagem ao nosso Estado cartorário.

Será preciso ir a um tabelião para receber uma escritura que, na realidade, não transmite nem acrescenta nada. Hoje em dia já ninguém duvida da inocuidade de tal escritura.

No atual direito positivo brasileiro, no campo do imóvel loteado, já temos lei que dispensa a escritura.

É a Lei n. 9.785/99, já nossa conhecida, a qual acrescentou um § 6º ao art. 26 da Lei n. 6.266/79, a Lei de Loteamentos, a saber:

> "Os compromissos de compra e venda, as cessões e as promessas de cessão valerão como título para o registro da propriedade do lote adquirido, quando acompanhados da respectiva prova de quitação".

Isto quer dizer que, estando pago o preço, basta que se leve a registro não uma nova escritura mas um recibo, a quitação do pagamento do preço, e aí se completa o sistema de transferência da propriedade do lote.

O Código omitiu-se inteiramente sobre a matéria e merece crítica por isso. O novo e prático sistema podia e devia ser adotado de forma geral. Mas aí talvez o próprio Projeto de Código Civil fosse bloqueado no Congresso.

Também a respeito desse tema, aquele mesmo simpósio já referido, patrocinado pelo Conselho da Justiça Federal, aprovou o importante Enunciado n. 87, nos seguintes termos:

> "Art. 1.245. Considera-se também título translativo, para fins do art. 1.245 do novo Código Civil, a promessa de compra e venda devidamente quitada (arts. 1.417 e 1.418 do CC e § 6º do art. 26 da Lei n. 6.766/79)".

E a consagração da tese da dispensa do segundo contrato para completar-se a transmissão da propriedade iniciada através do compromisso de compra e venda.

Para maior desenvolvimento do assunto, remeto os interessados ao que escrevi em "O compromisso e a compra e venda", in *O novo Código Civil* – estudos em homenagem ao Prof. Miguel Reale, São Paulo, LTr, 2003, p. 445 e s.

Apesar de todas essas críticas setoriais, concluo que o Código Civil de 2002 representou grande avanço para o direito civil brasileiro, principalmente por haver consagrado a função social da propriedade, a função social do contrato, além de haver prestigiado a equidade e deixado amplo campo para a atuação do juiz e de todos os operadores do direito.

Estamos diante de um Código aberto, que, na realidade, vai ser construído por todos, mais por vocês, que são muito mais moços.

Muito obrigado.

Loteamento[1]

1. As primeiras normas legais sobre loteamento ingressaram em nosso ordenamento em 1937, com o DL 58

Até então os loteamentos eram promovidos com base nas normas gerais do CC/16, destacando-se os lotes – registralmente – a partir de uma gleba maior objeto de uma transcrição imobiliária. O instrumento contratual utilizado era o compromisso (também chamado promessa) de compra e venda, celebrado por instrumento particular, com previsão de longos prazos para pagamento do preço, e que só produzia efeitos jurídicos entre as partes.

Como a transmissão imobiliária exigia sempre contrato muito solene (a escritura pública), havia incidência do preceito do art. 1.088 daquele Código, segundo o qual qualquer das partes podia se arrepender do negócio até a assinatura do instrumento público, desde que pagasse perdas e danos.

Assim, a garantia concreta e definitiva da aquisição do lote de terreno ficava na dependência da idoneidade do loteador para cumprir o contrato de forma específica, ou seja, outorgando a escritura definitiva que seria transcrita no R.I.

A decisão de pagar perdas e danos (geralmente a devolução em dobro do valor do preço) era imoral mas era lícita, o que de certa forma tornava a situação ainda mais imoral, pois se tratava de uma imoralidade amparada pela ordem jurídica.

Para coibir esses abusos, surgiu projeto do comercialista e então deputado Prof. Waldemar Ferreira, com o objetivo de regulamentar o fenômeno do loteamento. O governo ditatorial instalado em 10.11.37, percebendo o alcance popular e social do projeto, transformou-o imediatamente em lei – o DL 58, de 10.12.37.

Esse decreto-lei causou forte impacto no direito civil brasileiro.

1. PEREIRA JÚNIOR, Antonio Jorge; JABUR, Gilberto Haddad (Coord.). *Direito dos contratos*. São Paulo: Quartier Latin, 2006.

Suas principais novidades:

a) criou um novo direito real – o direito real do compromissário comprador; para tanto, alterou a legislação de registros públicos de forma a permitir a inscrição do projeto de loteamento e a averbação dos contratos de compromisso, que passaram, assim, a valer perante terceiros, impossibilitando alienações posteriores por parte do compromitente vendedor;

b) criou a ação de adjudicação compulsória, com o que tornou inócuo o arrependimento do compromitente vendedor e fez com que o negócio inicial praticamente tivesse caráter definitivo;

c) criou uma forma simplificada de aquisição de imóvel, independentemente de escritura pública, permitindo que, a partir de um simples contrato particular e preliminar, a transmissão viesse a se consumar.

Doutrina e Jurisprudência opuseram forte resistência a essas novidades.

Até mesmo questões óbvias, como a vedação do arrependimento, exigiram súmula do Supremo Tribunal Federal – n. 166. O que mais chocava era o caráter protetivo do diploma legal e a possibilidade de um contrato preliminar, por instrumento particular, gerar efeitos tão relevantes.

A verdade é que o DL 58 impôs-se, por seus próprios méritos, e os adquirentes de lotes passaram a desfrutar de segurança jurídica muito mais consistente.

A influência desse diploma estendeu-se enormemente, por obra do legislador e da jurisprudência, para o regime do imóvel não loteado, com repercussões sobre o direito imobiliário em geral e sobre o processo civil, sendo certo que o sistema da adjudicação compulsória acabou praticamente encampado de forma genérica pelo Código de Processo Civil de 1973 – art. 639.

2. O passar do tempo, contudo, veio revelar as insuficiências do DL 58

Essas insuficiências manifestavam-se fundamentalmente em dois pontos. O primeiro deles dizia respeito à ausência de normas urbanísticas.

Como se sabe, o loteamento é antes de tudo fenômeno urbanístico de enorme repercussão na vida das cidades, com implicações graves nos sistemas viário, habitacional, comercial etc.

O DL 58 não descurou inteiramente do tema na medida em que impôs que o projeto de loteamento – antes de ser levado ao Registro de Imóveis e antes do início das vendas de lotes – fosse aprovado pelos poderes competentes, ou seja, pela Administração Municipal e autoridades sanitárias e militares, se fosse o caso.

Mas o decreto-lei – e aqui está sua segunda grande falha – não previu sanções civis e penais para os infratores. Com isso, suas normas, mesmo sendo reconhecidamente consideradas de ordem pública, foram se tornando letra morta. Os loteamentos clandestinos proliferaram nos grandes centros, acarretando prejuízos inomináveis à cidade e aos compradores, que sequer podiam registrar seus contratos e muito menos adquirir o domínio sobre os lotes.

Ninguém arguia a nulidade dos contratos: o loteador, porque não podia se valer da própria torpeza; e o adquirente porque seu interesse era completar a aquisição, diante da natural valorização do imóvel.[2]

Urgia uma nova regulamentação legal da matéria.

O grande administrativista, pioneiro em nosso direito urbanístico – Hely Lopes Meirelles–, apresentou anteprojeto de nova lei de loteamento, projeto esse considerado elitista em alguns aspectos. Acabou inteiramente desfigurado e converteu-se no DL 271/67, ainda em vigor apenas na parte que introduziu em nosso ordenamento a concessão de uso como direito real resolúvel, matéria, aliás, inteiramente estranha a loteamento.

Mais doze anos, e surge a Lei do Parcelamento do Solo Urbano – Lei 6.766/79, que reformulou as regras sobre loteamento nas cidades.[3] O DL 58 continuou vigorando para os loteamentos rurais.

2. 1 José Osório de Azevedo Júnior, Considerações sobre a nova lei de loteamentos (Decreto-lei n. 271, de 28 de fevereiro de 1967) – A concessão de uso: um novo direito real, in *RT* 388. p. 31.

3. A Lei 6.766/79 inspirou-se em anteprojeto encomendado pela EMPLASA, Empresa de Planejamento do Estado, de São Paulo, aos Profs. Cândido Malta Campos Filho, arquiteto e urbanista, Celso Antonio Bandeira de Mello e José Osório de Azevedo Júnior. Esse anteprojeto foi submetido a debates, recebeu sugestões, inclusive dos Profs. José Ignácio Botelho de Mesquita e Darcy Bessone, o qual propôs a substituição do. contrato de compromisso de compra e venda pela venda com reserva de domínio.

O anteprojeto da Emplasa não vingou, mas acabou tendo forte repercussão na Lei 6.766/79. Essa lei só foi editada por determinação direta do Presidente da República, General João Figueiredo. Em visita presidencial a São Paulo, foi-lhe demonstrado, pelo então presidente da Emplasa, Prof. Eurico de Andrade Azevedo, o estado caótico dos negócios de loteamento, a dano da população humilde. O Presidente da República sensibilizou-se e, ao seu proverbial estilo do "prendo e arrebento", comprometeu-se a enfrentar o problema. Estava presente o Senador Otto Cyrilo Lehmann, que adotou o anteprojeto e o apresentou no Congresso. Com várias alterações recebidas nas Comissões, transformou-se na Lei 6.766, que por muito tempo foi chamada de Lei Lehmann.

Apesar de seus graves defeitos de ordem técnica e redacional, a Lei do Parcelamento do Solo Urbano representou importante progresso de nosso direito urbanístico, particularmente porque forneceu à Administração meios jurídicos enérgicos para coibir a atividade irregular e clandestina dos maus empresários.

As virtudes desse diploma estão, a meu ver, nos seguintes pontos: a) introduziu normas urbanísticas mínimas a serem observadas pelas municipalidades; b) tipificou como crimes contra a Administração Pública a atividade irregular de parcelamento do solo urbano, cominando penas severas aos infratores; c) manteve as grandes conquistas do DL 58/37, ou seja, o direito real do compromissário comprador, a adjudicação compulsória e a facilidade de forma para o instrumento contratual.

Nota-se também que a lei procurou alterar a dinâmica de pressão política no processo de loteamento. No sistema anterior, inexistindo normas punitivas para o responsável pelo loteamento irregular, o infrator aliava-se às vítimas a fim de pressionar o poder público para a regularização do loteamento precário, sem os indispensáveis equipamentos urbanos ou realizado em locais inadequados. A lei procurou, então, unir os interesses dos adquirentes com os da Administração, em oposição aos do infrator. Daí o disposto no art. 38, determinando que, detectada a irregularidade do loteamento, cumpria ao adquirente sustar o pagamento das prestações e depositar em cartório os respectivos valores até a regularização do empreendimento pelo loteador ou pela Prefeitura. Com tais providências, era atingida a esfera econômica do empresário, que se via compelido a corrigir as falhas, independentemente de estar sujeito ao processo criminal.

Fácil de imaginar as fortes reações que surgiram para que a lei fosse imediatamente alterada, o que só não ocorreu diante da disposição da Presidência da República, como se viu na nota 2, bem como de setores ligados à política urbanística.

Ponto importante do anteprojeto da Emplasa que não vingou no Congresso era o referente à abolição, em geral, da exigência da chamada escritura definitiva de venda, a fim de completar-se a transferência da propriedade do lote, que deveria ocorrer com o simples registro do compromisso e do instrumento de quitação do preço. Mas esse sistema acabou adotado no caso especial do loteamento regularizado pela Prefeitura, como se verifica do art. 41 da Lei. Pela primeira vez no direito positivo brasileiro, o compromisso de compra e venda, acompanhado da prova da quitação, é considerado título aquisitivo para a transmissão da propriedade imobiliária.

A aplicação da Lei 6.766/79 e a atuação atenta do Ministério Público alteraram o panorama econômico-social em matéria de loteamento: as Municipalidades, com vontade política para tanto, encontraram instrumental jurídico eficaz para sustentar o controle administrativo do parcelamento do solo urbano.

3. Passados mais vinte anos, surgem modificações relevantes na Lei 6.766/79, por força de novas exigências sociais

Mais uma vez o loteamento é o cenário em que o direito positivo brasileiro vem se chocar com arraigados conceitos e preconceitos doutrinários.

É o que acontece com a Lei 9.785, de 29 de janeiro de 1999, que, além de introduzir novos preceitos na Lei do Parcelamento do Solo, também afeta a Lei de Registros Públicos - Lei 6.015/73, e a Lei de Desapropriações - DL 3.365/41.

A nova lei procurou, entre outros objetivos, explicitar conceitos genéricos referentes ao parcelamento, aprimorar normas urbanísticas, prestigiar a autonomia municipal, facilitar a transferência do direito, de propriedade e agilizar os parcelamentos populares promovidos pela Administração e suas entidades delegadas.

O ponto mais inovador é aquele que possibilita o parcelamento da posse. Para tanto, viabilizou o registro da posse no Registro de Imóveis.

Como se sabe, as leis especiais sempre exigiram título de propriedade como requisito essencial para a promoção de loteamento. Não é como na incorporação imobiliária em que até uma promessa de cessão de direitos de compromissário comprador é suficiente para o lançamento do empreendimento, facilitando às vezes a ação de aventureiros.

O requisito do título de propriedade constitui com frequência grave empecilho para a Administração Pública promover loteamentos e conjuntos habitacionais populares, nos casos em que não consegue obter extrajudicialmente a propriedade do imóvel a ser loteado.

A aquisição do direito de propriedade através do processo judicial de desapropriação é extremamente lenta. A aquisição só se dará com o registro da sentença expropriatória transitada em julgado, o que impõe a espera de vários anos. Nenhum administrador suporta esperar tanto tempo, o que é perfeitamente compreensível. E as próprias condições sociais, econômicas e urbanísticas podem ser outras.

Mas a aquisição da posse por parte do expropriante é imediata, pois com a simples alegação de urgência é logo expedido o mandado de imissão de posse.

Daí a solução encontrada pelo legislador que, cansado do imobilismo decorrente de certas formulações jurídico-doutrinárias, houve por bem de permitir o loteamento daquilo que está desde logo na esfera patrimonial do expropriante, ou seja, a posse sobre determinado imóvel.

Surgirá, então, um loteamento física e urbanisticamente idêntico aos comuns, com quadras, lotes, ruas e praças, apenas o suporte jurídico é outro: onde antes devia figurar a propriedade, figura agora a posse; onde era utilizado o compromisso de compra e venda, será utilizada a promessa de cessão de direitos possessórios. Uma vez registrada a sentença transitada em julgado no processo expropriatório, as cessões de posse, ou promessas de cessão, convertem-se em compromisso de compra e venda ou em propriedade do adquirente, conforme ainda haja ou não obrigações por cumprir.

Vejam-se, a esse propósito, as observações do Prof. Melhim Namen Chalub:[4]

> "a Lei 9.785/99 dá à posse, explicitamente, a caracterização de uma figura de direito, atribuindo-lhe um novo *status*, uma qualificação jurídica peculiar, (...) além do que legitima ao registro o seu título aquisitivo.
>
> Nesse passo, ressaltam quatro aspectos de extraordinária relevância jurídica e social na configuração e na dinâmica desse novo direito, que dizem respeito, em primeiro lugar, à sua caracterização, propriamente, como direito; em segundo lugar, à possibilidade de sua cessão, em terceiro lugar, à sua legitimação como objeto de garantia para financiamento imobiliário e, em quarto lugar, à conversão automática da posse em propriedade e da cessão da posse em compromisso de compra e venda, ou, mesmo, em compra e venda (vale dizer: se o cessionário da posse já tiver pago todo o preço, então essa cessão se converte em compra e venda, definitiva). E o que dispõem os §§ 3º, 4º e 5º do art. 26 da Lei 6.766/79, com a nova redação que lhes deu a Lei 9.785/99".

4. Vejamos de forma didática e pouco pretensiosa certos conceitos básicos e alguns aspectos relevantes que são úteis aos iniciantes no tema do loteamento

A Lei 6.766/79 tem por objetivo regular o *parcelamento* do solo urbano, termo genérico que abrange o loteamento e o desmembramento – art. 2º. Há loteamento quando a subdivisão de gleba bruta em lotes acarreta abertura de novas vias de circulação, ou modificação das existentes.

4. Posse: nova garantia imobiliária, na *Revista de direito imobiliário*, n. 46, p. 58/59.

No desmembramento, também há subdivisão de gleba em lotes, mas com aproveitamento do sistema viário existente, sem abertura de novas vias ou modificação das existentes.

A lei não se refere ao mero *desdobro* de lote, talvez por considerá-lo incluído no *conceito* de desmembramento, já que desdobrar um lote é transformar um lote maior em dois menores.[5]

A operação mais complexa e que exige muito maior atenção do legislador é o loteamento. Mas as regras deste também são aplicáveis subsidiaria- mente ao desmembramento – art. 10, § único.

Mesmo para o simples desdobro há necessidade de autorização da Administração Municipal, que irá examinar a compatibilização dos novos lotes com as regras incidentes para o local. Sem aquela licença a operação não poderá ser registrada.

O desmembramento é muitas vezes utilizado para fugir às imposições da Lei 6.766/79, principalmente no que diz respeito à quantidade de lotes. As consequências são graves, tendo ocorrido até condenações criminais.[6]

A lei entendeu de definir o que seja *bote:* "Considera-se lote o terreno servido de infraestrutura básica cujas dimensões atendam aos índices urbanísticos definidos pelo plano diretor ou lei municipal para zona em que se situe" – § 4º do art. 2º, acrescentado pela Lei 9.785/99.

Não me parece que o acréscimo tenha sido feliz. O vocábulo *bote* é largamente utilizado na linguagem comum, tem significado que toda pessoa conhece. Não compete ao legislador estabelecer um significado diferente, restrito, próprio aos especialistas, que só vai gerar discussões semânticas. Como se um lote de terreno que não fosse servido por aquela infraestrutura deixasse de ser um lote de terreno, embora fruto de um parcelamento irregular.

A interpretação que me parece adequada é a de que o lote irregular não deve ser considerado lote nos casos em que o causador da irregularidade queira extrair vantagens da situação irregular, como, por exemplo, quando deseja calcular uma indenização em ação expropriatória daquele lote (e aqui estou eu a usar o vocábulo em seu sentido autêntico). Quando, porém, se trata do interesse do adquirente do terreno irregular, não vejo como deixar de perceber que o objeto da aquisição foi um lote. Essa ideia, aliás, está presente no art. 42 da Lei e no art. 5º do DL 271/67.

5. SILVA, José Afonso da. *Direito urbanístico brasileiro*, São Paulo: RT, 1981. p. 381.
6. Ap. 63.982-3, TJSP, Rel. Dante Busana, j. 25.11.1988, *RT* 637/243. Ver ainda outros precedentes indicados por Beatriz Augusta Pinheiro Samburgo *et alii*, *Revista de Direito Imobiliário*, n. 46, p. 21.

No direito imobiliário, costuma-se distinguir os regimes jurídicos do imóvel loteado e os do imóvel não loteado. Um imóvel é considerado loteado e, portanto, submetido ao respectivo regime, quando faz parte de um loteamento e durante o processo físico e jurídico do loteamento, ou seja, enquanto estiver sendo implantado o loteamento e até que o adquirente receba o direito de propriedade sobre o lote. A partir de então, esse imóvel ingressa no regime comum, que é o do imóvel não loteado.

Contudo, se mesmo após a transferência da propriedade e a execução física das obras permanecer vivo algum interesse relativo ao loteamento, pode-se entender que, excepcionalmente, o regime do imóvel loteado continua projetando seus efeitos para além daqueles momentos. E o que se infere, por exemplo, do preceito do art. 45, estabelecendo que o loteador, mesmo que tenha vendido todos os lotes, bem como os vizinhos, são parte legítima para impedir construções (e usos) em desacordo com restrições legais ou contratuais.

A lei prevê requisitos urbanísticos mínimos para os parcelamentos comuns – arts. 2º, 3º e 4º. E menos exigente para os especiais, isto é, para aqueles situados nas zonas habitacionais declaradas por lei como de interesse social (ZHIS) e para os conjuntos habitacionais. Nessas hipóteses, a infraestrutura básica de equipamentos urbanos é limitada e a dimensão dos lotes pode ser inferior a 125 m² – art. 2º, § 6º, art. 4º, II.

O procedimento para a implantação de um loteamento inicia-se antes mesmo da elaboração do respectivo projeto.

E a chamada fase de *diretrizes,* que são solicitadas à Prefeitura Municipal quanto ao uso do solo, traçado dos lotes, sistema viário, espaços livres, áreas reservadas etc. (art. 6º), com requerimento e planta apresentados pelo interessado. As diretrizes expedidas vigoram hoje pelo prazo de quatro anos.

Nos casos de desmembramento, não há essa fase de diretrizes.

A tendência parece ser a perda de importância dessa fase, que não é exigida nos Municípios com menos de 50.000 habitantes e naqueles cujo plano diretor já contenha normas para a urbanização da região e que tenham, por lei, dispensado a apresentação de diretrizes específicas. No Estado de São Paulo, todos os Municípios devem ter plano diretor, consoante determina o art. 181, § 1º, da Constituição Estadual.

O projeto será então elaborado com os requisitos previstos no art. 9º e seus parágrafos, da Lei 6.766/79, devendo ser ressaltados o memorial descritivo e o cronograma da execução das obras, com prazo máximo de quatro anos e respectivo instrumento de garantia.

Ponto fundamental de todo o procedimento é a aprovação do projeto pela Administração Municipal, senhora maior de tudo que diz respeito à utilização do solo urbano. A ela também cabe, evidentemente, a fiscalização da execução das obras nos prazos do cronograma, sob pena de caducidade da aprovação.

Em várias hipóteses também é necessário que o projeto de parcelamento seja aprovado pelo Estado, quais sejam, encontrar-se o imóvel em região metropolitana, ou em área limítrofe do Município, ou em mais de um Município, ou em áreas de interesse especial, como as de proteção aos mananciais ou ao patrimônio cultural, histórico, paisagístico e arqueológico, bem como nos casos de loteamento com área superior a 1.000.000 m^2.

No Estado de São Paulo, é raro um projeto de loteamento que independa de aprovação por entidades estaduais, particularmente pelo chamado G. RAPROHAB – Grupo de Análise e Aprovação de Projetos Habitacionais, criado pelo Dec. Estadual n. 33.499/91, a quem está submetida a análise de todos os *projetos habitacionais,* além da CETESB (Lei Estadual 997/76) e Secretaria da Saúde (Código Sanitário Estadual – Lei 10.083/98).[7] Contudo, em caso de regularização de loteamento, foi dispensada a aprovação por tais entidades em nome da autonomia municipal, já que a Prefeitura, que também tem competência em matéria ambiental, havia aprovado a regularização.[8] Cumpre lembrar que se tratava de simples regularização de loteamento, hipótese em que certos fatos consumados às vezes conduzem a uma tolerância maior na análise das exigências legais.

Aprovado o projeto, deve ser submetido ao Registro Imobiliário, na forma minuciosamente prevista pelos arts. 18 e 19 da Lei.

Um dos efeitos automáticos do registro é a aquisição, por parte do Município, da propriedade das vias e praças, espaços livres e áreas destinadas a edifícios públicos e outros equipamentos urbanos.

O DL 58/37 apenas declarava que a inscrição do projeto tornava essas áreas inalienáveis, o que gerava o surgimento de estranhas "promessas de doação" ao poder público por parte do loteador. O DL 271/67 deu a solução que foi encampada pela Lei 6.766/79 – art. 22.

Os publicistas veem na apresentação e aprovação do projeto de loteamento um *concurso voluntário* entre o proprietário e a Administração Pública,

7. Beatriz Augusta Pinheiro Samburgo *et alii*, ob. cit., p. 22/23.
8. Sentença do Dr. Venício Antonio de Pádua Salles, de 24.05.2004, *RDI*, n. 57, p. 354.

concurso esse que vai acarretar a transmissão da propriedade das vias e áreas livres.[9]

A questão apresenta alguma dificuldade se a implantação do loteamento se deu de forma clandestina ou irregular, isto é, se não houve aprovação ou registro do loteamento, tudo tendo se passado à revelia da Municipalidade. Se, entretanto, esta tolerou o fato – como geralmente acontece –, e a realidade urbanística exibe, a existência de ruas e praças utilizadas pela população, a solução há de ser a mesma, ou seja, aquelas áreas ingressam no patrimônio do Município, independentemente dos atos formais previstos no direito privado.

Com efeito, se o proprietário particular implantou o loteamento, ainda que de forma irregular, ficou claro que ele destinou aqueles espaços a uma utilidade pública. Ele, loteador, mais do que fez uma oferta ao Município: ele impingiu aquelas áreas ao Poder Público, através de um ilícito civil e penal. Apenas mediante uma recusa formal e rápida por parte da Administração e de uma solução urbanística para o caso, os tais bens poderão deixar de ser considerados bens públicos.

A jurisprudência brasileira já enfrentou a questão mesmo nos regimes anteriores à Lei 6.766/79, sendo de lembrar notáveis acórdãos do TJSP (*RT* 364/94, 378/112), do TJRS (*RT* 412/363) e do STF (*RTJ* 79/991/1002).

Com apoio nesses precedentes e na forte doutrina neles ventilada, o STJ já acentuou por mais de uma vez:

> "A moderna doutrina considera que não é apenas o título de aquisição civil, nem a transcrição imobiliária, que conferem ao imóvel o caráter de bem público, mas sim sua destinação, mesmo se através de loteamento irregular, implantado de fato, à revelia da Municipalidade. Consumados o arruamento e a urbanização, as áreas livres são tidas como de domínio público, e portanto cabível tornou-se a demanda vindicatória contra quem em área livre edificou clandestinamente – REsp n. 27.602-4/SP, rel. Min. Athos Carneiro, *DJU* de 04.10.93." – Ação Rescisória n. 384-4-SP, rel. Min. Barros Monteiro, *RSTJ*, 85/179-185.

Por isso mesmo, os tribunais têm afastado pretensões gananciosas de indenização por apossamento administrativo de vias públicas e áreas livres de loteamento clandestino – Ap. 252.010-1, rel. Menezes Gomes, *RTJ* 186/108, e Ap. 159.460-2, rel. José Cardinale, *RT* 669/97, e ainda *RJTJ*, 96/147, rel. Carlos Ortiz, com pertinente citação de José Afonso da Silva.[10]

9. Mello, Celso Antônio Bandeira de. *Curso de direito administrativo.* 5. ed. São Paulo: Malheiros, p. 434.
10. Ob. cit., p. 269.

Ponto de muita atualidade diz respeito à possibilidade de o loteador repassar aos compradores os custos com obras de infraestrutura, como redes de água e esgoto.

A questão já podia ser tida como superada, mas voltou à tona com o acórdão do STJ no REsp 43.735-SP, rel. Min. Sálvio de Figueiredo Teixeira, j. em 12.11.96, que, por maioria de votos,[11] deu pela possibilidade do repasse.

A Corregedoria Geral da Justiça do ESP (Proc. CG 1816/94, DOE de 04.04.1995) já tinha até decisão normativa no sentido oposto, lembrada por João Batista Galhardo,[12] da qual constou:

> "O repasse do custo com obras de infraestrutura, destarte, é incompatível com a regra de que o preço deve ser previamente conhecido pelo adquirente de lote, exigindo seja ajustado de modo certo e determinado.
>
> A sistemática legal vigente induz o reconhecimento de que o sentido da lei não é o de permitir o repasse do custo das obras de infraestrutura aos futuros, adquirentes de lotes".

O autor destaca ainda diversos julgados nesse rumo, particularmente a ementa de caso relatado pelo então desembargador Ruy Rosado de Aguiar, do TJRS:

> "Vias públicas. Segundo o art. 26 da Lei 6.766/79, inciso V, o preço do lote há que ser certo e determinado. Por isso nula a cláusula contratual que transfere ao comprador as despesas tidas com a execução de vias públicas se tal valor não integra desde logo, e de forma certa e determinada, o preço do lote. Lei de ordem pública, a proteger nesse aspecto, o comprador quanto à definição antecipada do preço. Contrato de adesão, a ser, na dúvida, interpretado em favor do adquirente".

Observa-se que o acórdão do STJ suprarreferido funda-se apenas na teoria tradicional dos contratos, concluindo que o repasse é viável porque não proibido pela Lei 6.766/79. Examinada a hipótese à luz do Código de Defesa do Consumidor, a conclusão do julgado não deve subsistir, *data venia*, pois o adquirente precisa saber com clareza quanto terá de pagar (art. 26, IV), impossível a ele acompanhar os cálculos a que tenha chegado o loteador com as obras de infraestrutura.

As interpretações sobre o alcance do julgado têm sido restritivas, no sentido de se entender que o repasse é viável desde que o respectivo valor esteja

11. *Boletim AASP* n. 2.024, p. 73.
12. João Batista Galhardo, Aspectos registrários da aplicação da Lei federal 9.785, de 29.01.1 999, *RDI*, vol. 46, p. 30.

previamente incluído no preço. Nesse rumo as sensatas opiniões de Diógenes Gasparini, Sérgio Jacomino e Adauri de Melo Cury.[13]

A legislação sobre loteamento apresenta alta carga de normatividade pública, podendo muitas vezes preponderar sobre outras normas também de ordem pública. Tal circunstância foi reconhecida no direito brasileiro há muito tempo, como se vê da lição de Serpa Lopes.[14]

Assim, deve ser condenado qualquer estratagema para fugir à cogência da lei. E o que acontece com certa frequência nas tentativas de parcelamento do solo sob forma de condomínio, com apoio na Lei de Incorporações Aspectos registrários da aplicação da Lei federal 9.785 Lei 4.951/64, art. 8º. O caso concreto é que deve demonstrar se a realidade revela um verdadeiro loteamento ou uma pequena e tradicional vila com saída única para a rua, hipótese geralmente admitida pela legislação municipal. Felizmente, os registradores de imóveis estão atentos e vêm recusando a pretensão.

A esse propósito, já tivemos oportunidade de dizer:

> "Em suma, somente uma lei municipal, compatível com a federal, poderá permitir um parcelamento do solo urbano na forma desejada pela impetrante. Aí se poderá saber se o tal 'condomínio deitado' representa uma alternativa válida para a cidade ou se constitui uma aventura imobiliária e urbanística.
>
> Enquanto não existe lei municipal, impõe-se ao juiz o exame concreto do caso: se há sinais de que se trata de um loteamento, ainda que camuflado sob a forma de condomínio, impõe-se a incidência da Lei 6.766/79, inclusive de suas disposições penais.
>
> Mais importante do que a mera análise 'jurídica' do art. 8º da Lei de condomínios é o exame da realidade física do projeto, isto é, se vão ou não existir lotes urbanos, de como ficará o solo da cidade".[15]

Também muito se discutiu sobre a viabilidade de cobrança por associações de moradores, compromissários compradores ou proprietários de lotes, por serviços de segurança, limpeza, coleta de lixo etc., contra os não associados.

O fundamento da recusa em pagar está no preceito constitucional segundo o qual ninguém está obrigado a se associar ou a se manter associado – art. 5º, XX, fundamento esse que foi adotado por muitos membros do MP, até de segundo grau.

13. *RDI*, n. 46, p. 67, e p. 42, apud João Batista Galhardo, e p. 110.
14. *Tratado dos Registros Públicos*. 2. ed. Rio de Janeiro: A Noite, 1950. vol. III, p. 37.
15. Mandado de segurança n. MS 55.665.4/6, da 4ª Câm. Do TJSP, rel. José Osório.

Preponderou, contudo, o princípio do enriquecimento sem causa, que abrange a condenação do parasitismo, ou seja, de obter-se vantagem à custa de outrem, ainda que sem a prática de atos ilícitos.

Veja-se, entre outros:

> "Loteamento aberto ou fechado. Condomínio atípico. Sociedade prestadora de serviços. Despesas. Obrigatoriedade de pagamento.
>
> O proprietário de lote integrante de loteamento aberto ou fechado, sem condomínio formalmente instituído, cujos moradores constituíram sociedade para prestação de serviços de conservação, limpeza e manutenção, deve contribuir com o valor correspondente ao rateio das despesas daí decorrentes, pois não se afigura justo nem jurídico que se beneficie dos serviços prestados e das benfeitorias realizadas sem a devida contraprestação. Precedentes." - STJ - AgRg no REsp 490.419-SP, rel. Ministra Nancy Andrighi, j. em 10 de junho de 2003.
>
> Ainda: 2º TACivSP - Ap nº 521.450-00/7, rel. Marcos Martins, j. 19.08.98 (LEX-JTAC - Volume 176 - Página 429); TJSP, Ap. 235.224- 4/6, rel. Sérgio Gomes, j. 18 de junho de 2002 (LEX - RDB - Janeiro a Junho de 2003 - Volume 2 - Página 360); TJSP Ap.143.495-4/6, rel.
>
> Maia da Cunha, j. 17 de fevereiro de 2004, indicando precedentes.
>
> 2º TACivSP. Ap. 537.020-00/7, j. 10.12.98, rel. Arantes Theodoro (LEX - JTAC - Volume 175 - Página 566); TJSP, Ap. 142.126-4/6, rel. Sousa Lima, j. 03 de março de 2004; TJSP, Ap. 136.510-4/0-00, rel. Alexandre Germano), 11 de março de 2003.

A matéria, contudo, exige cautela: é preciso que haja prova da prestação dos serviços, o que aliás não é difícil de se obter. E também, excepcionalmente, pode acontecer que o dono do lote não tenha condições financeiras para pagar. Seria injusto exigir dele tal sacrifício, pois não se trata de contribuição prevista em lei nem expressamente por ele assumida.

5. Por fim, uma palavra sobre a resolução do contrato.

Diferentemente do que ocorre com o imóvel não loteado, a resolução pode dar-se extrajudicialmente, junto ao Cartório do Registro de Imóveis, conforme estabelece o art. 32 da Lei 6.766/79, repetindo o art. 14 do DL 58/37.

Apesar das pesadas críticas da doutrina, inclusive quanto ao possível vício de inconstitucionalidade, o fato é que o preceito vem sendo aplicado naturalmente por todas essas décadas.

A questão da mora precisa ser entendida segundo interpretação sistemática e não meramente literal do aludido preceito legal. O devedor é intimado para pagar o débito no prazo de 30 dias. Mas a ocorrência da mora não depende dessa intimação. O devedor já está em mora desde a data do vencimento da prestação, por força do art. 397 do CC (antigo 960), segundo o qual o inadimplemento da obrigação positiva e líquida, no seu termo, constitui de pleno direito em mora o devedor. Por isso mesmo, é que o devedor, para purgar a mora, precisa pagar o prejuízo que a mora causou, ou seja, juros e despesas.

Assim é preciso notar que a intimação tem por finalidade apenas evitar que a mora, isto é, o inadimplemento relativo (o atraso no pagamento da prestação), viesse a ser considerada inadimplemento absoluto e acarretar a resolução automática do contrato.

Estas últimas observações também valem para o DL 745/69, que cuida do mesmo tema no campo do imóvel não loteado e da resolução judicial do contrato.

Detenção, posse e propriedade: Breves observações ao Código Civil[1]

1. Introdução

É comum estudar se o poder efetivo do homem sobre a coisa a partir da robustez jurídica desse poder. Assim explicava San Tiago Dantas.

> "Existem, pois, na sujeição de uma coisa a uma pessoa, três graus plenamente distintos.
>
> 1. Domínio e direitos reais.
>
> 2. Posse – Situação de fato. Engendra, porém, consequências jurídicas tão importantes que é, hoje, conceituada como um direito.
>
> 3. Detenção. Situação de fato que os romanos em certa época designaram com a expressão *possessio naturalis* e que nada mais é do que a relação material da dependência entre uma coisa e uma pessoa sem qualquer consequência jurídica".[2]

Esse mesmo rumo traçado por Ihering, a detenção acha-se em último lugar na escala das relações jurídicas entre a pessoa e a coisa. No primeiro plana, estão a propriedade e seus desmembramentos, em segundo lugar, a posse de boa-fé, em terceiro, a posse, e por fim a detenção.

Se alguém observa um motorista dirigindo um carro pela cidade, não poderia dizer, com segurança, se esse motorista é proprietário ou possuidor.

Com segurança, só poderá dizer que o motorista é detentor.

1. Publicado originalmente em *Direito Civil e Processo,* Estudos em homenagem ao Professor Arruda Alvim, Editora Revista dos Tribunais, 2007.
2. DANTAS, Francisco Clementino San Tiago. *Programa de direito civil.* v. 3. Direito das coisas. Rio de Janeiro: Ed. Rio, 1079. p. 25. Fica a observação de que, caso o detentor se caracterize como servidor da posse, são-lhe reconhecidos alguns poderes, como o desforço imediato, ou legítima defesa.

Outras e variadas circunstâncias é que vão indicar as razões de ser daquele poder que o motorista tem sobre o carro.

Se ele for o proprietário, estará exercendo também posse e detenção.

Se for locatário, tem o que se chama de posse direta e também de detenção da coisa.

Se for empregado do proprietário ou do locatário, tem apenas detenção.

Se for um ladrão, sem dúvida que também tem detenção; quanto a ser possuidor, será preciso saber se já cessaram os atos de clandestinidade, ou de violência. Caso contrário, ele, ladrão, continua como mero detentor.

Todas essas hipóteses são extraídas a partir dos textos dos arts. 1.196, 1.197, 1.198 e 1.208 do CC.[3]

2. A dificuldade maior

A maior dificuldade está na distinção entre posse e detenção, pois em ambas as hipóteses existe uma situação de fato em que surge o poder efetivo da pessoa sobre a coisa.

Orlando Gomes ressalta esse problema e sua relevância:

> "Toda dificuldade em relação ao conceito de posse reside na sua distinção do estado-de-fato que se chama detenção, o esforço da doutrina se tem concentrado no objetivo de fornecer um critério para se distinguir o possuidor do detentor".
>
> "É compreensível que se fixe primeiramente nesse propósito, porque à posse se atribuem efeitos jurídicos, especialmente quanto à sua proteção, enquanto à detenção são negados".[4]

Os códigos, em regra, não indicam critérios para a distinção.

O nosso atual (art. 1.196) e o artigo (art. 485) apenas caracterizam os possuídos, com quem tem de fato o exercício (o que não deixa de ser um tanto tautológico) de um dos poderes inerentes à propriedade, ou seja, quem tem de fato poder efetivo sobre a coisa.

Quanto ao detentor, tanto o Código Civil de 2002 (art. 1.198) como o Código Civil de 1916 (art. 487) somente dizem que é considerado como tal aquele que conserva a posse em nome de outrem. Ambos os diplomas não indicam expressamente nenhum outro tipo de detenção.

3. Da role de la volante dans la possession, p. 44. Apud MONTEIRO, Washington de Barros, *Curso de direito civil*. Direito das coisas. 37. ed. São Paulo: Saraiva, 2003. v. 3. p. 29.
4. *Direitos reais*. 3. Ed. Rio de Janeiro/São Paulo: Forense, 1969. T. 1.

Mas as noções de posse e de detenção são acrescidas pelo que consta do preceito do art. 1.208, que, por sua relevância vai transcrito: "Não induzem posse os atos de mera permissão ou tolerância assim como não autorizam a sua aquisição os atos violentos, ou clandestinos, serão depois de cessar a violência ou a clandestinidade".

Assim os atos dessa natureza, embora revelem uma "exteriorização da propriedade", não geram posse, embora o novo figurante (o beneficiário da tolerância, ou o ladrão exerça um poder efetivo sobre a coisa. Ele, portanto, não é possuidor mas mero detentor.

O Código Civil português é mais esclarecedor do que o comum dos códigos, pois, após dar a noção de posse (art. 1.251), refere-se à simples detenção (art. 1.253), dizendo que:

> "São havidos como detentores ou possuidores precários:
>
> a) Os que exercem o poder de facto sem intenção de agir como beneficiários do direito;
>
> b) Os que simplesmente se aproveitem da tolerância do titular do direito;
>
> c) Os representantes ou mandatários do possuidor e, de um modo geral todos os que possuem em nome de outrem".

A essa nova situação (de quem tem o poder efetivo sobre coisa, mas não é possuidor deve ser dado o nome de detenção, evitando-se expressões como "posse natural" (CC espanhol, art. 430); "possuidores precários" (CC português, art. 1.253); "posse degradada", ou outras que aparecem na doutrina e na história.

Mesmo a tão comum expressão "posse violenta" só pode ser entendida no contexto em que é utilizada, geralmente para indicar o poder efetivo sobre a coisa que se indicou de forma violenta.

Isso porque, como se extrai do texto supratranscrito do art. 1.208, a posse nunca é violenta. A detenção é que pode ser violenta. Pois a mera detenção só vai se converter em posse após o desaparecimento da violência. O mesmo se diga da clandestinidade e, a meu ver, também da precariedade.[5]

5. Para muitos, que partem de interpretação literal do art. 1.208, o vício da precariedade é considerado insanável já que não consta do texto legal, v: Rodrigues, Silvio. *Direito civil.* São Paulo: Saraiva, 1999. v. 5. P 31. Mais recomendável a interpretação sistemática, pois não é razoável que o direito dê tratamento mais brando ao ato violento do que ao ato de quem apenas faltou a um dever de confiança. Ainda mais na vigência do Código Civil de 2012 que expressamente admitiu a prova da inversão do título da posse ao introduzir parágrafo único ao art. 1.198.

3. Critérios

Os autores divergem muito quanto a saber dos critérios para a distinção entre detenção e posse. Divergem até mesmo quando o método adotado para atingir a distinção.

Menezes Cordeiro ressalta: "Recordemos a contraposição entre as duas posições históricas e logicamente possíveis. Savigny e Ihering. Enquanto para Savigny o ponto de partida e a detenção "controle material da coisa" a qual, acompanhada de uma especial vontade, de azo a posse para Ihering, tal ponto é constituído pela posse – controlo material, logo voluntário, da coisa – a qual, quando descaracterizada pelo Direito, se reduz a mera detenção.[6]

Mas a questão não está em partir a análise de um ou de outro instituto, e sim em indicar o critério distintivo.

Para tanto, ainda se vale a doutrina das proverbiais divergências entre Savigny e Ihering, ou seja, das correntes subjetivista e objetivista para se conhecer o fenômeno possessório.

Para Savigny, é a vontade o fator distintivo entre detenção e posse.[7]

Ocorre que hoje não se duvida de que algum elemento volitivo está sempre presente, seja na posse, seja na detenção. É o que mostro o pré-citado Menezes Cordeiro: "As pessoas dispõem do controle material das coisas: mas caso queiram, evidentemente. Qualquer controle cessa, de imediato, se essa for a decisão de quem o exerça. A hipótese de um contacto puramente casual – portanto, sem vontade do 'beneficiário' – com uma coisa é juridicamente irrelevante. Podemos assentar, como evidência cartesiana, em que tanto a posse como a detenção têm, na base, um controle humano – e, logo, voluntário – da coisa".

E insiste na indagação-chave: "A partir daqui, quem decide da existência da posse? A vontade do próprio interessado ou a lei?"[8]

6. Cordeiro, Antonio Menezes. A posse: perspectivas dogmáticas actuais. Coimbra: Almedina, 2004. p.51

7. Lembre-se da clara exposição de Lafayette, nosso maior representante da corrente savignyana: "A posse (...) consta de dois elementos: um material (*corpus*), a detenção física da coisa; outro moral (*animus*), a intenção de ter a coisa como própria. A posse resulta da união destes elementos. Um deles se o outro é insuficiente para gerá-la. A detenção é o fato material que submete a coisa à vontade do homem e cria para ele a possibilidade de dispor fisicamente dela, com exclusão de que quer que seja. O elemento moral, a *intenção*, consiste na vontade de possuía a coisa como própria (*animo sibi habendi*)" (Cordeiro, Antonio menezes. O. cit., p. 51).

8. Idem, p. 52.

Compreende-se que Savigny haja apelado para a vontade a fim de resolver a difícil questão. Em sua época, dominavam as ideias individualistas e voluntaristas, e a vontade era o instrumento jurídico comum para enfrentar quantidade de problemas.

Hoje se considera que a vontade individual tenha, por si só, tal poder de alteração da realidade externa. O passar do tempo tornou evidentes as dificuldades, ou mesmo impossibilidade, de se conhecer o *animus* da forma útil e convincente. A posse pelo incapaz, por exemplo, teria de ser liminarmente afastada.

É verdade que a problemática do *animus* nunca foi considerada ultrapassada pelas doutrinas objetivas. Ihering, por certo, não desprezou o *animus*, apenas o considerou embutido no *corpus*. Por suas palavras: "A posse não é a simples reunião de *corpus* e *animus*, o que implicaria para cada uma dessas duas condições uma existência para cada uma dessas duas condições uma existência prévia: se não que o *corpus* é o fato da vontade, não existe no passado, como a palavra não existe entes de pronunciada".[9]

O que foi fortemente combatido em Savigny foi a autonomização dos dois elementos. Hoje, o que se tem é o que foi expresso por Orlando de Carvalho: "*Corpus* é o exercício de poderes de facto que intende (*sic*) uma vontade de domínio, de poder jurídico real. *Animus* é a intenção jurídico-real, a vontade de agir como titular de um direito real, que se exprime (e *hoc sensu emerge* ou é inferível) em (de) certa actuação de facto". E entre *corpus* e *animus*, segundo o mesmo autor, há uma relação biunívoca: "Não existe *corpus* sem *animus* nem *animus* sem *corpus*".[10]

4. Algumas situações possessórias

Locatário e locador têm posse?

Segundo a teoria de Savigny, não têm. Se é verdade que o locatário tem o *corpus*, também é verdade que têm o *animus*, pois ele periodicamente presta

9. Apud FERREIRA, Durval. *Posse e usucapião*. Coimbra: Almedina, 2002. p. 14.

10. Idem p. 16. Os autores citados usaram das aspas provavelmente porque se trata de conhecido trecho de Ihering: "Na realidade, o *corpus* não pode existir sem o *animus*, nem o animus sem o corpus. Mas ambos nascem ao mesmo tempo, pela incorporação da vontade na relação com a coisa. A posse não é a simples reunião do *corpus* de do *animus*, o que implicaria para cada um desses elementos uma existência prévia, mas o *corpus* é um fato da vontade (...)" (*Role de la volntê dans la pssession*, p. 193. Apud Cunha Gonçaves, Luiz. *Tratado de direito civ*il. Coimbra: Ed. Coimbra, 1930. V. 3, p 465).

vassalagem ao dono, reconhecendo expressamente o direito de propriedade do locador. Faltando-lhe o elemento subjetivo, forçoso é reconhecer que o locatário, então não tem posse.

Ainda segundo Savigny, o locador tem posse? Também não tem, porquanto se despojou do *corpus* entregando-o ao locatário.

Segundo a doutrina de Ihering, o locatário tem posse porque com ele está o *corpus*, dispensável indagar-se do *animus*. Já o locador, pelo mesmo motivo, não tem posse, porquanto transferiu o *corpus* para o locatário.

Entretanto, todos sabemos que locador e locatário têm posse. Isto porque o sistema jurídico houve por bem, por razões de conveniência social e econômica, de admitir infrações à dogmática da posse, permitindo seu desdobramento em posse direta e indireta e passando a considerar possuidores tanto o locatário como o locador.

Tal providência foi de enorme relevância, pois permitiu que cada um deles pudesse se valer dos interditos e defender por conta própria o respectivo interesse sobre a coisa contra o assédio de terceiros.

E o ladrão tem posse?

Segundo ambas as teorias, devia ter, pois ele, ladrão, tem *animus* e *corpus*.

Entretanto e enquanto estiver em curso a violência ou a clandestinidade, não há posse. Aqui preponderam razões éticas e sociais óbvias, que dispensam comentário.

De tudo resulta a conclusão de que não é a vontade de pessoas e sim a lei que vai determinar se esta ou aquela situação de poder efetivo sobre a coisa vai ou não merecer a proteção possessória. Por outras palavras, se esta ou aquela situação de fato vai permanecer como mera detenção ou vai ter *status* de posse.

Veja-se, por todos o que diz na linha de Ihering, Jean-Marc Trigeaud em tradução livre: "A detenção não tem sua origem na vontade individual, mas na vontade legislativa. O direito que decide retirar da posse seus efeitos, denominando-a detenção, é a lei. É esta que se precisa consultar para saber se ela não impede que se retirem as vantagens da posse".[11]

Esse poder da lei de estabelecer de forma peremptória que determinada situação constitui posse chega ao máximo de discricionariedade no caso da posse do herdeiro, o que, se ignorar a morte do autor da herança, será havido como possuidor ainda que não tenha *corpus* nem *animus* sobre os bens da herança – art. 1.785, antigo art. 1.572.

11. TRIGEAUD. Jean-Marc. La *possession des biens immobiliers*. Paris: Econômica, 1981.

Casos de imposição legal, como do herdeiro, do usufrutuário, do locatário (art. 486 do CC/16) não são frequentes e oferecem poucas dificuldades ao intérprete.

5. Posse de fato: como encontrar

O difícil realmente será traduzir concretamente o que está no enunciado geral, poder efetivo sobre a coisa, ou exercício de fato dos poderes da propriedade. Ou distinguir se determinada pessoa está exercendo atos possessórios em nome próprio ou de outrem se uma situação é decorrente ou não de um ato de tolerância, ou quando cessou a violência ou a clandestinidade.

Com efeito, "*conceito de poder de fato* não tem sido determinado pela lei, sendo discutido pela doutrina".[12]

Relevante aqui a contribuição de Saleilles, conforme salienta Manuel Rodrigues. Para se chegar a tal poder de *fato*, vários fatores contribuem, mas nenhum deles é decisivo. Assim o título jurídico por que se possui, que pode eventualmente nem existir, assim a vontade, que também pode não existir, como no caso dos loucos, também o poder físico, que também pode não estar presente, como nos casos de posse à distância e também a exploração econômica, que também muitas vezes não está presente. E conclui Manuel Rodrigues.

> "O conceito de posse não depende, pois, dos elementos objetivos do poder de fato, mas de um elemento que lhe é exterior e ao sujeito da posse – a consciência social."
>
> "É em face dela que o juiz há de dizer se um indivíduo exerce sobre uma coisa um poder independente, ora se pelo contrário é destituído de qualquer iniciativa pessoal ou interesse econômico e não tem sobre as coisas mais do que o poder que o possuidor lhe deixa".[13]

Esse ponto de vista coincide com o do citado Martin Wolff (v. nota 11):

> "Em verdade, han fracassado todos los intentos hechos para precisar este concepto. Trata-se de um concepto elemental. Es la opinión general, la que há de dar la pauta para jurgar se la relacion entre uma person y uma coisa es o no um señorio de hecho. Señorio es lo que aparece como tal ante la consciência comum".[14]

12. WOLFF, Martin. Derecho de coisas I. In: Enneccerus; Kipp; Wilff. *Tratado de derecho civil.* Trad. Espanhola. Barcelona: Bosch, 1951. P. 28.
13. RODRIGUES JUNIOR, Manuel. *A posse.* São Paulo: Saraiva., 1926. p.28..
14. Op. et loc. cits

Como se vê, o juiz fica com larga margem de discrição para concluir se determina situação constitui posse ou detenção, o que motivou críticas a essa teoria.[15]

Essas críticas foram feitas no começo do século anterior e hoje não devem impressionar, particularmente no Brasil, cujo Código Civil de 2002 só fez por alargar o campo do juízo prudencial do magistrado.

6. Autonomia ou sujeição

A questão que hoje desperta real interesse em matéria possessória é a da autonomia ou sujeição da posse em relação à propriedade.

Essa discussão começa a ser rica de resultados, fazendo com que se superem os debates meramente teóricos.

Eis a advertência de Antônio Hernandes Gil:

> "Sorprendo que siendo tan flerte su contenido de hecho, se muestre tan envejecida em los libros y em los código. Hunde sus raices em las mas comunes manifestaciones em la vida social y legal y teoricamente, no lo parece. El possedor que uno imagina a través de muchos conceptos conserva um perfil robinsoniano e el laire de uno primer ocupante que se desenvuelve em el estado de naturaliza tan grato a Rousseau".[16]

Observemos o tema na visão dos dois principais autores.

Para Savigny, a posse tem um mínimo básico de autonomia: ele, Savigny, indica, como fundamento da posse, a inviolabilidade de pessoa humana; daí a existência de direitos exclusiva e estritamente resultantes da posse – o *jus possessionis* –, veja se esta passagem, em tradução livre: "De mais, a existência da posse basta só por ela, e sem nenhuma outra qualificação jurídica, para dar lugar aos interditos, mesmo se ela tenha começado de uma maneira ilegítima".[17]

Fernando Luso Soares indica outra passagem: "O direito aos interditos supõe a existência da posse e nada mais. Aquele que tem posse, mesmo na violência, pode socorrer-se dos interdito, e não lhe pode exigir para isso mais do que a própria posse".[18]

15. RODRIGUES JUNIOR, Manuel. Op. cit., p. 82 e FERREIRA, Durval. Op. cit., p. 21.
16. Gil, Antônio Hernandez. La posessió. Obras completas. Mardid: Espasa-Calpe, 1987. t.2, p. 79.
17. *Traité de la possession em droit romain*. 3. ed. francesa. Trad. da 7. ed. original por H. Staedtler. Bruxelles, 1870, § 7, p 69.
18. SOARES, Fernando Luso. Ensaio sobre a posse como fenômeno social e instituição jurídica. Prefácio. In: RODRIGUES JUNIOR, Manuel. Op. cit., p. 49.

E prossegue o lúcido monografista:

> "O que significa, efetivamente, uma asserção como essa que venho de transcrever? Significa que Savigny interpretou de um modo decisivo, e muito claro, a figura da posse como um instituto autônomo, independente da propriedade. E que o fez analiticamente, através dos procedimentos de tutela interdital, descobrindo que os interditos serviam a posse, toda a posse, e então somente aquela que, conjugada com o factor tempo, conduzia à usucapião. Não é, portanto, demais repetir que foi esta a observação que levou Savigny a autonomizar a posse face à propriedade".[19]

Em Savigny, contudo, a autonomização frustrou-se, logicamente, em decorrência e na medida da indispensável presença do *animus domini* em toda a sua teoria. Ao seu passo, em Ihering, nota-se a sujeição absoluta da posse em relação à propriedade. Para ele, posse é a exteriorização do domínio; é fortificação avançada da propriedade; defende-se a posse para melhor defender a propriedade. Em uma de suas últimas obras. *O fundamento dos interditos possessórios* faz um resumo de sua visão sobre o tema, do qual extraímos:

> "A posse da coisa não deve a si própria, mas à propriedade, sua elevação a categoria das importantes relações jurídicas. Com o fim de conceder ao proprietário contra certos ataques, um meio mais fácil do que a reivindicação, a prova da *existência jurídica* da propriedade foi substituída pela prova de sua existência de *fato*."

> "A suposição, de que ordinariamente a posse concorre com a propriedade efetiva, faz participar da mesma proteção até os nãos proprietários, nos casos em que por exceção a posse e a propriedade estão separadas."

Finalmente e em destaque, o grande autor conclui: "Chamar a posse das coisas exterioridade ou visibilidade da propriedade, é resumir numa frase, toda a teoria possessória".[20]

Na doutrina brasileira, constitui lugar-comum a afirmação de que o Código Civil de 1916 consagrou a teoria de Ihering, vista desse modo, o que, aliás, é amparado por Bevilacqua em seu comentário ao art. 485. Como também é lugar comum afirmar-se que se protege a posse para melhor proteger-se a propriedade.

19. Idem, p. 30.
20. *O fundamento dos interditos possessórios*. 2. ed. Trad. Adherbal de Carvalho. Rio de Janeiro: Livraria Francisco Alves, 1908. p. 286. Há uma recente tradução espanhola sob o título de *La teoría de la poseción* – El fundamento de la protección possessória.. Madrid: Réus, 2004.

Também se nega que Ihering também tenha admitido que a defesa da posse possa voltar-se às vezes contra a propriedade, sugerindo, assim, certa autonomia entre ambos os institutos.

Podem ser citados trechos em que Ihering afirma a independência da posse em face da propriedade, como, por exemplo, quando critica Savigny em razão ao apego deste ao *animus domini*.

Mas trata-se, então, de uma autonomia ocasional de exceção, que mais confirma a regra geral de que o objetivo real é defender a propriedade.

Entre os autores que veem a posse como instinto autônomo, destaca-se Saleilles. Diz ele em trecho transcrito por Fernando Luso Soares:

> "A teoria por mim proposta parte da independência da posse relativamente à propriedade, primeiro do ponto do vista histórico e depois atingindo a independência doutrinal".
>
> "A posse não surgiu para servir de baluarte à propriedade. É anterior a ela, uma vez constituída a mesma propriedade, serviu-lhe sem dúvida para ampliar as suas bases, enfim, para consolidá-la onde aquela existia. Todavia, por vezes atenuou o seu rigor, quando a teoria do *dominium* resultou demasiado estreita e rigorosa".[21]

Para outras informações sobre teorias posteriores aos clássicos, vejam-se os citados por Luso Soares[22] e Hernandez Gil.[23]

O tema da autonomia ou sujeição da posse em relação à propriedade parece-nos de enorme relevância prática.

Exemplo de visão promíscua de ambos os institutos foi o art. 505 do CC/16, que vedava a exceção do domínio das ações possessórias e ao mesmo tempo afirmava que não se devia "julgar a posse em favor daquele a quem evidentemente não pertencer o domínio".

Esse preceito causou dano imenso as partes e a todos os lidadores do direito. Suportou candentes críticas a doutrina,[24] gerou súmula do STF (487) e resistiu à alteração do art. 923 do CPC (Lei 6.820/80). Sucumbiu há pouco, como adiante se verá.

21. *De la possession des meubles*. Paris, 1907. Apud SOARES, Fernando Luso. Op. cit., p. CXII.
22. Op. cit., Cap. X e XII.
23. Op. cit. p. 23 e ss.
24. Por todos: Rezende, Astolpho: In: Lacerda, Paulo de. *Manual do Código Civil*. Rio de Janeiro: Jacyntho R. Sanos, 1918.Comentário ao art. 505.

Um primeiro exame do tratamento dado à posse pelo Código Civil de 2002 pode sugerir que quase nada mudou em relação ao código anterior.

Inicia o direito das coisas pelo estado da posse e não se insere o instituto na relação dos direitos reais.

Reduziu-se a quantidade de preceitos, de 40 para 29, isto porque se enxugou a linguagem e afastaram-se os artigos de natureza meramente processual.

Mas, na verdade, mudou muito.

A meu ver, alterou-se todo o enfoque sobre a posse. Mas temos de procurar as alterações não no Título I (Da Posse) e sim no título III, sobre a propriedade, a começar pelo se principal preceito, o art. 1.228.

O *caput* desse artigo continuou praticamente o mesmo ao indicar os poderes inerentes à propriedade. Mas os §§ 1º, 2º, 4º e 5º deixam clara a consagração expressa pelo código do princípio constitucional da função social da propriedade, consagração essa reafirmada nas Disposições Finais e Transitórias – art. 2.035, parágrafo único.

Não é caso de abordar o conteúdo desse tema neste momento. O que agora cumpre salientar é o enorme relevo dado à posse como instituto autônomo e até mesmo justificador do direto de propriedade. Porquanto parece evidente – dispensadas maiores demonstrações – que é impossível saber se determinado bem está, ou não, cumprindo sua função social sem o exame concreto da forma pela qual o proprietário exerce sua posse.

As consequências jurídicas da nova situação são palpáveis. O *jus possidendi*, isto é, a posse que não é encarada por si mesma (*jus possessionis*), mas a posse que está atrelada a um direito, ganha uma dimensão talvez nunca observada na longa vida do direito possessório.

Veja-se por exemplo, o conceito de *posse justa*. O art. 1.200 indica os requisitos para a caracterização da posse justa em sentido estrito, isto é, não padecer dos vícios da violência, clandestinidade ou precariedade. Mas existir um sentido amplo de posse justa aquela que não "repugna do direito". Como já alertava nosso Lafayete.[25] Por isso mesmo é frequente ver ações reivindicatórias serem julgadas procedentes contra possuidor com posse justa em sentido estrito (quem adquiriu *a non domino*, por exemplo), mas com posse injusta em sentido amplo (porque contrária ao direito, já que está ocupando bem que pertence a outrem).

25. PEREIRA, Lafayette Rodrigues. *Direito das coisas*. Rio de Janeiro: B. L. Garnier Livreiro editor, 1877. p. 26.

Hoje, segundo as regras do Código Civil de 2002, o proprietário que deixa de cumprir a função social inerente ao seu direito de propriedade estará exercendo uma posse injusta, porque está contrariando o direito positivo brasileiro. Vai se estabelecer, então, um conflito entre duas posses injustas, a ser resolvido, necessariamente, em razão das demais circunstâncias do caso, e não pela adoção *a priori* de uma das teses (posse injusta em sentido lato ou posse injusta em sentido estrito). Os §§ 4º e 5º do art. 1.228 criaram instituto novo, difícil de ser caracterizado juridicamente.[26]

Neste momento, apenas cumpre acentuar a consagração do princípio da função social e a opção pela prevalência da posse para efeito de transmissão do direito de propriedade, na situação ali prevista.

7. Prazos de usucapião. Exceção de domínio. Abandono da propriedade imóvel

Outro ponto em que se nota o prestígio da posse no novo código está na redução drástica dos prazos de usucapião.

No chamado usucapião extraordinário, o prazo passou de 20 para 15 anos - *caput* do art. 1.238. Mas o parágrafo único reduz o prazo para 10 anos, se o possuidor tiver moradia habitual no imóvel, ou nele realizado *obras ou serviços de caráter produtivo*. Ora, o que há de mais comum na posse é a realização de obras e serviços que são facilmente considerados de "caráter produtivo". Isto, a meu juízo, faz prever que o prazo de usucapião extraordinário será reduzido, na prática, para 10 anos.

No usucapião ordinário, o prazo ficou em 10 anos, abolida a distinção entre possuidores presentes e ausentes. Mas também foi admitida hipótese (não rara) de redução de prazo para 5 anos (art. 1.242 e parágrafo único).

Nesses aspectos, o novo código foi sensível à realidade social brasileira, que revela a existência de milhões de pessoas que têm posse, mas não tem propriedade.

Também deve ser ressaltada a supressão da exceção de domínio nas ações possessórias, já referida anteriormente.

Essa exceção constitui tema emblemático em toda a discussão sobre a autonomia da posse. Caso se permita que o litígio possessório possa ser bloqueado pela alegação de domínio, estará havendo o reconhecimento cabal da plena subalternidade da posse em relação à propriedade.

26. Sobre ele já nos manifestamos em capítulo de obra coletiva sobre o título VER

Como se disse atrás, os debates judiciais vêm se sucedendo há mais de oitenta anos.

O Código Civil de 2002 tomou posição incisiva e afastou a exceção. É o que se vê do § 2º do art. 1.210: "Não obsta à manutenção ou reintegração de posse a alegação de propriedade, ou de outro direito sobre a coisa".

Processualistas de renome já se manifestaram sobre o assunto como Donaldo Armelin:

> "A posse passa a ter plena autonomia como objeto do litígio, voltando ao império da antiga máxima *spolitus ante omnia restituendus.* A posse, a despeito da predominância da doutrina de Ihering no tratamento da matéria no direito nacional, merece sua tutela jurisdicional, porque indispensável esta para a paz social e a coibição da violência, o que a torna também um fator de segurança jurídica".[27]

Rigorosamente nessa linha pronunciou-se a 1ª Jornada de Direito Civil, como se verifica do Enunciado 79: "A *exceptio proprietatis* como defesa oponível às ações possessórias típicas, foi abolida pelo Código Civil de 2002, que estabeleceu a absoluta separação entre os juízo possessório e petitório".

Convém igualmente uma referência ao tratamento dado pelo Código Civil de 2002 ao instituto do abandono da propriedade imóvel art. 1.276 a saber:

> "O imóvel urbano que o proprietário abandonar, com a intenção de não mais o conservar em seu patrimônio, e que se não encontrar na posse de outrem, poderá ser arrecadado como bem vago e passar, três anos depois, à propriedade do Município ou à do Distrito Federal, se se achar não respectivas considerações.
>
> § 1º O imóvel situado na zona rural, abandonado nas mesmas circunstâncias poderá ser arrecadado, como bem vago e passar, três anos depois, à propriedade da União, onde quer que ele se localize.
>
> § 2º Presumir-se-á de modo absoluto a intenção a que se refere este artigo, quando cessados os atos de posse, deixar o proprietário de satisfazer os ônus fiscais".

A mera leitura do texto mostra que o proprietário que exerça posse efetiva sobre o imóvel, ainda que à distância, não corre risco de ter o imóvel arrecadado pelo Município. Como também não corre esse risco se o imóvel estiver na posse de outrem. Isto quer dizer que a posse de um intruso sem tempo para

27. A tutela de posse no novo Código Civil. *O novo Código Civil* – estudos em homenagem ao Prof. Miguel Reale. São Paulo: LTr, 2003, p. 975.

usucapião, pode até vir a beneficiar o proprietário (!), que terá mais tempo para reivindicar.

É um sinal evidente, a meu ver, de como o Código encara a posse como instituto autônomo e independente da propriedade.

8. Lei 9.785/99

Na legislação extravagante, o tema possessório, em seu aspecto de *jus possendi*, aparece com notável destaque na Lei 9.785/99, que alterou vários artigos da Lei do Parcelamento do Solo Urbano – Lei 6.766/79, um preceito da Lei de Desapropriação – Dec. Lei 3.365/41; e um da Lei de Registros Públicos – Lei 6.015/73.

Para superar dificuldades decorrentes da lentidão da transmissão da propriedade no processo desapropriatório, a Lei 9.785/99 possibilitou o registro da posse no Cartório de Registro de Imóveis, isto é, o registro do mandado de imissão na posse em favor do expropriante, mandado esse que é expedido logo no início do feito. A partir daí, o loteamento popular, promovido sob o beneplácito da Administração Pública, poderá ser realizado, como de hábito, apenas com esta distinção o objeto do loteamento será a posse e não a propriedade, sendo celebrados, com os adquirentes de lotes, contratos de promessa de cessão de direitos possessórios em lugar dos conhecidos compromissos de compra e venda.

Parece claro que a posse passou aí a ser tratada como um direito e um direito real, que não se confunde com o direito de propriedade. Já tivemos oportunidade de abordar o assunto em outra ocasião.[28]

9. Observações finais

Quando não há coincidência entre posse e a propriedade, a posse torna-se um instituto que não deve durar muito. Pesa, então, sobre ela uma tendência, uma inclinação fatal à provisoriedade, como dizem Malaurie et Aynés.[29]

Com efeito, se o proprietário reagir logo, vai recuperar o bem, cessando a posse anterior. Se a situação permanece por mais tempo, a posse também vai desaparecer, porque vai se transformar em propriedade.

28. AZEVEDO JUNIOR, José Osório. Observações sobre a posse no atual direito civil brasileiro. *Direitos humanos*. Associação Juízes para a Democracia, 2001.
29. MALAURIE, Philippe; AYNES, Laurent. *Droit civil*. Les biens. Paris: Defrénois, 2005. p. 138.

Com a redução dos prazos de usucapião que há tempos vem ocorrendo no Brasil, nota-se que há milhões de pessoas que já são proprietários por força do princípio de usucapião, que faz surgir a propriedade pelo simples decurso do tempo.

Mas essas pessoas, na realidade da vida, continuam a se comportar como meros possuidores, por falta de um sistema de prova pública para o respectivo direito, com grave ofensa ao valor segurança jurídica, tão importante para a pessoa em qualquer sociedade.

No direito civil brasileiro, a posse até que vem cumprindo satisfatoriamente, a meu ver, o que a maioria da sociedade espera dela. É o que já ocorreu no direito da família e está ocorrendo no direito das coisas, com a acentuada transformação das situações de fato em situações de direito.

Pelo que se vê de nosso direito positivo e de decisões de muitos tribunais, a posse tem levado sangue novo a muitas partes do corpo social, o que é compreensível, pois ela está instalada no coração do *direito das coisas*, para usar a expressão dos citados Malaurie e Aynés.[30]

A crise verdadeiramente grave está no regime jurídico do direito de propriedade e não no da posse, pois a tendência deste é se esgotar por si mesmo e não vai se completar formalmente por entraves que estão fora da própria posse.

Esses entraves encontram-se em nossos sistemas processual e registrário, que são complexos dispendiosos e elitistas.

O Estatuto da Cidade, particularmente com o usucapião coletivo, abre novos e alvissareiros caminhos.

Do que foi visto, pode-se dizer, por fim, que nosso direito civil positivo infraconstitucional, visto a partir do Código Civil de 2002 e das mencionadas leis extravagantes, dá enfoque à posse de maneira inteiramente diversa da do Código Civil de 1916.

Então, ao meu sentir, superadas afirmações como "proteger-se a posse para melhor proteger-se a propriedade" ou "o Código Civil adotou a teoria de Ihering", para daí extrair conhecidas consequências.

A posse é instituto flexível, é instrumento dócil a mão do legislador e deve ser estudada fundamentalmente em função do direito positivo que estiver em vigor. O conhecimento do passado, sempre necessário, tem que ter por objetivo máximo o melhor conhecimento do presente.

30. Idem, p. 137.

Referências

ARMELIN, Donaldo. A tutela da posse no novo Código Civil. *O novo Código Civil* – estudos em homenagem ao Prof. Miguel Reale. São Paulo: LTr, 2003.

ASCENÇÃO, José de Oliveira. *Direitos reais*. Centro de Estudos do Direito Civil da Universidade de Lisboa, 1971.

AZEVEDO JUNIOR, José Osório. Observações sobre a posse no atual direito civil brasileiro. *Direitos humanos*. Associação Juízes para a Democracia, 2001.

CORDEIRO, Antônio Menezes. *A posse*: perspectivas dogmáticas actuais. Coimbra: Almedina, 2004.

CUNHA GONÇALVES, Luiz. *Tratado de direito civil*. Coimbra: Ed. Coimbra, 1930.

DANTAS, Francisco Clementino San Tiago. *Programa de direito civil*. v. 3 – Direito das coisas. Rio de Janeiro: Ed. Rio, 1979.

FERREIRA, Durval. *Posse e usucapião*. Coimbra: Almedina, 2002.

FRANÇA, R. Limongi. *A posse no Código Civil*. São Paulo: José Bushatsky, 1964.

GIL, Antônio Hernandez. *La posesión*. Obras completas. Madrid: Espasa Calpe, 1987, t. 2.

GOMES, Orlando. *Direitos reais*. 3. ed. Rio de Janeiro/São Paulo: Forense, 1969, t. 1.

GUIMARÃES, Octávio Moreira. *Da posse e seus efeitos*. 2. ed. São Paulo: Saraiva, 1953.

IHERING, Rudolph von. *O fundamento dos interditos possessórios*. Trad. Adherbal de Carvalho, 2. ed. Rio de Janeiro: Livraria Francisco Alves, 1908.

MALAURIE, Philippe; AYNES, Laurent. *Droit civil*. Les bien. Paris: Defrénois, 2005.

MONTEIRO, Washington de Barros. *Curso de direito civil*. Direito das coisas. 37 ed. São Paulo: Saraiva, 2003 v. 3.

PEREIRA, Lafayette Rodrigues. *Direito das coisas*. Rio de Janeiro. B. L. Garnier Livreiro Editor, 1877.

REZENDE, Astolpho. IN: LACERDA. Paulo de. *Manual do Código Civil.* Rio de Janeiro: Jacyntho R. Santos, 1918.

RODRIGUES, Silvio. *Direito civil.* São Paulo: Saraiva, 1999. v. 5.

RODRIGUES JUNIOR, Manuel. *A posse.* São Paulo: Saraiva, 1926.

SAVIGNY, F. K. *La teoria de la posesión* – el fundamento de la protección possessória. Madrid: Réus, 2004.

______. O fundamento dos interditos possessórios. 2. ed. Trad. Adherbal de Carvalho. Rio de Janeiro: Livraria Francisco Alves, 1908.

______. *Traité de la possession em droit romain.* 3. ed. francesa. Trad. da 7. ed. original por H. Staedtler. Bruxelas. 1870.

SOARES, Fernando Luso. Ensaio sobre a posse como fenômeno social e instituição jurídica. Prefácio. In: RODRIGUES JUNIOR. Manoel (Coord.). *A posse.* 3. ed. Coimbra: Almedina, 1980.

TRIGEAUD, Jean-Marc. *La possession des biens immobiliers.* Paris: Económica, 1981.

WOLFF, Martin. Derecho de cosas I. IN: ENNECCERUS; KIRR; WAFT. *Tratado de derecho civil.* Trad. espanhola, Barcelona: Bosch, 1951.

A dispensa de escritura na venda de imóvel loteado. Crítica da orientação do Conselho Superior da Magistratura de São Paulo[1]

1. Observações gerais

A doutrina contemporânea sobre o compromisso de compra e venda é praticamente unânime a respeito da inocuidade da escritura de venda e compra para completar-se o negócio imobiliário. Isto porque, após o pagamento do preço, os poderes inerentes ao domínio já se acham, na realidade da vida e dos negócios, consolidados na pessoa do compromissário comprador. O domínio que teria restado ao compromitente vendedor não passa de uma quimera, de algo sem consistência real, não ficando bem à ordem jurídica prestigiar quimeras.

Para maior desenvolvimento, veja-se o nosso *Compromisso de compra e venda,*[2] em várias passagens. Entre os mais modernos, veja-se José Luiz Bayeux Filho,[3] com citação de jurisprudência do Superior Tribunal de Justiça.

Ocorre que, para efeito de formalizar-se a aquisição da propriedade, a ordem legal exige, como regra geral, o instrumento público para a validade dos negócios jurídicos que visem à constituição de direitos reais sobre imóveis de valor superior a trinta vezes o maior salário mínimo, consoante dispõe o art. 108 do CC/2002.

1. Publicado originalmente na Revista do IASP – Instituto dos Advogados de São Paulo. Nova série ano 10 n. 20 julho/dezembro 2007.
2. AZEVEDO JÚNIOR, José Osório. *Compromisso de compra e venda*. 5. ed. São Paulo: Malheiros, 2005.
3. BAYEUX FILHO, José, Luiz. Contrato de compromisso de compra e venda, o recibo de sinal e o contrato de corretagem imobiliária. *Revista do Advogado*, n. 90. São Paulo: AASP, p. 72.

Conforme já tivemos oportunidade de dizer, "a regra sobre a exigência de escritura pública apresenta hoje importantes exceções, como por exemplo, no Sistema Financeiro da Habitação, em que milhões de contratos de compra e venda de imóveis são realizados por meio de instrumento particular (Lei 4.380/64, art. 61, § 5º); e ainda na alienação fiduciária de bens imóveis (Lei 9.514/97, art. 38, com a redação da Lei 11.076/2004)". Nesse sentido, também o disposto no art. 8º, Lei 10.188/2001 (Programa de Arrendamento Residencial).[4]

As manifestações da doutrina para tornar a aquisição imobiliária menos formalista, no que diz respeito ao compromisso de compra e venda, aparecem tanto nos casos de imóvel loteado como nos de imóvel não loteado.

É sinal inequívoco desse rumo do direito brasileiro o Enunciado 87, aprovado na Jornada de Direito Civil promovida pelo Centro de Estudos Judiciários do Conselho da Justiça Federal, sob a coordenação científica do Ministro Ruy Rosado, do STJ: "Considera-se também título translativo, para fins do art. 1.245 do novo Código Civil, a promessa de compra e venda devidamente quitada (arts. 1.417 e 1.418 do CC e § 6º do art. 26 da Lei n. 6.766/79)".

2. O direito positivo e os acórdãos do Conselho Superior da Magistratura

O já referido art. 108 do CC/2002 deixa claro que a escritura é essencial, não dispondo a lei em contrário. Ora, no caso do imóvel loteado, hoje existe lei expressa: o supramencionado § 6º do art. 26 da Lei 6.766/79, Lei do Parcelamento do Solo Urbano, com a redação da Lei 9.785/99, a saber: "Parágrafo sexto – Os compromissos de compra e venda, as cessões e as promessas de cessão valerão como título para o registro da propriedade do lote adquirido, quando acompanhados da respectiva prova de quitação".

Esse preceito, logo que entrou em vigor, chegou a ser aplicado por muitos Cartórios de Registro de Imóveis em casos de loteamentos comuns e não apenas nos loteamentos promovidos por entidades públicas ou delegadas.

Contudo, surgiram posteriormente julgamentos do Conselho Superior da Magistratura de São Paulo, restringindo a aplicação do preceito apenas a esses loteamentos especialíssimos.

Assim, vieram à tona os acórdãos proferidos nas apelações 71-6/5, j. 25.09.2003, e 216-6/8, j. 11.11.2004. Tem-se notícia ainda dos acórdãos nos processos 98.984-0/1 e 100.339-0/6.

4. AZEVEDO JÚNIOR, José Osório. Compra venda imobiliária. In: PEREIRA JÚNIOR, A. J.; Haddad Jabur, G. (Coord.). *Direito dos contratos*. São Paulo: Quartier Latin.

O fundamento dos julgados é sempre o mesmo, a saber: "O texto do § 6º do art. 26 da Lei 6.766/79, acrescido pela Lei 9.785/99, necessita ser interpretado restritivamente, ante a regra geral de que a instituição ou a transmissão de direito real incidente sobre imóvel requer instrumentalização pública. O legislador construiu um sistema destinado a dotar de absoluta praticidade a realização de empreendimentos habitacionais e de salvaguardar a posição dos adquirentes de lotes em 'parcelamentos populares'. Foram introduzidos numa única oportunidade os §§ 3º, 4º, 5º e 6º do aludido art. 26, os quais merecem apreciação conjunta e sempre observada a consonância entre cada uma das novas normas positivadas estatuídas (sic). Assim, 'os compromissos de compra e venda, as cessões e promessas de cessão', referidas no texto legal, para que sejam admitidos como 'título para o registro da propriedade do lote adquirido, quando acompanhados da respectiva prova de quitação', devem se referir a imóveis provenientes de parcelamentos populares e não, a qualquer unidade imobiliária, proveniente de qualquer parcelamento (Ap 71-6/5).

Nesse sentido, não se poderia cogitar da transferência do domínio, sob pena do registro desejado violar, também, o disposto nos arts. 108 do CC/2002 e 221, II da Lei 6.015/73" (Ap 216-6/8).

"Portanto, tem-se entendido (...) que o § 6º da Lei 6.766/79 não pode ser considerado apenas em relação ao *caput* do artigo, mas deve também harmonizar-se com o parágrafo 3º, até porque os parágrafos foram introduzidos ao mesmo tempo por força da redação dada pela Lei 9.785/99, compreendendo-se que a intenção do legislador foi facilitar a aquisição da propriedade imóvel pelas classes populares" (Ap 71-6/5).

3. Crítica dos acórdãos e análise detalhada dos preceitos da Lei 9.785/99

Observa-se desde logo que os julgados não examinam a Lei 9.785/99 com a extensão que se exige quando se pretende neutralizar o alcance de um de seus dispositivos relevantes. Apenas dizem que o diploma legal visou a dar praticidade aos empreendimentos habitacionais e salvaguardar a posição dos adquirentes de lotes em "parcelamentos populares" e, por isso limita o alcance do § 6º do art. 26, harmonizando-o, não com o *caput e com* a lei toda, mas apenas com o § 3º.

A gravidade e as danosas consequências da conclusão a que chegou o Conselho superior da Magistratura obrigam a uma análise pormenorizada da Lei 9.785/99, com a transcrição de vários de seus dispositivos, mesmo com o risco de ser maçante para o leitor.

É verdade que essa lei teve por um de seus objetivos facilitar a implantação do que designa ora como parcelamento popular, destinado às classes de menor renda;[5] ora como parcelamento popular, com finalidade urbana, destinado às classes de menor renda;[6] ora como parcelamentos populares (...) em que estiverem imitidas na posse a União, Estados, Distrito Federal, Municípios, e suas entidades delegadas.[7]

Para tanto, alterou um preceito da Lei de Desapropriação – Lei 3.365/41; e outro da Lei de Registros Públicos – Lei 6.015/73, conforme se viu das notas de rodapé n. 4 e 5, e também – com referência a esses loteamentos especialíssimos – introduziu umas poucas modificações na Lei de Loteamentos – Lei 6.766/79.

Mas a Lei 9.786/99 não ficou só nisso.

Essa lei acrescentou e deu nova redação a inúmeros outros preceitos da Lei de Loteamentos que nada têm a ver com os tais parcelamentos populares ligados a empreendimentos habitacionais, promovidos pelo Poder Público ou entidades delegadas.

O novo diploma legal pretendeu, antes de tudo, atualizar a Lei de Loteamentos, e isto passou inteiramente despercebido aos nobres componentes do Conselho Superior da Magistratura, que se preocuparam apenas com a inserção de quatro parágrafos em um importante artigo e trataram tão somente de interpretar um parágrafo pelo outro, deixando de valorizar o *caput* do artigo, além de desconsiderar a lei como um todo.

Vejamos os preceitos da Lei 6.766/79 afetados pela Lei 9.785/79 e como ficaram com a nova redação:

5. Art. 1º da Lei 9.785/99 dando nova redação ao § 3º do art. 5º do Dec.-lei 3.365/41, a saber: Ao imóvel desapropriado para implantação de parcelamento.
6. Art. 2º da Lei 9.785/99, acrescentando o item 36 ao art. 167, 1, da Lei 6.015/73, a saber: Registro da imissão provisória na posse, e respectiva cessão e promessa de cessão, quando concedido à União, Estados, Distrito Federal, Municípios ou: suas entidades delegadas, para a execução de parcelamento popular, com finalidade urbana, destinado às classes de menor renda.
7. Art. 3º da Lei 9.785/99 dando nova redação – entre muitos outros – ao art. 18, § 4º, da Lei 6.766/79, a saber: "§ 3º Admite-se, nos parcelamentos populares, a cessão da posse em que estiverem provisoriamente imitidas a União, Estados, Distrito Federal, Municípios e suas entidades delegadas, o que poderá ocorrer por instrumento particular, ao qual se atribui, para todos os fins de direito, caráter de escritura pública, não se aplicando a disposição do inciso II do art. 134 do CC/2002".

a) O § 4º do art. 2º dá um novo conceito de *lote,* matéria de interesse geral que nada tem a ver com os tais parcelamentos populares de conjuntos habitacionais.[8]

b) O § 5º do art. 2º trata da infraestrutura nos parcelamentos comuns.[9]

c) O § 6º do art. 2º trata da infraestrutura nos parcelamentos situados nas zonas habitacionais declaradas por lei como de interesse social, que também não se confundem com os chamados parcelamentos populares.[10]

d) O art. 3º, *caput,* chama a atenção para a definição de áreas urbanas ou de expansão urbana pelo Plano Diretor ou por lei municipal,[11] também matéria típica de qualquer parcelamento.

e) O art. 4º altera o inciso I e o § 1º, sempre em casos de loteamentos comuns.[12]

---

8. "§ 4º Considera-se lote o terreno servido de infraestrutura básica cujas dimensões atendam aos índices urbanísticos definidos pelo plano diretor ou lei municipal para a zona em que se situe."
9. "Consideram-se infraestrutura básica os equipamentos urbanos de escoamento das águas pluviais, iluminação pública, redes de esgoto sanitário e abastecimento de água potável, e de energia elétrica pública e domiciliar e as vias de circulação pavimentadas ou não. (Este texto sofreu pequena alteração pela Lei 11.445, de 05.01.2007, que não interessa no momento.)
10. "§ 6º A infraestrutura básica dos parcelamentos situados nas zonas habitacionais declaradas por lei como de interesse social (ZHIS) consistirá, no mínimo, de:
    - vias de circulação;
    - escoamento das águas pluviais;
    - rede para o abastecimento de água potável; e
    - soluções para o esgotamento sanitário e para a energia elétrica domiciliar.
11. "Art. 3º Somente será admitido o parcelamento do solo para fins urbanos em zonas urbanas, de expansão urbana ou de urbanização específica, assim definidas pelo plano diretor ou aprovadas por lei municipal" (*Caput* com a redação dada pela Lei 9.785, de 29.01.1999).
12. "Art. 4º Os loteamentos deverão atender, pelo menos, aos seguintes requisitos: I – as áreas destinadas a. sistemas de circulação, a implantação de equipamento urbano e comunitário, bem como a espaços livres de uso público, serão proporcionais à densidade de ocupação prevista pelo plano diretor ou aprovada por lei municipal para a zona em que se situem. (Inciso com a redação dada pela Lei 9.785, de 29.01.1999).

§ 1º. A legislação municipal definirá, para dada zona em que se divida o território do Município, os usos permitidos e os índices urbanísticos de parcelamento e ocupação do solo, que incluirão, obrigatoriamente, as áreas mínimas e máximas de lotes e os coeficientes máximos, de aproveitamento" (Parágrafo com a redação dada pela Lei 9.785, de 29.01.1999).

f) No parágrafo único do art. 7º, introduziu-se importante modificação, quanto ao prazo de vigência das diretrizes expedidas pela Administração em favor do loteador comum.[13]

g) No art. 8º ampliou-se a hipótese de dispensa da fase de diretrizes para os Municípios cujo Plano Diretor contiver diretrizes de urbanização, também matéria de interesse geral.[14]

h) No art. 9º, *caput*,[15] *ao se referir ao título de propriedade, ressalva-se a hipótese deste não ser necessário no "parcelamento popular", como previsto no novo § 4º do art. 18, introduzido pela nova lei, pois neste caso o que está sendo loteado é a posse, e não a propriedade. Veja-se que, quando a Lei 9.785/99 quer que um determinado preceito aplique-se ou não se aplique aos tais "parcelamentos populares", ela é expressa, como adiante será ressaltado.*

i) Nesse mesmo artigo, acrescentou-se o § 3º visando a uma fiscalização mais severa de qualquer parcelamento.[16]

j) No art. 10, também se ressalva a desnecessidade do título de propriedade, com referência expressa ao "parcelamento popular", ou seja, ao § 4º do art. 18.[17]

---

13. "Parágrafo único. As diretrizes expedidas vigorarão pelo prazo máximo de 4 (quatro) anos" (Parágrafo com a redação dada pela Lei. 9.785, de 29.01.1999).
14. "Art. 8º Os Municípios com menos de cinquenta mil habitantes e aqueles cujo plano diretor contiver diretrizes de urbanização para a zona em que se situe o parcelamento poderão dispensar, por lei, a fase de fixação de diretrizes previstas nos arts. 6º e 7º desta Lei."
15. "Art. 9º Orientado pelo traçado e diretrizes oficiais, quando houver, o projeto, contendo desenhos, memorial descritivo e cronograma de execução das obras com duração máxima de quatro anos, será apresentado à Prefeitura Municipal, ou ao Distrito Federal, quando for o caso, acompanhado de certidão atualizada da matrícula da gleba, expedida pelo Cartório de Registro de Imóveis competente, de certidão negativa de tributos municipais e do competente instrumento de garantia, ressalvado o disposto no § 4º do art. 18" (*Caput* com a redação dada pela Lei 9.785, de 29.01.1999).
16. "Art. 9º, § 3º Caso se constate, a qualquer tempo, que a certidão da matrícula apresentada como atual não tem mais correspondência com os registros e averbações cartorárias do tempo da sua apresentação, além das consequências penais cabíveis, serão consideradas insubsistentes tanto as diretrizes expedidas anteriormente, quanto as aprovações consequentes" (Parágrafo acrescentado pela Lei 9.785, de 29.01.1999).
17. "Art. 10. Para a aprovação de projeto de desmembramento, o interessado apresentará requerimento à Prefeitura Municipal, ou ao Distrito Federal quando for o caso, acompanhado de certidão atualizada da matrícula da gleba, expedida pelo Cartório de Registro de Imóveis competente, ressalvado o disposto no parágrafo

k) No art. 11 vem disposição simples mandando aplicar ao desmembramento, no que couber, as regras do loteamento, o que evidentemente, nada tem a ver com o "parcelamento popular".[18]

l) No art. 12 foi acrescentado parágrafo único para hipótese de caducidade da aprovação do projeto de qualquer loteamento ou desmembramento.[19]

m) O art. 13 prevê hipóteses em que caberá aos Estados disciplinar a aprovação pelos Municípios de loteamentos e desmembramentos.[20]

n) O art. 16 estabelece o tempo e a forma para que o projeto de parcelamento e a execução das obras sejam aceitos ou recusados.[21]

o) O art. 18 trata do registro do projeto de loteamento ou desmembramento e é muito extenso. Já continha quase uma vintena de preceitos gerais em vários incisos, alíneas e parágrafos, todos destinados aos parcelamentos comuns. A Lei 9.785/99 manteve a totalidade desses preceitos gerais. Apenas fez pequena ressalva no inciso I e acrescentou dois parágrafos (4º e 5º), alterações essas com

4º do art. 18, e de planta do imóvel a ser desmembrado, contendo:" (*Caput* com a redação dada pela Lei 9.785, de 29.01.1999).

18. "Art. 11. Aplicam-se ao desmembramento, no que couber, as disposições urbanísticas vigentes para as regiões em que se situem ou, na ausência destas, as disposições urbanísticas para os loteamentos" (*Caput* com a redação dada pela Lei 9.785, de 29.01.1999).

    "Parágrafo único. O Município, ou o Distrito Federal quando for o caso, fixará os requisitos exigíveis para a aprovação de desmembramento de lotes decorrentes de loteamento cuja destinação da área pública tenha sido inferior à mínima prevista no parágrafo primeiro do artigo 4 desta lei."

19. "Art. 12. Parágrafo único. O projeto aprovado deverá ser executado no prazo constante do cronograma de execução, sob pena de caducidade da aprovação" (Parágrafo acrescentado pela Lei 9.785, de 29.01.1999).

20. "Art. 13. Aos Estados caberá disciplinar a aprovação pelos Municípios de loteamentos e desmembramentos nas seguintes condições" (*Caput* com a redação dada pela Lei 9.785, de 29.01.1999).

21. "Art. 16. A lei municipal definirá os prazos para que um projeto de parcelamento apresentado seja aprovado ou rejeitado e para, que as obras executadas sejam aceitas ou recusadas (*Caput* com a redação dada pela Lei 9.785, de 29.01.1999).

    Parágrafo primeiro. Transcorridos os prazos sem a manifestação do Poder Público, o projeto será considerado rejeitado ou as obras recusadas, assegurada a indenização por eventuais danos derivados da omissão.

    § 2º Nos Municípios cuja legislação for omissa, os prazos serão de noventa dias para a aprovação ou rejeição e de sessenta dias para a aceitação ou recusa fundamentada das obras de urbanização."

referência expressa aos parcelamentos populares promovidos por órgãos públicos ou entidades delegadas.[22]

p) Finalmente, o art. 26, também bastante extenso e um dos mais importantes para o aspecto civil do loteamento, pois trata da forma e do contendo do contrato de compromisso. Tudo que é geral foi mantido, inclusive os §§ 1º e 2º. A nova lei acrescentou os §§ 3º, 4º e 5º, expressamente destinados aos "parcelamentos populares" para adaptar a lei velha à nova sistemática de parcelamento da posse em que foi imitida o promovente do empreendimento.

Mas a nova lei acrescentou também um outro parágrafo, o 6º, já transcrito no item 2 retro, deixando claro que o compromisso de compra e venda vale como título para o registro da propriedade, quando acompanhado da prova de quitação. Nenhuma menção foi feita aos tais empreendimentos habitacionais do Poder Público.[23]

---

22. "Art. 18. Aprovado o projeto de loteamento ou de desmembramento, o loteador deverá submetê-lo ao registro imobiliário dentro de 180 (cento e oitenta) dias, sob pena de caducidade da aprovação, acompanhado dos seguintes documentos:

    I – Título de propriedade do. imóvel ou certidão da matrícula, ressalvado o disposto nos parágrafos 4º e 5º; (Inciso com a redação dada pela Lei 9.785, de 29.01.1999).

    § 4º O título de propriedade será dispensado quando se tratar de parcelamento popular destinados às classes de menor renda, em imóvel declarado de utilidade pública, com processo de desapropriação judicial em curso e imissão provisória na posse, desde que promovido pela União, Estados, Distrito Federal, Municípios ou suas entidades delegadas, autorizadas por lei a implantar projetos de habitação.

    § 5º No caso de que trata o § 4º, o pedido de registro do parcelamento, além dos documentos mencionados nos incisos V e VI deste artigo, será instruído com cópias autênticas da decisão que tenha concedido a imissão provisória na posse, do decreto de desapropriação, do comprovante de sua publicação na imprensa oficial e, o formulado por entidades delegadas, da lei de criação e de seus atos constitutivos."

23. "Art. 26, § 3º Admite-se, nos parcelamentos populares, a cessão da posse em que estiverem provisoriamente imitidas a União, Estados, Distrito Federal, Municípios e suas entidades delegadas, o que poderá ocorrer por instrumento particular, ao qual se atribui, para todos os fins de direito, caráter de escritura pública, não se aplicando a disposição do inciso II do art. 134 do CC/2002.

    § 4º A cessão da posse referida no § 3º, cumpridas as obrigações do cessionário, constitui crédito contra o expropriante, de aceitação obrigatória em garantia de contratos de financiamentos habitacionais.

    § 5º Com o registro da sentença que, em processo de desapropriação, fixar o valor da indenização, a posse referida no § 3º converter-se-á em propriedade e a sua cessão, em compromisso de compra e venda ou venda e compra, conforme haja obrigações a cumprir ou estejam elas cumpridas, circunstância que, demonstradas ao Registro de Imóveis, serão averbadas, na matrícula relativa ao lote.

4. A interpretação adequada

A interpretação que se impõe, a meu ver, é uma só: esse preceito do § 6º, em matéria de loteamento urbano, é genérico, e portanto aplicável a qualquer loteamento e não apenas aos especialíssimos "parcelamentos populares" previstos nos §§ 4º e 5º do art. 18, e 3º, 4º e 5º do art. 26 da Lei 6.766/79, com a redação dada pela Lei 9.785/99.

Porque a lei tratou do "parcelamento popular" e os mencionados parágrafos foram acrescentados num só momento, os julgados do Conselho Superior da Magistratura só valorizaram os §§ 3º, 4º e 5º e restringiram o alcance do § 6º, esquecendo-se de que os §§ 1º e 2º, que foram mantidos, são também genéricos, como genérico é o próprio e importantíssimo art. 26 e como também são genéricos a imensa maioria dos preceitos da Lei 9.785/99.

Todo o esforço que se fez no item 3 supra e suas 16 alíneas e na transcrição dos textos legais teve por objetivo único demonstrar literalmente, graficamente, que o legislador teve por finalidade atualizar a Lei 6.766/79 e não apenas introduzir aquele loteamento especialíssimo. Permitiu o loteamento da posse naqueles parcelamentos especialíssimos e inseriu dispositivos novos destinados aos loteamentos comuns.

Repita-se: toda vez que o legislador quis se referir ao parcelamento especialíssimo, disse-o de maneira expressa – art. 9º, art. 10, art. 18, I e §§ 4º e 5º art. 26, §§ 3º, 4º e 5º, e art. 53-A.

Assim sendo, forçoso é concluir que a interpretação literal, lógica e sistemática do § 6º do art. 26 conduz ao entendimento de que se trata de dispositivo genérico, aplicável a todo e qualquer loteamento, no sentido exatamente do que está escrito: os compromissos de compra e venda, as cessões e as promessas de cessão valerão como título para o registro da propriedade do lote adquirido, quando acompanhados da respectiva prova de quitação.

Dispensável, portanto, qualquer *interpretação restritiva* como fizeram os julgados do Conselho Superior da Magistratura ao submeter o preceito à regra do art. 108 do CC/2002, o qual reconhece a necessidade da escritura pública somente nos casos em que a lei não dispõe em contrário.

---

§ 6º Os compromissos de compra e venda; as cessões e as promessas de cessão valerão como título para o registro da propriedade do lote adquirido, quando acompanhados da respectiva prova de quitação."

5. O fim social

Todos sabem que o Judiciário com frequência precisa ultrapassar o mero significado gramatical do texto legal, dando-lhe alcance mais amplo ou mais estreito. Mas só pode fazê-lo para adaptar a lei aos novos tempos, evitando injustiças e sempre em atenção aos seus fins sociais.

Se o sentido gramatical já é suficiente para atingir esses fins, é só aplicar o texto.

No caso presente, o que é grave e chocante, *data venia*, é que os julgados restringiram o alcance do preceito para ir contra os fins sociais. A conclusão a que chegaram com a tal interpretação restritiva revelou-se antissocial, o que é dito com todo respeito aos dignos subscritores dos acórdãos.

Mais uma vez olvidou-se a regra básica de interpretação constante do art. 5º da LICC: "Na aplicação da lei, o juiz atenderá aos fins sociais a que ela se dirige e às exigências do bem comum".

Esse preceito é imperativo, não é um mero conselho, constitui um comando, uma ordem ao juiz, proíbe ao juiz proferir decisões que se afastem do fim social da lei.

A propósito da relevância de tal regra, a doutrina não discrepa. Citemos uns poucos autores.

José de Aguiar Dias diz que no artigo "há uma regra de conduta interpretativa dirigida ao Magistrado, impondo-lhe (o juiz atenderá) um sentido específico, que traduz a finalidade ontológica de toda Lei".

Alípio Silveira: "Sendo como é, instituída num fim social, a regra jurídica estará submetida ao império e critério desse fim social. Em outras palavras, ela se funda numa certa ideia representando um certo valor de bem comum, a obter por intermédio da regra. Tal ideia e tal valor não podem deixar de ser considerados pelo juiz".[24]

Eduardo Espínola: "Compenetrado de que o que urge alcançar é uma solução realmente justa – de acordo com aquele sentimento de justiça, que vive na sociedade, presente à grande maioria dos seus componentes – deve o aplicador ponderar muito, pesar todas as consequências, quando a adaptação, ao caso concreto, de uma lei que a interpretação lhe apontou como sendo a cabível na espécie, dê um resultado injusto, absurdo, disparatado".[25]

24. DIAS, Jose de Aguiar, apud *JUKLD publicações eletrônicas*, nota ao art. 5º da LICC.
25. SILVEIRA, Alípio. *Reelaboração das leis por obra dos tribunais*. Separata. São Paulo, 1984, p. 18-19. SPÍNOLA, Eduardo; ESPÍNOLA FILHO, Eduardo. *A lei de introdução ao Código Civil*. Rio de Janeiro: Freitas Bastos, 1943, p. 234.

Carlos Maximiliano: "Mais do que regras fixas influem no modo de aplicar uma norma, se ampla, se estritamente, o fim (realce do autor) colimado, os valores jurídicos sociais, que lhe presidiram a elaboração e lhe condicionam a aplicabilidade".[26]

6. Natureza das leis de loteamento

As leis sobre loteamento são leis protetivas, de ordem pública, com forte conteúdo social. Sempre foram inovadoras, a começar pelo revolucionário Dec.-lei 58/37, que permitiu a aquisição imobiliária através de instrumento particular, conferiu direito real ao adquirente, introduziu a execução específica nas obrigações de fazer, ou seja, a ação de adjudicação compulsória. Sua influência repercutiu no regime do imóvel não loteado, que assumiu aquelas novidades. Também de enorme carga social é a Lei 6.766/79, que criou normas urbanísticas e penais para facilitar a atuação da Administração Pública no combate aos loteamentos clandestinos. Da mesma forma a ainda pouco conhecida Lei 9.785/99, que atualizou a anterior e criou um especialíssimo tipo de parcelamento que pode incidir até sobre a posse e não apenas sobre a propriedade.

Poucos setores do direito imobiliário brasileiro apresentam objetivo social tão evidente: proteger a cidade e proteger o comprador de lote.

Tudo isso passou despercebido aos julgados do Conselho Superior da Magistratura. Parece que em nenhum momento foram cogitadas as tradicionais indagações *cui prodest? Cui nocet?*

A quem beneficiou a *interpretação restritiva* que foi dada ao indigitado § 6º, o qual dispensa a escritura definitiva no caso de contrato de compra e venda com prova de quitação? Beneficiou apenas pessoas ligadas aos Cartórios de Notas, que, embora respeitáveis, constituem uni círculo mínimo de cidadãos, que não necessitam de proteção especial da lei e muito menos de *interpretações restritivas* por parte do Judiciário.

E a quem prejudicou essa mesma *interpretação restritiva?* Prejudicou centenas de milhares, talvez milhões, de pessoas, que já cumpriram sua obrigação de pagar o preço, que já estão na posse pacífica do lote, que já pagam as taxas e os impostos imobiliários sobre o lote e que se veem na obrigação de despender seus escassos recursos em atos juridicamente dispensáveis, como escritura pública, alvarás, sobrepartilhas etc.

26. MAXIMILIANO, Carlos. *Hermenêutica e aplicação do direito.* 9. ed. 2. tir. Rio de Janeiro: Forense.

Na verdade, não é razoável, para dizer o mínimo, que se ignorem todas essas funestas e antissociais consequências de uma interpretação de lei sobre loteamento urbano.

Os julgados em foco admitem que a Lei 9.785/99 criou facilidades para os tais "parcelamentos populares" promovidos pelo Poder Público ou entidades delegadas, e, por isso, as vantagens trazidas por aquele § 6º devem ficar restritas aos adquirentes de lotes apenas desses loteamentos.

Mas os adquirentes dos loteamentos comuns não merecem essas vantagens que lhes foram concedidas pela lei e que foram suprimidas pelo Judiciário?

Esses loteamentos comuns – na sua grande massa – são também populares, são da classe de baixa renda, alguns deles são paupérrimos, bastando olhar para as periferias das grandes cidades. Os loteamentos para a classe rica são quantitativamente insignificantes. Aliás, estes também, já que são loteamentos, não podem ficar fora do alcance da lei.

Por fim, é importante lembrar que os loteamentos geram relações jurídicas de consumo, como se vê do art. 53 do CDC.

A defesa do consumidor é um dos princípios em que se apoia a ordem econômica da nação – art. 160 da CF/88.

É gravemente injurídica uma *interpretação que restringe* o alcance de um diploma legal protetivo, como é a Lei 6.766/79, de modo a contrariar o fim social da lei e francamente prejudicial ao consumidor.

Conclusão

Na verdade e a meu ver, não há como cogitar-se de qualquer interpretação *restritiva.*

Se o atual § 6º da Lei 6.766/79 merece alguma interpretação, será por certo de natureza *ampliativa,* para o fim de fazê-lo alcançar qualquer compromisso de compra e venda, mesmo aquele que tem por objeto um imóvel não loteado. Todos sabem que o regime jurídico do imóvel loteado sempre repercutiu e influenciou decisivamente na jurisprudência, na doutrina e na legislação concernentes ao outro regime. Pois se a escritura definitiva é inócua num caso, não pode deixar de sê-lo no outro. A inocuidade está na própria escritura e não no tipo de imóvel e seu regime.

Mas isto é uma outra discussão, que fica para outra oportunidade.

Por ora, o objetivo não vai além de aplicar-se o direito positivo pura e simplesmente, sem interpretações.

Referências

AZEVEDO JÚNIOR, José Osório. *Compra e venda imobiliária*. Pereira Júnior, A. J.; HADDAD JABUR, G. (Coord.). *Direito dos contratos*. São Paulo: Quartier Latin.

______. *Compromisso de compra e venda*. 5. ed. São Paulo: Malheiros, 2005.

BAYEUX FILHO, José Luiz. Contrato de compromisso de compra e venda, o recibo de sinal e o contrato de corretagem imobiliária. *Revista do Advogado*, n. 90. São Paulo: AASP.

ESPÍNOLA, Eduardo; ESPÍNOLA FILHO, Eduardo. *A Lei de Introdução ao Código Civil*. Rio de Janeiro: Freitas Bastos, 1943.

MAXIMILIANO, Carlos. *Hermenêutica e aplicação do direito*. 9. ed. 2. tir. Rio de Janeiro: Forense, 1981.

SILVEIRA, Alípio. *Reelaboração das leis por obra dos tribunais*. São Paulo: RT, 1972.

Breves anotações sobre o pagamento e o ato jurídico não negocial[1]

1. Na ciência do direito, o termo *pagamento* aparece com vários significados, como adimplemento, implemento, cumprimento, execução da obrigação, *solutio*.

Num sentido muito amplo, abrange as diversas formas de extinção da obrigação, como a novação, a compensação, a remissão de dívidas etc.

Em sentido menos amplo, significa um específico modo extintivo do vínculo obrigacional, o modo natural, geralmente voluntário, aquele que foi combinado pelas partes. Paga quem entrega a coisa ou executa o serviço, isto é, aquele que cumpre uma obrigação de dar ou de fazer. Não parece apropriado ou aconselhável, contudo, dizer que está pagando quem não está exercendo uma atividade e simplesmente está se omitindo para cumprir uma obrigação negativa, de não fazer.[2]

Num terceiro sentido, bem mais restrito – e é o que acontece na linguagem comum –, o termo é reservado para o cumprimento de obrigações pecuniárias.

O Código Civil/16 usa a expressão no sentido indicado em segundo lugar, o menos amplo supra, e coloca o instituto no Título II – "Dos efeitos das obrigações", destinando ao tema todo o Capítulo II. Também é esse o sentido adotado pelo CC/02, que também é o mais utilizado na doutrina, embora

1. Publicado originalmente em NANNI, Giovanni Ettore (Coord.). *Temas relevantes do direito civil contemporâneo:* reflexões sobre os cinco anos do Código Civil. Estudos em homenagem ao Professor Renan Lotufo. São Paulo: Atlas, 2008.
2. TRABUCCHI, Alberto. *Istituzioni di Diritto Civile*. Padova: Cedam, 1968, p. 560, n. 2. "Mais precisamente, o termo pagamento é reservado às prestações que requerem uma atividade por parte do devedor; e não no adimplemento de obrigações negativas para as quais o devedor é obrigado a não fazer ou a deixar de fazer".

nunca haja uma precisão absoluta, o que, aliás, não prejudica o entendimento, porquanto geralmente o leitor percebe o significado real no contexto.

O Código atual procurou sistematizar melhor a matéria do pagamento. Tendo em vista que a origem da obrigação já foi tratada na Parte Geral, no Livro III (fatos, atos e negócios jurídicos e atos ilícitos), o Código inicia o Direito das Obrigações indicando as modalidades, a mobilidade (a transmissão) e a extinção das obrigações, onde está a figura do adimplemento, englobando o *pagamento* e as demais formas extintivas.

Segundo a visão de Judith Martins-Costa,

> "Foi essa importância vital do adimplemento na economia da relação obrigacional que o novo Código pretendeu realçar, inserindo o tema em capítulo autônomo. Adquiriu, assim, novo realce a pioneira concepção de Couto e Silva, que já dera frutos na doutrina e na jurisprudência. Cabe, por isto, acentuá-la, pois se percebe, na concepção do novo Código, a atenção dada pela estrutura e consequente método classificatório adotado no Direito das Obrigações à análise interna, e não meramente à classificação extrínseca, das relações jurídicas obrigacionais".[3]

2. Pagar origina-se de *pacare*, que provém de *pax. Pacare* significa pacificar, apaziguar, e também libertar.

Evidente o estado de tensão, de incerteza, de insegurança, entre as partes, enquanto não acontece o pagamento. Por mais que a lei estabeleça que uma determinada dívida seja líquida e certa, o credor não tem certeza plena de que vai receber seu crédito; e o devedor frequentemente também não tem plena segurança de que vai poder pagar na ocasião prevista.

Pode vir a crítica de que se está misturando psicologia com direito. Não é assim. A incerteza surge como decorrência da realidade natural da obrigação, que tem seu dinamismo, que é um processo, o qual foi desencadeado, que pode passar por percalços, e que não se sabe como terminará.

Somente com o pagamento normal, voluntário, sem imprevistos, ficará tudo tranquilo, estará tudo pacificado. O credor, satisfeito; o devedor, liberto do liame que o prendia.

Razão assiste a Almeida Costa quando afirma:

> "as obrigações apresentam-se em regra como vínculos de curta duração ou transitórios, que não são queridos em si mesmos, antes nascem para se ex-

3. [2] O adimplemento e o inadimplemento das obrigações no novo código civil e o seu sentido ético e solidarista. *O novo Código Civil* – estudos em homenagem ao Prof. Miguel Reale. São Paulo: LTr, 2003, p. 339.

tinguir. Daí que o cumprimento ou adimplemento – isto é, a realização da prestação debitória (art. 762a, na I) – represente o aspecto culminante da vida da relação obrigacional".[4]

3. Muito se discute em doutrina sobre a natureza jurídica do pagamento.

A discussão não é apenas acadêmica, pois a adoção de uma determinada tese pode acarretar funestas consequências, particularmente no que diz respeito à capacidade das partes, à forma do ato e à produção da prova.

Convém indicar as principais correntes e o posicionamento de alguns autores, com o que o leitor poderá eleger aquela que considera mais sedutora.

Orozimbo Nonato critica a tese de que o pagamento é um simples fato e a de que se trata de um negócio jurídico perfeitamente caracterizado, seja negócio unilateral ou bilateral, concluindo pela tese de que se está diante de um ato jurídico:

> "Em suma, temos constituir o pagamento verdadeiro ato jurídico, não lhe faltando qualquer dos elementos característicos da figura indicada no art. 81 do Código Civil" (de 1916).[5]

A dificuldade está em que o mencionado art. 81, segundo vários autores, serve também para caracterizar o autêntico negócio jurídico, permanecendo-se, assim, ainda num estado de dúvida. É o que se verá mais adiante – n. 11, infra. O que mais parece é haver Orozimbo Nonato adotado o entendimento de que o pagamento constitui um ato jurídico que não seja um negócio jurídico, adiantando-se ao Código Civil atual, como adiante se verá.

4. Serpa Lopes, muito citado na doutrina brasileira sobre o tema, diz que são quatro as concepções que procuram explicar a natureza jurídica do pagamento:

> "a) o pagamento considerado como a consecução do objetivo da obrigação;
>
> b) o pagamento definido como a realização do conteúdo da obrigação;
>
> c) um particular negócio jurídico;
>
> d) um fato jurídico ou ato do devedor".[6]

Entende, com apoio em E. Giusiana, que definir o pagamento como a consecução do objetivo da obrigação importa apenas em indicar sua função

4. *Direito das obrigações*. Coimbra: Atlântida Editora, 1968, p. 391-392.
5. NONATO, Orozimbo. *Curso de obrigações*, 2ª parte, v. I, p. 43. Rio de Janeiro: Forense, 1960.
6. SERPA LOPES, Miguel Maria de. *Curso de direito civil*, v. 2, p. 213. Rio de Janeiro: Freitas Bastos, 1955.

econômica, função essa que também está presente em todos os demais modos extintivos da obrigação. Afasta também a segunda concepção, porquanto a realização do conteúdo da obrigação, embora distinga o pagamento das demais causas extintivas, não lhe determina a essência jurídica. Dá mais ênfase à terceira corrente, a do negócio jurídico, bilateral para uns e unilateral para outros. Mas não a aceita, pois o pagamento, para abranger estas duas hipóteses, precisaria ser um negócio abstrato, que nunca será, já que decorre sempre da existência anterior de uma obrigação.

Conclui Serpa Lopes que a concepção mais aceitável é a quarta, "que torna o pagamento como um *fato jurídico* ou um *ato*". E prossegue, adotando a orientação de Giusiana, que define: "o *adimplemento é o fato jurídico que extingue a obrigação, realizando-lhe o conteúdo*". Apoia-se ainda em M. Giorgianni, Carnelutti, Enneccerus e em nosso Eduardo Espínola.

Interessante acentuar sua conclusão final, que parece coincidir, pelo menos em alguns pontos relevantes, com as de Pontes de Miranda e de Orlando Gomes:

> "Efetivamente impossível um tratamento unitário da classificação do pagamento como um negócio bilateral ou unilateral, por se tratar de um fato jurídico de aspecto proteiforme e variegado, pois enquanto é bilateral nas obrigações de dar, surge bilateral nas obrigações de não fazer e em algumas de fazer. Por conseguinte, como um fato jurídico é que se deve considerar o pagamento".[7]

5. Pontes de Miranda detecta seis teorias a propósito da natureza do pagamento: (a) a teoria do negócio jurídico, às vezes bilateral, às vezes unilateral; (b) a do negócio jurídico necessariamente bilateral; (c) a do ato jurídico *stricto sensu*; (d) a do ato-fato jurídico; (e) a do mero fato jurídico; (f) a do ato devido.

Pontes opta pela "d", teoria do ato-fato jurídico: o pagamento é ato humano que produz efeitos jurídicos, mas como simples fato jurídico; desimportante, assim, a questão da capacidade. Vejamos alguns pontos de seu raciocínio que melhor esclarecem sua tomada de posição:

> "O absolutamente incapaz que, ao tempo da capacidade se obrigou a certo serviço, executando-o durante a incapacidade, adimple, com toda a eficácia; quem deve x a B e deve x a C e remete o cheque a C, crendo ter remetido a B, a quem queria pagar, ou, pelo credor, o empregado remeteu erradamente, adimpliu a C, e não a B, e tal adimplemento não pode ser atacado em sua eficácia."

7. Idem, ibidem, p. 215.

> (...)
>
> "Não foi sem grandes prejuízos para a ciência que se generalizaram dizeres como 'pagamento nulo', 'pagamento anulável', 'não vale o pagamento'.
>
> Não há plano de validade para pagamento, ou adimplemento: adimplemento é, ou não é (plano da existência); adimplemento produz efeitos, ou não os produz (plano da eficácia). Pode ser nulo ou anulável, o negócio jurídico, ou ato jurídico stricto sensu, 'com que' se adimple, não o adimplemento, que é ato-fato jurídico: ou houve, ou não houve; ou surte efeitos ou não surte.
>
> Se o devedor prestou, sem ser conforme a sua dívida, por erro, pode repetir a prestação, oferecendo a prestação devida. Se o credor recebeu prestação não conforme a seu crédito, deve restituir, reclamando o que lhe é devido, ainda se o devedor não pode repetir o que pagou (não houve erro, art. 965; ou está prescrita a ação de pagamento indevido). Pagamento repete-se, restitui-se; não se decreta nulidade de adimplemento, nem, se anula adimplemento".[8]

6. Orlando Gomes, de forma ao mesmo tempo cautelosa e realista, põe-se em posição intermediária, adotando como regra a corrente do *ato jurídico stricto sensu,* admitidas algumas exceções:

> "Entre os que afirmam e os que negam a natureza negocial do pagamento colocam-se, na posição intermediária, quantos o consideram, alternativamente, um negócio jurídico e um fato jurídico, admitindo que se inclui na primeira-categoria se tiver função translativa, e na segunda se for meramente extintivo de uma obrigação.
>
> Não é possível qualificar uniformemente o **pagamento** (grifo nosso). Sua natureza depende da qualidade da prestação e de quem o efetua. Feito por terceiro, é um negócio jurídico e, igualmente, se, além de extinguir a obrigação, importa transferência de propriedade da coisa dada pelo *solvens* ao *accipiens*, admitida em algumas legislações. Em outras modalidades, é ato jurídico *stricto sensu.*
>
> Trata-se, em suma, de um ato de natureza variável.
>
> Por tais razões, o pagamento é tido por alguns como um ato jurídico *stricto sensu*, categoria a que melhor se adaptam as disposições legais, ressalvadas as particularidades que impedem solução única do problema".[9]

7. A teoria que vê no pagamento um *ato devido* iniciou-se com Carnelutti e teve forte repercussão junto aos autores italianos. Parte ele da classificação dos atos jurídicos em três espécies:

8. PONTES DE MIRANDA. *Tratado de direito privado*, t. XXIV p. 80 e 82. Rio de Janeiro: Borsoi, 1971.
9. GOMES, Orlando. *Obrigações.* 7. ed., p. 111. Rio de Janeiro: Forense, 1984.

> "Provvedimenti, negozi giuridici, atti dovuti. La distinzione fra queste tre specie se fonda sulla differenza tra obbligo, diritto (subbiettivo) e potere: atto dovuto è l'adempimento di um obbligo, negozio giuridico l'esercizio di um diritto subbietivo, provvedimento l'esercizio di um potere".[10]

Para Trabucchi, o pagamento é ato juridicamente relevante, não é negócio jurídico que exija uma específica vontade do devedor. Tanto menos é necessária, para a essência e validade do pagamento, a vontade de aceitá-lo por parte do credor. Para esse autor, na classificação dos atos jurídicos, o adimplemento constitui um típico *atto dovuto*, ato que não cria diretas consequências jurídicas que provenham da vontade do sujeito.

Mas Trabucchi admite exceção, notando natureza negocial no caso de adimplemento de uma obrigação natural que, requer, segundo ele, no *solvens*, capacidade e vontade.[11]

8. Nos contratos preliminares, o objeto é sempre um outro contrato, o definitivo. O pagamento, então, consistirá na celebração desse outro contrato. Isto parece prestigiar fortemente as correntes contratualistas sobre a natureza do pagamento.

Também aponta nesse rumo o preceito do art. 933 do CC/16, a que corresponde o atual art. 307, segundo o qual só terá eficácia o pagamento que importar transmissão da propriedade, quando feito por quem possa alienar o objeto em que ele consistiu.

Mas não é assim.

Uma realidade é o pagamento. Outra realidade é o seu objeto. Por outras palavras, o pagamento é a entrega da coisa (ou a realização do serviço), e não a própria coisa (ou o serviço).

Diz Pontes de Miranda:

> "O art. 933 exige a capacidade para a transferência, se essa é de mister ao pagamento; não para o pagamento em si, como ato-fato jurídico. Para o pagamento em dinheiro, como ato em nome e por conta de devedor capaz, qualquer pessoa pode praticá-lo. O art. 933 é apenas (...) regra implícita na regra jurídica não escrita: 'Se a prestação, que se deve, tem a natureza de negócio jurídico, são de exigir-se os pressupostos do negócio jurídico (capacidade, forma, etc.)'.

10. CARNELUTTI, Francesco. *Sistema dei diritto processuale civile*, v. I, p. 60, Padova: Cedam, 1936. O autor tratou do tema mais desenvolvidamente em outras passagens.
11. Ob. cit., p. 135 e 561.

Quem presta, sem ter poder de dispor daquilo que é objeto da prestação, ineficazmente presta. Ato-fato jurídico não é ato jurídico (...) que possa ser nulo ou anulável; mas pode ser ineficaz. Só excepcionalmente, e. g., quando se promete negócio jurídico (...), é que pode surgir o problema da invalidade; mas, aí, a invalidade é do objeto prestado, e não da prestação".[12]

9. Larenz, no trecho adiante citado, também enfrenta a questão.

Este autor resume em duas as teorias contratualistas – teoria geral do contrato e teoria limitada do contrato – e adota a que denomina *teoria, da execução real da prestação,* assim desenvolvida:

"Según esta posición, el cumplimiento exige siempre la producción dei resultado de la prestación mediante una actuación encaminada a obtenerlo y que en forma recognoscible corresponde al obrar debido. El cumplimiento como tal jamás es un negocio jurídico, sino, como Kretschmar dice, es aquel 'acto real de extinción' que libera al deudor porque así 'convierte en realidad la prestación debida'. Cuando el resultado de la prestación solo puede ser producido a través de un negocio jurídico, como el caso de adeudarse la transmisión de una cosa, entoces dicho negocio jurídico es parte de la actuación dei deudor para cumplir la prestación y no un especial contrato de cumplimiento tendente e ella. Allí donde el acreedor coopere al resultado de la prestación, por ejemplo, tomando possesión de la cosa y está obligado a aceptar la oferta de transmisión, ésta su cooperación necesaria se refiere unicamente a la obtención dei resultado de la prestación; junto a esta cooperación no se necesita una especial 'aceptación dei cumplimiento'. Basta que el acreedor acepte en propriedad' la cosa que se le ofrece; y en cuanto esta cosa sea la adeudada, el deudor ha cumplido com ello, aunque el acreedor no quisiese aceptarla 'como cumplimiento' de una obligación que él tal vez desconociese o quizá porque creia que la cosa debería serie enviada".[13]

A tese de Larenz é expressamente adotada por Antunes Varela, que ressalta a superação das doutrinas contratualistas. Diz que não se trata de um contrato porque o cumprimento prescinde de um *acordo* acerca do fim da prestação.

Trata-se, segundo suas palavras, de um *ato real de extinção da dívida,* que desonera o devedor pelo simples fato de *converter em realidade a prestação devida, e não porque o devedor queira ser* liberado e o credor *consinta* em desonerá-lo.

12. Ob. cit., p. 74.
13. LARENZ, Karl. *Derecho de obligaciones,* trad. Jaime Santos Briz. Madrid: Editorial Revista de Derecho Privado, v. I, p. 411, 1955.

Existe na realidade uma *ligação* intencional da prestação à *dívida,* mas é uma ligação que resulta da *coincidência* (Larenz) existente *entre a prestação efetuada e a prestação devida.*

Escrevendo sobre o nosso sistema legal, Antunes Varela exemplifica com a *imputação do pagamento* – art. 992 do CC/16, em que o devedor ou o credor (ou ambos) não tenham feito referência à dívida a ser saldada e ainda assim o pagamento é válido em qualquer dos casos.

10. O CC/16 não faz relação direta do pagamento com o ato jurídico – art. 81. Assim também a doutrina mais antiga. A ligação que se faz é para acentuar a natureza extintiva do pagamento, *que faz presumir obrigação anterior que lhe serve de causa.*[14]

A doutrina posterior, mas ainda antiga e que se tornou dominante, viu no pagamento um ato jurídico com os requisitos do art. 81: "ato lícito que tem por fim imediato adquirir etc." – Carvalho Santos, Espínola, Orozimbo Nonato.[15]

O panorama agora muda em razão da nova abordagem da matéria pelo CC/02.

Como se sabe, o novo Código introduziu a figura do negócio jurídico – Título I do Livro III da Parte Geral – art. 104 e seguintes. O Título seguinte (II) tem um único artigo (185), sob a epígrafe "Dos atos jurídicos lícitos".

Uma primeira e pouco atenta leitura das epígrafes desses Títulos I e II gera alguma perplexidade, pois pode sugerir que se está diante de duas realidades paralelas, que se encontram no mesmo plano: negócios jurídicos e atos jurídicos lícitos.

Os profissionais brasileiros ainda não estão habituados com a nova sistemática, motivo por que convém tecer algumas considerações.

Ato jurídico lícito constitui expressão genérica, que abrange os negócios jurídicos e os atos jurídicos (lícitos) que não sejam negócios jurídicos, ou seja, os atos jurídicos simples. É o que resulta da leitura do corpo do art. 185, e não da leitura da epígrafe.

11. Na realidade, segundo o entendimento que se tornou francamente dominante, o Código anterior não foi omisso quanto à natureza do que se entende por negócio jurídico. Apenas não usou esta expressão, preferindo a tradicional "ato jurídico", certo que no começo do século XX a denominação negócio jurídico era pouco difundida e encontrava resistências.

14. LACERDA DE ALMEIDA, Francisco de Paula. *Obrigações.* Rio de Janeiro: Tip. Revista dos Tribunais, 1916, p. 296.

15. Ob. cit., p. 44.

Vicente Ráo, ainda na década de 60, preferia o termo tradicional, mas não duvidava de que o Código estava cuidando, no art. 81, do autêntico negócio jurídico.

Diz o preclaro civilista em algumas passagens:

> "O ato jurídico desde logo se distingue dos demais fatos voluntários lícitos pela maior relevância da vontade, isto é, da vontade que visa a alcançar, direta e imediatamente, os efeitos práticos protegidos pela norma e recebe desta o poder de autorregulamentar os interesses próprios do agente."
>
> (...)
>
> "O ato jurídico, quer crie, quer modifique, quer extinga direitos, sempre tende, em virtude da autonomia da vontade do agente, â afetar, substancialmente, no sentido de sua disposição, a situação sobre a qual incide (função dispositiva) e seu conteúdo possui caráter preceptivo (estrutura preceptiva), assim valendo como autorregulamentação de interesses (Santoro Passarelli).
>
> (...)
>
> A noção de ato jurídico, que acabamos de expor, coincide, em substância, com a de negócio jurídico formulada pela doutrina alemã. Mas dessa doutrina nosso código se afasta seja quanto à classificação dos fatos jurídicos, entre os quais os atos jurídicos se incluem, seja quanto à nomenclatura, adotando conceitos e denominações que, podemos dizer, são tradicionais no direito latino. Nem o nosso direito positivo consagra as distinções (aliás, ainda imprecisas) que a doutrina alemã estabelece entre os diversos atos não negociais".[16]

Então, o que se vê é que o CC/16 tratou, em substância – art. 81, daquilo que o CC/02 denomina hoje *negócio jurídico* – art. 104 e seguintes.

A omissão daquele Código deu-se com relação ao que o CC/02 chama de *atos jurídicos lícitos, que não sejam negócios jurídicos* – art. 185.

12. O CC/02 preferiu não definir o que seja negócio jurídico, bem como o que seja ato jurídico que não seja negócio jurídico, deixando, portanto, a matéria por conta da doutrina.

Nossa tradição doutrinária, nesse campo, é pequena, podendo prever-se que os operadores do direito ficarão em dificuldades por muito tempo.

No que diz respeito ao negócio jurídico, não há problema maior, pois a construção anterior em torno do ato jurídico (art. 81 do CC/16) é aproveitável.

O mesmo, entretanto, não acontece no que diz respeito ao ato jurídico simples, isto é, aquele ato jurídico lícito que não seja negócio jurídico, em razão da aludida escassez de nossa literatura jurídica.

16. RÁO, Vicente. *Ato jurídico*. São Paulo: Max Limonad, 1961, p. 29, 33, 34.

Mas não só por este motivo, porquanto a matéria é, por si mesma, cheia de distinções e sutilezas.

As duas entidades são tão próximas que a lei manda aplicar ao ato jurídico simples os preceitos referentes ao negócio jurídico – art. 185, *no que couber.* Tudo sem fornecer explicações ou diretrizes sobre as hipóteses em que *cabe ou não cabe* a extensão legal.

A questão não é meramente cerebrina, pois acarreta consequências práticas relevantes em matéria de forma e de prova do ato e até mesmo em relação à capacidade das partes.

Assim, por exemplo, se um determinado ato for considerado negócio jurídico, não poderá ser praticado por um incapaz (art. 104,1); terá de obedecer à forma prescrita em lei (art. 104, III); e não poderá ser provado só por testemunhas, se ultrapassar determinado valor (art. 127).

Daí por que o tema não pode deixar de ser abordado.

As dúvidas decorrem fundamentalmente porque tanto o negócio jurídico como o ato jurídico não negocial são atos jurídicos lícitos, voluntários, e acarretam alteração na ordem jurídica preexistente. Ambos podem, *v. g.*, levar à transferência da propriedade de uma coisa. Em ambos a vontade, com maior ou menor intensidade, está sempre presente.

13. As dificuldades maiores encontram-se na análise dos atos jurídicos não negociais.

Vicente Ráo já acentuava:

> "Onde, porém, as divergências mais profundas se revelam, na doutrina germânica e em suas adaptações latinas, é na conceituação e na classificação dos atos não negociais, (...), chegando-se a afirmar a impossibilidade de construção de uma teoria geral dos atos não negociais".

E o mencionado autor, após reconhecer como valiosa a contribuição dos autores alemães e dos (então) modernos autores italianos para a conceituação do negócio jurídico, já alertava que

> "outrotanto seria difícil dizer-se relativamente aos mencionados estudos dos atos não negociais, estudos que, as mais das vezes, se apresentam eivados de excessos dogmáticos, ou de sutilezas desmedidas".[17]

17. Ob. cit., p. 35 e 37.

Pires de Lima e Antunes Varela, comentando o art. 295 do CC português, inspirador direto do nosso art. 185, também acentuam a dificuldade da distinção.[18]

Com efeito, esses atos são de natureza extremamente variada, indo, para alguns autores, desde atos de mera atividade material; passando por *atos jurídicos em sentido estrito,* ou *atos semelhantes aos negócios jurídicos*; atos cujos efeitos jurídicos resultam diretamente da lei e não da vontade das partes; interpelações ou comunicações a outrem com intenção de realizar um escopo jurídico; comportamentos variados, produção de obra artística etc. Veja-se, a esse propósito, o apanhado das ideias de diversos autores indicado por Vicente Ráo.[19]

O critério hoje considerado mais comum e mais preciso constitui em saber se o efeito produzido pelo ato é criado pela vontade das partes ou se consiste simplesmente num efeito previamente determinado pela lei.

Veja-se, entre tantas outras, a formulação de Santoro Passarelli:

> "Se o ato interessa como mero pressuposto de efeitos preordenados pela lei, pertence à categoria dos atos jurídicos em sentido estrito. Se, pelo contrário, o ato interessa como expressão duma vontade dirigida à produção dos efeitos, ele pertence à categoria dos atos de vontade ou negócios jurídicos. Mais concretamente, no âmbito do direito privado, os negócios jurídicos são atos de autonomia privada, pois os seus efeitos são determinados pela vontade privada, autorizada a isso pelo ordenamento jurídico".[20]

Os supracitados Pires de Lima e Antunes Varela afirmam que, nos negócios jurídicos,

> "a declaração é feita com o objetivo de se obter um certo efeito. Nos simples atos jurídicos, não existe essa relação. É a lei que atribui aos atos uma certa relevância jurídica, sem curar de saber da sua concordância ou discordância com a vontade do autor. E o que se passa, por exemplo com a interpelação do credor ao devedor para que cumpra a obrigação (quase negócio jurídico) ou com a publicação de uma obra literária (simples operação jurídica)".[21]

Galvão Telles, em obra atualizada recentemente, vai além e é ainda mais esclarecedor:

18. PIRES DE LIMA; ANTUNES VARELA. *Código Civil anotado.* Coimbra: Editora Coimbra, 1967, p. 190.
19. Ob. cit., p. 29-54.
20. *Teoria geral do direito civil.* Coimbra: Atlântida Editora, 1967, p. 81.
21. Ob. cit., p. 190.

> "O negócio jurídico supõe a intenção de produzir efeitos práticos vinculativos, sujeitos à tutela do Direito. Não existe negócio jurídico, e, portanto, algo de juridicamente exigível, se falta essa intenção, quer dizer, se não há o intuito de vinculação no plano do Direito".

Lembra também que, às vezes, existem atos que,

> "em princípio, podem revestir significação negocial como não, havendo que ver, caso a caso, qual a intenção das partes, considerando afastada a existência de negócio jurídico se a intenção das partes não foi de assumir ou impor um compromisso juridicamente vinculativo. Alguém acorda com outrem transportá-lo gratuitamente no seu automóvel; semelhante acordo pode corresponder a um simples gesto de cortesia (hipótese em que não há negócio jurídico) ou ao propósito de estabelecer uma vinculação jurídica (situação em que há contrato de transporte, se bem que gratuito)".[22]

Assim é que, mesmo vencida a fase teórica da distinção entre negócio jurídico e ato jurídico não negocial, nem por isso estarão superadas as dificuldades do intérprete, que terá, então, de descobrir, na hipótese concreta, se certo e determinado ato pertence a uma ou a outra categoria.

A incidência do casuísmo será fatal, pois, como já foi dito e s.m.j., não surgiu ainda uma satisfatória teoria geral dos atos jurídicos não negociais.

Passados tantas décadas de tentativas por parte da nata nacional e internacional dos civilistas, parece razoável supor que essa teoria não surgirá. Esses atos são de tal modo diversificados em relação à sua causa, estrutura e função que provavelmente permanecerão rebeldes a classificações e enquadramentos.

14. As digressões retro (n. 11/13) foram feitas em razão da nova sistemática adotada pelo CC/02 a propósito dos fatos jurídicos – Livro III da Parte Geral, Títulos I, II e III.

Cumpre agora voltar ao objetivo direto deste trabalho, que é abordar, ainda que brevemente, o instituto do pagamento.

Diante dessa nova sistemática, não há como deixar de ver o pagamento, considerando-se a sua estrutura, como um ato jurídico simples, isto é, um ato jurídico lícito que não é negócio – art. 185.

É ato voluntário, produz efeitos jurídicos, mas não tem efeito inovador, não cria preceitos ou regras de comportamento para as partes.

É a conclusão a que chegam autores de Portugal, cujo Código contém dispositivo (art. 295) semelhante e inspirador do nosso art. 186.

22. *Manual dos contratos em geral*. 4. ed. Coimbra: Coimbra Editora, 2002, p. 24.

Assim, por exemplo, Almeida Costa[23] e Fernando Pessoa Jorge.[24]

Mas, como ressalta este último, o importante é examinar o pagamento pelo prisma de sua função.

É sob esse enfoque que a doutrina moderna encara o pagamento, como se viu no n. 9 retro, com citações de Larenz e de Antunes Varela.

Acrescente-se, pela clareza, o que diz Galvão Telles:

> "O negócio jurídico tem caráter inovador, é uma disciplina de interesses, vale como Lei n. órbita das partes. Muito diversa é a índole do cumprimento, pelo qual não se inova, mas se executa, não se estabelece e apenas se atua uma disciplina de interesses, não se faz lei e somente se obedece a um comando.
>
> Cabe-lhe a qualificação de ato jurídico (pertencente à espécie dos atos devidos, mas não a de negócio jurídico. Por isso as disposições sobre os negócios jurídicos só lhe são aplicáveis na medida em que a analogia das situações o justifique (art. 295) ressalvados naturalmente os preceitos especiais que a lei consigna a respeito do cumprimento".[25]

15. Vencida a primeira etapa de ordem conceitual, de distinguir as duas referidas categorias de ato jurídico, cumpre ao intérprete vencer novo obstáculo, qual seja, o de enquadrar nelas uma determinada *solutio*, pois como se viu no número 13 supra, um mesmo ato jurídico pode ganhar conotações negociais ou não, conforme o interessado tenha querido assumir um compromisso efetivamente vinculativo.

Veja-se, por exemplo, a entrega gratuita de um bem aos noivos. Essa entrega pode ser, entre outras hipóteses, a título de doação *propter nuptias* – art. 546, configurando, então, um negócio jurídico.

Mas pode igualmente ocorrer que a entrega se deu como um simples presente de casamento, por mera cortesia. Aqui não se está diante de um ato negocial, não tendo sido criado compromisso juridicamente vinculativo.

No primeiro caso, o contrato de doação teria de obedecer forma especial (art. 641), além de ser inadmitida a prova exclusivamente testemunhal, se ultrapassado o valor previsto no art. 227.

No segundo caso, não se exigem tais requisitos, pelo menos em tese.

Diz-se em tese porque as agruras do intérprete podem continuar.

23. Ob. cit., p. 394, nota 2.
24. *Lições de direito das obrigações*. Lisboa: Edição da Associação Acadêmica da Faculdade de Direito de Lisboa, 1975, p. 419.
25. Manual dos contratos em geral, 4. ed., p. 154.

Isto porque o art. 185 prevê que as disposições referentes aos negócios jurídicos aplicam-se aos atos jurídicos não negociais, *no que couber*, sem indicar outras orientações.

Caso se entenda que certo requisito cabe, fecha-se o círculo vicioso, caindo por terra o esforço despendido para a distinção das duas categorias. Na prática, o tratamento será o mesmo para ambos os tipos de ato.

Essa expressão *no que couber* deve ser vista com muito realismo e em função dos costumes, do ambiente em que os fatos se passam, e dos valores em jogo, sejam patrimoniais ou não.

O Código Civil Português é um pouco mais explícito do que o nosso, pois afirma que a extensão dos preceitos se fará *na medida em que a analogia das situações o justifique* - art. 795.

No exemplo acima, existe analogia entre as duas hipóteses de liberalidade (doação e presente), mas é evidente que também existem diferenças patentes entre as duas situações.

No caso específico do pagamento (entrega do objeto da liberalidade), pouco há que possa justificar a extensão ao ato jurídico simples dos preceitos referentes ao negócio jurídico.

16. O aspecto referente à *quitação* tem sido um complicador na matéria ora versada.

Como se trata de um documento escrito liberatório do devedor, alguns autores veem aí um elemento negocial.

Esse elemento pode mesmo surgir, nos casos em que novas combinações sejam estipuladas entre as partes, alterando, de algum modo, a obrigação, ou as obrigações preexistentes.

No comum dos casos, entretanto, isso não ocorre.

A quitação consiste simplesmente numa declaração do credor de que a obrigação foi cumprida, de que a dívida foi paga. E o devedor tem direito de exigir essa declaração, nos termos do art. 319 do CC.

Embora muito útil, a quitação é um instituto menor, no direito civil.

Diz Antunes Varela:

> "A quitação não é um ato de 'disposição do crédito', nem sequer constitui, necessariamente, uma 'declaração de vontade'. E uma 'prova do pagamento' (uma 'declaração de ciência', à qual o declarante adita muitas vezes a declaração formal ('juízo de ciência') de que o devedor fica liberado ou de que ele considera a dívida extinta. Mas este juízo é, por sua natureza, precário, porque pode suceder que a prestação efetuada não seja válida, etc. (...)

A prova do pagamento pode fazer-se por meios diferentes da (declaração de) quitação.

E ainda por se tratar de simples matéria probatória, estabelece a lei uma série de presunções fundadas em 'máximas ou regras da experiência comum'. (...)

Na prática, a quitação só é geralmente usada (e exigida) como meio de prova do cumprimento no círculo das obrigações pecuniárias.

Nas restantes obrigações, designadamente nas obrigações de prestação de fato, a prova do cumprimento se faz através dos meios (probatórios) normais, de acordo com as regras que presidem ao 'onus probandi'".[26]

A esse propósito, convém lembrar que o novo Código não se prendeu ao formalismo do anterior.

O atual art. 320 substituiu o antigo art. 940, que tratava dos requisitos do instrumento de quitação. Esses requisitos foram repetidos, mas introduziu-se parágrafo único, com importante preceito: aqueles requisitos de forma já não são considerados indispensáveis, *das circunstâncias resultar haver sido paga a dívida.*

Em suma, a quitação que não introduz novo acordo apenas revela, reflete a existência do pagamento. Não é mais do que um espelho do pagamento. Se este, segundo a doutrina moderna, não tem caráter negocial, muito menos poderá tê-lo a quitação.

17. O objetivo deste trabalho não vai além de uma simples abordagem a respeito pagamento, forma normal de extinção das obrigações. O tema pareceu apropriado em razão de haver o CC/02 introduzido a figura do ato jurídico não negocial.

Mas a motivação real foi cumprir uma obrigação de amizade para com o Prof. Renan Lotufo, mesmo sabendo que esse tipo de obrigação não comporta extinção, qualquer que seja a natureza do pretenso pagamento.

Referências

ALMEIDA COSTA, Mário Júlio de. *Direito das obrigações.* Coimbra: Atlântida Editora, 1968.

ANTUNES VARELA, J. M. *Direito das obrigações*, v. II. Rio de Janeiro: Forense, 1978.

CARBONNIER, Jean. *Droit civil, 4* – les obligations. Paris: Presses Universitaires de France, 1956.

26. Ob. cit., 46-48.

CARNELUTTI, Francesco. *Sistema dei diritto processuale civile*, v. I, Padova: Cedam, 1936.

CARVALHO DE MENDONÇA, M. I. *Doutrina e prática das obrigações*. Rio de Janeiro: Francisco Alves, 1911.

ENNECCERUS-LEHMANN. *Tratado de Derecho Civil*. Trad. esp. Blas Peres Gonzáles/José Alguer, v. I, t. II. Derecho de obligaciones, I. Barcelona: Bosch, 1947.

GALVÃO TELLES, Inocêncio. *Direito das obrigações*. 3. ed. Coimbra: 0Coimbra Editora, 1980.

______. *Manual dos contratos em geral*. 4. ed. Coimbra: Coimbra Editora, 2002.

GOMES, Orlando. *Obrigações*. 7. ed. Rio de Janeiro: Forense, 1984.

______. *Transformações gerais do direito das obrigações*. São Paulo: Revista dos Tribunais, 1967.

LACERDA DE ALMEIDA, Francisco de Paula. *Obrigações*. Rio de Janeiro: Revista dos Tribunais, 1916.

LARENZ, Karl. *Derecho de obligaciones*. Trad. Jaime Santos Briz, Madrid: Editorial Revista de Derecho Privado, 1955.

MARTINS-COSTA, Judith. O adimplemento e o inadimplemento das obrigações no novo código civil e o seu sentido ético e solidarista. *O novo código civil*: estudos em homenagem ao Prof. Miguel Reale. São Paulo: LTr, 2003, p. 339.

NONATO, Orozimbo. *Curso de obrigações*, 2ª parte, v. I. Rio de Janeiro: Forense, 1960.

PESSOA JORGE, Fernando. *Lições de direito das obrigações*. Lisboa: Edição da Associação Acadêmica da Faculdade de Direito de Lisboa, 1975.

PIRES DE LIMA; ANTUNES VARELA. *Código civil anotado*. Coimbra: Editora Coimbra, 1967.

PONTES DE MIRANDA. *Tratado de direito privado*, t. XXIV. Rio de Janeiro: Borsoi, 1971.

RÁO, Vicente. *Ato jurídico*. São Paulo: Max Limonad, 1961.

SANTORO-PASSARELLI. F. *Teoria geral do direito civil*. Trad. Manuel de Alarcão. Coimbra: Atlântida Editora, 1967.

SERPA LOPES, Miguel Maria de. *Curso de direito civil*, v. 2. Rio de Janeiro: Freitas Bastos, 1955.

TRABUCCHI, ALBERTO. *Instituzioni di Diritto Civile*. Padova: Cedam, 1968.

Compromisso de compra e venda. Troca de e-mails. Manifestação de vontade por escrito[1]

O eminente advogado Dr. Márcio Eduardo Moreira de Campos Andrade consulta-me sobre caso versado em ação cautelar – Proc. 833/2009, da 2ª Vara da Comarca de Pirajuí, formulando as seguintes questões:

1. Pode-se depreender da correspondência eletrônica trocada, a manifestação expressa da vontade do vendedor de vender e demais elementos caracterizadores da promessa de se vender a Fazenda São Luiz? Igualmente em relação ao consulente?

2. A natureza das tratativas havidas entre as partes, através da correspondência eletrônica trocada, estaria a refletir um contrato preliminar de compra e venda da Fazenda São Luiz?

3. O consulente notificou o vendedor da sua intenção firme de realizar o pagamento da primeira parcela do preço, designando o local (12º Cartório de Notas da Capital do Estado de São Paulo) e período (do dia 12 até o dia 17.09) para que o vendedor viesse receber o pagamento e entregar ao consulente a documentação necessária, de praxe, tudo na forma do ajustado. O vendedor não compareceu.

4. O negócio entabulado pelas partes, em sua forma e conteúdo, pode lastrear adequadamente e com a firmeza necessária a ação principal a ser proposta, no caso a obrigação de fazer, do vendedor vender o imóvel ao consulente, nos termos do negócio entabulado? Supletivamente ao pedido em questão, pode-se requerer, também, a indenização pelos danos causados ao Consulente em razão da conduta do vendedor?

Foram-me enviadas as peças principais dos autos da ação cautelar.

1. Publicado originalmente na Revista dos Tribunais. Ano 99 • volume 893 • março 2010.

Passo a responder.

1. A questão central está em saber se a correspondência trocada entre as partes, através de *e-mails*, as vinculou a ponto de ficar caracterizada uma promessa irretratável de venda.

Em vista das peças que me foram exibidas e que fazem parte do processo cautelar, a minha resposta é positiva.

O Dr. Fernando J. R. Borges formulou ao Dr. Oswaldo Tonini, em 23.06.2009, proposta de compra da Fazenda São Luiz pelo preço de R$ 1.900.000,00, especificando a forma de pagamento e as matrículas do imóvel.

Houve contraproposta do vendedor, no valor de R$ 2.200.000,00, em 29.06. E houve nova proposta do comprador, no valor de R$ 2.100.000,00, no dia seguinte – 30.06.

Esta nova proposta foi aceita em 02.07.2009, confirmando o preço e a forma de pagamento.

A aceitação foi comunicada por *e-mail* do advogado do vendedor ao advogado, do comprador, com cópias para os próprios vendedor e comprador (f.). Constou dessa correspondência um prazo de validade de 45 dias da "presente contraproposta", isto é, da "aceitação". Constou também que, "caso entenda necessária a formalização expressa da presente contraproposta subscrita pelo pr. Oswaldo, a mesma lhe será enviada".

O advogado do comprador respondeu, em 03.07, que aguardava a formalização expressa (f.), a qual não veio, até que, após contatos, o advogado do vendedor comunica, em 20.07, que estava "no aguardo do Dr. Oswaldo, pois parece que ele negociou o imóvel com outra pessoa".

A digna juíza indeferiu a liminar por entender que, em vista do aguardo da formalização expressa (f.), as negociações não estavam concluídas.

2. Entendo que, no essencial, as negociações estavam concluídas. A sugestão de formalização expressa partiu do vendedor. O prazo de validade de 45 dias era prazo em benefício do comprador. E o conteúdo da tal formalização expressa tinha que ser *idêntico* ao da aceitação de f.

Na verdade, o negócio jurídico entre as partes ficou definido no momento da aceitação da nova proposta do vendedor, conforme comunicação ao comprador pelo representante natural, em todos os momentos, do vendedor, o qual ficou ciente da comunicação, pois lhe foi enviada cópia da mensagem.

Se houve exorbitância na comunicação, é matéria a ser discutida entre o vendedor e seu representante, pois o *e-mail* diz, de forma a não deixar dúvida, que o Dr. Oswaldo manifesta através deste sua expressa concordância com o valor proposto, ou seja, R$ 2.100.000,00 pela aquisição da Fazenda São Luiz com área de 103,21 alqueires.

3. Como é elementar, qualquer contrato se perfecciona no momento em que a vontade do proponente se funde com a do aceitante, na forma prevista em lei.

Como também é elementar, a promessa, ou compromisso de compra e venda, não exige forma solene, isto é, não exige instrumento público. Contenta-se com a forma de um instrumento particular escrito. O que é vedada é a forma verbal, oral.

No caso em foco, forma escrita houve, ou seja, um contrato epistolar, uma troca de mensagens escritas transmitidas eletronicamente.

O *e-mail é* aceito tranquilamente na jurisprudência como documento escrito.[2]

Os elementos essenciais da compra e venda e, portanto, do compromisso, estão presentes: (a) a fazenda, especificada nas matrículas; (b) o preço de R$ 2.100.000,00 e as condições do pagamento; e (c) o consentimento, expresso na proposta e na aceitação.

O contrato, portanto, foi celebrado.

As circunstâncias de não ter havido pagamento de parte do preço nem transmissão da posse em nada prejudicam a formação do contrato, pois se trata de meros atos de *execução* do mesmo.

Já tivemos oportunidade de dizer em texto de doutrina:

> "Estando perfeito e sendo obrigatório o contrato, uma vez havendo acordo quanto à coisa e ao preço, as partes podem exigir os seus direitos. Os atos de entrega da coisa e do pagamento do preço não são atos constitutivos do i contrato, são atos de execução do contrato.
>
> O comprador tem direito à execução específica do contrato, exigindo judicialmente a entrega física da coisa, com pedido de imissão na posse. Já vai longe o tempo em que se discutia esse tema. Hoje esse direito é reconhecido também ao compromissário comprador.
>
> A exigência do preço se faz sob as formas comuns de cobrança; ou de execução existindo título executivo.
>
> Não se pode confundir o pagamento do preço com o próprio preço. A questão é simples, mas ainda surge nos tribunais nos casos de renitência do ven-

2. Em situações diversas: TJDF, Ap 2002.01.1.030149-5, *DJU* 08.06.2004; TJRS, Ap 70.008.231.623, j. 01.09.2004; TJDF, Ap 2002.01.1.070221-0, *DJU* 04.11.2004; TJMG, Ap 390600-3, *DOMG* 03.03.2004.

dedor em entregar o objeto do contrato diante do aumento do valor do bem no mercado".[3]

Na realidade, a falta de remessa da tal formalização expressa, cujo conteúdo, repita-se, já constava expressamente da aceitação (f.), diz respeito ao *inadimplemento* do que já estava contratado e não à interrupção de tratativas.

O tema, portanto, deve ser encarado no campo da responsabilidade contratual e, não da responsabilidade pré-contratual.

4. Outros relevantes aspectos envolvem a questão.

Os arts. 187, 421 e 422 do CC/2002 consagram princípios fundamentais do direito contratual, a saber: o princípio da função social do contrato e o princípio da boa-fé.

Pela sua, relevância, esses preceitos vão transcritos:

> "Art. 187. Também comete ato ilícito o titular de um direito que, ao exercê-lo, excede manifestamente os limites impostos pelo seu fim econômico ou social, pela boa-fé ou pelos bons costumes".
>
> "Art. 421. A liberdade de contratar será exercida em razão e nos limites da função social do contrato.
>
> Art. 422. Os contratantes são obrigados a guardar, assim na conclusão do contrato, como em sua execução, os princípios de probidade e boa-fé".

Tais preceitos constituem *cláusulas gerais,* ínsitas a todos os contratos, e são normas dirigidas também ao magistrado, que tem o dever de dar-lhes eficácia concreta.

Como bem ressaltou Nelson Nery Junior, com apoio no Min. Ruy Rosado de Aguiar Júnior, o sistema do Código Civil, instituindo as *cláusulas gerais,*

> "reforça o poder do juiz de integrar o negócio jurídico que se lhe é apresentado na ação judicial, exigindo por isso mesmo uma magistratura preparada para decidir mediante esses novos valores, que deve estar ainda mais atenta do que antes, observando os usos e costumes locais para que possa desempenhar esse mister, atendendo as expectativas da sociedade brasileira".[4]

No presente caso, fácil é detectar a infração do princípio da boa-fé e consequente prática de ato ilícito (art. 187 do CC/2002) por parte do vendedor,

3. Compra e venda, troca e permuta. São Paulo: RT, 2005, p. 26.
4. *O novo Código Civil* – estudos em homenagem ao Prof. Miguel Reale. Coordenação de Domingos Franciulli Netto e outros. São Paulo: LTr, 2003, p. 410, e AGUIAR JÚNIOR, Ruy Rosado de. *Projeto do Código Civil*: as obrigações e os contratos. *RT* 775/20.

que aceita a proposta do comprador e imediatamente em seguida negocia o imóvel com terceiro.

Também violado está o princípio da função social do contrato.

Existe, na hipótese em foco, peculiaridade de enorme relevância.

O comprador é um conservacionista de velha data. É proprietário de gleba vizinha da Fazenda São Luiz, objeto do negócio entre as partes, gleba aquela reconhecida oficialmente pelo Ibama como RPPN – Reserva Particular do Patrimônio Natural – Trilha Coroados, com espécies de Mata Atlântica, além de haver corredor de fauna e vegetação. Ali são soltos os animais silvestres recolhidos pelo Ibama naquela vasta região, em que predomina a exploração canavieira.

O comprador-agravante interessou-se pela aquisição da Fazenda São Luiz com o fim específico de ampliar a área de reserva, ou, pelo menos, evitar o risco de degradação da sua reserva já existente, motivo por que o Ibama se manifestou expressamente, dirigindo-se ao Sr. Desembargador Relator através do Ofício n. 89/2009/OFE/Ibama/SP, constante dos autos do agravo, para demonstrar a importância ambiental da área vizinha, alertando que, segundo disposição legal: "Nas áreas circundantes das Unidades de Conservação, num raio de dez quilômetros, qualquer atividade que possa afetar a biota ficará subordinada às normas editadas pelo Conama" – art. 27 do Dec. 99.274/90.

Ao meu parecer, tudo está a demonstrar a necessidade de concessão da liminar, de forma a sustar-se o prosseguimento do segundo negócio encetado pelo vendedor, até que todas as circunstâncias do caso fiquem esclarecidas.

Tal medida é de interesse de todos, inclusive do vendedor, que terá oportunidade de justificar seu estranho comportamento ao negociar duas vezes o mesmo imóvel. O segundo adquirente também terá ocasião de saber das restrições ambientais que existem no local e do interesse do Ibama em preservá-las.

E até mesmo a Justiça tem interesse em evitar o desencadeamento de complexas demandas de natureza real ou pessoal.

Fica a observação de que não há impedimento para o registro da citação das ações pessoais reipersecutórias relativas a imóvel, consoante permissão expressa do art. 127, I, da Lei 6.015/73 – Lei de Registros Públicos.

Sobre a matéria já nos manifestamos, com apoio em Valmir Pontes e em tradicional jurisprudência. Disse o autorizado monografista de Direito Registrário, após admitir expressamente o registro da citação na ação destinada a compelir o réu ao cumprimento do compromisso de compra e venda, a saber:

> "Essas ações são chamadas reipersecutórias porque perseguem uma coisa; ou visam à aquisição de um direito real, ou ao aclaramento de uma dúvida acerca de uma coisa ou direito real, embora se originem de relação de direito meramente pessoal ou obrigacional"

Daí a nossa conclusão:

> "O TJSP ordenou que se fizesse o registro de citação em ação com fundamento no art. 140 do CPC (contrato não registrado), reconhecendo que se tratava de ação pessoal reipersecutória relativa a imóvel, com apoio em Eliezer Rosa, Gabriel de Rezende e Amaral Santos" (*RJTJ* 115/171).

O tema é de muita relevância prática, porquanto o compromissário que não conseguiu o registro do contrato poderá registrar a citação e fortalecer enormemente sua posição negocial.[5]

Passo a responder às indagações específicas do consulente:

1. Pode-se depreender da correspondência eletrônica trocada, a manifestação expressa da vontade do vendedor de vender e demais elementos caracterizadores da promessa de se vender a Fazenda São Luiz? Igualmente em relação ao consulente?

Resposta: Sim, conforme abordado no corpo do parecer.

2. A natureza das tratativas havidas entre as partes, através da correspondência eletrônica trocada, estaria a refletir um contrato preliminar de compra e venda da Fazenda São Luiz?

Resposta: Sim, conforme abordado no corpo do parecer.

3. O consulente notificou o vendedor da sua intenção firme de realizar o pagamento da primeira parcela do preço, designando o local (12º Cartório de Notas da Capital do Estado de São Paulo) e período (do dia 12 até o dia 17.09) para que o vendedor viesse receber o pagamento e entregar ao consulente a documentação necessária, de praxe, tudo na forma do ajustado. O vendedor não compareceu.

Pergunta-se: Deve o Consulente, necessariamente, consignar o valor do sinal?

Resposta: Não. Consignar é uma faculdade que se abre ao devedor, não é um dever. Pode, muitas vezes haver conveniência para o devedor em consignar, mas não existe dever nesse sentido. Eis o que diz o mestre da matéria:

> "E, tendo em vista que uma mora exclui a outra (...), a consequência é que, suposta a recusa injustificada, inicia-se a mora do credo, deixando de ter

5. *Compromisso de compra e venda.* 5. ed. São Paulo: Malheiros, 2006, p. 41.

começo a mora do devedor independentemente da consignação em pagamento" (Agostinho Alvim. *Da inexecução das obrigações e suas consequências*. São Paulo: Saraiva, 1972, p. 74).

4. O negócio entabulado pelas partes, em sua forma e conteúdo, pode lastrear adequadamente e com a firmeza necessária a ação principal a ser proposta, no caso a obrigação de fazer, do vendedor vender o imóvel ao consulente, nos termos do negócio entabulado? Supletivamente ao pedido em questão, pode-se requerer, também, a indenização pelos danos causados ao consulente em razão da conduta do vendedor?

Resposta:

Como consequência da afirmação do parecer no sentido de que a aceitação da proposta, com especificação do objeto do contrato, do *quantum* do preço e forma do pagamento, e como também consta do item 4 retro, pode o comprador exigir o cumprimento específico da obrigação assumida pelo vendedor, tanto para a entrega da coisa como para a formalização final da venda, respeitados eventuais direitos de terceiros de boa-fé.

O fato de as manifestações de vontade terem ocorrido por meio eletrônico não prejudica o contrato. Trata-se de forma jurídica escrita, suficiente para dar vida ao contrato de compromisso de compra e venda. Como também já foi dito, as mensagens através de *e-mail* têm sido admitidas pela jurisprudência como documento escrito e é tendência irreversível em todos os ramos do direito a aceitação de tais meios de comunicação. Veja-se, por exemplo, a recentíssima Lei 12.016, de 07.08.2009 admitindo a impetração de mandado de segurança por meio eletrônico. Nem há que se falar em exigência de assinatura digital certificada, segundo as regras da Infraestrutura de Chaves Públicas Brasileiras – ICP-Brasil. Essa exigência decorre da necessidade de evitar fraudes na comunicação. Nos casos simples de troca de correspondência não existe fraude, na medida em que toda resposta está reconhecendo automaticamente a autenticidade da mensagem anterior, como aconteceu nos *e-mails* trocados entre o comprador e o vendedor no caso em foco.

Quanto aos danos sofridos, não há dúvida quanto ao cabimento de indenização por todos os prejuízos que forem comprovados no curso da ação como, por exemplo: despesas materiais de viagem e estadia; tempo despendido pelo comprador durante a negociação; eventual desvalorização da reserva ambiental da propriedade do comprador com a perda do corredor de fauna e vegetação; lucros cessantes relativos à valorização que a gleba do autor deixou de ganhar com a frustração da aquisição da área vizinha.

Esse o meu parecer, *sub censura* dos doutos.

O contrato de compra e venda de bens imóveis[1]

1. Introdução. O início do negócio imobiliário

O negócio de aquisição de imóvel, no Brasil, raramente se inicia com a assinatura do contrato de compra e venda.

Mesmo após as tratativas preliminares – comuns a qualquer contrato de maior envergadura –, o contrato de compra e venda é precedido, na grande maioria dos casos, de outros negócios jurídicos, como as arras, ou recibo de sinal, com ou sem faculdade de arrependimento, e o compromisso de compra e venda.

Ocorre que o recibo de sinal contém, geralmente, os elementos estruturais do compromisso e, como tal, é encarado pela ordem jurídica. Como o contrato de compra e venda (ccv) costuma ser irretratável, seja de forma expressa ou tácita, e ainda porque tal contrato admite execução específica, ao ser assinado o contrato de compra e venda, a transmissão imobiliária já estará praticamente consumada.

Assim, o que se vai dizer a propósito da compra e venda cabe também para o compromisso, pois é no momento da celebração deste contrato, dito preliminar, que precisam estar presentes os elementos essenciais da própria compra e venda: *res, pretium et consensus.*

Como na presente obra coletiva estão previstos, como temas autônomos, o ccv e a alienação fiduciária em garantia de bens imóveis, que são formas especiais de compra e venda (cv), certamente haverá mais de um enfoque sobre os aspectos comuns a todos esses institutos.

1. Publicado originalmente em GUERRA, Alexandre; BENACCHIO, Marcelo (Coord.). *Direito imobiliário brasileiro:* novas fronteiras na legalidade constitucional. São Paulo: Quartier Latin, 2011.

Observa-se também que não há, na obra coletiva, tema sobre a compra e venda em geral, isto é, o estudo dos elementos e circunstâncias que se referem tanto à compra e venda de bens imóveis como a de bens móveis.

Vamos cuidar desses elementos gerais somente quando necessário ao exame da cv imobiliária, que é o nosso tema.

2. Direito positivo

O principal texto de lei para o estudo da compra e venda imobiliária está no Código Civil – Cap. I do Título VI – art. 481 e seguintes, com preceitos gerais para móveis e imóveis e específicos para cada um desses objetos. Como negócio jurídico e contrato, está também presente na Parte Geral e no Direito das Obrigações. E como título aquisitivo de propriedade também lhe interessa o Direito das Coisas. E até alguns dispositivos do Direito de Família.

Nos diversos códigos civis, a cv é tratada de modo geralmente uniforme, alterando-se pouco e parecendo tender a se tornar a uma técnica jurídica neutra.

Já tivemos oportunidade de dizer,[2] que é fora dos Códigos que aparecem as grandes modificações, diretas ou indiretas, dos diversos tipos de venda.

No que diz respeito à venda imobiliária no Brasil, encontramos fora do CC alguns diplomas fundamentais, como a Lei do Parcelamento do Solo Urbano (Lei n. 6.766/79), também chamada Lei de Loteamentos); Lei do Condomínio e Incorporações (Lei n. 4.591/64); Lei de Alienação Fiduciária de Imóvel (Lei n. 9.514/97); Lei do arrendamento mercantil de imóvel, ou *leasing imobiliário* (Lei n. 6.099/74, estendida aos imóveis pela Lei n. 9.514/97); Lei do chamado arrendamento residencial, outra forma de *leasing imobiliário,* introduzido pela Lei n. 10.188, de 12.02.2001.

A esses diplomas faremos menção adiante, quando necessário.

Desde logo, porém, é preciso salientar o condicionamento especial que o Código de Defesa do Consumidor – Lei n. 8.078/90, dá à venda imobiliária. A letra e o espírito do CDC haverão de predominar, em caso de conflito de disposições legais sobre o direito positivo comum, inclusive do CC, tendo em vista a prosápia constitucional da proteção ao consumidor. Acresce-se que os mais importantes dos diplomas supramencionados, como a Lei de Loteamentos e a Lei de Incorporações Imobiliárias, exigem, de regra, a prévia celebração do

2. *Compra e venda, troca e permuta.* São Paulo: Revista dos Tribunais, 2005, p. 21, invocando CAUT1ER, Pierre-Yves. Les contrats speciaux. In: MALAURIE, Philippe; AYNÈS, Laurent. *Droit Civil.* Paris: Cujas, 1998, p. 53-57.

ccv. No campo do compromisso, então, é que acaba sendo examinada, tanto na Doutrina como na Jurisprudência, a aplicação do CDC sobre o negócio imobiliário, não havendo dúvida de que existe relação de consumo nos casos de loteamento e de incorporação imobiliária.

Convém também ressaltar que toda a extensa jurisprudência em torno do ccv incide também sobre os demais institutos acima mencionados, inclusive sobre a alienação fiduciária de imóvel.[3]

Tão relevante é a proteção ao consumidor, no Direito Imobiliário Brasileiro, que a presente obra coletiva lhe destinou vários textos específicos, que vão desenvolver bem a matéria. Para outras consultas, veja-se o nosso *A resolução do compromisso de compra e venda – questões atuais.*[4]

Quando se trata de negócio imobiliário iniciado por um compromisso de compra e venda, a questão do contrato definitivo de compra e venda apresenta apenas uma relevância formal, cada vez menos valorizada pela ordem jurídica. Isto porque tudo de realmente relevante passou-se no primeiro contrato. Assim, os assuntos ligados à coisa, ao preço e ao consentimento devem ser examinados no momento do compromisso.

Na verdade, trata-se de um único negócio jurídico. A cv, no caso, tem natureza de pagamento, ou seja, de ato extintivo de obrigação, e não de contrato propriamente dito, isto é, de ato gerador de obrigação. Esse tema será certamente tratado, nesta coleção, no texto específico sobre o ccv. Para outros desenvolvimentos, veja-se o nosso *Compromisso de compra e venda.*[5]

Aqui vamos tratar da compra e venda como contrato autônomo, desvinculado do compromisso. O que tiver de ser abordado relativamente aos elementos estruturais da compra e venda poderá, por certo, aplicar-se também ao ccv, pois este constitui, na realidade, uma espécie de Compra e venda.

3. A Compra e venda. Conceito

O conceito do contrato de compra e venda é dado pelo art. 481 do CC: "Pelo contrato de compra e venda, um dos contratantes se obriga a transferir o domínio de certa coisa, e o outro, a pagar-lhe certo preço em dinheiro". Aí estão os elementos estruturais do contrato: *res pretium et consensus.*

3. Cf. RESTIFFE NETTO, Paulo; RESTIFFE, Paulo Sérgio. *Garantia fiduciária.* São Paulo: RT, 2000. p. 252 e 256.
4. BARIONI, Rodrigo (Coord.). *Processo imobiliário,* Forense.
5. 5. ed. São Paulo: Malheiros, 2006.

O texto revela também a adoção do sistema romano-germânico de transferência da propriedade: o contrato, por si mesmo, não transfere, apenas cria a obrigação de transferir a propriedade. A transferência se faz em duas etapas: o contrato é a causa, o *titulus adquirendi*, a propriedade só será transferida no segundo momento, quando houver o registro, isto é, quando ocorrer o *modus acquisitionis*.

Por ser causa da transferência, o contrato de compra e venda é considerado *titulo translativo* do domínio. O ato seguinte – o registro – não é ato negocial, é simples fato jurídico. Por isso mesmo, o contrato não admite contraordem ou revogação unilateral.

Mesmo sem acarretar diretamente a transferência da propriedade, a relevância do contrato é enorme: no momento de sua celebração – e não no momento do registro – é que devem ser examinadas as questões relativas à capacidade das partes, os vícios da vontade, a incidência das leis civis, tributárias etc.

4. Objeto. Bem imóvel. Contrato formal. Exceções

Contrato oneroso e comutativo. Para o que interessa ao presente texto, o objeto do contrato, ou melhor, a coisa sobre a qual incide a obrigação de transferência, é o bem imóvel, assim indicado pelos arts. 79/81 do CC. Por força do que dispõe o art. 108 do mesmo código, impõe-se a escritura pública para a validade do negócio jurídico. O CC, portanto, trata a cv imobiliária como um contrato extremamente formal. A exceção prevista pelo art. 108 refere-se aos imóveis de valor inferior a 30 salários mínimos. Como praticamente quase não existem negócios de imóveis nesse valor, a exceção é de mínima importância.

A regra de exigência de escritura é afastada em várias e importantes situações, como nos negócios ligados ao Sistema Financeiro da Habitação em que a cv pode ser celebrada por instrumento particular.

Em caso de terreno loteado também não há necessidade de escritura pública. Nesse caso, aliás, já não há nem mesmo exigência do próprio contrato de compra e venda, bastando o registro do compromisso acompanhado do instrumento de quitação do preço. Nesse rumo caminhou o desenvolvimento legislativo do ccv nos casos de terrenos loteados.

Como se sabe, o ccv nunca exigiu instrumento público, mas para completar-se a transferência ainda existe a imposição da formalidade da tal escritura definitiva, para a generalidade dos casos. Contudo, a Lei 9.785/99, ao fazer várias modificações na Lei de Loteamentos, introduziu o § 6º no art. 26, alterando a sistemática de transmissão da propriedade dos lotes de terreno, a saber: averbando-se o instrumento de quitação no registro do ccv, completa-se a transmissão do domínio, ficando dispensado, portanto, o contrato de compra e venda.

Tenho como evidente que o novo sistema atinge todo e qualquer loteamento. Entretanto, o Conselho Superior da Magistratura do Estado de São Paulo, por decisão administrativa, restringiu o alcance da norma apenas aos casos de loteamentos promovidos pelo Poder Público ou entidades delegadas.[6]

Pelo que já se viu, portanto, o contrato de compra e venda imobiliária é um contrato formal, solene. Como regra, exige maior formalidade – instrumento público – por força dos arts. 104, III, e 108 do CC. Excepcionalmente, aproxima-se do ccv, como nos casos submetidos ao Sistema Financeiro da Habitação, e admite o instrumento particular, mas continua um contrato formal, na medida em que exige forma escrita.

5. Contrato oneroso e comutativo. Coisa futura

Além de ser, por sua própria natureza, um contrato *oneroso*, a compra e venda é também contrato *consensual,* em oposição ao contrato real. Para se perfeccionar, não exige a entrega da coisa, bastando que as partes acordem, na forma legal, sobre o objeto e o preço para que o contrato se torne obrigatório. Assim, a entrega da coisa e o pagamento do preço constituem *atos de execução* e não de formação do contrato.

É também contrato *comutativo,* pois as prestações das partes devem ser, em princípio, equilibradas. A vantagem representada pela coisa deve corresponder à vantagem representada pelo preço. A aferição da vantagem deve-se fazer com certa subjetividade em relação a qualquer das partes, pois a um certo vendedor pode interessar, por motivos pessoais, um preço inferior ao real; como, também por motivos pessoais, pode interessar a um certo comprador o pagamento de um preço superior ao comum.

Embora comutativo, o contrato de cv pode assumir feição aleatória, na forma do art. 458 e seguintes do CC, isto é, quando disser respeito a coisas ou fatos futuros, cujo risco de não virem a existir for assumido por um dos contratantes. A hipótese é comum nas vendas mobiliárias.

Coisa futura é aquela que ainda não existe, mas é provável que venha a existir. A lei usa a expressão adequada, ou seja, coisa *futura* e não coisa

6. Sobre o caráter antissocial e reacionário da decisão, veja-se o artigo nosso A dispensa de escritura na venda de imóvel loteado. Crítica da orientação do Conselho Superior da Magistratura de São Paulo. *Revista do Instituto dos Advogados de São Paulo*, vol. 20, p. 152. São Paulo: Revista dos Tribunais, 2007.

inexistente, o que poderia constituir ato criminoso. Quando se diz "futura" está-se admitindo, por certo, que um dia a coisa ganhará realidade.

A venda imobiliária pode também ter por objeto uma coisa futura, conforme previsão ampla do art. 483. No ambiente imobiliário, a hipótese de maior relevância acontece com a incorporação imobiliária – Lei 4.591/64. Neste caso, o instrumento usual é o ccv, mas nada impede a adoção do contrato de cv.

Se o contrato de cv de coisa futura pode adquirir feição aleatória no campo mobiliário, o mesmo não ocorre, a meu ver, quando se trata de venda de imóvel.

Na incorporação imobiliária, se o comprador assumir o risco de o bem não vir a existir, o contrato seria nulo, pois estaria havendo infração em bloco da Lei de Incorporações, bem como de regras básicas do CDC.

E não é fácil imaginar a cv de um imóvel futuro fora do campo da incorporação. Assim, dificilmente o contrato de cv de bem imóvel poderá ser tido como contrato aleatório no que diz respeito à coisa vendida.

Com relação ao preço, ou melhor, quanto à fixação do preço do imóvel, é possível que o contrato assuma alguma feição aleatória. E o que se vê dos arts. 486 e 487, que permitem a fixação do preço em função de uma taxa de mercado ou bolsa e, também, em função de índices e parâmetros.[7]

6. Cessão de direitos

Quando a coisa objeto de transmissão é uma coisa incorpórea, particularmente quando se trata de *direitos,* diz-se que se trata de *cessão de direitos.*

Se a cessão é onerosa, rege-se pelas regras da compra e venda; pois na realidade é uma compra e venda. Se a cessão é gratuita, vigoram as regras da doação.

A cessão da *herança,* ou dos *direitos hereditários* (arts. 80, II, e 1.793 do CC), é venda imobiliária, para a qual é exigida expressamente a escritura pública, exigência hoje contornável, se necessário, pela adoção de contrato preliminar, consagrado de forma genérica pelo CC/02 – art. 463 e seguintes – contrato esse que, como regra, comporta execução específica.

Também é venda imobiliária a cessão de *direitos possessórios.*

O CC/02 dedicou ao instituto da posse todo o Título I do Direito das Coisas, com 29 artigos, mas não o relacionou entre os direitos reais – art. 1.223, provavelmente para não querer entrar na querela acadêmica sobre a natureza

7. *Compra, e venda, troca e permuta.* Ob. cit. p. 36 e s.

da posse, se é fato ou se é direito. Assim agindo, acabou por optar pela corrente *do fato,* que é majoritária no Brasil.

O exame do atual direito positivo brasileiro fortalece a corrente do *direito*, pois há hipóteses de posse que comportam até mesmo o registro imobiliário – Lei nº 6.015/75, art. 167, 1, nº 36 e 41.[8] Um fato não pode ser vendido, o que é vendido são os direitos decorrentes do fato, ou seja, os direitos possessórios.

A verdade é que os contratos de cessão (leia-se *venda*) de direitos possessórios sobre terrenos e acessões ocorrem diariamente e os tribunais os aceitam com tranquilidade. Geralmente são formalizados por instrumento particular, além de serem considerados justo título para efeito de usucapião.[9]

7. Preço. Dinheiro e moeda fiduciária

O preço tem que ser em dinheiro. Caso seja convencionado que o pagamento seja feito por outro meio lícito, através da entrega de outra coisa, o contrato não é nulo, o negócio valerá, mas não será compra e venda.

Admite-se que faça as vezes do dinheiro a chamada moeda fiduciária, ou seja, os títulos de crédito que costumam representar dinheiro, como o cheque, a nota promissória, a letra de câmbio, a duplicata.

Se o cheque foi pré-datado, deixa de ser tido como ordem de pagamento e sim como promessa de pagamento ficando equiparado à nota promissória.

Nos casos de pagamento com cheque sem fundos, a jurisprudência vem em socorro do vendedor e entende que a hipótese é semelhante ao pagamento com moeda falsa, o que acarreta a inexistência ou nulidade do pagamento, permitindo a resolução pura e simples do contrato.

Se o título de crédito foi recebido pelo vendedor de forma *firo soluto,* isto é, para solver imediatamente a dívida, dando quitação ao comprador,

8. Registro da imissão provisória na posse e da cessão e promessa de cessão da posse, conforme previsto pela Lei n. 9.785/99, bem como da legitimação de posse prevista pela Lei n. 11.977/09.
9. Usucapião – Requisitos – Instrumento de cessão de direito possessório – Ausência de capacidade de transferir o domínio da propriedade – Irrelevância – Documento considerado como justo título, caso contrário, desnecessária seria a propositura da demanda. Ementa da Redação: Tratando-se de ação de usucapião, é incabível falar que justo título é o instrumento que possibilite por si só a transmissão do domínio, pois, caso contrário, desnecessária seria a propositura da demanda. *In casu,* embora o instrumento de cessão de direito possessório não tenha a capacidade de transferir o domínio da propriedade, é considerado um justo título. Ap. 261.217-4/0-00 – 1ª Câm. – j. 05.08.2003 – rel. Des. Elliot Akel.

entende-se que a compra e venda foi consumada, ocorrendo *novação*, motivo por que só cabe ao vendedor o crédito representado pelo título.

Importante notar que o vendedor poderá atacar o ato sob outras fundamentações como erro, dolo, fraude etc.

Se o título foi emitido *pro solvendo,* ou seja, como garantia do pagamento futuro, para solver a dívida no futuro, não houve pagamento, e o vendedor pode pedir a resolução do contrato e a restituição do imóvel.

Geralmente não é difícil perceber a maneira com que foi emitido o título. Se não houve quitação do pagamento do preço, ou se os títulos foram emitidos em série, devem eles ser tidos como *firo solvendo.*

Na dúvida, também devem ser considerados como *pro solvendo*, pois a lei exige pagamento *em dinheiro* e apenas excepcionalmente os títulos são aceitos como dinheiro.

8. Preço. Índices ou parâmetros

A lei – art. 487 do CC – prevê que é lícito às partes fixar o preço em função de índices ou parâmetros, desde que suscetíveis de objetiva determinação. Isto porque o preço precisa ser sempre determinado, ou determinável. No Brasil, dizer que o preço precisa ser "em dinheiro", diz muito pouco, porque frequentemente não se sabe bem qual é o dinheiro. Conviveu-se durante décadas e décadas de inflação corroendo o valor real do dinheiro e ainda se convive com sistemas de correção monetária.

A matéria precisa ser examinada em harmonia com os arts. 315 a 318 do CC, que tratam do pagamento das dívidas em dinheiro. O art. 315 estabelece que as dívidas em dinheiro deverão ser pagas no vencimento, em moeda corrente e pelo valor nominal, salvo o disposto no art. 316, o qual permite o aumento progressivo de prestações sucessivas; e do art. 317, que permite ao juiz corrigir desproporções manifestas e imprevisíveis entre o valor original e o do tempo do pagamento. E o art. 318 diz que são nulas as convenções de pagamento em ouro ou moeda estrangeira, excetuados os casos previstos na legislação especial.

O CC, portanto, mesmo afirmando que a dívida deve ser paga em moeda corrente e pelo valor nominal, admite a correção monetária com a adoção de índices e parâmetros. Teve a sábia cautela de ressalvar os casos previstos na pela legislação especial. Esta é que, na realidade, regula o assunto, que é mutável por natureza e não pode ficar presa à natural estabilidade da norma codificada.

O principal diploma da legislação especial é a Lei n. 10.192/2001, que impôs o real como moeda corrente nacional e criou limites para a correção monetária. As exceções da proibição de contratos em moeda estrangeira estão previstas nos arts. 2º e 3º do Dec.-lei 857/69 e art. 16 da Lei 8.880/94.

A utilização de parâmetros é antiga no mercado imobiliário brasileiro: tantas sacas de café, tantos arrobas de boi gordo, veículos, desde que indicados o tipo, qualidade, local, data, necessários para a determinação do preço. Adotado um parâmetro, a determinação do preço assume feição aleatória, pois não se sabe com antecipação qual vai ser o valor do preço.

Álea também existe na adoção de um índice, pois as pessoas comuns desconhecem a autenticidade e realismo da composição do mesmo.

Escolhido um índice, o seu conteúdo não poderá, a meu ver, ser impugnado judicialmente, sob pena de o preço deixar de ser *determinável*, como é de exigência do art. 487, referido diretamente à compra e venda, bem como do art. 104, II, do CC, segundo o qual o objeto do negócio jurídico deve ser, necessariamente, determinado ou determinável.

O índice SELIC – taxa referencial do Sistema Especial de Liquidação e de Custódia – não constitui fator de correção monetária. E um taxa de juros que contempla uma expectativa de inflação e uma parcela remuneratória, além de prever capitalização mensal.

Assim, não cabe a incidência de juros pela SELIC concomitantemente com algum índice de correção monetária, pois haveria dupla aplicação da correção monetária em detrimento, evidentemente, do devedor.

Sobre a temática dos juros na venda imobiliária, houve grave alteração legislativa trazida pela Lei n. 11.977/2009. O art. 75 dessa lei alterou a Lei do Sistema Financeiro da Habitação (SFH), Lei n. 4.380, de 21 de agosto de 1964. Entre as alterações, introduziu o art. 15-A, a saber:

> "Art. 15-A É permitida a pactuação de juros com periodicidade mensal nas operações realizadas pelas entidades integrantes do Sistema Financeiro da Habitação".

O que causa maior espanto é que a Lei n. 11.977/2009 apresenta-se com caráter protetivo e com a pretensiosa denominação de Programa Minha Casa Minha Vida. Sobre o assunto fizemos ponderações em *Direitos Imobiliários da População Urbana de Baixa Renda.*[10]

10. Editora Sarandi.

9. Despesas de escritura e registro

Como é da lei e da praxe, as despesas de escritura e registro cabem ao comprador, o qual indica o tabelião. As despesas da tradição cabem ao vendedor. A matéria é de direito dispositivo, podendo as partes regulá-la da forma que desejarem.

A tradição tem maior relevância na compra e venda mobiliária, pois aqui ela constitui *modus acquisitionis.*

Tradição, na venda, imobiliária refere-se apenas à entrega *posse,* que pode ocorrer simbolicamente quando da celebração do contrato ou em ato posterior.

Apresenta relevância em relação à teoria do risco. Em matéria imobiliária, não vigora exclusivamente o princípio *res perit domino.* Se uma casa é destruída por um incêndio no interregno entre a celebração do contrato e registro, quem deve suportar o risco é quem estava na posse do imóvel, seja o comprador, seja o vendedor. É consequência do que dispõe o art. 492 do CC. O importante aqui é *a posse,* pois quem tem poder material sobre ela é quem pode – e deve – zelar por ela. Se ele, comprador, embora dono, já que o contrato estava registrado, mas não estava na posse por não ter havido *tradição,* não responde pelo risco do incêndio. No caso, *res perit emptori.*

Convém lembrar que o primeiro elemento a ser levado em conta nas questões de risco é a *culpa,* ou melhor, a responsabilidade pela culpa. Assim, se havia mora do credor no recebimento do imóvel, correm por conta dele os riscos do perecimento da coisa.

Uma pequena questão que às vezes gera constrangimento entre as partes: o primeiro ato é do vendedor, que assina a escritura, ou é do comprador, que entrega o cheque ou o dinheiro?

Segundo se vê o art. 491, o primeiro ato é do comprador, pois, não sendo a venda a crédito, o vendedor não é obrigado a entregar a coisa antes de receber o preço. A lei privilegia a coisa em detrimento do dinheiro, provavelmente porque a coisa apresenta valor intrínseco, e não simbólico como o dinheiro.

Em matéria imobiliária, em que comumente o vendedor dá quitação na própria escritura, existe elegante praxe – um tanto esquecida – que bem resolve o impasse: o comprador deixa o cheque à mesa, com o tabelião, que o entregará ao vendedor, após a assinatura de ambas as partes.

10. Venda para descendente

Essa questão é ligada às tradições do direito português e não figura na maioria dos Códigos. Fonte de litígios e incompreensões, não tem a relevância social que se lhe dá no Brasil e em Portugal. Os fatos se passam no ambiente, familiar, cheio de peculiaridades, muito diferente do mundo comum dos negócios.

O preceito do art. 496 do CC devia estar inserido no Livro IV – Do Direito de Família, o que levaria mais facilmente o juiz a ter presente os princípios desse ramo do direito ao examinar as circunstâncias reais do negócio, como a conveniência para o ascendente, o valor real do bem, a aquiescência ou tolerância dos outros descendentes, presença ou ausência de predileções etc.

Ainda que constando no frio Direito das Obrigações, a norma é de Direito de Família, e como tal deve ser encarada.

A norma dirige-se tanto à venda de bens móveis como de imóveis. Entretanto, a ocorrência se dá maciçamente no ambiente imobiliário, mais estável e de prova mais fácil. Raramente se encontra nos tribunais uma disputa em torno da venda de um bem móvel para o descendente.

O CC/16 – art. 1.132 – tratou mal a questão e gerou duas interpretações sobre a consequência da falta de consentimento expresso dos demais descendentes. Para uns, nulidade; para outros, anulabilidade da venda.

Discutiu-se a questão *ad nauseam*, a ponto de serem geradas duas súmulas do Supremo Tribunal Federal: 152 e 494. O Superior Tribunal de Justiça julgava nos dois sentidos.

A melhor tese sempre me pareceu a da anulabilidade, inexistente interesse público ou coletivo suficientemente relevante para o decreto de nulidade do ato.

O CC/2002 pôs fim à controvérsia, optando expressamente pela tese da anulabilidade – art. 496.

Vê-se aí, de modo claro, a mão de Agostinho Alvim, um dos baluartes da tese,[11] e que foi o redator do Projeto de CC nessa parte.

Com o novo rumo tomado pela lei civil, o prazo de prescrição para a propositura da ação anulatória reduziu-se drasticamente, por força do art. 179, segundo o qual, quando a lei dispuser que determinado ato é anulável, sem estabelecer prazo para pleitear-se a anulação, será este de dois anos, a contar da conclusão do ato. Os que mais merecem proteção, que são os incapazes, continuam amparados, pois contra eles não corre prescrição.

Após a vigência do CC/2002, a jurisprudência do STJ – mesmo julgando casos ocorridos sob a égide do CC/16 – foi, obviamente, no sentido da anulabilidade.

11. Da *compra e venda e da troca*. Rio de Janeiro: Forense, 1961, p. 69.

Veja-se a esse propósito o REsp n. 476.557 – PR – 3ª T. – Rela. Min. Nancy Andrighi – j. 18.12.2003 – v.u., *Bol. AASP* n. 2404, em que se dá bom panorama da longa divergência ocorrida no Tribunal.

Finalmente, nos Embargos de Divergência em REsp n. 661.858-PR, r. Ministro Fernando Gonçalves, julgado em 26.11.2008, ficaram assentados pontos relevantes, como se vê da ementa:

11. Venda. Ascendente a Descendente. Ato Anulável

A venda de ascendente a descendente, sem a anuência dos demais, segundo melhor doutrina, é anulável e depende da demonstração de prejuízo pela parte interessada. Precedentes.

– Prescrição aquisitiva em favor dos compradores (descendentes) reconhecida pelas instâncias ordinárias, porque permaneceram na posse dos bens, de boa-fé e com justo título, por mais de quinze anos.

– Embargos de divergência conhecidos e acolhidos para, reformando o acórdão embargado, restabelecer o julgamento do Tribunal de origem.

A ementa foi transcrita porque aborda dois outros pontos relevantes, além da questão da anulabilidade, pois ficou também decidido que o descendente preterido precisa provar prejuízo; e que o adquirente pode arguir usucapião em seu favor.

Venda a descendente por interposta pessoa

Outro aspecto de relevância em tema de validade da venda e que ainda persiste ocorre quando a venda se fez por interposta pessoa para beneficiar algum descendente.

Este aspecto tem relevância e faz mudar inteiramente o enfoque sobre a validade da venda para o descendente.

Isto porque já não se trata mais da violação do dever (menor) que cabe ao ascendente de obter o consentimento dos demais descendentes. Aqui entra em jogo a prática de ato simulado, o qual é tratado com severidade pela atual ordem jurídica. O CC/2002 fulmina de nulidade o ato simulado – art. 167, § 2º – e deixa claro que existe simulação no negócio jurídico que aparenta transmitir direitos a pessoas diversas daquelas às quais realmente se transmitem. Com tal raciocínio, entende-se que é esse o texto legal a ser aplicado no caso de venda a descendente, e não o do art. 496 do CC.

A questão é nova e, ao que me consta, ainda não foi enfrentada pelo STJ.[12]

12. No regime do CC/16, o STJ já apontava para a distinção entre a venda direta e a venda por interposta pessoa – REsp n. 154.614-RJ, Rel. Min. Castro Filho; j. 10.03.2003;

O Tribunal de Justiça de Santa Catarina já a abordou com lucidez:

"A venda de descendente para descendente por interposta pessoa é negócio jurídico simulado e, por consequência, nulo, a teor do artigo 167, parágrafo primeiro, I, do atual Código Civil.

Prescreve em dez anos o direito de pleitear a nulidade da compra e venda de ascendente para descendente por interposta pessoa realizada sob a égide do novo Código Civil, contando-se o prazo prescricional da transmissão do bem ao real adquirente".[13]

Louve-se a preocupação do acórdão em não considerar imprescritível o ato, embora nulo, considerando *o evidente interesse* de terceiros de boa-fé.

12. Venda *ad mensuram* e venda *ad corpus*

Trata-se de hipótese exclusiva da venda imobiliária e é tratada pelos arts. 500 e 501 do CC. Ocorre frequentemente nos negócios, chegando, também frequentemente, aos tribunais.

As conhecidas expressões latinas são de fácil compreensão, até os alunos e os leigos as entendem com facilidade.

Na venda *ad mensuram*, o preço é estipulado por uma medida de extensão (metros quadrados, hectares, alqueires, etc.); ou se diz que o objeto da venda constitui uma área determinada.

Na venda *ad corpus*, o objeto é individualizado por si mesmo, como uma coisa certa e conhecida, como o lote "x" da quadra "y" de tal loteamento; ou a Fazenda tal, ou Chácara tal. Entende-se, então, que a eventual referência às dimensões foi apenas enunciativa, isto é, imprecisa, mesmo não constando de modo expresso que a venda foi *ad corpus*, ou seja, de um corpo certo.

A grande dificuldade está em saber, concretamente, na prática, o que foi que as partes contrataram.

Isto porque, mesmo quando se compra um corpo certo, normalmente há a suposição de que o mesmo tenha uma certa área. E quando se compra por medida de extensão, geralmente informa-se a indicação, a denominação, do imóvel comprado.[14]

REsp n. 61.102-4-SP – 3ª T., Rel. Min. Costa Leite – *DJU* 16.10.1995.

13. Apelação Cível n. 2008.055.139-8, rel. Des. Fernando Carioni, j. 26.11.2008, *JURID, Publicações Eletrônicas*, vol. VII, Jur. 9.713.

14. AZEVEDO JÚNIOR. *Compra venda...*, p. 70-71, com apoio em Agostinho Alvim.

Nem sempre os contratos são bem redigidos e acabam deixando margem para interpretações nos dois sentidos, principalmente quando se trata de saber se foi, ou não, "apenas enunciativa a referência às dimensões" do imóvel.

A venda *ad mensuram* gera menos problemas, pois as partes geralmente são mais cautelosas e definem melhor o objeto da venda. A natureza comutativa do contrato é mais respeitada.

A venda *ad corpus* tem a vantagem de facilitar o fechamento do negócio, dispensando medições, às vezes demoradas. Mas apresenta o grave inconveniente de introduzir uma álea nem sempre assumida conscientemente pelas partes. Assim é que, havendo excesso de área, sorte para o comprador e azar do vendedor. Havendo falta de área, a sorte muda de lado.

Às vezes a diferença de área é de tal vulto que pode justificar a invocação, pelo prejudicado, de outro fundamento legal para pedir a anulação do ato, como o erro – art. 139, 1 – erro substancial sobre o objeto principal da declaração; e também do dolo – 147 –, se caracterizada eventual omissão dolosa por parte do declarante.[15] Até mesmo as regras gerais relativas ao inadimplemento do contrato podem ter cabimento, segundo informam Huet, p. 408 e 409, e Malaurie e Aynès, p. 232 e 233.

Se o próprio contrato deixa claro que a venda é feita *ad corpus* e também deixa expresso que as medidas indicadas são meramente enunciativas, não se põe, em princípio, a questão da interpretação porque aí as partes optaram conscientemente por esse tipo de venda.[16]

Segundo o art. 500, se na venda *ad mensuram* a área não corresponder ao que constou do contrato, tem o comprador a possibilidade de exigir o complemento da área. Se inviável a exigência – o que é mais comum – abre-se então para ele a alternativa de reclamar a resolução do contrato ou o abatimento proporcional do preço.

15. [14] TJSP, Ap. 41.521.4/2, rel. José Osório. Trata-se de venda de chácara com área prevista de 60.000 m^2, tendo sido encontrados 48.000 m^2. O caso foi julgado em favor do comprador, com fundamento no direito comum e não segundo o princípio da venda *ad corpus.*

16. "A *presunção estabelecida no parágrafo único do* artigo 1.13 6 do Código Civil atende somente às hipóteses em que há incerteza quanto à modalidade da venda realizada – se ad *mensuram* ou ad *corpus,* o que não ocorre no caso concreto, diante da expressa e clara disposição contratual no sentido de que o imóvel é vendido como coisa certa e discriminada, sendo meramente formal ou enunciativa a referência às suas dimensões". STJ, REsp n. 445.174-AL, Rel. Nancy Andrighi, j. 08.05.2003, v.u., com várias declarações de voto.

13. Diferença de um vigésimo

Se a diferença não exceder de um vigésimo da área total da venda, a lei a despreza e não admite discussão em torno da pequena cifra, ficando ressalvado o direito de o comprador demonstrar que, em tais condições, não teria realizado o negócio.

Com efeito, a pequena área pode, eventualmente, adquirir relevância ao colocar todo o imóvel em situação tributária desfavorável ou em relação a índices referentes ao direito de construir.

Nos contratos, é comum a referência à expressão "mais ou menos", a qual significa "um pouco mais ou um pouco menos", "aproximadamente". Jamais poderá significar "muito mais ou muito menos", nem se pode extrair dela – desacompanhada de outros elementos – a conclusão de que se trata, só por isso, de venda *ad corpus*. No comum dos casos, a expressão visa apenas a evitar discussões sobre insignificâncias ou dúvidas exageradas do registro de imóveis.

14. Afinidade com o processo de retificação de registro

A venda *ad mensuram* apresenta afinidade com a retificação de registro em processo de jurisdição voluntária prevista no art. 213 da Lei n. 6.015/73. Verificando-se, por profissional habilitado, que a área vendida não corresponde à que consta do registro e estando as partes concordes, pode o interessado valer-se do processo acima.[17]

O STJ, aliás, vem admitindo com largueza a aplicação de tal dispositivo, mesmo quando substancial a retificação.[18]

O Conselho Superior da Magistratura de São Paulo, entretanto, deu interpretação restritiva, afastando expressamente a afinidade com a *venda ad mensuram*, por se tratar de registro de formal de partilha.[19] Não me parece que tenha razão. Se o raciocínio vale para o negócio jurídico de venda em que as

17. STJ – Registros Públicos. Retificação. Alteração da área do imóvel. Venda realizada *ad mensuram*. Adequação do registro à situação de fato preexistente. Ausência de impugnação válida. Agravo regimental desprovido – AGA 429685/MS, Min. Antonio de Pádua Ribeiro, *DJ* 28.10.2002.
18. STJ – REsp. n. 589.597-MG – 4ª T. – Rel. Min. Aldir Passarinho Junior – j. 17.06.2010.
19. Trecho do acórdão: "A invocação do artigo 1.136 do Código Civil não beneficia a recorrente. Dito dispositivo regra a venda *ad mensuram* e a venda *ad corpus* e diz respeito à fase negocial da alienação imobiliária. Diferentemente, na espécie, não se cuida de venda mas de partilha decorrente de sucessão *mortis causa* e mister o respeito aos princípios registrários, previstos na Lei n. 6.015/73.CSM, Apelação Cível n. 76.387-6 JTJ – Volume 248 – Página 530".

partes acabaram concordes com a área encontrada, também deve valer para o negócio jurídico de partilha, pois em relação a ambos os negócios estão presentes as mesmas razões de decidir. Creio que a jurisprudência do STJ citada na nota 16 deve repercutir no TJSP. Deixa-se de desenvolver o tema mais alongadamente em razão da natural limitação do presente trabalho.

15. Código Civil/2002. Interesse do vendedor. Prazo decadencial curto

O CC/02 trouxe duas importantes alterações na matéria. O código anterior só cuidava do interesse do comprador, que poderia, na venda *ad mensuram,* vir a ser prejudicado pela falta de área. O interesse do credor, que poderia ser prejudicado se houvesse excesso de área, não estava contemplado pelo texto do então art. 1.136. A maioria dos autores justificava a orientação do antigo código sob a consideração de que o vendedor deve bem conhecer o imóvel que está vendendo.

O § 2º do atual art. 500 atendeu às críticas que então se faziam e enfrentou a hipótese de haver excesso de área e permitiu que o vendedor pudesse exigir do comprador, à escolha deste, complementação do valor do preço ou a devolução do excesso de área. Contudo, impôs ao vendedor o dever de comprovar que tinha motivo para desconhecer a existência da área maior. O motivo mais comum para esse desconhecimento está ligado a medições antigas, com aparelhos rudimentares, geralmente de imóveis havidos por herança.

No regime anterior, incidia a regra comum da prescrição, com o absurdo prazo de vinte anos, numa matéria em que o princípio da segurança condena a provisoriedade da situação jurídica.

O novo código corrigiu a anomalia, talvez caindo no extremo oposto: agora o prazo é de decadência e de apenas um ano a contar da data do registro do título.

Isto significa que a parte que tiver a mínima dúvida sobre a área real deve procurar o topógrafo logo após assinar o contrato...

16. Bem indivisível. Preferência do condômino

Trata-se de preceito que incide tanto na venda de móveis como na de imóveis, mas na prática só ocorrem com estes, tendo em vista a natural informalidade dos negócios mobiliários.

O art. 504 do CC consagra, de forma peremptória, o direito de preferência que cabe ao condômino de coisa indivisível para adquirir a parte que esteja sendo vendida por outro condômino para um estranho, ou mesmo para um outro integrante do condomínio.

A preferência de que goza o condômino preterido é fortemente amparada pela ordem jurídica: ele pode anular a venda e haver para si a parte vendida. Mas precisa agir com presteza, isto é, ele tem o prazo de 180 dias para depositar o preço e requerer a adjudicação do imóvel. O prazo é de decadência. Note-se que não se trata de manifestar a intenção de comprar, é preciso o ato concreto de depositar o preço.

O atual art. 504 reproduziu o antigo art. 1.139, com mínima alteração: o prazo de *seis meses* passou a ser de 180 dias, dificultando a contagem...

Pontos importantes em que a jurisprudência se debatia foram ignorados pelo novo código. O principal deles diz respeito a ter mantido a expressão *bem indivisível*, ao passo que a boa interpretação já recomendava *bem indiviso*. Ainda que o bem seja divisível, ou seja, ainda que comporte divisão, já estava claro que o condômino que pretendesse vender sua parte devia dar preferência aos demais a fim de evitar a entrada de estranho na vida condominial. Se é esta a finalidade do preceito, tanto faz que o bem seja divisível ou não.

O argumento central parece-me que é o seguinte: se o condômino não pode sequer dar posse ao estranho sem o consenso dos demais parceiros, nos termos do art. 1.314, parágrafo único, seja a coisa divisível ou não, com maior razão não pode vender posse e propriedade sem o conhecimento dos outros condôminos.

Alguns autores e muitas decisões insistiam em dizer que, na hipótese de bem divisível, o condômino preterido não era prejudicado porque podia exigir a divisão judicial. Como se isso não importasse em enormes e às vezes intransponíveis dificuldades. Era uma solução típica de um certo nefelibatismo jurídico.

O fato é que, depois de décadas de discussões, a jurisprudência parecia caminhar para a tese ora defendida.[20]

Após a edição do CC/02, o tema continuou controvertido, mas o STJ apontou no melhor sentido. Eis trecho do voto do Min. Castro Filho no REsp 645672/MG:

> "A questão resta pacificada no âmbito desta Corte. A hesitação inicial se desfaz com a observação do conteúdo do recente julgamento do Recurso Especial n. 489860/SP (j. em 27/10/2004), pela Segunda Seção deste Superior Tribunal de Justiça".

20. STJ, REsp 71.371, Rel. Min. César Asfor Rocha, "Coisa divisível. O condômino não pode alienar o seu quinhão a terceiro, sem prévia comunicação aos demais consortes, a fim de possibilitar a estes o exercício do direito de preferência, tanto por tanto, seja a coisa divisível ou não".

Também era muito discutida a questão da preferência do condômino-herdeiro no caso de cessão de direitos hereditários. Nesse ponto, creio que o CC/2002 foi feliz e merece transcrição:

> "Art. 1.794 – O coerdeiro não poderá ceder a sua quota hereditária a pessoa estranha à sucessão, se outro coerdeiro a quiser, tanto por tanto.
>
> Art. 1.795 – O coerdeiro, a quem não se der conhecimento da cessão, poderá, depositado o preço, haver para si a quota cedida a estranho, se o requerer até cento e oitenta dias após a transmissão.
>
> Parágrafo único. Sendo vários os coerdeiros a exercer a preferência, entre eles se distribuirá o quinhão cedido, na proporção das respectivas quotas hereditárias".

Uma última observação sobre o valor do preço a ser depositado pelo condômino preterido, seja negócio de venda comum ou de cessão de direitos hereditários. Como todos sabem, é frequente simular o preço no ato da escritura de venda, fazendo constar valor inferior ao verdadeiro, às vezes, substancialmente inferior. A dificuldade se agrava quando se nota que o art. 167 fulmina de nulidade o ato simulado.

A jurisprudência fez preponderar um princípio superior, qual seja, o que veda o enriquecimento sem causa. Assim, o que deve ser depositado é o valor verdadeiro da venda, o que não é difícil de comprovar.

Convém também lembrar que a matéria tratada pelo art. 504 do CC tem afinidade próxima com os arts. 1.118 e a.1.119 do Código de Processo Civil, que tratam da alienação judicial de coisa comum, na qual pode eventualmente surgir hipótese de preterição de algum condômino.

17. Retrovenda

Trata-se de instituto exclusivo da venda imobiliária.

Funciona da seguinte forma, como já tivemos oportunidade de dizer:

"A" vende um imóvel para "B", podendo "A", no prazo estipulado, reaver o imóvel, restituindo o preço mais o valor das despesas feitas por "B", inclusive com benfeitorias necessárias, ou autorizadas. Por outras palavras, verifica-se a retrovenda quando se reconhece ao vendedor a faculdade de resolver o contrato.[21]

Fez mal o CC/02 de manter a retrovenda. No Congresso, a Emenda 402 propunha a supressão do instituto, com a seguinte fundamentação: *A*

21. AZEVEDO JÚNIOR, José Osório. *Compra venda...*, p. 83.

retrovenda só tem servido para acobertar a extorsão e a usura. Não pode ser mantida, até porque não faz falta. Mas a Comissão afastou a salutar emenda.

Na verdade, não se deve perder tempo com tal instituto, ou melhor, deve-se gastar o tempo apenas para o fim de criticá-lo.

Com efeito, o exame da velha e da nova jurisprudência mostra seu contínuo mau uso. O Sistema Financeiro já o abandonou há décadas, temeroso das nulidades decretadas pelo Judiciário. A utilização ainda ocorre por pessoas naturais em operações de empréstimo de dinheiro camuflando juros excessivos e pacto comissório. Por pessoas jurídicas em operações normais, só raramente.[22]

Eis alguns julgados, antigos e recentes, bastante esclarecedores da forma como o Judiciário encara a retrovenda: STF, RE 72.585-GB, Rel. Min. Xavier de Albuquerque, *DJ* 09.06.72; STJ, REsp 285.296-MT, Rel. Min. Ruy Rosado de Aguiar, *DJ* 07.05.2001; STJ, REsp 474.040, Rel. Min. Ari Pargendler, j. 24.06.2003; TJMG. Ap. 0242422, Rel. Wagner Wilson, j. 07.07.2010, *Jurid Publicações Eletrônicas,* vol. IX, *Jur* 6837;[23] TJSP Ap.107.300.4/4, Rel. Carlos Stropa, j. 14.11.2000. Tribunal de Justiça de São Paulo – TJSP, Ap. 247.499-4/2-00, Rel. Donegá Morandini, j. 02.08.2005, *Jurid*, vol. IV, *Jur* 1966.

Destaque para o julgamento do TJSP, em que o voto do Des. Maia da Cunha deixa claro que a simples existência do contrato de retrovenda, pelo seu desuso em condições normais, já está a gerar presunção relativa de mera garantia de mútuo com juros excessivos.[24] E um bom sinal do estado de desmoralização do instituto...

22. Ao que consta, apenas uma estatal do Distrito Federal utiliza a retrovenda em seus negócios de venda de terrenos.
23. [22] "Ementa: Apelação Cível. Compra e Venda. Prática de agiotagem. Nulidade. Havendo prova de que o contrato de compra e venda tinha relação com operação de agiotagem, deve ser julgado procedente o pedido de declaração de nulidade do negócio."
24. [23] TJSP, Ap. 357.638-4/5, j. 27.04.2006, *Jurid,* Vol. IV, *Jur* 9585. Eis trecho do acórdão:

"Há muito se sacramentou no mundo jurídico, pelo desuso em suas condições normais e pelo quanto se tem visto no cotidiano forense, que os pactos de retrovenda contém em si uma presunção relativa da prática de agiotagem, constituindo-se, no mais das vezes, em mero disfarce para o negócio real de garantia de mútuo com juros excessivos e além *dos legalmente* permitidos. E da experiência comum que ninguém mais compra imóvel com pacto de retrovenda, salvo quando se trata *de garantia de* empréstimo em dinheiro e se precisa dar ao devedor a possibilidade de recuperar o imóvel que, longe de ter sido vendido, serviu somente de garantia indevida ao mútuo feito com o credor-comprador".

Referências

ALVIM, Agostinho. *Da compra e venda e da troca.* Rio de Janeiro: Forense, 1961.

AZEVEDO JÚNIOR, José Osório de. *Compromisso de compra e venda.* 5. ed. São Paulo: Malheiros, 2006.

______. *Compra e venda, troca ou permuta.* São Paulo: Revista dos Tribunais, 2005.

______. A dispensa da escritura na venda de imóvel loteado. *Revista do Instituto dos Advogados de São Paulo*, vol. 20, jul./dez. 2007. São Paulo: Revista dos Tribunais, 2007.

_______. A resolução do compromisso de compra e venda: questões atuais. In: BARIONI, Rodrigo (Coord.). *Processo imobiliário.* Rio de Janeiro: Forense..

_____. *Direitos imobiliários da população urbana de baixa renda.* Editora Sarandi.

GAUTIER, Pierre-Yves. Les contraís speciaux, civisl et comerciaux. In: MALAURIE, Philippe; AYNES, Laurent. *Droit civil.* Paris: Cujas, 1998.

RESTIFFE NETO, Paulo; RESTIFFE, Paulo Sérgio. *Propriedade fiduciária imóvel.* São Paulo: Malheiros, 2009.

Consulta de Jurisprudência: JURID, Publicações Eletrônicas. Edições Especiais

Cessão de direitos hereditários[1]

Anulação. Erro dos cedentes. Omissão dolosa de cessionário e inventariante. contrato comutativo

As eminentes advogadas Dras. M.VD. e C.C. me consultam sobre temas relacionados com a ação ordinária de anulação de contrato de cessão de direitos hereditários - Proc. X, em que figuram como autores filhos do primeiro casamento do falecido; e como ré a segunda esposa do falecido. A ação foi julgada procedente em primeiro grau, pendendo recurso de apelação interposto pela ré.

As consulentes são advogadas dos autores e formulam indagações sobre pontos relevantes do recurso, a saber:

1) se a prova existente nos autos é suficiente para embasar a procedência da ação;

2) se os cedentes incidiram em erro;

3) se houve dolo por parte da cessionária;

4) se a cessão de direitos hereditários tem natureza de contrato comutativo ou de contrato aleatório e quais as consequências daí decorrentes para o desfecho da demanda.

Foram-me enviadas as peças principais dos autos da ação ordinária e do processo de inventário a que se refere a cessão de direitos.

Passo a responder.

1. Publicado originalmente em TEPEDINO, Gustavo; FACHIN, Luiz Edson (Org.). *Doutrinas essenciais:* obrigações e contratos. São Paulo: Revista dos Tribunais, 2011. v. II.

1. A Prova

1.1 A prova existente nos autos é plenamente suficiente para justificar o decreto de procedência da ação. A pretensão é de anulação do contrato de cessão de direitos hereditários, por vícios de erro e dolo, sob alegação de a inventariante, a ré-apelante, haver prestado declarações incorretas, omitindo valiosos bens.

Trata-se, portanto, de saber se existe prova da incorreção das declarações e se esse fato contaminou o negócio jurídico, a ponto de justificar sua anulação.

As peças examinadas revelam os seguintes fatos fundamentais:

a) O falecimento se deu em 12.09.1996 e o inventário foi aberto 30 dias após; As primeiras declarações foram prestadas em 12.03.1998, dezoito meses depois do falecimento; foram relacionados 18 imóveis, adquiridos nas décadas de 70 e 80, salvo um de 1994; nessa ocasião, não vieram informações sobre contas bancárias e sobre créditos por honorários de advogado;

b) Mais oito meses, em 17.12.1998, vem aos autos um complemento das primeiras declarações, com a indicação de dinheiro *levantado* pela inventariante, referente a *honorários de sucumbência,* a partir do óbito, nos anos últimos três meses de 1996 (R$ 670.136,06), e nos anos de 1997 (R$ 106.761,86) e 1998 (R$ 1.051.066,69), num total de R$ 1.827.964,61; não houve nenhuma informação sobre dinheiro que tenha sido recebido antes do falecimento.

c) A cessão de direitos ocorreu em 03.08.1999, muito antes das últimas declarações, com base na informação de que os honorários recebidos montavam em R$ 2.172.353,29. Foi este o valor que também constou das últimas declarações, em 09.12.2002.

d) Os autores providenciaram levantamento junto aos cartórios do Distribuidor e Varas da Fazenda Pública e juntaram quantidade imensa de comprovantes de *guias de levantamento,* de ofícios requisitórios e mapas orçamentários expedidos pelo TJSP (cinco volumes).

e) A certidão do Distribuidor mostrou a existência de 741 ações contra a Administração Pública. Essas ações são geralmente ações coletivas, propostas por dezenas ou mesmo centenas de servidores. Foram apresentados, por amostragem, documentos referentes apenas a 320 ações e foi contratado contador para indicar os prováveis valores dos honorários recebidos e a receber, com referência a essas 320 ações. O Sr. Contador chegou à conclusão de que o valor dos honorários de sucumbência e os contratados montam em, pelo menos, R$ 137.000.000,00; esclareceu que só levou em conta os documentos públicos existentes nos autos, bem como que não teve acesso aos contratos particulares de honorários.

f) No depoimento pessoal, a ré diz que os depósitos, cujos valores foram levantados, eram feitos em contas da Nossa Caixa e do Banespa, primeiramente em nome do falecido e, depois de sua morte, nas mesmas contas, agora em nome da depoente e de outro sócio; diz ainda "que não tem ideia do valor levantado a título de honorários advocatícios nas ações no período entre a data do falecimento e a data da cessão de direitos, mas todos os valores foram depositados nas contas bancárias referidas"; que "os contratos com os clientes previam remuneração contratada e em percentuais que variavam de 10, 15 e 20% e mais o valor dos honorários de sucumbência".

1.2 Por tudo se vê que a prova existente nos autos é francamente suficiente para mostrar que os autores se desempenharam bem do ônus de provar o que alegaram.

A ação é de anulação da cessão de direitos hereditários por haver desinformação sobre os bens que compõem o acervo hereditário. Não se trata de uma ação de cobrança nem de uma liquidação de sentença, quando se exigem valores precisos. Cuida-se apenas de demonstrar a discrepância entre o que foi declarado no inventário e o patrimônio deixado pelo falecido.

Ora, as omissões foram gritantes.

Não há nas declarações de inventário qualquer menção aos honorários contratados; e os de sucumbência aparecem em valores mínimos, diante do que foi comprovado pela prova documental. Como também nada aparece com referência aos créditos por honorários a receber em decorrência de centenas de decisões transitadas em julgado.

Mais ainda: a ré admitiu que os honorários eram depositados em contas da Nossa Caixa e do Banespa, mas nem a numeração dessas contas vieram para os autos, muito menos a movimentação delas, mesmo tendo mediado 18 meses entre o falecimento e as primeiras declarações e quase três anos até a celebração do contrato.

Na verdade, a prova documental mostra um monumental movimento de dinheiro.

São cinco volumes de documentos públicos não impugnados, referentes a levantamento de dinheiro e a créditos por precatórios. O documento público faz prova por si mesmo – CPC, art. 364 e CC/2002, art. 216 e seguintes, o que é corroborado por Moacyr Amaral Santos.[2]

Ora, cada uma das centenas de guias de levantamento revela a existência de uma quantia certa de dinheiro pertencente ao espólio. Não se trata de

2. (Art. 364) *Comentários ao Código de Processo Civil*, v. 4. Rio de Janeiro: Forense, 1976.

meros "direitos" como eufemisticamente diz a ré. É direito sim, mas direito de propriedade sobre dinheiro, que não foi revelado no inventário e que até hoje não se sabe onde está.

Por isso mesmo, causa espanto a afirmação da ré de que falta prova das alegações dos autores já que não se realizou perícia. Cada guia é uma prova que independe de conhecimentos técnicos; e o valor total das guias e dos honorários é obtido mediante simples operação aritmética de somar e de aplicação de um percentual.

2. O Erro

2.1 Os cedentes incidiram em erro aponto de justificar a anulação do negócio jurídico.

O Código Civil de 1916 estabeleceu que o ato pode ser anulado se ocorrer erro substancial e considera como tal o erro que incide sobre o objeto da declaração ou alguma das qualidades essenciais ao ato. Nada dispôs sobre a exigência de que o erro tenha sido escusável, o que, entretanto, era exigido pela doutrina e acatado pela jurisprudência.

O novo Código Civil manteve a orientação legislativa anterior, acrescentando que deve se tratar de um erro substancial que poderia ser percebido por pessoa de diligência normal, em face das circunstâncias do negócio. Admitiu, portanto, que o erro, para dar causa à anulação, deve ser desculpável. Se o erro for grosseiro, despropositado, fruto de culpa grave, não acarretará a grave consequência. Tudo em homenagem ao princípio da segurança das relações jurídicas e da boa-fé do declaratário, que teria motivos objetivos para confiar nos termos da declaração.

No presente caso, a cessão tinha por objeto direitos hereditários, os quais, para os cedentes, consistiam em determinados bens, que compunham as primeiras declarações da inventariante e respectivo complemento, sendo o preço fixado em função dos bens ali relacionados. Entre esses bens estava o dinheiro já recebido pela inventariante referente a honorários de advogado, no valor aproximado de R$ 2.172.000,00. A realidade, entretanto, era outra. A prova documental (parcial, porque concernente à metade das condenações) mostrou que havia outros dinheiros e outros créditos, no valor de mais de R$ 137.000.000,00.

Em suma, o que estava declarado, somente a esse título, não chegava a dois por cento do que revelou o levantamento parcial.

2.2 De que se trata de erro sobre o objeto, dúvida não há. Segundo ensina Serpa Lopes, *o erro essencial quanto ao objeto principal da declaração, ou alguma de suas qualidades essenciais* pode ocorrer em várias hipóteses, uma das quais *a de haver divergência sobre a quantidade, extensão ou soma.*[3]

Observa-se que não se trata do mero valor do preço, que muitas vezes não pode fundamentar o pedido anulatório como acontece quando o comprador (ou vendedor) simplesmente vem a encontrar, depois de celebrado o negócio, um preço mais conveniente.

No presente caso, os cedentes estavam em erro sobre a realidade do objeto da cessão, ou seja, da amplitude dos direitos hereditários, pois desconheciam a quantidade real do dinheiro recebido a título de honorários de sucumbência, de honorários contratados, e das centenas de créditos a um e a outro título.

Evidente, portanto, que o erro consistiu num erro substancial sobre o objeto do negócio jurídico, o qual jamais seria celebrado se a realidade fosse conhecida.

Além de substancial, o erro foi escusável, como mostram as circunstâncias.

Os cedentes tinham motivos sérios para acreditar nas declarações de inventário.

Não é relevante, para afastar a seriedade dos motivos, o fato de serem os cedentes profissionais liberais e de estarem assistidos de ilustre e digno advogado.

Uma cedente é bacharel em direito, mas não advoga; outro foi advogado militante, inclusive no escritório do pai, mas deixou a profissão havia muito tempo, tendo sido qualificado, nas primeiras declarações e no contrato anulando, como *agricultor.* O importante é que o pai havia constituído outra família e todos os filhos da primeira união não faziam ideia do crescimento do escritório de advocacia após os planos econômicos, que lançaram imensos contingentes de servidores públicos em demandas judiciais, nas quais ficou especialista o falecido.

A verdade é que errar não é apanágio das pessoas incultas ou dos maus profissionais.

2.3 Assim, é naturalmente compreensível que os herdeiros acreditassem na palavra da inventariante, que se encontrava à testa do escritório de advocacia, que era pessoa da família, viúva do pai e mãe da irmã dos cedentes.

Ninguém duvida de que as declarações de inventariante gozam de presunção de veracidade. Para citar um único autor:

3. *Curso de direito civil*, v. 1. Rio de Janeiro: Freitas Bastos, 1953, p. 333.

> "elas (as declarações) gozam da presunção da verdade. As declarações do inventariante são prestadas após o compromisso de que trata o parágrafo único do art. 990 CPC. Serão tais declarações acreditadas até prova em contrário.
> (...)
> As declarações do inventariante, prestadas pessoalmente, por termo nos autos, ou por intermédio de procurador com poderes especiais e expressos, acarretam-lhe a plena responsabilidade civil".[4]

Sobre a natureza das declarações de inventário, ainda se falará adiante.

O que não é compreensível é o inventariante omitir bens e considerá-los adquiridos, através de inclusão tácita em cessão de direitos, e ainda lançar culpa sobre os cedentes, que teriam deixado de investigar a veracidade das declarações.

2.4 Mesmo no ambiente exclusivo do erro do declarante – independentemente, portanto, da ocorrência de eventual dolo por parte do declaratário – o direito moderno não descura do comportamento ético do declaratário. Somente quando este está de boa-fé e pode ser honestamente surpreendido pela declaração errada é que a pretensão do declarante de anular o contrato deve ser afastada.

Galvão Telles, a maior autoridade na matéria de contratos, em língua portuguesa, bem esclarece a hipótese: "O problema apresenta maior complexidade, prendendo-se com o conhecimento, por parte do declaratário, da essencialidade, para o declarante, do elemento em que incidiu o erro.

Com efeito, o negócio só é anulável por erro nos motivos se o declaratário sabia (ou devia saber) que o elemento em que recaiu o erro do declarante era essencial para este. Impera aqui o princípio da tutela da confiança: pretende-se legitimamente evitar que o declaratário seja traído na confiança na declaração por ignorar a essencialidade para o declarante do elemento sobre que este veio a invocar o erro".[5]

No presente caso, a cessionária tudo sabia e os cedentes pouco conheciam do extraordinário montante dos direitos hereditários.

4. Hamilton de Moraes Barros (Art. 991). *Comentários ao Código de Processo Civil*, v. 9. Rio de Janeiro: Forense, s/d, p. 179.
5. GALVÃO TELLES, Inocêncio. *Manual dos contratos em geral*. 4. ed. Coimbra: Coimbra Editora, 2002.

2.5 No campo da legislação comparada, o que há de mais recente, s.m.j., segue esse sentido. Assim, os comumente designados PECL,[6] segundo informa o Prof. Paulo Mota Pinto, em recente e profundo trabalho:

> "Artigo 4:103: Erro essencial de fato ou de direito.
>
> (1) Uma parte poderá anular um contrato por existir um erro de fato ou de direito no momento da sua conclusão se:
>
> a) i) o erro se deve a uma informação da outra parte,
>
> ii) a outra parte sabia ou devia ter sabido que existia tal erro e deixar a vítima nesse erro era contrário à boa fé, (...).
>
> b) a outra parte sabia ou devia ter sabido que a vítima, se conhecesse a verdade, não teria celebrado o contrato ou apenas o teria feito em termos essencialmente diferentes".

E o Prof. Mota Pinto traz comentários próprios e de terceiros muito pertinentes à hipótese ora examinada:

> "A noção de desculpabilidade do erro deve, porém, ser considerada uma noção relativa – isto é, cuja relevância é apreciada em relação com a conduta da outra parte. Assim, se o declaratário sabe que o declarante cometeu um erro, (...) o fato de o errante ter atuado culposamente não deve impedi-lo de obter a anulação, não sendo o erro de tratar como indesculpável (...).
>
> Ou seja: pelo simples fato do conhecimento ou da perceptibilidade do valor essencial, para o declarante, de um elemento (...) incumbe ao declaratário um ônus de esclarecimento da situação: esclarecimento da verificação do elemento considerado pelo declarante como essencial (ônus de investigação), ou, pelo menos, esclarecimento da existência e dos termos do negócio (ônus de proposta de condicionamento do negócio ou de se recusar a contratar)".[7]

3. O dolo

3.1 A meu ver e com a maior vênia, a cessionária agiu com dolo.

Na verdade, o fundamento mais evidente a justificar a procedência da ação é a omissão dolosa com que se houve a cessionária, como muito bem notou o MM. Juiz. Além do que constou da r. sentença, comparem-se as primeiras declarações com o depoimento pessoal da ré.

6. Principies of European Contract Law. In: MOTA PINTO, Paulo. *Requisitos de relevância do erro.* Estudos em homenagem ao Prof. Doutor Inocêncio Galvão Telles. v. 4. Coimbra: Almedina, 2003, p. 43-139, esp. p. 70 e 84.

7. Ob. cit., p. 84 e 98.

Neste, foi dito que o valor dos levantamentos era depositado em contas da Nossa Caixa e do Banespa, em nome do falecido, da depoente e de outro sócio; que tudo constou de relatório entregue ao advogado dos cedentes; e que os honorários a receber foram estimados pela depoente em três milhões de dólares, conforme proposta também encaminhada ao advogado dos cedentes.

As peças examinadas não dão notícia de que o relatório e a proposta referidos tenham vindo para os autos. De qualquer forma, fica evidente que os alegados três milhões de dólares representam importância infinitamente menor do que revelaram as guias de levantamento e os precatórios.

3.2 Mas o que mais chama a atenção é a ausência total de informação sobre número, identificação e movimentação das tais contas da Nossa Caixa e do Banespa.

Pelo confronto dos bens trazidos a inventário e referidos na cessão com as guias de levantamento e precatórios, percebe-se que os bens que passaram necessariamente pelas contas bancárias constituem os bens mais valiosos do patrimônio do *de cujus*.

Ora, o inventariante não tem poder para declarar, ou não declarar, o que ele quer, porquanto ele não atua no campo da autonomia da vontade.

Pontes de Miranda diz com muita propriedade, a propósito da natureza das declarações do inventariante:

> "As chamadas declarações do inventariante são comunicações de conhecimento e não declarações de vontade. Uma vez prestadas, têm-se como verdadeiras, se provas anteriores, ou posteriores, não as infirmam. (...) O inventariante tem o ônus de comunicar conhecimento (de afirmar fatos), em processo que foge ao princípio dispositivo e no qual se precisa de alguma base para todo o desenvolvimento".[8]

Também chama a atenção o fato de contas que receberam depósitos tão vultosos não terem obtido – pelo que se vê das peças – autorização judicial para a respectiva movimentação, inexistente qualquer pedido de alvará nesse sentido, o que permite presumir que se tratava de contas conjuntas cuja movimentação nunca foi explicada aos herdeiros. E presunção também é meio, de prova – CC/2002, art. 212, IV e art. 136, V do CC/1916.

3.3 Algum esclarecimento sobre honorários só veio aos autos mais de dois anos após o falecimento, indicando que naquele mês (setembro/96) foram atribuídos ao falecido valor líquido de R$ 670.000,00, "na forma do § 2º do art. 24" do Estatuto da Advocacia – direito dos herdeiros do advogado sobre

8. *Comentários ao Código de Processo Civil*, v. 14. Rio de Janeiro: Forense, 1976, p. 83.

honorários de sucumbência, proporcionais ao trabalho por ele realizado. Mas não houve nenhuma explicação sobre a existência das contas no dia do falecimento, como se fosse crível que elas estivessem todas zeradas naquele dia, como também nada se explicou sobre a forma como teria sido calculada a tal proporção sobre o trabalho realizado pelo advogado falecido.

Em suma, o pouco esclarecimento que existiu ainda veio sob forma sibilina.

A circunstância é grave porque já se tratava de bem pertencente aos herdeiros, integrante de seus patrimônios, nos termos do art. 1.572 do CC/1916 (atual art. 1.784 – *droit de saisine*), por força do qual o herdeiro se torna automaticamente proprietário e possuidor dos bens do falecido, no momento da morte, ainda que não tenha ciência da morte ou da existência dos bens. Daí a severidade da lei com a função do inventariante, que não pode manter os herdeiros na ignorância sobre a realidade, sobre a dimensão do patrimônio que já lhes pertencem.

Maior severidade ainda se exige quando o inventariante, na sequência, faz negócio com os herdeiros tendo por objeto aquele mesmo patrimônio.

3.4 É sabido que a problemática do erro apresenta afinidades e distinções com a do dolo.

A afinidade está em que, nas duas hipóteses, está presente o desconhecimento da verdade por parte do declarante. Tendo sobre um fato noção inexata ou incompleta, o agente emite sua vontade de modo diverso do que a manifestaria, se dele tivesse conhecimento exato, ou completo?

A distinção está em que, no dolo, aquela noção inexata ou incompleta é fruto de maquinações ou manobras maliciosas levadas a efeito por uma parte, a fim de conseguir da outra uma emissão de vontade que lhe traga proveito[3].

Com isso, o dolo ganha autonomia em relação ao erro e tem tratamento próprio. Existe aqui um elemento novo que a ordem jurídica condena, independentemente de haver culpa da vítima. Nas hipóteses de dolo, não é exigido, seja pela lei seja pela doutrina, o requisito da *desculpabilidade* do erro em que tenha incidido o enganado.

Somente se o errante,[9,10 11] também tiver agido com dolo, isto é, somente se o dolo for bilateral, é que pode ser afastada a arguição de nulidade do ato,

9. GOMES, Orlando. *Introdução ao direito civil.* 7. ed. Rio de Janeiro: Forense, 1983, p. 366.
10. MÁRIO, Caio. *Instituições de direito civil*, v. 1, 20. ed. Rio de Janeiro: Forense, 2005, p. 526.
11. Neologismo cada vez mais utilizado pela doutrina portuguesa.

nos termos do art. 97 (atual 150) do CC/2002. Dolo só se compensa com dolo. Não há compensação de dolo com culpa.

Por isso, é inócuo, para o caso que se tem em vista, procurar negligência ou imprudência no comportamento dos cedentes com a finalidade de minimizar o dolo da cessionária.

3.5 Ripert tem página candente, que se tornou clássica, sobre o dolo, a saber:

> "É sobretudo na doutrina do dolo que se manifesta o caráter moral da teoria dos vícios do consentimento. Aqui, e até por definição, o exame do juiz aplica-se muito menos sobre o consentimento da pessoa que foi enganada do que sobre o ato daquela que enganou. Em todos os tempos o dolo foi definido como o ato culpável que pode revestir as formas mais diversas, qualquer mau caminho para enganar alguém,[7] diz Domat. Se, nos exemplos dados pelos antigos autores, os casos de falcatrua[7] (*tricherie*) são sempre os mesmos, no mundo moderno, hábil no disfarce, os casos de dolo não têm número. Vão desde a *escroquerie* delituosa até as simples declarações enganosas (...)".

E alerta que eventual culpa da vítima é despicienda:

> "O dolo é suscetível de graus infinitos, pode, portanto, ser adivinhado ou afastado; há sempre da parte da vítima alguma ingenuidade culpável. A lei não tem a pretensão de assegurar no contrato a igualdade de forças intelectuais.
>
> Se o dolo dimana do contratante não se trata então somente de proteger, mas também de punir. A imoralidade de um dos contratantes dá-lhe contra o outro uma arma desleal. A lei considera o contrato nulo".

E ainda ressalta a hipótese de omissão dolosa:

> "Para apreciar se uma obrigação baseada no erro constitui dolo, é preciso ter em conta a natureza do contrato, as relações das partes e a confiança recíproca que se concedem. Partindo dessa ideia, pode-se chegar a encontrar uma causa de nulidade na simples omissão, isto é, no silêncio guardado por uma das partes sobre um fato que a outra parte ignora, e que se o conhecesse modificaria profundamente as suas intenções (...).
>
> Quando o contrato supõe uma confiança recíproca entre as partes, a obrigação de informar exatamente o contratante torna-se uma obrigação jurídica e a omissão uma causa legal de nulidade do contrato".[12]

12. BIPERT, Georges. *A regra moral nas obrigações civis*. São Paulo: Saraiva, 1937, p. 92-95.

4. A cessão de direitos hereditários

4.1 Cessão a título oneroso é compra e venda. A matéria é tranquila na doutrina há muito tempo. Barbosa Lima Sobrinho, *As transformações da compra e venda,*[13] dá extenso panorama do tema, citando uma vintena de autores, de que se pode destacar:

> "Giorgi, no começo do século XX, distinguia as cessões em dois grupos: as cessões – venda e as cessões a título gratuito, considerando a cessão-venda como cessão própria; as outras classificava ele de impróprias. A cessão em sentido próprio, era na verdade uma venda, que transmitia ao comprador o gozo absoluto ou o exercício do crédito".

No que diz respeito à cessão de direitos hereditários, tenha-se presente o que diz Cunha Gonçalves:

> "Frequentemente é considerado como crédito o direito a uma herança, talvez porque ele não está concretizado numa determinada cousa e pode reduzir-se a créditos, títulos de crédito e até simples tornas. É vulgaríssimo, por isso, designar-se por cessão a alienação do direito de petição de herança (...); a transmissão do direito a uma herança é uma compra e venda. É esta a melhor doutrina".[14]

E Carvalho Santos:

> "Cessão é denominada a alienação do direito à herança (...). Em rigor, porém, essa denominação é imprópria, pois o que se verifica é uma verdadeira alienação; resultante de um contrato de compra e venda".[15]

Também Caio Mário, a quem tanto se apega a cessionária-apelante:

> "Feita a cessão a título oneroso, equivale à compra e venda e sujeita o cedente a responder pela evicção etc."[16]

4.2 Não há dúvida, portanto, de que a cessão de herança que se faz a título oneroso, sujeita-se às regras da compra e venda. Se a título gratuito, às da doação.

O CC/Portugal, de sistema semelhante ao nosso, esclarece:

> "A alienação de herança e de quinhão hereditário está sujeita às disposições reguladoras do negócio jurídico que lhe der causa (...)" – (art. 2.124º).

13. LIMA SOBRINHO, Barbosa. As *transformações da compra e venda.* Rio de Janeiro: Borsoi, 1953, p. 151.
14. *Tratado de direito civil,* v. 5. Coimbra: Coimbra Editora, 1932, p. 58-59.
15. *Repertório enciclopédico do direito brasileiro,* v. 8. Rio de Janeiro: Borsoi, s/d, p. 107.
16. *Instituições de direito civil,* v. 6, 15. ed. Rio de Janeiro: Forense, 2004, p. 381.

E comenta renomado jurista contemporâneo:

> "Quer isto dizer que a alienação não tem de ser forçosamente uma venda. Pode, inclusivamente, ser uma doação.
>
> O adquirente de herança ou quinhão hereditário será, assim, um comprador, um donatário etc. Nada mais. Com as obrigações consequentes que a lei especialmente lhe impõe".[17]

Ora, a compra e venda é, de regra, contrato comutativo. Só excepcionalmente pode adquirir feição aleatória. Para tanto, é preciso que as partes deixem muito clara a opção pela exceção, ou que as circunstâncias o demonstrem de forma inequívoca.

Há contratos aleatórios por natureza, como, por exemplo, a loteria, o jogo, a aposta, o seguro. Não é o caso de outros contratos, como a compra e venda, o transporte, a prestação de serviços, que se presumem onerosos e comutativos e que somente em casos excepcionais surgem como aleatórios.

Por isso mesmo fica muito enfraquecida a opinião de Caio Mário, que, em posição isolada, vê a cessão de direitos hereditários como contrato aleatório, sem maiores ressalvas.

4.3 Cumpre, portanto, examinar se, no caso concreto, existe a característica da aleatoriedade.

A meu ver, o contrato é comutativo e esta interpretação é a mais benigna para a apelante.

O contrato de cessão, em suas primeiras cláusulas, retrata a base negocial e, como em todo contrato de venda, traz a descrição da *res,* do objeto vendido. Assim, refere-se ao processo do inventário, à inventariança por parte da apelante e à relação de bens constantes das primeiras declarações e seu complemento, ou seja, bens imóveis, bens móveis, esclarecendo textualmente: e, *ainda, os direitos consistentes nos honorários advocatícios objeto das ações de petição de fls. 272/274.* Essa petição só se refere aos honorários de sucumbência recebidos desde o falecimento (março/96) até março/98. Nenhuma palavra sobre os honorários contratados recebidos e por receber, bem como sobre os monumentais créditos contra a Administração Pública. Estes valores, como já se viu, superam enormemente tudo que constou do contrato.

A interpretação segundo a qual os valores ausentes estão incluídos no contrato sugerem que o principal (oculto) estaria seguindo o acessório (declarado).

17. SANTOS, Eduardo dos. *Direito das sucessões.* Lisboa: Associação Acadêmica da Faculdade de Direito de Lisboa, 2002, p. 340-343.

A meu ver, a natureza comutativa, normalmente presente no contrato de compra e venda, estaria viciada de maneira fatal.

A apelante insiste em que o contrato é aleatório e apega-se ao texto do contrato que diz estarem abrangidos "todos os seus (dos cedentes) direitos e quinhões hereditários que a eles cabem na qualidade de herdeiros e sucessores de..., declarados ou não nos autos do inventário, ou seja, da universalidade dos seus bens".

Para que uma venda, ou cessão de direitos, tenha caráter aleatório é preciso, como requisito lógico, que partes ignorem a existência ou as qualidades essenciais do objeto que está sendo alienado.

Como se viu atrás e em conformidade com as peças examinadas, está provado que a cessionária tinha conhecimento da existência de outros bens e que os manteve ocultos.

Assim, a interpretação dada pela cessionária ao texto supra não se sustenta, pois leva à seguinte conclusão: o objeto do contrato inclui não apenas os bens relacionados mas também aqueles que foram mantidos ocultos por ela, cessionária.

O caso torna-se, então, mais grave porque o objeto do contrato fica caracterizado como fruto de um ilícito civil, e a consequência é a nulidade absoluta do ato jurídico, por falta de um dos seus requisitos de validade – arts. 82 e 145, II, do CC/1916 e CC/2002, art. 104, II, ou seja, a licitude do objeto.

4.4 Na verdade, a presente cessão de direitos hereditários não apresenta nenhuma possibilidade de sobrevivência jurídica, qualquer que seja o enfoque.

Segundo dispõe o art. 1.121 do CC/1916 (atual art. 461), a alienação aleatória poderá ser anulada como dolosa pelo prejudicado, se provar que o outro contraente não ignorava a consumação do risco.

Com efeito, é elementar, isto é, é elemento estrutural do contrato aleatório a ciência, por parte dos contratantes, da existência de uma álea, de um risco. Se um dos contratantes sabia que não estava correndo risco algum, o contrato é fulminado de nulidade, quer se trate de um contrato aleatório por natureza, como o seguro ou a aposta, quer se trate de uma compra e venda ou cessão.

Veja-se o que diz, a esse propósito, o saudoso Prof. Caio Mário, tão citado pela apelante:

> "Se é certo que em todo contrato há um risco, pode-se contudo, dizer que no contrato aleatório, este é da sua essência, pois que o ganho ou a perda consequente está na dependência de um acontecimento incerto para ambos os contratantes. O risco de perder ou de ganhar pode ser de um ou de ambos, mas a incerteza do evento tem de ser dos contratantes, sob pena de não subsistir a obrigação".

Mas, se a consumação do risco já era conhecida de um dos contratantes, pode o outro anular o contrato, sob fundamento do dolo com que procedeu o primeiro (art. 1.121 do CC/1916, atual art. 461 do CC/2002).[18]

E Bevilaqua alerta:

> "Art. 1.118 – Há contratos que são, por sua natureza, aleatórios, como o de seguro, a constituição de renda vitalícia, o jogo e a aposta. Outros serão aleatórios acidentalmente, porque têm por objeto coisa incerta ou de valor incerto, como a compra do peixe etc.
>
> O risco, a incerteza das vantagens, a dependência da sorte não excluem do contrato aleatório a boa fé".[19]

Eis também o que ensina o Prof. Galvão Telles, com a profundidade e clareza de sempre:

> "Nos contratos aleatórios reina incerteza sobre o significado patrimonial para cada um dos contraentes; tem-se a expectativa de ganhar, mas também se corre o risco de perder.
>
> Verdadeiramente, aqui, a *onerosidade* resulta, não da reciprocidade de atribuições patrimoniais certas, mas da *reciprocidade de expectativas e riscos.* O conteúdo econômico do contrato está na dependência de uma *álea,* ou seja, de um fato incerto quanto à sua verificação (*incertus an*) ou quanto ao momento dessa verificação (*incertus quando*). (...)
>
> A *incerteza* sobre o significado patrimonial do contrato tem de existir no momento da celebração do contrato, ainda que pouco depois venha a desaparecer; de contrário, o contrato não possuirá caráter *aleatório.* Mas basta uma *incerteza subjetiva,* comum a ambos os contratantes".[20]

Na realidade, o que esses eminentes juristas afirmam e fundamentam é aquilo que o homem comum percebe intuitivamente: *não pode ter validade a compra e venda de um bilhete de loteria que só o comprador sabe que já está premiado.*

Por todo o exposto, respondo a consulta afirmando que, segundo minha opinião e em conformidade com as peças que me foram exibidas, a mencionada cessão de direitos hereditários não tem, por vários fundamentos, condições de sobrevivência jurídica, pelo que a procedência da ação foi bem decretada pela r. sentença, que, *data venia*, não se viu enfraquecida pelas razões do recurso, subscritas por tão ilustre advogado a quem presto minhas homenagens.

É o meu parecer, *sub censura* dos doutos.

18. *Instituições de direito civil*, v. 3. 10. ed. Rio de Janeiro: Forense, 1999, p. 40.
19. *Código Civil*, v. 4. Rio de Janeiro: Livraria Francisco Alves, 1917.
20. *Manual dos contratos em geral.* 4. ed. Coimbra: Coimbra Editora, 2002, p. 483.

Casamento. Regime de bens. Pacto antenupcial. Separação convencional de bens[1]

Súmula 377 do STF. Interpretação ampliativa. Comunicação de aquestos. Impossibilidade

1. Os fatos e a consulta

Os eminentes advogados Drs. Fernando Corrêa da Silva e Octavio Augusto Pereira de Queiroz Neto nos consultam sobre hipótese de casamento sob o regime da separação convencional de bens e suas consequências jurídicas e econômicas.

O casamento deu-se em 08.12.1993. No processo de habilitação, os noivos assinaram memorial dirigido ao Sr. Escrivão, indicando os necessários dados pessoais e informando que pretendiam se casar pelo regime da comunhão parcial de bens. Entretanto, em 02.12.1993, seis dias antes do casamento, celebraram pacto antenupcial, por escritura pública, optando pelo regime da plena separação de bens. Do assento de casamento constou expressamente que foi este o regime adotado, ou seja, o da plena separação.

A união perdurou por cerca de doze anos. Em 2005, houve a separação e a mulher move ações de separação litigiosa, alimentos e ação ordinária de partilha, além de cautelar incidental de arrolamento de bens.

1. Publicado originalmente na Revista dos Tribunais • RT 869/101 • mar./2008. Republicado em Revista dos Tribunais 100 anos.
Doutrinas Essenciais família e sucessões Volume V.
Yussef Said Cahali e Francisco José Cahali Organizadores.
Editora Revista dos Tribunais, 2011.

Os consulentes indagam sobre os efeitos, em tese e no caso concreto, do pacto antenupcial e de eventual aplicação da Súmula 377 do STF, formulando as seguintes perguntas:

a) Considerando que a legislação civil exige apenas que o pacto antenupcial seja celebrado *antes do casamento,* há algum impedimento para que sua escritura pública seja lavrada há apenas seis dias do matrimônio ou até mesmo mais próximo dele?

b) O fato de o processo de habilitação ao casamento informar que este se daria pelo regime de comunhão parcial de bens (regime ordinário) impede que seja ele alterado pela vontade das partes declarada por meio de escritura pública anterior ao casamento?

c) Na égide do Código Civil de 1916 o regime patrimonial não podia ser alterado *até o momento da celebração do casamento,* tendo o Código Civil atual ampliado essa possibilidade inclusive para depois do casamento?

d) Pode-se aplicar à hipótese aqui tratada, a Súmula 377 do STF, a qual versa sobre a separação *obrigatória* de bens?

Passo às minhas considerações.

2. O pacto antenupcial

A doutrina sobre a natureza jurídica do pacto antenupcial é tranquila, universalmente.

Trata-se de negócio jurídico de direito de família. É negócio formal, solene: a manifestação de vontade deve ser expressa no momento e forma imposta pela lei, forma essa que é da substância do ato. Não obedecida essa forma, o ato é nulo por inteiro e não produz qualquer efeito.

> "A convenção antenupcial é o acordo contratual em que, tendo em vista a celebração do futuro casamento, se regulam relações de caráter patrimonial entre os cônjuges, (...) inclusive o regime de bens.
>
> Trata-se de um contrato que é acessório do casamento, constituindo a celebração deste um pressuposto essencial da eficácia da convenção".[2]

A formalidade, em todos os ramos do direito, é consequência direta da relevância jurídica e social do ato. A ordem jurídica exige meditação e seriedade dos que pretendem praticar atos importantes. Não há lugar para a leviandade, pois sérias são as consequências.

2. Antunes Varela, *Direito de família*. Lisboa: Livraria Petrony, 1987, p. 414.

É o que se dá com o pacto antenupcial. Somente por meio dele é que é possível a escolha de outro regime de bens do casamento que não seja o da comunhão parcial.

A lei é peremptória: art. 256 do CC/1916, vigente à época dos fatos:

> "É lícito aos nubentes, antes de celebrado o casamento, estipular, quanto aos seus bens, o que lhes aprouver (arts. 261, 273, 277, 283, 287 e 312).
>
> Parágrafo único. Serão nulas tais convenções:
>
> I – não se fazendo por escritura pública;[3]
>
> II – não se lhes seguindo o casamento".

A esse artigo correspondem os arts. 1.639 e 1.653 do CC/2002.

A peremptoriedade da lei dispensa maiores explicações.

Em tal quadro, não se pode, *data venta,* levar a sério a tentativa da esposa de pretender a preponderância do memorial da habilitação para o casamento sobre a posterior escritura pública, que está mencionada expressamente no assento de casamento.

O memorial não passa de meras informações dadas ao escrivão. A lei não exige que dele, memorial, conste qualquer informação sobre regime de bens – art. 180 do CC/1916 e art. 1.525 do CC/2002.

Por isso mesmo, dos proclamas e editais nada consta sobre o regime dos bens, como de fato nada constou no caso em tela.

> "A nossa lei não fixa nenhum prazo entre a realização do pacto antenupcial e a celebração do casamento. (...) A convenção, antenupcial é livremente revogável ou modificável até a celebração do casamento. (...) Essas convenções sobre o regime de bens tem de ser antenupciais. Não podem ser post-nupciais".[4]

3. "A exigência de escritura pública como forma substancial do ato é determinada pela necessidade de dar a maior firmeza e segurança: a esses pactos, os quais, pela importância dos direitos que regulam, interessam profundamente à sociedade civil." Lafayette Rodrigues Pereira, *Direitos de família*. Rio de Janeiro: Tribuna Liberal, 1889.

   "A exigência da escritura pública, com todos os seus embaraços e inconvenientes, tem a grande vantagem de obrigar os nubentes a refletir sobre as cláusulas do regime que vão adotar e facilitar a prova dos termos exatos do acordo a que chegaram. São estas as duas vantagens fundamentais visadas p elo formalismo da convenção, além do esclarecimento que a intervenção obrigatória do notário facilita." Antunes Varela, ob. cit., p. 424.

4. José Lamartine Corrêa de Oliveira e Francisco José Ferreira Muniz. *Curso de direito de família*. Curitiba: Juruá, 1998, p. 396 e 398.

Se a própria convenção é revogável até a celebração do casamento, com maior razão é revogável o que constou do mero termo de habilitação para o casamento.

A riqueza e as peculiaridades do ambiente jurídico do regime matrimonial de bens é facilmente perceptível. É direito de família, mas é também direito patrimonial, o que agora está acentuado expressamente pelo CC/2002. Nesse ambiente, mesclam normas de direito das obrigações, de propriedade e de família, com reflexo no direito das sucessões. Exatamente porque se vai decidir sobre o destino da propriedade dos bens, sobre a situação patrimonial futura do casal e dos cônjuges. Como a situação de cada cônjuge pode ser muito variada, a lei deixa grande margem de discrição para os interessados: podem eles *estipular, quanto aos seus bens, o que lhes aprouver.*

No caso que se tem em vista, foi escolhido enfaticamente o "regime da completa e absoluta separação de bens não só dos que cada cônjuge levar para o casamento, como, dos que, de futuro, venham a adquirir a qualquer título, assim como seus frutos e rendimentos, que todos permanecerão incomunicáveis".

Compreende-se que essa tenha sido a opção dos nubentes. Contavam 27 anos de vida; ele, com patrimônio expressivo, participante de sociedades comerciais com terceiros, e condômino de bens imóveis; ela, divorciada, com poucos bens, com filha de seis anos da união anterior.

Evidente que, não fosse o regime escolhido o da separação plena de bens, o casamento estaria afetando gravemente o interesse de outras pessoas, particularmente o do filho comum, recém-nascido, que ficaria em situação econômica desvantajosa em relação à filha exclusiva da esposa. Isto porque os frutos dos bens do marido seriam compartilhados pela esposa, que já tinha uma herdeira que não era herdeira do marido.

Em suma, o regime da separação era o mais indicado, racionalmente, para o caso.

Porque o pacto antenupcial é regulado no direito de família, não deixa de ser um negócio jurídico, como é atestado pela unanimidade dos juristas.

Está, portanto, submetido às regras e princípios gerais desse instituto – Título I do Livro III da Parte Geral, do CC/1916 e CC/2002, seja sob a terminologia de ato ou de negócio jurídico, ou dos contratos, em geral.

Como negócio jurídico, o pacto celebrado entre os ora interessados é perfeito e acabado. Não se nota nele qualquer vício de vontade ou de forma. Está na plenitude dos seus efeitos.

Diz a esposa – após treze anos de vigência do pacto – que este é nulo/ ineficaz e que ela sofreu forte *pressão* para assiná-lo. Entende a esposa, portanto, que o pacto é nulo de pleno direito. Pede logo, mediante simples declaração de *nulidade/ineficácia* do pacto, a partilha dos bens adquiridos na constância do casamento, como se a opção das partes tivesse sido pelo regime da comunhão parcial e não o da plena separação de bens.

As principais peças dos processos, que me foram exibidas, estão longe de permitir que se vislumbre algum vício do negócio jurídico, preenchidos que foram os requisitos de validade previstos nos artigos 82 e ss. do CC/1916, correspondentes aos atuais artigos 104 e ss. do CC/2002.

Na verdade, deseja a esposa que o caso seja examinado exclusivamente à luz de uma jurisprudência francamente minoritária surgida de interpretação ampliativa do disposto na Súmula 377 do STF.

3. A Súmula 377 do STF

Reza a vetusta súmula: "No regime da separação legal de bens comunicam-se os adquiridos na constância do casamento".

A mera interpretação literal do texto mostra sua inaplicabilidade ao caso presente, que trata de separação *convencional* de bens e não de separação legal.

Os autores brasileiros costumam dividir ou classificar a separação de bens em *convencional* e *legal*, conforme resulta de opção dos interessados (art. 276 do CC/1916 e art. 1.687 do CC/2002) ou da imposição da lei (art. 258, parágrafo único, do CC/1916 e art. 1.641 do CC/2002).

A Súmula surgiu exclusivamente sobre hipóteses de separação legal, como consta de seu texto e como se vê da análise dos velhíssimos acórdãos por ela mencionados como paradigmas, todos da década de 40, sempre no intuito de proteger a mulher.[5]

Não se trata aqui de voltar às críticas que tal súmula despertou desde o início, mas sim de mostrar a inconveniência e mesmo impossibilidade, a meu ver, de ampliar-se o alcance dela.

5. Naquele tempo, não havia divórcio e muitas pessoas separadas só podiam se casar novamente quando já eram mais velhas, quando enviuvavam. E, então, eram obrigados a se casar pelo regime da separação de bens. Além disso, como conta o Professor Sílvio Rodrigues, eram frequentes os casos de estrangeiros, principalmente italianos, casados sob a lei de seu país e que aqui enriqueciam, ficando a mulher em situação muito desvantajosa (*Direito de família*. São Paulo: Saraiva, 2002, p. 188).

Admitir a comunicação dos aquestos também nos casos de separação convencional seria reduzir a quase nada o importantíssimo regime da separação de bens, que ficaria, no fundamental, equiparado ao regime comum da comunhão parcial.

Seria uma grave involução de nosso direito.

A súmula foi editada há mais de meio século, não persistindo hoje nada mais do ambiente social e econômico de então, particularmente no que diz respeito à emancipação cultural da mulher, sendo bom lembrar que, na época dos acórdãos que geraram a Súmula 377, a mulher casada era relativamente incapaz – art. 6º, II, na redação vigente do CC/1916. Desde 1988, pelo menos, o princípio constitucional da igualdade impede uma interpretação falsamente caridosa, que apenas humilha a mulher lúcida, que bem sabe o que está assinando e contratando. A evolução continuou com o Código Reale, que suprimiu o famigerado art. 259 do anterior, fonte direta e expressa da Súmula 377.

Não se trata aqui de saber qual o melhor regime de bens, em tese. Trata-se de dar eficácia concreta a um regime previsto em lei e regularmente escolhido pelos nubentes. Mas é preciso acentuar a relevância de tal regime.

> "A adoção do princípio da igualdade (entre os cônjuges) deveria conduzir ao regime da separação, regime que assegura a autonomia recíproca dos cônjuges e tem o mérito da simplicidade. O regime conserva em cada um dos cônjuges, a propriedade, a administração e o gozo exclusivo de todos os seus bens.
>
> O casamento não tem nenhuma influência sobre o regime. E, assim, por ocasião de sua liquidação, cada um dos cônjuges recebe os bens que trouxe para o casamento ou adquiriu na constância do matrimônio. Três palavras definem as vantagens desse regime: simplicidade, independência, igualdade".[6]

Ora, regime de tal envergadura social e econômica não pode ficar sujeito aos azares de meras interpretações ampliativas de súmula arcaica, expedida por Tribunal que, embora excelso, já não tem competência na matéria.

4. A jurisprudência

Após alguma insegurança decorrente, a meu ver, mais de certos mal-entendidos semânticos, particularmente sobre o alcance de expressões como *sociedade de fato, patrimônio, esforço comum, contribuição indireta da mulher* etc., pode-se dizer hoje que a jurisprudência é firme no sentido de impedir a interpretação ampliadora da Súmula 377 para as hipóteses de separação convencional de bens.

6. José Lamartine e Ferreira Muniz, ob. cit., p 303.

Eis alguns exemplos de julgados, além daqueles que já constam das peças:

"Casamento precedido de pacto antenupcial em que os nubentes adotaram o regime de absoluta separação de bens. Estipulada expressamente na convenção antenupcial a separação absoluta, não se comunicam os bens adquiridos depois do casamento (aquestos).

A separação pura é incompatível com a superveniência de uma sociedade de fato entre marido e mulher dentro do lar. Ela pode existir fora do lar, mas somente pode ser comprovada e reconhecida em ação própria. Interpretação dos arts. 256 e 259 do CC/1916" (STJ, 4ª T., REsp 2.541-SP, rel. Min. Antônio Torreão Braz, *DJU* 06.03.1995).

"Pacto antenupcial excludente da comunicação dos aquestos. A cláusula do pacto antenupcial que exclui a comunicação dos aquestos impede o reconhecimento de uma sociedade de fato entre marido e mulher para o efeito de dividir os bens adquiridos depois do casamento" (STJ, 3ª T., REsp 141.062-PA, rel. Min. Ari Pargendler, j. 05.04.2001, *DJU* 28.05.2001).

"Partilha de bens. Regime de separação completa de bens. Pacto antenupcial. Cláusula que veda a comunicação dos aquestos. Improcedência do pedido. Estipulado expressamente no pacto antenupcial a separação absoluta de bens, inclusive os adquiridos depois do casamento, não há que se pretender a partilha de bens adquiridos pelo esforço comum" (TJMG, 2ª Câm. Cív., ApCív 000.238.392-5/00, rel. Des. Abreu Leite, j. 19.02.2002).

4.2 Em razão dos mal-entendidos supra mencionados, alguns autores modernos foram levados a afirmar, com relativa amplidão, que a jurisprudência tem admitido a comunicação dos aquestos no regime convencional da separação, invocando julgados do TJSP e do STJ *in RT* 449/90, 776/176, 710/174.[7]

A meu ver, contudo, e sem nenhuma restrição à reconhecida excelência das obras de tais autores, os acórdãos invocados não permitem a amplitude das conclusões expostas.

Pela importância de tais julgados, abordemo-los com mais detalhes.

a) TJSP, Ap 207.121, j. 18.04.1972, rel. Carlos Ortiz, 7449/90.

"Casamento. Separação legal de bens. Aquestos. Comunicação. Reconhecimento como decorrência do esforço comum dos cônjuges e não da interpretação das normas dos arts. 258, parágrafo único, II, e 259 do CC/1916.

7. Maria Helena Diniz, *Curso de direito civil* – direito de família. 22. ed. São Paulo: Saraiva, 2007, p. 186; Carlos Roberto Gonçalves, *Direito civil brasileiro* – direito de família. São Paulo: Saraiva, 2005, p. 411; Fábio Ulhoa Coelho, *Curso de direito civil*. São Paulo: Saraiva, 2006. v. 5, p. 87.

Casamento. Separação de bens. Pacto antenupcial em que se estabelece a incomunicabilidade dos aquestos. Procedimento dos cônjuges no curso da vida matrimonial em consonância com o ajuste. Impossibilidade do reconhecimento da comunhão dos adquiridos em decorrência do simples fato da vivência. (...)

Se os consortes, antecipando avença de separação de bens, já adquiridos ou por adquirir, procedem, no curso da vida matrimonial, em consonância com o ajuste, cada um formando o seu patrimônio individual, não seria o simples fato da vivência, o cumprimento dos deveres conjugais, que implicaria reconhecimento da comunhão dos aquestos, em afronta ao pacto e à conduta dos pactuantes".

b) REsp 83.75Q-RS, j. 19.08.1999, rel. Min. Barros Monteiro, *RT* 776/176.

"Casamento. Regime de bens. Incomunicabilidade dos bens adquiridos depois do matrimônio se há contrato antenupcial estipulando expressamente a separação absoluta. Hipótese em que é incompatível a superveniência de uma sociedade de fato entre marido e mulher dentro do lar.

Ementa oficial: Estipulado expressamente, no contrato antenupcial, a separação absoluta, não se comunicam os bens adquiridos depois do casamento. A separação pura é incompatível com a superveniência de uma sociedade de fato entre marido e mulher dentro do lar".

Do relatório e corpo do acórdão, constam importantes e esclarecedoras afirmações:

"Não há prova de que a mulher tenha contribuído para a aquisição dos bens havidos no casamento, forçando uma comunhão de aquestos. Se tivessem, ambos os cônjuges, em comum, adquirido bens, não há de se falar em comunhão de aquestos, mas sim em condomínio, como se estranhos estivessem adquirindo, em comum, um determinado bem. Aliás, a situação invocada está na lição de Arnoldo Wald, *Curso de direito civil brasileiro* – Direito de família, 8. ed., p. 122 (...).

O princípio *pacta sunt servanda*, que representa a segurança dos contratos não pode ser esquecido e deve ser visto em paz com o art. 230 do CC/1916. (...)

Não é possível alterar o pacto antenupcial de completa separação de bens; não tem aplicação a Súmula 377 do STF, porque não se trata de separação legal de bens, mas sim de separação convencional de bens; também não se trata de sociedade de fato entre concubinos para incidência da Súmula 380 do STF; e da mesma forma não prevalece o art. 259 do CC/1916, ante a existência de pacto antenupcial anterior ao casamento"

(Até aqui trechos do acórdão recorrido transcritos no relatório do Min. Barros Monteiro).

O REsp não foi conhecido, unanimemente, com várias declarações de voto.

O ministro relator lembra precedente do Min. Fontes de Alencar - REsp 15.363-RJ, em que constam diversos pronunciamentos do STF, inclusive acentuando a impertinência da invocação de enriquecimento sem causa. E também precedente do Min. Torreão Braz - REsp 2.541-0-SP.

Do voto do relator, Min. Barros Monteiro, destaca-se:

> "É verdade que a Súm. 377 do STF estabelece que no regime da separação legal de bens comunicam-se os adquiridos na constância do casamento, mas é indiscutível que tal verbete não tem aplicação, quando as partes livremente convencionam a separação absoluta dos bens presentes e futuros, através de pacto. Aliás, a referida súmula só diz respeito ao regime da separação legal. Por outro lado, a súmula não pode ser interpretada ampliativamente, mas, sim, dentro dos limites exatos do que nela se contém" (realce nosso).

c) REsp 30.513-9-MG, rel. Min. Eduardo Ribeiro, j. 26.04.1994, *RT* 710/174.

> "Sociedade de fato. Caracterização. Cônjuges casados sob regime da separação de bens. União para empreendimento estranho ao matrimônio. Impedimento inexistente. Dissolução e partilha de bens admissíveis. Inteligência do art. 1.363 do CC/1916.
>
> Ementa oficial. A circunstância de os cônjuges haverem pactuado, como regime de bens, o da separação, não impede que se unam, em empreendimento estranho ao casamento. Isso ocorrendo, poderá caracterizar-se a sociedade de fato, admitindo-se a sua dissolução, com a consequente partilha de bens. O que não se há de reconhecer é a existência de tal sociedade, apenas em virtude da vida em comum, com o atendimento dos deveres que decorram da existência do consórcio".

No corpo do acórdão:

> "Cuidando-se da comunhão fundada no direito de família o bem adquirido por qualquer dos cônjuges será propriedade comum, não importando mencionar exceções que possam haver. Vigente o regime da separação absoluta, isso obviamente não ocorrerá. O que cada um dos cônjuges levar para o casamento, ou adquirir posteriormente, só a ele pertencerá. Os patrimônios se distinguem.
>
> Daí não se haverá de concluir, entretanto, seja-lhes vedado o condomínio, em virtude de causa estranha ao casamento. (...)

> Outra hipótese, entretanto, pode ser suscitada, qual seja de entre os cônjuges haver uma sociedade, civil ou comercial, regularmente constituída. (...)
>
> Cumpre ter-se em conta que o quinhão de cada deles [cônjuges] no capital não se comunicará. E a propriedade é sobre ele. Os bens pertencem à sociedade. (...)
>
> Passa-se, agora, ao que constitui objeto do processo. A sociedade de fato entre cônjuges que ajustaram o regime da separação.
>
> Vale salientar, de início, não estar a questão propriamente em saber se juridicamente admissível tal sociedade, já que existe de fato. Importam as consequências que dessa união resultem. Se marido e mulher, casados no regime da separação, destinam parte de seus bens a determinado fim lucrativo, associando-se, pois, e junto administram a empresa assim criada, claro que se terá aí urna sociedade de fato. Obviamente, caso deliberem pôr fim ao empreendimento, a solução juridicamente correta será de dividir-se o que houver sido obtido, na proporção dos aportes de capitais e do esforço que cada um houver colocado para a consecução do objetivo comum. (...)
>
> Creio que o importante é ter-se em conta que, havendo casamento, não será qualquer união de esforços apta a levar a que se tenha como presente uma sociedade. Dele resultam obrigações, para ambos os cônjuges, de cujo atendimento não poderá decorrer, por si, se reconheça existente uma associação de objetivos econômicos. Assim, a mútua assistência, a vida em comum e o sustento da família, a que o marido deve prover, com a colaboração da mulher. O adimplemento desses deveres não constituirá base suficiente para afirmar-se existir sociedade, a justificar partilha de bens. Sendo inerentes ao casamento, não podem conduzir a que se pretenda deles derive comunhão de bens, que os cônjuges acordaram excluir. Coisa diversa é a constituição de sociedade, envolvendo relações outras que não aquelas que derivam de os interessados se terem consorciado".

4.3 As longas transcrições acima se fizeram necessárias diante da relevância de tais acórdãos, que são às vezes interpretados como se tivessem dito o contrário do que disseram, isto é, que realmente pode haver sociedade ou condomínio decorrente de empreendimento comum e específico entre os cônjuges. Aí, sim, é preciso liquidar a sociedade ou extinguir o condomínio, evitando-se o enriquecimento sem causa. Não, porém, quando inexistiu o tal empreendimento comum.

O importante é frisar que a sociedade, ou condomínio que tenha se formado só vai atingir, obviamente, os bens objeto do empreendimento.

Jamais se poderá entender que a sociedade – geralmente de fato, a que tanto se referem os julgados – abrangesse todos os bens adquiridos no curso do casamento. Se assim fosse, estaria praticamente abolido o regime da separação convencional, que ficaria transmudado numa comunhão parcial, como ocorreu com a separação obrigatória, por força da Súmula 377 do STF.[8]

É o que está pretendendo a esposa no caso em foco, ao exorbitar a ementa do acórdão do ministro Eduardo Ribeiro, como se vê dos trechos transcritos na alínea *c* do item 4.2, retro.

Além daquelas hipóteses de empreendimento comum fora do lar, isto é, não ligado à economia doméstica, não há de se cogitar de enriquecimento sem causa, pois causa para o enriquecimento do cônjuge existe e é a mais lícita e natural possível, ou seja, os frutos e rendimentos dos seus próprios e exclusivos bens.

O caso que se tem em vista é bem sugestivo para exemplificar a correta aplicação dos princípios societários e do enriquecimento sem causa. As peças mostram que os cônjuges celebraram contrato de sociedade, hoje desativada, ao que parece. Em relação a essa sociedade, é evidente a legitimidade do interesse da esposa na eventual liquidação de tal sociedade. Mas fica também evidente a exorbitância da pretensão de uma sociedade ampla entre cônjuges que se casaram pelo regime da absoluta separação de bens, inclusive sobre os frutos e rendimentos dos bens particulares de cada cônjuge.

5. O princípio da boa-fé

5.1 O direito civil moderno vem distinguindo a boa-fé objetiva da boa-fé subjetiva. A esta se opõe a má-fé tradicional, "compreendida como estado psicológico, estado de consciência caracterizado pela ignorância de se estar a lesar direitos ou interesses alheios, tendo forte atuação nos direitos reais, notadamente no direito possessório".[9]

Na acepção objetiva, a boa-fé constitui "uma *norma de conduta* que impõe aos participantes da relação obrigacional um agir pautado pela lealdade, pela consideração dos interesses da contraparte. Indica, outrossim, *um critério de interpretação* dos negócios jurídicos e uma *norma de balizamento* ao exercício de direitos subjetivos e poderes formativos".[10]

8. Se essa súmula vai sobreviver aos novos tempos e ao novo Código, que não reeditou o antigo art. 259, ainda não se sabe. Aliás, a própria separação obrigatória para o idoso está sofrendo novas e contundentes críticas, cf. Fábio Ulhoa Coelho, ob. cit., p. 86 e s. Mas essa questão não é para ser tratada nesta oportunidade.
9. Judith Martins-Costa, *Comentários ao novo Código Civil*. Rio de Janeiro: Forense, 2006. v. 5, 1.1, p. 42.
10. Judith Martins-Costa, ob. loc. cit.

Vista sob este prisma, a *conduta segundo a boa-fé* impõe deveres que atingem o negócio jurídico em todas as suas fases, não só em sua celebração, como em sua execução e extinção.

Ora, a conduta da autora, pelo que se vê objetivamente das peças processuais, está longe de se pautar pelo princípio da boa-fé.

Veja-se o seu comportamento contraditório: assina um contrato solene, optando pelo regime da plena separação de bens. Durante 12 anos, age em consonância com o contrato, isto é, aceita aquele regime. Nunca o impugnou. Chegou a celebrar contrato de sociedade comercial com o marido, aparecendo ambos os figurantes como casados pelo regime da separação. Aliás, não fosse esse o regime, nem poderia surgir sociedade entre os cônjuges.

Agora, volta-se contra a letra e o espírito do contrato, interpretando-o ao avesso, isto é, como se o objeto dele fosse uma forma de comunhão de bens.

E usa do Poder Judiciário, propondo várias demandas, atirando em todas as direções e atingindo legítimos direitos e interesses da contraparte e de seus sócios e condôminos, sendo fácil imaginar o transtorno causado àqueles negócios que sustentaram a família por tantos anos.

Na verdade, tudo está se passando com plena consciência da esposa, com o que fica ultrapassada a mera ofensa à boa-fé objetiva, ingressando-se, *data venia*, no campo da voluntariedade, ou seja, do dolo civil, da má-fé tradicional.

5.2 Pode-se aplicar ao caso a velha parêmia condenatória da alegação da própria malícia, inclusive para inibir arguições de nulidade ou ineficácia.

Georges Lutzesco, reconhecida autoridade no campo das nulidades, afirma a recepção da aludida regra no direito moderno e conclui:

> "Como quiera que sea, definitivamente ha sido admitido que la regia nemo auditur destruye tanto la demanda de ejecución como la acción de nulidad cuando estas se apoyan en un acto inmoral. La practica jurisprudencial se ha decidido por esta idea, y también la tradición le ha concedido su completo apoyo".[11]

Os comportamentos contraditórios (*venire contra factum proprium*) têm sido estudados pela doutrina contemporânea, encontrando franco apoio na jurisprudência europeia, como dá notícia Antonio M. R. Menezes Cordeiro,[12] e como já aparece na jurisprudência brasileira.[13]

Diz o eminente professor da Universidade de Lisboa:

11. *Teoría y practica de las nulidades*. Trad. mexicana. México-DF: Porrúa, 1975, p. 287.
12. *A boa-fé no direito civil*. Coimbra: Almedina, 1984, p. 742 e s.
13. *RJTJESP* 114/400, EI 89.825-2, j. 05.10.1987, rel. José Osório.

"A proibição do *venire contra factum proprium* representa um modo de exprimir a reprovação por exercícios inadmissíveis de direitos e posições jurídicas. Perante comportamentos contraditórios, a ordem jurídica não visa à manutenção do *status* gerado pela primeira actuação, que o direito não reconheceu, mas antes a proteção que teve por boa, com justificação, a actuação em causa. O *factum proprium* impõe-se não como expressão da regra *pacta sunt servanda*, mas por exprimir, na sua continuidade, um factor acautelado pela concretização da boa-fé".[14]

Como pude dizer alhures (nota 9 infra), a contraditória atuação do indivíduo que se volta contra seu comportamento anterior, às vezes até mesmo sem má-fé, perturba de tal forma o tráfico jurídico, que, na medida em que provocou situação de justa confiança no parceiro, passa a ser considerado indigno de proteção legal.

No caso que se tem em vista – um negócio jurídico de direito de família –, mais cautelosa e severa deve ser a Justiça ao analisar o comportamento das partes na execução e na extinção do contrato. Não é demais lembrar que os deveres fundamentais devidos reciprocamente pelos cônjuges, particularmente os de lealdade e de confiança, permanecem até o fim, inclusive no curso do processo de separação, particularmente em caso de longa união. Nessa linha já julgou o TJSP, Ap 214.835-1-SP, rel. José Osório (não publicado).

6. Respostas

A partir das ponderações retro, passo às respostas das indagações que me foram feitas.

a) Considerando que a legislação civil exige apenas que o pacto antenupcial seja celebrado *antes do casamento*, há algum impedimento para que sua escritura pública seja lavrada há apenas seis dias do matrimônio ou até mesmo mais próximo dele?

Não há nenhum impedimento para que a escritura pública seja lavrada a seis dias do casamento. O importante é que seja lavrada antes da celebração. O que a lei não permite é que a opção pelo regime de bens seja feita durante, ou no ato da celebração, para evitar constrangimentos.

Como o regime de bens começa a vigorar desde a data do casamento – e não antes dele (art. 230 do CC/1916 e art. 1.639, § 1º, do CC/2002), é curial que o pacto pode ser celebrado a qualquer momento antes do casamento. Por isso mesmo é chamado *antenupcial*.

14. Op. cit., p. 769-770.

b) O fato de o processo de habilitação ao casamento informar que este se daria pelo regime de comunhão parcial de bens (regime ordinário) impede que seja ele alterado pela vontade das partes declarada por meio de escritura pública anterior ao casamento?

O processo de habilitação constitui-se de atos meramente preparatórios do casamento e não vinculam os noivos, que até o último momento podem mesmo desistir da celebração do solene negócio jurídico. No caso em foco, o que constou do termo de habilitação foi alterado por ato solene e previsto em lei, ou seja, pela escritura pública de pacto antenupcial, que é o ato que está vigorando entre as partes.

c) Na égide do Código Civil de 1916 o regime patrimonial não podia ser alterado *até o momento da celebração do casamento,* tendo o Código Civil atual ampliado essa possibilidade inclusive para depois do casamento?

Na vigência de qualquer dos Códigos, a escolha do regime há de ser feita antes do casamento. No rigor dos termos, não há regime de bens antes do casamento. Nessa fase, só há a possibilidade de escolha do futuro regime e os noivos têm o tempo que quiserem para a convenção. Celebrado o pacto, seus efeitos jurídicos ficam suspensos até o implemento de uma condição, ou seja, a realização do casamento. Enquanto não realizado o casamento, o pacto é inócuo.

Nesse ponto, a lei civil não mudou. O que mudou foi a quebra (cautelosa) do dogma da imutabilidade do regime de bens. Com efeito, o novo Código tornou possível alterar-se o regime existente, isto é, aquele que passou a vigorar com o casamento.

Mas agora entram também em jogo as normas comuns do direito das obrigações, que admitem alteração do negócio jurídico mediante manifestação de vontade de ambas as partes. Jamais através de mera denúncia unilateral. Ou, como quer a esposa, através de uma interpretação que destrói o negócio jurídico, transformando uma separação absoluta em comunhão parcial de bens. Em consonância com essas regras, o novo Código admite a alteração do regime mediante o preenchimento de certos requisitos, a começar pelo pedido motivado de ambos os cônjuges – art. 1.639, § 2º, do CC/2002.

d) Pode-se aplicar à hipótese aqui tratada a Súmula 377 do STF, a qual versa sobre a separação *obrigatória* de bens?

Realmente não se pode ampliar o alcance dessa Súmula e fazê-la atingir todos os casos de separação de bens, seja a obrigatória, seja a convencional. Seria a extinção do regime da separação convencional. A pretendida ampliação não vem encontrando apoio da jurisprudência como se viu no item 4 supra.

É este o meu parecer, *sub censura.*

A resolução do compromisso de compra e venda – questões atuais[1]

1. Terminologia

Resolução ou rescisão?

Os autores divergem ao extremo na classificação das formas de extinção do contrato. Entre nós, ganha destaque a formulação de Orlando Gomes, para as hipóteses de extinção anormal do contrato:

a) anulação, em decorrência de causas anteriores ou contemporâneas à formação do contrato;

b) resolução, em razão do descumprimento por qualquer das partes;

c) resilição, extinção em razão de manifestação de vontade, de uma ou de ambas as partes;

d) rescisão, extinção em certos casos específicos, como lesão e estado de perigo, além de aproximar-se da anulabilidade.[2]

Para Enzo Roppo, observando o CC Italiano, a *resolução* verifica-se nas hipóteses de não cumprimento da prestação, de impossibilidade superveniente e de onerosidade excessiva. O termo *rescisão* é reservado para as hipóteses de contrato concluído em estado de perigo e em estado de necessidade.[3]

Inocêncio Galvão Telles propõe como denominação genérica ou global a *resolução*. Para tão renomado autor, o contrato *resolve-se* sempre que seus efeitos se extinguem, "seja por força de *revogação, rescisão ou caducidade*".

Revogação: "livre destruição dos efeitos de um ato jurídico *por vontade de seu ou seus autores*, com ou sem retroatividade".

1. Publicado originalmente em CARVALHO, Fabiano; BARSONS, Rodrigo. *Processo imobiliário:* questões atuais e polêmicas sobre os principais procedimentos judiciais e extrajudiciais referentes a bens imóveis. Rio de Janeiro: Forense, 2011.
2. GOMES, Orlando. *Contratos.* 18. ed. Rio de Janeiro: Forense, 1999, p. 170 e s.
3. ROPPO, Enzo. *O contrato.* Coimbra: Almedina, 1988, p. 249 e 254.

Rescisão: "é a destruição dos efeitos de um ato jurídico, *por iniciativa de um dos seus autores,* com base em *fundamento objetivo* que lhe outorga esse direito".

Caducidade: "os efeitos jurídicos desaparecem em consequência de fato não voluntário. Dá-se certo acontecimento e o ato perde *automaticamente* valor: *caduca,* no sentido de que cai por si, como uma folha que se desprende".

Diz ainda que quando a resolução não assume caráter retroativo, projetando-se só *no futuro,* dir-se-á *dissolução,* como a dissolução do casamento (divórcio), a dissolução de uma sociedade, etc.".

Alerta que não se pode perder de vista *as formulações terminológicas* da lei, que são as que possuem *valor oficial.*[4]

2. Linguagem da lei

Esse alerta de Galvão Telles é fundamental. Vejamos como a nossa lei trata a matéria.

O CC/2002 deu ênfase ao termo *resolução,* como se vê do importante preceito do art. 475 e de mais de uma vintena de ocasiões – arts. 235, 237, 263, 478, 479, 500, 567, 769, 770, 795 etc. etc.

Mas não abandonou de vez as tradicionais expressões *rescisão* e *rescindir,* como se verifica dos arts. 455, 607, 609, 810, 1.642, 570, 740 etc., tão comuns no CC/16.

O art. 473 refere-se com precisão ao termo *resilição* para designar a hipótese de extinção do contrato em razão de manifestação de vontade de uma ou de ambas as partes. Fica clara aí a influência de Orlando Gomes, cuja terminologia, contudo – repita-se –, não foi seguida por inteiro, como se nota nos casos da persistência retro indicada da palavra *rescisão.*

No que diz respeito às leis que tocam diretamente ao compromisso de compra e venda – DL 58/37, Lei do Parcelamento do Solo Urbano (6.766/79), Lei de Incorporações (4.591/64), DL 745/69 – domina sobranceiramente o termo *rescisão.*

O mesmo acontece no dia a dia dos operadores do Direito, inclusive nos julgamentos dos tribunais.

Por isso mesmo, é importante assinalar que não se pode acoimar de falta de técnica jurídica quem usa indiferentemente as expressões *resolução e rescisão,* que são da lei.

4. TELLES, Inocêncio Galvão. *Manual dos contratos cm geral.* Coimbra: Coimbra Editora, 2002, p. 381.

Quanto à *resilição,* na verdade, é um termo que pouco pegou. Nem o legislador simpatizou-se com ela. Apareceu pouquíssimas vezes, apenas, talvez, na Lei das Locações Urbanas - Lei 8.245/91, art. 6º, parágrafo único, e agora no art. 473 do CC.

Agiu bem o legislador em não utilizar tal expressão porquanto as leis devem, sempre que possível, usar a linguagem mais acessível ao cidadão comum.[5]

Para a resilição bilateral, pode-se usar *distrato,* ou *revogação bilateral.* Para resilição unilateral, *revogação unilateral* ou *denúncia.*

De qualquer forma, a enorme diversidade das classificações não tem afetado o estudo e a aplicação da matéria, no campo do Compromisso de Compra e Venda (CCV), como se nota da doutrina e da jurisprudência, pois o contexto em que os termos são usados acaba por revelar o conteúdo da declaração.

Fiquemos com *resolução,* que é a expressão mais atual para indicar a extinção do contrato em razão do inadimplemento do devedor, que é o que mais nos interessa no presente artigo.

3. Inadimplemento do devedor. Alternativas para o credor

Em caso de inadimplemento (grave) do devedor, a resolução do contrato não é a única nem a primeira alternativa que se abre ao credor. Como o cumprimento é o destino natural das obrigações, cabe ao credor exigir do devedor o cumprimento do contrato, com perdas e danos. Entretanto, pode ele, credor – a bem de seus interesses –, optar pela resolução do contrato, voltando-se ao *statu quo ante,* com efeitos *ex tunc,* além de perdas e danos.[6]

É o que se vê agora, de forma clara, no CC/2002, art. 475: *A parte lesada pelo inadimplemento pode pedir a resolução do contrato, se não preferir*

5. *Resilir* apresenta etimologia bastante sugestiva: a origem é o verbo latino *resilire,* que significa *pular para trás, voltar ao ponto de partida.* Silveira Bueno explica que se trata de *verbo estritamente literário, de uso raro em português.* O termo *resilição* nem é mencionado. *Grande dicionário etimológico-prosódico da língua portuguesa.* São Paulo: Saraiva, 1967.

6. É o que acontece com o CCV. Em certos contratos, os efeitos da resolução operam *ex nunc,* dependendo da natureza das prestações. Se estas são autenticamente *de trato sucessivo,* ou de *execução continuada,* elas se esgotam uma a uma e não se pode cogitar de volta ao estado anterior. É o que se dá com a resolução do contrato de locação, em que os aluguéis pagos representam prestações consumadas não comportando devolução. No CCV, as parcelas do preço a prazo apenas se protraem no tempo, não são de trato sucessivo, são meramente *repartidas.* ANTUNES VARELA, J. M. *Direito das obrigações,* v. I, p. 86.

exigir-lhe o cumprimento, cabendo, em qualquer dos casos, indenização por perdas e danos.

No CC/16 não constava a primeira parte (exigência do cumprimento do contrato), que era, entretanto, tida com implícita pela Doutrina, mas que causava alguma perplexidade aos iniciantes. E a segunda parte (pedido de resolução com perdas e danos) ficava perdida num mero parágrafo único do art. 1.092. Nesse particular, o código atual só merece aplauso.

4. Resolução. Interesse do compromitente

Na prática do direito imobiliário brasileiro, a regra sempre foi a de exigir a resolução e não exigir o cumprimento do contrato. Isto porque a desvalorização da moeda e a valorização dos imóveis eram fatais, sendo do evidente interesse do credor (o compromitente vendedor) invocar a resolução do contrato e recuperar o imóvel valorizado, particularmente nos tempos em que inexistia ou era insuficiente a correção monetária. E também não havia Código de Defesa do Consumidor (CDC).

Na atualidade, com inflação controlada há vários anos, e em alguns períodos de percalços no mercado imobiliário, surgem hipóteses em que o compromitente prefere cobrar o preço ao invés de resolver o contrato.

Nos contratos bilaterais, ambas as partes são simultaneamente credor e devedor. No compromisso, o compromitente vendedor é devedor da obrigação de entregar a coisa e da obrigação de formalizar definitivamente a venda; ao mesmo tempo, é credor do preço. O compromissário comprador é devedor preço, em dinheiro – art. 481 do CC.

O que nos interessa no momento é a resolução do CCV em razão de inadimplemento do devedor, seja ele compromitente vendedor, seja compromissário comprador.

5. Imóveis na relação de consumo e imóveis fora da relação de consumo

Atualmente, há que se levar em conta uma distinção de regimes jurídicos tão importante quanto à tradicional classificação entre *imóveis loteados* e *imóveis não loteados*. É a dos *imóveis na relação de consumo e* dos *imóveis fora da relação de consumo.* Na atualidade, as questões que mais chegam ao Judiciário referem-se aos imóveis na relação de consumo.

Entre estes, encontram-se os compromissos celebrados nas incorporações imobiliárias (Lei 4.591/64) e nos loteamentos (Lei 6.766/79), consoante se verifica dos termos do art. 53 do CDC. Quanto à incidência do CDC nessas operações, já não há mais dúvida.

Essa incidência obviamente vai trazer relevantes consequências nesses compromissos, particularmente no momento da resolução, como adiante se verá.

6. Inadimplemento do compromitente vendedor

No que diz respeito ao inadimplemento por parte do compromitente vendedor, a infração mais comum, seja no regime do imóvel loteado como no do não loteado, sempre consistiu na recusa de outorgar a escritura definitiva de venda, possibilitando a formalização da transferência do domínio sobre o imóvel.

Nessa hipótese, o compromissário vai optar por exigir o cumprimento do contrato, pois já cumpriu a sua parte pagando o preço. Somente no caso de impossibilidade absoluta da prestação do compromitente é que o compromissário vai pleitear a resolução do contrato com perdas e danos.

Para amparo do compromissário, o legislador encontrou solução no longínquo ano de 1937 (DL 58): a ação de adjudicação compulsória, ou seja, a forma de permitir ao credor obter uma sentença que fizesse as vezes da escritura pública e que pudesse ser levada ao registro imobiliário.

Tal foi o sucesso da medida, que foi ela ampliada para a maioria dos casos de execução das obrigações de fazer, pelo CPC, de 1973 – art. 639 e seguintes.

Após fortes percalços decorrentes de jurisprudência equivocada, que vinculava o exercício da ação à existência de registro do contrato, firmou-se definitivamente a orientação consagrada na Súmula 239 do STJ, a saber: "O direito à adjudicação compulsória não se condiciona ao registro do compromisso de compra e venda no cartório de imóveis". Essa súmula continuou em vigor mesmo após a edição do CC/2002, com a infeliz redação do art. 1.417.

Ocorre que, muitas vezes, o compromissário encontra dificuldades para propor a ação, como, por exemplo, deficiências formais do instrumento do contrato, falta de reconhecimento de firmas, ausência de outorga uxória, descrição incorreta do imóvel, pagamentos não comprovados, inventários não promovidos etc., tudo a caracterizar verdadeira *via crucis* para completar-se a transferência formal do domínio.

Resta, então, apelar para a medida heroica da ação de usucapião, para a qual o CCV foi considerado, finalmente, título aquisitivo suficiente para gerar usucapião ordinário, com prazo reduzido – art. 1.242 do CC.[7]

Para maior desenvolvimento do tema, veja-se o nosso *Compromisso de compra e venda*, 5. ed., p. 86 e s.

7. Lei 9.785/97 – dispensa de escritura no imóvel loteado

Em relação à desnecessidade da escritura de venda para a consolidação do domínio na pessoa do compromissário, foi extremamente relevante a edição da Lei 9.785/99, que alterou alguns e acrescentou vários preceitos da Lei 6.766/79. No momento, o que nos interessa é um novo parágrafo (o 6º) ao art. 26 daquela lei, que assim dispõe:

> "Parágrafo 6º – Os compromissos de compra e venda, as cessões e as promessas de cessão valerão como título para o registro da propriedade do lote adquirido, quando acompanhados da respectiva prova de quitação".

Assim, segundo o direito positivo atual, tratando-se de imóvel loteado, basta o registro do CCV e da prova da quitação para estar completa a transferência do domínio.

Ocorre que, no Estado de São Paulo, o Conselho Superior da Magistratura entendeu, em alguns poucos julgados, os quais têm operado com caráter normativo, que aquele preceito só tinha aplicação nos loteamentos promovidos por entidades públicas ou delegadas, como Cohab etc.

Trata-se de orientação reacionária, *data venia*, por isso que restringiu o alcance de uma lei de nítido objetivo social para torná-la antissocial. É o que procuramos demonstrar em artigo de crítica – *Revista do Instituto dos*

---

7. Instrumento que, embora rotulado de recibo, equivalha, na substância, a compromisso de venda e compra de imóvel, com ou sem presença do cônjuge, mas cujo preço tenha sido pago, considera-se justo título para efeito de usucapião ordinário, ainda que não registrado (TJSP – Emb. Infr. n. 279.576-1 – São Paulo – 2ª Câmara de Direito Privado – Rel. Cezar Peluso – 3.11.1998 – m.v.). Esse rumo tomado pela jurisprudência parece irreversível, como se vê do Enunciado 86 do Conselho da Justiça Federal, aprovado em setembro de 2002:

   "86 – Art. 1.242 – A expressão justo título, contida nos arts. 1.242 e 1.260 do CC, abrange todo e qualquer título hábil, em tese, a transferir a propriedade, independentemente de registro".

   Para maior desenvolvimento do tema, veja-se o nosso *Compromisso de compra e venda*, 5. ed., p. 86 e s.

Advogados de São Paulo, vol. 20, p. 152-163, 2008, para o qual remetemos o leitor.

Na mesma linha de raciocínio, veja-se também o Enunciado 87 da II Jornada de Direito Civil, promovida pelo Conselho da Justiça Federal:

> "Art. 1.245 – Considera-se também título translativo, para os fins do art.1245 do CC, a promessa de compra e venda devidamente quitada" (arts. 1417 e 1418 do CC e § 6º do art. 26 da Lei n. 6.766/79).

8. Incorporação e loteamento

Como já foi dito atrás, o CDC atinge os negócios imobiliários ligados à incorporação imobiliária e aos loteamentos.

No campo da incorporação imobiliária, o inadimplemento mais grave, por parte do compromitente, consiste no atraso do início ou interrupção da construção, a ponto de presumir-se o fracasso do empreendimento. Justifica-se, então, o pedido de resolução do contrato, com amplas perdas e danos, sugerindo-se presteza na propositura da ação, pois é grande o risco de o devedor se tornar insolvente.

Em caso de retardamento simples da obra ou recusa de entregas de chaves, não há que se falar em resolução do contrato e sim na exigência de seu cumprimento específico, com ações de preceito cominatório ou de natureza possessória, com perdas e danos.

Aqui, na incorporação imobiliária, o adquirente – como já foi dito – está amparado pelo CDC, o que facilita enormemente sua atuação em juízo.

Nos loteamentos, o incumprimento mais comum por parte do loteador consiste na inexecução das obras de infraestrutura ou inclusão do valor delas no preço a ser pago pelo compromissário. Em ambas as hipóteses, recomenda-se não a resolução, mas a execução específica do contrato, estando justificada a exceção do contrato não cumprido, com a suspensão do pagamento das parcelas restantes do preço. Também aqui o CDC está a socorrer o adquirente.

Na verdade, essas obras são da manifesta responsabilidade do loteador. O TJSP sempre entendeu tranquilamente nesse sentido.[8] O STJ, após alguma tergiversação, também adotou esse rumo – REsp 263.603-SP, *DJU* 25.05.2004.

8. Despesas para implantação de infraestrutura. Encargo do loteador, por disposição da Lei n. 6.766/79, artigos 18 e 26. Normas cogentes, cujos efeitos não podem ser excluídos ou não estendidos a sucessores dos compradores originários. Interpretação da lei de forma mais benigna, que não assegura o resultado então colhido na época. TJSP, Ap. civ. n. 57.301-4, r. Silveira Netto. j. 06.08.1998, v.u. Ainda: TJSP, Ap. Civ.

9. Pagamento do Preço

O inadimplemento típico, por parte do compromissário comprador, consiste na falta de pagamento do preço, seja o imóvel loteado ou não, esteja ou não submetido às regras das relações de consumo.

Querendo o compromitente exigir o cumprimento do contrato, isto é, querendo cobrar o preço, nada mais simples: move-se ação de cobrança ou executa-se título de crédito que eventualmente tenha sido emitido. Observa-se que o CCV não é, por si mesmo, título executivo, por falta de previsão legal. É um contrato bilateral, submetido, assim, à exceção do contrato não cumprido. Aliás, mesmo no caso de execução de título *pro solvendo* representativo do preço, a exceção deve ser admitida, por força da bilateralidade do contrato subjacente, porquanto o credor do preço pode ser devedor de alguma obrigação não cumprida.

Informa-se, desde logo, que, para a simples cobrança do preço, dispensa-se a notificação preliminar prevista no DL 745/69 e no art. 32 da Lei 6.766, notificação essa só exigida em caso de inadimplemento absoluto, ou seja, para a resolução do contrato, e não para a caracterização de simples mora, a qual se estabelece automaticamente com o vencimento do prazo de pagamento (art. 397 do CC). Para maior desenvolvimento, veja-se o nosso *CCV*, p. 127 e ss.[9]

10. Cláusula resolutiva

Conforme já foi dito (n. 3), por força de princípio de direito contratual consagrado no art. 475, a parte lesada pelo inadimplemento pode pedir a resolução do contrato. É a cláusula resolutiva tácita, ínsita ao contrato. Mas a cláusula pode constar expressamente do contrato, designada, então, pela lei como cláusula resolutiva expressa. Neste caso, ela opera de pleno direito, automaticamente; caso contrário, isto é, se for cláusula meramente tácita, depende de interpelação.[10]

n. 41.844-4, r. Oswaldo Breviglieri, j. 12.08.1998, v.u.; TJSP, 50.624-4, r. Munhoz Soares, j. 06.08.1998, v.u.

9. Ainda: "EXECUÇÃO. PROMESSA DE COMPRA E VENDA. INTERPELAÇÃO. Para a simples cobrança das prestações inadimplidas, é desnecessária a interpelação judicial prevista no quando se quer rescindir o contrato. Recurso especial não conhecido" (STJ, REsp 480.435/RJ, 3ª T., Rel. Min. Ari Pargendler, *DJ* 19.12.2003).

10. O art. 474 refere-se a interpelação *judicial*, o que evidentemente não pode ser levado a sério, tal o absurdo da hipótese, a qual estaria a prever atuação judicial no caso de resolução *de qualquer* contrato. É um bom exemplo de que não é muito verdadeiro o aforismo segundo o qual lei não contém palavras inúteis...

A questão, entretanto, não é tão simples, particularmente no caso do CCV, como se verá adiante.

O CC/16 previa, para a compra e venda, o pacto comissório – art. 1.163. Era a própria cláusula resolutiva expressa. O CC/2002 inovou para melhor. Não reproduziu aquele texto, mas tratou da *cláusula resolutiva* (tácita e expressa) e ampliou seu alcance para todos os contratos.

Esse instituto não se confunde com outro que é a *condição resolutiva*, abordado na Parte Geral do Código, arts. 127 e 128. Aqui, ocorrido o fato futuro e incerto, resolve-se o negócio jurídico. Opera, portanto, para ambas as partes. O negócio está morto e ressuscitará com novas manifestações de vontade. "Na cláusula resolutiva, os contraentes acordam em que, verificado certo fato, um deles *pode,* se quiser, *resolver* o contrato".[11] A parte prejudicada pelo inadimplemento fica senhora da situação e poderá resolver o contrato.

Isso mostra que, nos contratos do dia a dia, quando se lê *condição resolutiva,* deve-se geralmente entender *cláusula resolutiva.*

Não se nota distinção de natureza, de essência, entre a cláusula resolutiva tácita e a expressa, além do que os próprios nomes revelam: uma está implícita, outra está expressa no contrato. Ambas levam à resolução do contrato e ambas operam *ex tunc*, no comum dos casos, pelo menos no CCV.

O efeito automático da cláusula resolutiva expressa causou tantos transtornos no direito imobiliário que ela foi neutralizada, em grande parte, no correr dos anos. Seja o imóvel loteado ou não loteado, sempre haverá necessidade de interpelação com prazo de 30 ou 15 dias para possibilitar a resolução do contrato – art. 32 da Lei 6.766/79, art. 1º; do DL 745/69; art. 26 da Lei 9.514/97; etc.

11. Intervenção judicial

Mas as dificuldades continuam, pois resta saber se, após a notificação, o contrato estará ou não resolvido sem intervenção judicial.

No caso do imóvel loteado, a resolução formaliza-se no próprio cartório de Registro de Imóveis (Lei 6.766/79, art. 32), solução essa de constitucionalidade duvidosa, mas aceita naturalmente.

No campo do imóvel não loteado, que é imensamente mais extenso, entendo, respeitadas as opiniões em contrário, que sempre haverá necessidade de pronunciamento do juiz, seja para a declaração de uma resolução pré-ocorrida, seja para o decreto de resolução.

11. ANTUNES VARELA, J. M., *Direito das obrigações*, v. II, p. 284.

A questão é relevante, entre outras razões, porque entende com a faculdade de purgação da mora no prazo da contestação. A Jurisprudência majoritária é no sentido de vedar purgação de mora após escoado o prazo da notificação.

A solução pode ser boa para os casos típicos de devedor contumaz, que não merece maior consideração do Judiciário. Em outras hipóteses, porém, a solução mais justa pode ser diferente. A faculdade de purgação da mora no prazo da contestação é da tradição de nosso direito e quem deve decidir se a prestação ainda tem utilidade para o credor é o juiz e não o próprio credor, que pode estar agindo por capricho ou ganância.

Independentemente da questão da purga da mora, entendo que a resolução do CCV exige intervenção judicial, afirmação essa que encontra apoio no ensinamento abalizado de Orlando Gomes.[12]

Há no CCV, como em todo contrato bilateral, um entrelaçamento de direitos e obrigações. Não é possível deixar ao arbítrio de uma das partes afirmar que ocorreu a resolução, que não houve incidência de exceção do contrato não cumprido etc. Mesmo quando se trata de simples pagamento do preço, pode haver controvérsia sobre o valor, os cálculos, a incidência de encargos, de multas, de critério de correção monetária etc. Ora, tudo isso não pode ficar no poder exclusivo, unilateral, do credor.

Se o contrato estiver registrado, fica ainda mais evidente a necessidade de pronunciamento do juiz, pois o cancelamento do registro só pode verificar-se por ordem judicial ou por vontade das partes.

12. Relevância do inadimplemento

Particularmente importante é saber se o alegado inadimplemento tem relevância suficiente para conduzir à resolução do contrato.

O já citado Enzo Roppo acentua:

> "Seria, na verdade, absurdo e injusto – e correria o risco de perturbar o bom andamento do tráfico – se cada parte fosse legitimada a desembaraçar-se do contrato, tomando por pretexto toda mínima e insignificante inexatidão na execução da outra parte. É necessário, ao invés, que o não cumprimento invocado por quem pede a resolução do contrato, seja razoavelmente sério e grave, e prejudique, de modo objetivamente considerável, o seu interesse".

Mesmo no caso da cláusula resolutiva expressa, diz o renomado autor:

12. *Contratos*. Rio de Janeiro: Forense, 1975, p. 194.

"A cláusula deve-se, porém, referir a prestações e modalidades de cumprimento determinadas com precisão: as partes não podem ligar a resolução a uma previsão genérica e indeterminada, do tipo em caso de não cumprimento de qualquer obrigação resultante do presente contrato, este considera-se resolvido".

Entre nós, diz o extraordinário Ministro Rui Rosado de Aguiar Jr. em obra acadêmica:

"Havendo demanda, será possível aferir a ocorrência dos requisitos exigidos para a resolução, inclusive examinar a validade da cláusula e avaliar a importância do inadimplemento. Isto é, a cláusula resolutiva, apesar de representar manifestação de vontade das partes, não fica excluída da obediência aos princípios da boa-fé e das exigências de justiça comutativa. Se o incumprimento do devedor, especialmente nos contratos com pagamentos parcelados, não ofende substancialmente o interesse do credor, a resolução da relação por invocação do pacto constitui abuso da posição jurídica e não deve ser referendada.

Nos contratos de adesão, não é válida a cláusula resolutiva que opera de pleno direito apenas em favor do estipulante, porque quebra a igualdade entre as partes".[13]

13. O ponto fraco do CCV

As dificuldades que o credor tem de enfrentar na resolução do CCV revelam, na prática, o ponto fraco, o calcanhar de aquiles, desse contrato. Com efeito, o compromitente, que entregou o imóvel e ficou sem receber o preço, não se conforma, é claro, com a posse injusta e prolongada por parte do compromissário, pois aparece com frequência, na Justiça, uma tolerância um tanto exagerada com o inadimplemento do compromissário.

Isto se explica, em boa parte, porque o CCV é oriundo de um diploma nitidamente protetivo – DL 58/37 –, autêntico precursor do CDC em matéria imobiliária. Além disso, verificou-se no direito civil da segunda metade do século XX certa tendência de proteção ao comprador, contrariando os códigos clássicos, que privilegiavam o amparo ao vendedor.[14]

Mas a falha, a rigor, não estava – e ainda não está – na dogmática do CCV, e sim nas deficiências do sistema judiciário, particularmente na timidez

13. AGUIAR JÚNIOR, Ruy Rosado de. *Extinção dos contratos por incumprimento do devedor.* Rio de Janeiro: AIDE, 2003, p. 183-184.
14. MALAURIE, Phillipe; AYNES, Laurent. *Droit civil*: les contrats speciaux, p. 53-57.

de juízes que titubeiam em conceder tutela antecipada quando já presentes os requisitos da medida.

14. Arrendamento residencial – Lei 10.188/2001

Por causa desse ponto fraco do CCV, o legislador houve por bem criar novo instituto – o arrendamento residencial – Lei 10.188/2001, destinado exclusivamente a programa público de habitações populares, sem intuito lucrativo, gerenciado pela Caixa Econômica Federal. Aqui o agente público precisa de instrumento eficaz para que o inadimplente não permaneça com a posse do imóvel em detrimento de outra pessoa necessitada. Daí o art. 9º da lei, considerando esbulhador o inadimplente que permaneça no imóvel, após interpelação, ficando sujeito à propositura de ação de reintegração de posse.

Fica evidente a intenção do legislador de fugir de toda cultura em torno do CCV, o que é perfeitamente justificável diante do interesse público, social e assistencial do programa.

15. CCV na incorporação imobiliária. Alienação fiduciária em garantia

No campo do imóvel submetido ao CDC, particularmente na incorporação imobiliária, o compromitente tenta se precaver com detalhadas e complexas previsões contratuais, tornando o instrumento extremamente extenso, geralmente com cerca de 50 páginas. A tentativa, entretanto, tem pouco êxito, pois não afasta o alcance protetivo ao consumidor, que tem amparo em normas de ordem pública que exigem plena clareza na contratação.

Procuram também os incorporadores o abandono do CCV e a adoção de outro contrato, a alienação fiduciária, que deu bons resultados no campo mobiliário, e que foi estendida ao imobiliário – Lei 9.514/97, a qual prevê sistema de garantia mais eficaz para o credor.

Esse sistema veio no sentido oposto à toda história do CCV – DL 58/39, Lei 6.766/79 e mesmo da velha legislação codificada.

Com efeito, é da secular tradição luso-brasileira, desde, pelo menos, as Ordenações Filipinas,[15] impedir o credor de ficar com o objeto da garantia, em caso de falta de pagamento. Pois bem. O sistema da afg prevê que o credor torna-se proprietário de antemão, no ato do contrato, antes mesmo de haver qualquer inadimplemento. É verdade que sua propriedade é resolúvel e ele terá de vender o bem em leilão. Mas é um leilão operado, na prática, pelo próprio credor, ficando o devedor bastante desamparado.

15. Livro 4, Tít. 56 e § 1º; CC/16, art. 765.

De tudo resulta que, tratando-se de afg, maior cautela se exige do juiz para fazer valer a proteção constitucional ao consumidor.

A jurisprudência em torno do CCV vale também para a afg, *mutatis mutandis*, isto é, respeitada a sistemática desta: o devedor não perde as importâncias pagas que serão aproveitadas no cálculo final após o leilão do imóvel. É o que ensina o preclaro Prof. Paulo Restiffe Neto.[16]

Vai aqui uma sugestão de pesquisa, na linha do direito comparado, com objetivo de indagar se a atual crise do *sub prime*, (ou das hipotecas), no direito imobiliário americano, não seria menos catastrófica, para o adquirente, houvesse lá a legislação protetiva que existe entre nós.

16. Perda de importâncias pagas

A questão da perda de importâncias pagas pelo compromissário na incorporação imobiliária constitui o que há de mais atual nas controvérsias em torno do CCV. Os repertórios especializados estão abarrotados de decisões, sugerindo, à primeira vista, uma situação caótica.

Não é assim, porém.

A jurisprudência foi chamada a enfrentar desafio muito pesado. O preceito fundamental (art. 53 do CDC) é de grande amplitude: são nulas de pleno direito as cláusulas que estabeleçam perda total das prestações pagas, ficando o devedor inadimplente com direito à restituição do que pagou até a data da resolução, descontada a vantagem auferida com a fruição.

Não há preceitos intermediários. Coube, então, ao juiz completar a regra, caso a caso, determinando quantas prestações devam ser restituídas em função do valor do que foi usufruído. As situações concretas variam também caso a caso. Natural, portanto, que as decisões também variem.

16. RESTIFFE NETTO, Paulo; RESTIFFE, Paulo Sérgio, *Garantia fiduciária*. São Paulo: RT, 2000, p. 252 e 256: "Com isso, tanto pelo Condecon, como por suas normas regulamentadoras, e pelas leis específicas sobre alienação fiduciária, não há perda total, mas aproveitamento total das prestações pagas no saldo (devedor ou credor) que resultar e for apurado após a venda do bem retomado" (...) "Mas, pela identidade das situações entre o compromisso comum de venda e compra de imóvel e a retomada de imóvel alienado fiduciariamente, se não arrematado em segundo leilão, a solução para este segundo caso encontra a sua fonte também no art. 53, *caput*, do Codecon, de modo que a orientação jurisprudencial sobre o CCV acima referida aplica-se, em princípio, à alienação fiduciária (...)".

Em sentido diverso, o não menos preclaro Prof. Melhin Namem Chalhub entende que o art. 53 do CDC não se aplica à afg de imóvel por se tratar de lei especial posterior à lei geral – *Negócio fiduciário*. Rio Janeiro: Renovar, 2006, p. 326.

O primeiro e difícil obstáculo encontrado foi concernente à legitimidade do compromissário para, admitindo a própria inadimplência, exigir a restituição das importâncias que pagou. No início, negava-se a pretensão. Tivemos a oportunidade de julgar em sentido favorável ao compromissário, isto é, admitindo que ele pudesse tomar a iniciativa do pedido de devolução. Isto porque não se trata de pedir a resolução do contrato porquanto o contrato já fica resolvido por força da declaração do devedor de que não vai pagar, definitivamente.[17] Na verdade, o que o compromissário pretende é pagar perdas e danos adequadas, em conformidade com o art. 53 do CDC.

Tranquilizou-se a jurisprudência, nesse ponto. Por todos: STJ, REsp 688.521-DF, r. João Otávio de Noronha, j. 08.04.2008, v.u., *Bol. AASP* 2608, p. 509.[18]

17. Algumas conclusões

O exame dos julgados recentes, a esse propósito, mantém conclusões anteriores e apontam outras: a saber:

a) os percentuais de devolução continuam variados: os mais comuns são 90% e 80%. São raros os inferiores a 70%, mas pode podem chegar até a 0% se o compromissário usufruiu do imóvel por muito tempo;

b) o tempo de ocupação é o fator mais relevante para a redução do percentual;

c) as previsões contratuais limitando os valores da devolução e da taxa de ocupação são, em regra, desconsiderados pelo juiz, diante da normatividade pública do CDC;

d) devolução de 100% só ocorre em caso de grave inadimplemento por parte do compromitente, como falta ou atraso excessivo da construção. Aqui, portanto, o caso é de resolução comum do contrato, independentemente do que dispõe o art. 53 do CDC;

e) dispensa-se reconvenção quando a ação é proposta pelo compromitente;

17. TJSP, Ap. 38.024.4, j. 1998, *Bol. AASP* 2.079. É um caso de *inadimplemento antecipado do contrato,* título de monografia de Fortunato Azulai, conforme desenvolvido no acórdão. Cf. nosso *CCV*, 5. ed., p. 205.

18. Esse acórdão invoca precedentes, deixa clara a viabilidade da ação do compromissário; que é devida indenização pela ocupação do imóvel; que é recomendável que esse ponto fique resolvido na própria ação; e que, se não o for, o compromitente pode pleitear a indenização por ação própria; finalmente, que a taxa de fruição do imóvel foi fixada em 05% ao mês sobre o valor do imóvel, limitada a 10% do valor da prestação mensal.

f) admite-se direito de retenção até a devolução das parcelas pagas (JTJ, Lex, 248/278, AI 191.359-4, Rel. Des. Cezar Peluso, j. em 28.08.2001; TJSP - AgIn n. 243.029.4/0.00 - 4ª Câm. - Rel. Des. Armindo Freire Mármora - j. 01.08.2001 - v.u. e julgados adiante indicados);

g) a matéria é conhecida de ofício (TJSP, Ap. n. 388.883.4/4-00 e Ap. n. 318.537.4/9-00, ambos relatados pelo Des. Francisco Loureiro, j. 14 e 13.12.2006).

Desse último julgado, extrai-se texto que, pela sua relevância vai transcrito:

> "A devolução da posse fica subordinada à restituição de parte das parcelas pagas se, após a compensação, houver saldo em favor dos promitentes compradores. Esse direito de retenção integra a própria natureza da sentença que resolve o contrato. No dizer de Rui Rosado de Aguiar Júnior, as restituições devem ser simultâneas, toma lá, dá cá... Na fase de execução da sentença, aparte obrigada a restituir pode recusar-se ao ato até que a outra cumpra, simultaneamente, ou pedir a compensação, quando cabível" (*Extinção dos contratos por incumprimento do devedor*, p. 261).[7]

18. Evitar perícia e liquidação

O percentual da devolução deve ser fixado pelo próprio juiz, evitando-se perícia e liquidação de sentença. A margem para o ponderado arbítrio do juiz é ampla: se ele, juiz, teve condições para julgar o mérito do pedido, com um pouco mais de esforço conseguirá estabelecer o percentual das parcelas a serem restituídas, ainda mais agora que já existem milhares de casos julgados.

É bom lembrar que em toda liquidação há sempre algum arbítrio. Melhor o do juiz do que o do perito.

19. Não se trata de mero arrependimento do compromissário

Às vezes se ouve dizer que o compromissário quer reaver o que pagou porque tem direito de se arrepender. Não é assim. Como já tivemos oportunidade de dizer alhures, o CDC só permite o arrependimento na hipótese do art. 49, se decorridos sete dias da assinatura do contrato. O Código Civil de 2002 não repetiu o preceito do antigo art. 1.088, que consagrava o direito de arrependimento quando a prova do ato exigisse instrumento público. Em suma, o arrependimento é questão de direito extremamente restrito. É preciso que haja motivação ética e econômica suficiente para justificar o comportamento do compromissário, como, por exemplo, desemprego, graves dificuldades financeiras, morte ou doença na família etc.

Essa prova é fácil para o compromissário e é difícil para o compromitente fazer a contraprova, pois nos contratos de oferta pública o vendedor tem poucos dados sobre a vida pessoal do comprador. Por isso mesmo e diante da massificação dos casos levados a Juízo, tem-se concluído, na prática, que o compromissário tem direito de se arrepender, o que não é verdade.

Assim sendo, demonstrado que o compromissário está agindo por mero capricho ou simples interesse em fazer um negócio melhor, deve ele ser tratado com severidade, com repercussões no percentual a ser restituído.

20. Cálculos exagerados das prestações do preço

O que facilita ainda mais a posição do compromissário é o frequente exagero do credor no cálculo do valor das prestações, incluindo correção monetária, multa, juros elevados etc., de forma a surpreender o devedor, o qual vai acabar por preferir dar por findo o contrato pedindo de volta o que pagou.

Esse comportamento de tantas incorporadoras, embora condenável, não caracteriza inadimplemento a ponto de justificar a resolução do contrato, com devolução de 100% das prestações pagas. Isto porque, nesses casos, geralmente a obrigação principal foi cumprida com a execução e entrega da obra (n. 10 retro). Se não justifica a resolução, nem por isso deixa de ter consequências na aferição da mora e determinação do percentual da devolução.

Tenho para mim que o tal exagero se dá em razão da forma adotada para financiamento do preço, quando se verifica, na realidade, a junção de dois contratos: a venda e o mútuo.

Com efeito – se me é permitido entrar um pouco na psicologia desses contratos – duas são as atividades, duas são as mentalidades. O vendedor comum – inclusive no loteamento – estende o prazo por uma necessidade de seu negócio, pois ele quer e precisa vender. Comporta-se, então, em regra, com espírito de certa maleabilidade e transigência.

Havendo também um contrato de mútuo, ou um financiamento à moda de mútuo, tudo muda de figura, ficando difícil para o incorporador resistir à tentação de ganhar nas duas operações, na venda (ou construção) e no empréstimo de dinheiro. Ora, o mutuante ganha o juro dia a dia, é naturalmente vocacionado à usura, o que sempre foi motivo de preocupação para a lei civil e até da penal. O mutuante, de hábito, é mais impositivo e intransigente do que o vendedor comum.

Focalizando as duas outras partes nos negócios, nota-se que o comprador geralmente conserva com naturalidade a sua personalidade e a sua altivez, ao passo que o mutuário, necessitado de dinheiro, é submisso e aceita condições opressivas com facilidade.

Em suma, a junção dos dois contratos não tem trazido bons resultados para a sociedade em geral. O que se tem notado, na jurisprudência atual sobre resolução do contrato, na incorporação imobiliária, são discussões intermináveis quase sempre em torno do financiamento do preço, com arguições de invalidade das cláusulas contratuais incompatíveis com a proteção do consumidor, proteção essa que goza de *status* constitucional e tem merecido bom apoio dos tribunais.

21. Tabela Price

No que diz respeito à utilização da Tabela Price, para cálculo de juros e prestações, o panorama é, talvez, menos animador.

Passados tantos anos de debate, os tribunais não chegaram a uma conclusão segura. Como mera ilustração: o TJDF diz ter optado pelo afastamento da TP (Ap 2004.01.1.023475-0, *DJU* 06.12.2005); o TJMG, idem - Ap 1.0024.03.942.296-9/001, j. 08.02.2006; mas às vezes julgam em outro sentido; o TJSP também parece não ter posição definida, como ainda o TJRS.

O STJ tende para aceitação da TP, com restrições - AgRg no AG 509.782/RJ, r. Nancy Andrighi, j. 18.11.2003; 587.639-SC, rel. Franciulli Netto.

Nota-se que os julgados que dão pela ilegalidade da TP o fazem de modo peremptório. Aqueles que dão pela legalidade opõem ressalvas e desenvolvem fundamentações bastante complexas, socorrendo-se, às vezes, de perícias.[19]

Se passados quase vinte anos da vigência do CDC ainda não ficou definida questão tão relevante como essa, é de se supor que a indefinição continuará por muito tempo.

Este é um dado relevante que aponta em favor do consumidor, pois a própria lei ordena que "as cláusulas contratuais serão interpretadas de maneira mais favorável ao consumidor" - art. 47 do CDC. Na verdade, o consumidor tem direito a um mínimo de clareza e segurança, inclusive perante os pronunciamentos dos tribunais...

Entendo, assim, que o mais recomendável é dar pela inaplicabilidade da Tabela Price nos casos de CCV ou afg submetidos ao CDC. Ninguém nega que a TP implica em capitalização de juros. Não é uma capitalização chocante, mas é capitalização, e é muito difícil saber se essa capitalização, no curso do contrato, não foi além da anual que é a juridicamente permitida, seja sob

19. REsp 755.340, r. J. O. de Noronha, invocando o precedente 668.795, r. José Delgado.

invocação do CDC, seja do CC/2002 (art. 591), seja até da vetusta, mas digna, Lei da Usura e da também digna Súmula 121 do STF: "é vedada a capitalização de juros, ainda que expressamente convencionada".

Embora se reconheça a importância das leis de estímulo ao crédito e à construção civil, é inegável que elas se encontram em patamar inferior ao CDC.

Referências

AGUIAR JÚNIOR, Ruy Rosado de. *Extinção dos contratos por incumprimento do devedor.* Rio de Janeiro: AIDE, 2003.

ANTUNES VARELA, J. M. *Direito das obrigações.* Rio de Janeiro: Forense, 1978. v. 2.

AZEVEDO JÚNIOR, José Osório. *Compromisso de compra e venda.* 5. ed. São Paulo: Malheiros, 2006.

______. *Compra e venda, troca ou permuta.* São Paulo: RT, 2005.

CHALHUB, Melhin Namem. *Negócio fiduciário.* Rio de Janeiro: Renovar, 2006.

GOMES, Orlando. *Contratos.* 18. ed. Rio de Janeiro: Forense, 1999.

MALAURIE, Phillipe; AYNES, Laurent. *Droit civil*: contrats speciaux. 12. ed. Paris: Cujas, 1998.

RESTIFFE NETTO, Paulo; RESTIFFE, Paulo Sérgio. *Garantia fiduciária.* São Paulo: RT, 2000.

ROPPO, Enzo. O *contrato.* Coimbra: Almedina, 1988.

TELLES, Inocêncio Galvão. *Manual dos contratos em geral.* Coimbra: Coimbra Editora, 2002.

Site

Pesquisa de Jurisprudência: *JURID Publicações Eletrônicas*

<http://www.jurid.com.br/>

Ainda o Pinheirinho "Decisão judicial não se discute, cumpre-se" Ser verdade?[1]

Os fatos são conhecidos. Em São José dos Campos, uma decisão judicial determinou a reintegração de posse em favor da Massa Falida da empresa Selecta, do megainvestidor Naji Nahas. A falência se deu em 1990. O imóvel era uma área rural com mais de 45 alqueires e foi ficando abandonado, como é comum em áreas administradas por massa falida. Catorze anos após a falência, em 2004, a área começou a ser invadida por pessoas necessitadas de moradia.

Segundo a *Folha de S. Paulo*, a proprietária obteve a reintegração liminar, ainda em 2004. Verificou-se um *imbróglio* jurídico-processual, que não cabe aqui relatar, e os ocupantes foram ficando no imóvel. Sete anos depois, em 2011, nova decisão da 6ª Vara de São José ordena a reintegração.

Foi essa a ordem que o Poder Executivo cumpriu no dia 22.01.2012, um domingo, a partir das seis 6 horas da manhã, com grande aparato policial, acompanhado de caminhões e máquinas de terraplenagem, para susto e desespero dos moradores e espanto da população paulista.

A meu ver, a ordem recebida pelo Governador não podia ser cumprida porque inexequível. Se o Governador se recusasse a cumprir a ordem, o caso voltaria ao Tribunal Superior e a execução da ordem seria reexaminada por pessoas que já mostraram ter mais discernimento em questões de tal gravidade. Pelo que se sabe, o STJ, neste caso, só tratou de questão de competência, e não de mérito.

A ordem se tornou inexequível porque, em 7 anos, a situação concreta do imóvel e sua qualificação jurídica mudaram radicalmente.

1. Publicado originalmente em Instituto dos Advogados de São Paulo. *Informativo 98*, jan./fev. 2012.

O que era um imóvel rural, muito extenso para a região, tornou-se um bairro urbano, onde moravam 1.600 famílias, mais de 5.000 pessoas, com ruas, praça, construções de alvenaria, comércio e igrejas. As fotos aerofotogramétricas são esclarecedoras. A nova realidade urbana é indiscutível. Ali se estabeleceu uma favela, com vida estável, no seu desconforto.

Dir-se-á que a execução da medida judicial, já praticada, rapidamente e sem mortes ou ferimentos graves, mostra que a ordem era exequível. Na verdade, não houve mortes porque ali estava uma população pacífica, pobre e indefesa. A falta de reação só prova a desnecessidade da violência.

Ninguém duvida da exequibilidade física da ordem judicial, pois todos sabem que soldados e tratores têm força física suficiente para "limpar" qualquer terreno.

O grande e imperdoável erro do Judiciário e do Executivo do Estado foi prestigiar um direito menor do que aqueles que foram atropelados no cumprimento da ordem.

Os direitos dos credores da massa falida são meros direitos patrimoniais com *fundamento* numa lei também menor, uma lei ordinária, cuja aplicação não pode contrariar preceitos expressos da Constituição Federal. O principal deles está inscrito logo no art. 1º, III, que indica a dignidade da pessoa humana como um dos fundamentos da República. Esse valor permeia toda a ordem jurídica e obriga a todos os cidadãos, inclusive os chefes de Poderes.

Os fatos e imagens mostram a agressão violenta à dignidade daquelas pessoas, que tiveram suas moradias, pertences e até documentos destruídos por ordem e na presença de autoridades.

Outro princípio constitucional foi afrontado: o da função social da propriedade. É verdade que a Constituição garante o direito de propriedade. Mas toda vez que o faz, estabelece a restrição: a propriedade deve cumprir sua função social. Pois bem, a área em questão tornou-se ociosa, ficou abandonada por cerca de 14 anos, ou seja, desde o decreto da falência da Selecta, em 1990, sem cumprir função social alguma.

É bom lembrar que o princípio constitucional da função social da propriedade obriga não só aos particulares como também a todos os Poderes e seus dirigentes, proibindo que Legislativo, Executivo e Judiciário atuem de forma antissocial nas suas atividades específicas de legislar, administrar e julgar.

O próprio Tribunal de São Paulo já consagrou esse princípio inúmeras vezes, inclusive em caso semelhante ao presente, ou seja, numa tentativa de recuperação da posse de uma favela. O Tribunal considerou que a retomada física do imóvel favelado é inviável, pois implica uma operação cirúrgica, sem anestesia, incompatível com a natureza da ordem jurídica, que é inseparável da ordem social. Por isso, impediu a retomada. O proprietário recorreu e o STJ não conheceu do recurso - REsp.75.659-SP - e os moradores da Favela Pulman lá se encontram até hoje.

Tudo isso é dito porque o cidadão comum e o estudante de direito precisam saber que o Direito Brasileiro não é monolítico, não é só isso que esse lamentável episódio mostrou. Foram julgamento e execução francamente contrários ao rumo em que se desenvolvem a legislação, os julgados e a ciência do Direito.

Respondendo à pergunta inicial: será verdade que uma decisão tem que ser cumprida sempre? Só é verdade para os casos corriqueiros. Não para os casos gravíssimos que vão atingir diretamente número imenso de pessoas indefesas. Estranha-se que o Governador tenha usado o conhecido chavão, segundo o qual decisão judicial não se discute, cumpre-se.

Mesmo em casos menos graves, os chefes de Executivo estão habituados a descumprir decisões judiciais. Nas questões dos precatórios, por exemplo, são milhares de decisões judiciais definitivas não cumpridas.

Juízo Prudencial e Dano Moral[1]

Princípios e critérios

Acórdãos recentes do Tribunal de Justiça de São Paulo, bem fundamentados, e vistos como amostragem, indicam os seguintes princípios e critérios para a fixação do valor da indenização por dano moral:

Ap. 9177017-26.2007.8.26.0000, rel. Álvaro Torres Jr.: critério da razoabilidade e presente a necessidade de se atentar para que o arbitramento se opere sem abusos ou exageros, proporcionalmente ao grau de culpa, às condições das partes e ao nível de ofensa à honra.

Ap. 0004134-60.2006.8.26.0196, rel. Fernando Melo Bueno Filho: princípios da razoabilidade e proporcionalidade, evitando o enriquecimento ilícito e mantendo o caráter punitivo e educativo.

Ap. 9132264-81.2007.8.26.0000, rel. Maria Lúcia Pizzotti Mendes: regras da experiência do julgador, valor nem absurdo nem irrisório.

Ap. 9146900-91.2003.8.26.0000, rel. Pereira Calças: critérios da razoabilidade, proporcionalidade, prudência, equidade. Cita *RJTJ* 156/95, rel. Walter Morais, que se refere à estimação prudencial.

Ap. 9136731-40.2006.8.26.0000, rel. De Santi Ribeiro: critérios da razoabilidade, da experiência e bom senso.

Ap. 0009871-16.2007.8.26.0000, rel. Corrêa Lima: prudência e razoabilidade.

Princípios que se entrecruzam. Juízo prudencial

Frequente, portanto, a invocação dos princípios da razoabilidade, proporcionalidade, do enriquecimento sem causa, das regras da experiência, do bom senso, da equidade.

1. Publicado originalmente em: GUERRA, Alexandre; BENACCHIO, Marcelo (Coord.). *Responsabilidade civil bancária*. São Paulo: Quartier Latin, 2012.

Segundo Ronald Dworkin, princípio é "um padrão que deve ser observado, não porque vá promover ou assegurar uma situação econômica, política ou social considerada desejável, mas porque é exigência de justiça ou equidade, ou alguma outra dimensão da moralidade".[2]

E "quando os princípios se entrecruzam (...), aquele que vai resolver o conflito tem de levar em conta a força relativa de cada um. Esta não pode ser, por certo, uma mensuração exata e o julgamento que determina que um princípio ou uma política particular é mais importante que outra frequentemente será objeto de controvérsia. Não obstante, essa dimensão é uma parte integrante do conceito de um princípio, de modo que faz sentido perguntar que peso ele tem ou quão importante ele é".[3]

Com efeito, qual o principal deles?

Para o que nos interessa no momento, pois estamos tratando da doutrina e prática do dano moral, o que prepondera sobre todos é o princípio, ou a virtude, da prudência, que poderá auxiliar o juiz a proferir o decantado juízo prudencial para permitir a valoração dos diversos princípios para a aplicação ao caso concreto.

Só o juiz sábio, o juiz prudente, aquele que procurou desenvolver a prática dessa virtude poderá proferir o melhor julgamento.

A prudência

André Comte-Sponville[4] nos explica bem o que é a prudência. Permito-me transcrever pontos de sua lição, como segue:

> "A prudência é uma das quatro virtudes cardeais da Antiguidade e da Idade Média. As outras virtudes cardeais são a temperança, a coragem e a justiça.
>
> O que a prudência tem de mais sugestivo é que ela é condição de todas as demais virtudes. Não há outra virtude que prescinda dela.
>
> Toda virtude tem que ser equilibrada, tem que estar equidistante dos extremos. *In medio virtus*. Pois bem, é a prudência que coloca toda e qualquer virtude no seu ponto de equilíbrio.
>
> Até mesmo as virtudes teologais, mesmo a maior de todas, como a caridade, o amor, é condicionada pela prudência.

2. *Levando os direitos a sério*, trad. Nelson Boeira, Martins Fontes, São Paulo, 2002, p. 36.
3. Ob. cit. p. 42.
4. COMTE-SPONVILLE, André. *Pequeno tratado das grandes virtudes*, trad. Eduardo Brandão, Martins Fontes, São Paulo, 1995, Cap. 3, "A Prudência", p. 37-44.

Por mais que o pai ou a mãe amem o filho, sem a prudência esse amor pode se tornar desastroso.

Por mais louvável que seja a virtude da coragem, não sendo ela condicionada pela prudência, ela vai se distorcer e converter-se em temeridade, em loucura".

Assim também com a justiça. Está abandonada a si própria, sem ser temperada pela prudência, destrói-se a si mesma. É antiquíssimo o sábio brocardo: *summum jus summa injuria.*

Ainda a prudência

Sigo com observações de Comte-Sponville:

"Filósofos de todas as correntes estudaram as virtudes, inclusive a prudência. De Sócrates, Platão, Aristóteles, Epicuro, Santo Tomás de Aquino, os escolásticos, Spinoza, Kant, Max Weber.

Para este, a única ética válida é a ética da prudência. Portanto, nem mesmo a moral será válida sem a prudência.

A prudência tem algo de modesto e de instrumental. (...)

Ela se põe a serviço das outras virtudes, mais grandiosas do que ela, como a justiça e a caridade. Estas reinam, mas não governam. Quem governa é a prudência.

Não basta amar a justiça para ser justo, nem amar a paz para ser pacífico; é preciso além disso, a boa decisão, a boa deliberação.

A prudência supõe a incerteza, o risco, o acaso, o desconhecido. (...)

O homem prudente é atento não apenas ao que acontece, mas ao que pode acontecer; é atento presta atenção. Prudentia, observava Cícero, significa tanto prever, como prover. (...)

A prudência é o que separa a ação do impulso".

Presença do juízo prudencial. Dano indenizável

O juízo prudencial está presente em toda a problemática do dano moral. Como a vida está no corpo, ele está por inteiro no tema todo e em cada aspecto particular. Falar do juízo prudencial no dano moral acaba sendo falar do próprio dano moral.

A começar, para saber qual o dano moral que permite reparação. O direito positivo brasileiro apenas diz, aqui e ali, que o dano moral deve ser ressarcido – Constituição Federal, art. 5º, V e X; Código Civil, 186; Código de Defesa do Consumidor, art. 6º, VI.

Tudo mais fica a critério da doutrina e da jurisprudência.

Na legislação especial, há o art. 84 do velho Código Brasileiro de Telecomunicações – Lei 4.417/62, indicando alguns critérios para a apuração do valor da indenização.

O Código Civil Português tem dispositivo de grande sabedoria e utilidade. É o artigo 496: "Danos não patrimoniais. 1. Na fixação da indenização deve atender-se aos danos não patrimoniais que, pela sua gravidade, mereçam tutela do direito".

Eis um dado importante: para merecer indenização é preciso que o dano moral tenha certa gravidade, que seja perceptível sem esforços e maiores raciocínios.

Quanto maior o dano, isto é, quanto mais relevante o direito da vítima que foi atingido, mais fácil concluir que o dano deve ser indenizado.

A dificuldade está nos danos de pequena monta. Os muito pequenos devem ser afastados.

Há anos, tive oportunidade de dizer que:

> "Não é qualquer dano moral que é indenizável. Os aborrecimentos, percalços, pequenas ofensas, não geram o dever de indenizar. O nobre instituto não tem por objetivo amparar as suscetibilidades exageradas e prestigiar os chatos.
>
> Já tive conhecimento de caso em que um juiz moveu ação contra seu colega que reformou um seu despacho de forma que ele considerou ofensiva...
>
> Também um perito moveu ação contra o advogado que criticou o laudo com energia".[5]

Juiz e perito tão melindrosos talvez precisem mudar de profissão, pois tais percalços são frequentes e naturais às respectivas atividades.

Poder do juiz

Pelo que consta, há unanimidade entre os autores no sentido de que cabe ao juiz dizer se o dano é indenizável e qual o valor da indenização.

Há muitos anos, Ripert, em *Le prix de la douleur*, p. 129, já dizia que:

"Na fixação do *quantum* reparador, na hipótese dos danos morais, a melhor norma é a que permitisse ao juiz exercitar, de maneira plena, seu poder de apreciação".[6]

5. [4] AZEVEDO JUNIOR, José Osório. O dano moral e sua avaliação, *Revista do Advogado*, São Paulo, AASP, p. 49.
6. Apud TJSP, Embargos de Declaração n. 65.575-1/8-SP, rel. Fonseca Tavares.

Para Aguiar Dias, "em matéria de dano moral, o arbitrário é até da essência das coisas".[7]

Sempre que se fala em arbítrio, ou discrição, do juiz, há sempre um adjetivo restritivo, como razoável, prudente, etc.

Com efeito, o arbítrio nunca é discricionário:

> "o poder discricionário não existe a não ser como um espaço vazio, circundado por uma faixa de restrições. Trata-se, portanto, de um conceito relativo. Sempre faz sentido perguntar: 'poder discricionário de acordo com que padrões?' (...)
>
> Como quase todos os termos, o significado exato de "poder discricionário" é afetado pelas características do contexto".[8]

Esses contexto e padrões cabem ao juiz encontrar no caso que está sendo julgado. Para tanto, vale a capacidade individual do juiz.

Qualidades do juiz. Objetivos visados. Reparar e punir

Vem a propósito texto de Galvão Telles sobre outro assunto (a interpretação dos negócios jurídicos e da lei) mas plenamente aplicável ao tema do dano moral:

> "é uma tarefa onde a intuição, servida pela experiência, vale muitíssimo, representando trunfo inapreciável e o segredo principal do êxito. Mas o ideal é que as qualidades naturais do intérprete e a sua prática sejam coadjuvadas pelo domínio seguro de uma teoria da interpretação, que o guie e torne refletida e consciente a sua atividade".[9]

Por isso mesmo nossa jurisprudência atual, como vimos acima, tem apelado para as regras da experiência e do bom senso, não podendo descurar, contudo, do auxílio da doutrina, que vai tornar a atividade refletida e consciente.

Sempre disse que, em questões de dano moral, o juiz deve agir a um só tempo com moderação e severidade. Só assim poderá atingir os dois objetivos da doutrina e da lei: indenizar a vítima e punir o ofensor, de modo a contribuir para evitar a reincidência.

Isso mostra o quanto diverge a temática do dano moral da tradicional reparação do dano patrimonial na responsabilidade civil comum. Aqui, visa-se, sempre que possível, voltar ao *statu quo ante.*

7. *Da responsabilidade civil*, vol. II, Forense, Rio de Janeiro, 194, p. 305.
8. DWORKIN, R., ob. cit., p 29 e 51.
9. TELLES, Inocêncio Galvão. *Manual dos contratos em geral*, 4. ed., Coimbra Editora, 2002, p. 443.

No dano moral, isso nunca é possível. A dor não se apaga com a reparação pecuniária. Apenas se ameniza. É mera compensação pelo sofrimento, é uma satisfação que é dada pela ordem jurídica, de modo a não deixar impune o causador do dano. É um consolo, como disse uma senhora do povo que foi humilhada em um supermercado: "Dinheiro nenhum pode apagar a vergonha que passei, mas a indenização não deixa de ser um consolo". É uma boa expressão, o *solatium*, que significa exatamente isso: desafogo, alívio, conforto, consolação, consolo.[10]

A responsabilidade civil tradicional

É regra tradicional da responsabilidade civil, seja contratual seja extracontratual – arts. 403 e 944, que a indenização é medida pela extensão do dano e não pelo grau da culpa, ainda quando haja dolo por parte do agente.

Ao contrário, no dano moral o grau da culpa é elemento da maior importância para caracterizar a indenizabilidade do dano e definir o valor da reparação, pois aqui a condenação tem caráter dúplice. Esse caráter dúplice, a um só tempo punitivo e compensatório, foi muito bem exposto por Caio Mário da Silva Pereira.[11]

Conceituado autor português alerta:

> "Pensamos que a reparação dos danos não patrimoniais escapa, em larga medida, às coordenadas legais do sistema da responsabilidade civil. A total arbitrariedade do julgador na fixação da *compensatio doloris* e (...) na determinação das pessoas que a ela têm direito (...) foge quase inteiramente aos princípios que regem a responsabilidade civil: só haverá vantagem em não prejudicar a já complicada construção desta, com os elementos anômalos que resultam na reparação daqueles anos.
>
> Para que, na verdade, procurar determinar com rigor quais os prejuízos indenizáveis, se o juiz pode, depois, atribuir à indenização um valor arbitrário a título de reparação, aliás indiferenciada, dos danos morais? Para que procurar definir à luz do art. 483, quais sejam os interesses juridicamente protegidos, cuja lesão dá lugar à indenização, se neles vier a incluir-se os danos não patrimoniais que, pela sua gravidade, mereçam a tutela do direito, de que fala o nº I do artigo 496?

10. AZEVEDO JUNIOR, José Osório, ob. loc. cit.
11. MOREIRA, Caio Mário da Silva. *Responsabilidade civil*, Forense, Rio de Janeiro, 2002, p. 55.

A prudência manda separar os dois institutos, tanto na construção teórica, como na aplicação prática: a fusão de ambos prejudica o bom entendimento de cada um".[12]

É a necessidade de separação dos institutos que impede que as indenizações não possam ser conjuntas, pois o juiz precisa indicar a motivação de cada uma delas. Se não o fizer, a consequência será a nulidade da decisão, como já foi reconhecido.[13]

Riscos do arbítrio. Acomodação de jurisprudência. Casos repetidos

Em todo arbítrio, há riscos. Mas não há saída. Arbítrio por arbítrio, melhor o do juiz, que tem mais condições de independência do que o perito. O do legislador, pior ainda. Quanto vale a vida humana no seguro obrigatório por acidente de veículos? Atualmente, R$ 13.500,00. Qualquer tarifação seria artificial, dada a rebeldia do tema a classificações.

Melhor deixar a jurisprudência se acomodar. Em alguns casos repetitivos, parece que se caminha para uma espécie de tarifação jurisprudencial.

Assim nos casos de comunicação culposa pelos bancos, ou outros credores, aos órgãos de proteção ao crédito. O exame de casos recentes do TJSP[14] revela uma constante: 10 salários mínimos ou valor aproximado.

A uniformidade dos julgados traz segurança jurídica para as partes e advogados, mas cada caso precisa ser visto com cautela. É que o juízo prudencial precisa preponderar sempre, pois cada caso tem sua peculiaridade, e a análise a se fazer é *in concreto* e não *in abstracto*, com o exame de todas as circunstâncias. Assim, a negativação do nome do devedor pode ter causado mais transtornos e aflições para uma pessoa do que para outra o que não pode ser ignorado pelo juiz.

Contudo, o apelo ao abstrato pode ser útil para evitar eventual exagero, para mais ou para menos. Para maior desenvolvimento do tema, seja o

12. PESSOA JORGE, Fernando. *Ensaio sobre os pressupostos da responsabilidade civil*, ed. Ciência e Técnica Fiscal, Ministério das Finanças, Lisboa, 1972, p. 376-377.
13. Nula se afigura a decisão quando dela não se pode inferir o valor pertinente à indenização por dano material e o *quantum* atribuído por dano moral, inclusive aferíveis de forma diversa, englobados em único montante na sentença. Pleiteada a indenização por dano material e por dano moral, haverá de ser estipulada a forma, os caminhos pelos quais o julgador andou, para fixar cada uma delas. TJRN – AC n. 98.000629-5 – Natal/RN – 2ª Câm. Cível, m.v., j. 09.03.2001.
14. Acórdãos citados no n. 1 retro.

dano patrimonial ou moral, veja-se Yves Chartier, *La réparation du prejudice*, Dalloz, Paris, 1983, nº 507 e seguintes.

Condenações em salários mínimos

A frequência da utilização do salário mínimo nas condenações, seja por dano moral ou não, deve ser afastada.

Por vários motivos. O primeiro é de ordem legal-constitucional: o art. 7º, IV, da Constituição Federal, que consagra o direito ao salário mínimo, impõe, na parte final, que é vedada sua vinculação para qualquer fim. A razão é simples, pois a boa política social recomenda que o salário mínimo seja aumentado sempre em índice superior ao da inflação. Não constitui, portanto, bom critério de correção monetária. Além disso, trata-se de índice anual, que pode gerar distorções dependendo dos períodos da incidência.

Com a vedação constitucional, que gerou a Súmula Vinculante nº 4 do STF, entendeu-se que seriam nulas as decisões que adotaram tal critério.

O Superior Tribunal de Justiça, contudo, deu boa solução para o problema: a nulidade só atinge a adoção do salário mínimo como critério de atualização do débito e não como fixação do valor da condenação. Assim, converte-se em reais o valor da condenação na data da decisão, corrigindo-se posteriormente esse valor segundo os índices oficiais –REsp 1140213, r. Aldir Passarinho Jr., 02.09.2009, orientação que já repercute no TJSP-Ap. 9113193592008826 SP 9113193-59.2008.8.26.0000, 17ª Câmara de Direito Privado, r. Erson T. Oliveira, j. 30.11.2011.

Em tais circunstâncias, melhor que o juiz que quiser raciocinar a partir do salário mínimo que faça ele próprio a conversão do respetivo valor no momento da decisão.

Privilegiar o aspecto punitivo

Nas condenações que se repetem de bancos e outras entidades financeiras, o juízo prudencial recomenda que seja privilegiado o aspecto punitivo da condenação, mais do que a feição simplesmente reparatória da mesma. São os casos de negativação de clientes perante órgãos de proteção ao crédito, de cobranças de taxas indevidas, de ofertas espontâneas de serviços ou cartões etc.

Com o passar do tempo, e como nem todos os clientes reagem, é comum tais entidades persistirem nas infrações, que lhes continuam convenientes, pois, com a contumácia, as entidades mais ganham do que perdem.

O resultado é uma certa desmoralização do instituto do dano moral, que fica, na realidade, sem a sua função social de punir o infrator para evitar a reincidência.

Geralmente, quando se invoca o juízo prudencial, acentua-se o aspecto naturalmente comedido e moderado da penalidade. Mas não é só isso.

Como vimos no início, a prudência é a virtude da verdadeira sabedoria.

O homem prudente é atento não apenas ao que acontece, mas ao que pode acontecer; (...) significa tanto prever, como prover. Se se percebe que as condenações não estão atingindo a função de desestímulo, elas precisam ser exacerbadas, em nome do juízo prudencial.

Ainda o aspecto punitivo. Ponto sensível da questão

Parece-me que, de uma forma geral, o aspecto punitivo do instituto tem ficado num injustificável segundo plano. Creio que a causa principal está no temor de incentivar eventual ganância da vítima, mas também há influência do princípio da responsabilidade civil tradicional pelo qual se repara o dano, mas não se pune o agente causador – arts. 403 e 944, já citados.

Nada justifica essa subalternidade do aspecto punitivo. Em muitas situações, só existe a punição, independentemente da reparação pecuniária para a vítima.

Com efeito, quando a vítima é pessoa bem abonada economicamente, às vezes ela abre mão da indenização pecuniária e contenta-se com a retratação pública. Na realidade, a divulgação de uma sentença condenatória, pelos diversos meios de divulgação, pode representar ônus expressivo para o ofensor, manifesto, então, seu caráter punitivo, o qual pode vir a funcionar como reparação satisfatória para a vítima, independentemente de recebimento de dinheiro.

Em suma, observando-se, ainda que perfunctoriamente, a evolução da temática do dano moral, conclui-se que a reparação pecuniária direta para a vítima pode ficar ausente, mas o intuito de punir o causador do dano sempre esteve e deve continuar presente.

Como já acentuado, o temor de que condenação elevada pode ocasionar à vítima um enriquecimento excessivo, que, a rigor, não é ilícito, não pode deixar impune o infrator o qual, este sim, terá um enriquecimento verdadeiramente ilícito com a reiteração das práticas ilegais.

Creio ser esse o ponto mais sensível atualmente entre nós da doutrina e da prática do dano moral. É preciso encontrar solução para punir o infrator sem acarretar locupletamento por parte da vítima.

Dificuldade da hipótese. Dilema do juiz. Artigo de doutrina

A questão não é fácil. Na realidade da vida forense, o juiz pode se ver diante de um dilema logicamente insolúvel, pois para que haja desestímulo ao infrator pode acontecer de ser necessária penalidade maior e o consequente enriquecimento excessivo para a vítima. O que tem acontecido, nas operações bancárias acima referidas – e outras semelhantes –, é o ofensor ficar em situação francamente vantajosa pois se livra da punição que merece. Lançar a vantagem para o outro lado, também não é solução, pois igualmente haverá risco de desnaturamento do instituto.

O direito positivo não dá solução para o caso.

Acontece que o fato de ser a lei omissa não desobriga o juiz de encontrar a boa solução. O juízo prudencial, aliado à boa técnica jurídica, está aí para isso: a lei pode ser omissa, mas o sistema jurídico nunca é. A solução está nele, é só buscá-la.

Interessante artigo do Prof. Alexandre Guerra[15] aborda com lucidez o tema e dá notícia dos autores que já se manifestaram.

À falta de disposição expressa de lei, sugere-se a aplicação analógica do art. 883, parágrafo único, do Código Civil, a saber:

"Não terá direito à devolução (do pagamento indevido) aquele que deu alguma coisa para obter fim ilícito, imoral, ou proibido por lei. Parágrafo único. No caso deste artigo, o que se deu reverterá em favor de estabelecimento local de beneficência, a critério do juiz".

Assim, o valor que excede o razoável para reparar a vítima do dano moral e que deve ser carregado ao ofensor para que haja eficácia da condenação no seu aspecto de desestimular a reincidência pode ter outro destino, que não a vítima. Não há nada de anormal nisso.

Como foi dito atrás, o modo de aplicação das regras do dano moral comportam a alteração do destino natural da indenização, pois é o que acontece sempre que a vítima não quer ficar com o dinheiro e solicita que seja destinado a alguma entidade de benemerência.

Se a parte pode fazê-lo, com maior razão também poderá o juiz, que precisa superar o impasse em que se encontra e que tem compromisso com toda a ordem jurídica e social, tendo o dever de dar eficácia plena ao nobre instituto do dano moral não podendo colocar o ofensor em posição de vantagem na relação indenizatória.

15. Dano moral punitivo e indenização social, in *Letrado*, Informativo 97, nov./dez. 2011, do Instituto dos Advogados de São Paulo, p. 32-33.

A solução aventada pelo Prof. Alexandre Guerra e demais autores citados no artigo merece todo aplauso.

Destaco trecho em que se inspira em Renan Lotufo ali mencionado:

"Os princípios da eticidade e da socialidade, tão caros ao Código Reale, servem como fundamento para tal proceder, assim como a compreensão ampla do Direito como um complexo sistema de regras, princípios e valores em relação, daí porque sobredito parágrafo único do art. 883 do Código Civil lhe serve como fundamento. A regra em tela, conquanto no capítulo destinado ao pagamento indevido do Direito das Obrigações, não deixa de poder ser aplicada como meio impeditivo de enriquecimento indevido à vítima em virtude de danos morais punitivos que mereçam ser elevados".

Desafio da jurisprudência brasileira

Passados mais de 20 anos da explosão do dano moral nos pretórios brasileiros, acentuada após a vigência da Constituição/88 e do Código de Defesa do Consumidor, de 1990, é possível observar algumas tendências.

De início, houve perplexidade e apreensão, tanto no ambiente jurídico como na sociedade em geral. A preocupação maior era com a insegurança jurídica decorrente do largo poder de arbítrio reservado ao juiz, seja quanto ao tipo de dano a ser indenizado, seja principalmente quanto à fixação do valor da indenização.

Realmente, todo limite ao arbítrio ficou restrito ao decantado prudente arbítrio do magistrado.

Empresas de transportes, de comunicação, de prestação de serviços ao público em geral, inclusive os bancários, tentavam escapar do alcance da lei, seja através de projetos legislativos para impor limites às condenações, seja através do convencimento dos operadores do direito, particularmente dos juízes. Proliferaram os congressos patrocinados pelas entidades interessadas.

Mas os inovadores e genéricos preceitos resistiram, com o forte apoio da sociedade. Autores de nomeada, entre eles, Agostinho Alvim, já haviam dito que, apenas com preceitos genéricos, sem normas intermediárias, seria exigir demais da jurisprudência, que ficaria no limite de sua capacidade.

No entanto, a meu ver, a nossa jurisprudência correspondeu plenamente ao que dela se esperava.

Vejamos os casos mais comuns que tanto foram levados aos tribunais que acabaram sendo objetos de súmulas do STJ.

Atualmente, são 10 as súmulas sobre dano moral, todas alargando o alcance da proteção ao ofendido, seja nas questões de direito material seja de direito processual.

Nos últimos três anos foram editadas seis súmulas – três delas de matérias ligadas a operações bancárias.

Destaque para as de nº 388 ("A simples devolução indevida de cheque caracteriza dano moral"); e de nº 370 ("Caracteriza dano moral a apresentação antecipada de cheque pré-datado").

A de nº 281 ("A indenização por dano moral não está sujeita à tarifação prevista na Lei de Imprensa"), embora não ligada à atividade bancária, também merece destaque por mostrar claramente a tendência de alargamento da proteção à vítima do dano moral.

Destaque também para o STF que após longuíssimo debate concluiu pela incidência do Código de Defesa do Consumidor nas relações bancárias.

O que se deseja ressaltar é a solidificação da boa doutrina sobre dano moral pela jurisprudência brasileira, que, como foi dito acima, assumiu o desafio de julgar somente a partir de princípios, inexistentes regras legais particulares.

O fato é que temos hoje orientações pretorianas suficientemente seguras para o cidadão, principalmente nos embates que se estabelecem entre a parte fraca e a parte muito forte.

Louve-se a atuação do Superior Tribunal de Justiça que demonstrou maleabilidade ao prestigiar as boas tendências dos Tribunais Estaduais e evitar excessos para mais ou para menos na avaliação dos danos. Nos primeiros tempos, recursos não eram conhecidos sob o entendimento de tratar-se de questão de fato a fixação do valor da indenização – REsp 43.488, *RTSJ* 62/432. Posteriormente, chegou-se à sensata solução de admitir-se o controle do Tribunal Superior desde que o *quantum* contrarie a lei ou o bom senso mostrando-se manifestamente exagerado ou irrisório.[16] Com isso, evitou-se o risco de banalização e de desmoralização do instituto. Ao meu sentir, a causa principal do êxito da sustentação e do desenvolvimento da doutrina e da prática do dano moral no Brasil é encontrada na boa percepção que nossos magistrados tiveram do que seja juízo prudencial.

16. REsp 403.396, *DJU* 15.04.2002; REsp 42.874, *DJU* 01.07.2002.

Referências

AGUIAR DIAS, José. *Da responsabilidade civil*, vol. II, Forense, Rio de Janeiro, 1944.

AZEVEDO JUNIOR, José Osório. O dano moral e sua avaliação, *Revista do Advogado*, AASP, n. 49, dez. 1996.

CHARTIER, Yves. *La réparation du prejudice*, Dalloz, Paris, 1983.

COMTE-SPONVILLE, André. *Pequeno tratado das grandes virtudes*, trad. Eduardo Brandão, Martins Fontes, São Paulo, 1995, Cap. 3, "A Prudência".

DWORKIN, Ronald. *Levando os direitos a sério*, trad. Nelson Boeira, 1· ed., São Paulo, Martins Fontes, 2002.

GUERRA, Alexandre. Dano moral primitivo e indenização social, in *Letrado*, Informativo 97, nov./dez. 2011, do Instituto dos Advogados de São Paulo.

PEREIRA, Caio Mário da Silva. *Responsabilidade civil*, Ed. Forense, 2002.

PESSOA JORGE, Fernando. *Ensaio sobre os pressupostos da responsabilidade civil*, ed. Ciência e Técnica Fiscal-Ministério das Finanças, Lisboa, 1972.

TELLES, Inocêncio Galvão. *Manual dos contratos em geral*, 4. ed., Coimbra Editora, 2002.

Bloqueio de matrícula no Registro de Imóveis não acarreta, por si só, a nulidade da mesma

O eminente advogado Dr. Lívio De Vivo solicita-me parecer sobre a r. sentença proferida na ação declaratória de nulidade de matrícula imobiliária movida pela Fazenda do Estado de São Paulo contra LGJ e s/m, ação essa processada perante a Iª Vara de Ubatuba – Proc. n. xx./06 – e julgada procedente para cancelar a matrícula de n. xxxx7453 do Registro de Imóveis daquela comarca.

É formulado o seguinte quesito, acompanhado das peças principais do processado.

> "Considerando que o acórdão do STJ proferido no Recurso Ordinário em MS nº 15.315-SP já havia determinado o bloqueio e não o cancelamento ou a nulidade da matrícula em questão, não seria de rigor o decreto de improcedência da ação anulatória?"

Esclarecimento preliminar. Já iam adiantados os estudos por parte do subscritor deste parecer, quando notou haver participado do julgamento do MS n. 082.075-0/1-00, do Órgão Especial do TJSP, em 20.02.2002, sendo impetrantes os ora consulentes e impetrado, o Corregedor Geral de Justiça.

Não vejo nenhum impedimento, nem mero constrangimento, para externar minha opinião sobre o que me foi solicitado. Trata-se de julgamento unânime do Plenário, em que 22 desembargadores acompanharam o voto do relator, único juiz a ter tido vista dos autos. Além disso, o ponto de vista ora externado coincide inteiramente com o que lá foi decidido.

Passo a responder.

A sentença de procedência que se tem em vista foi proferida em ação anulatória de matrícula imobiliária. A propositura da ação se deu em razão de haverem os ora réus movido ação de desapropriação indireta para obter indenização, por perda da disponibilidade do imóvel, em decorrência da criação do Parque Estadual da Serra do Mar. Entende a autora que a matrícula é nula, tendo sido declarado, em primeiro grau, o seu cancelamento, o qual, entretanto, foi convertido em bloqueio pelo Conselho Superior da Magistratura, por força de recurso administrativo.

Os ora réus, embora vitoriosos em parte, insurgiram-se contra o bloqueio através de mandado de segurança impetrado contra o Senhor Corregedor Geral de Justiça. Esta segurança foi denegada pelo Órgão Especial do TJSP, insurgindo-se os impetrantes com recurso ordinário para o STJ, cuja Terceira Turma, após intensos debates, houve por bem negar a ordem. Foi, portanto, mantido e considerado legítimo o bloqueio.

1. Cumpre examinar, na profundidade possível, esse julgamento já transitado em julgado, pois é ele que vai condicionar e impor o comportamento posterior das partes e dos juízes nas decisões futuras.

Não se trata de um julgamento vulgar, corriqueiro, repetitivo, de um Tribunal Superior. Trata-se de um acórdão exemplar. Todos os membros da turma julgadora se manifestaram. Além do relator Castro Filho, declararam votos os Min. Ari Pargendler, Nancy Andrighi e Carlos Alberto Menezes Direito; e o Min. Antônio de Pádua Ribeiro participou ativamente dos debates, como se vê das notas taquigráficas.

Tanto o TJSP, por seu Órgão Especial, como o STJ, aplicaram, a meu ver, a boa doutrina e a boa jurisprudência.

A adoção do instituto do bloqueio escandalizou, de início, alguns espíritos que viam nele ofensa ao direito de propriedade. Após voto pioneiro do Min. Rui Rosado – RMS 3.297/SP, firmou-se a jurisprudência que dá pela validade do bloqueio.

O caso ora examinado é um bom exemplo: o TJSP, por seu Órgão Especial, em julgamento unânime, adotou a tese, como também o STJ e o consequente recurso extraordinário não teve seguimento. Transitou em julgado e tem força de coisa julgada entre as partes que continuam litigando.

2. Louve-se a preocupação do STJ com o conhecimento da realidade dos fatos que eram objeto do julgamento. Logo na ementa estabelece que:

> "é admissível, quando preterida alguma formalidade no registro imobiliário, a adoção provisória que se convencionou chamar de 'bloqueio administrativo', criação pretoriana tendente a amenizar os drásticos efeitos do cancelamento, inspirada no poder geral de cautela do juiz. Resguardando eficácia residual aos assentamentos, a medida impede novos registros deles originados, antes de corrigidos os vícios formais pelos meios adequados e até que o saneamento sobrevenha, se for possível".

O Min. Castro Filho já em seu relatório ressalta o ponto central que levou o Corregedor Geral de São Paulo a adotar o parecer do juiz auxiliar, Dr. Mário Antônio Silveira, para converter o cancelamento aa matricula em simples bloqueio:

> "não se resumindo a matéria da disponibilidade à sua questão quantitativa, mas envolvendo também a disponibilidade qualitativa das áreas, que demanda apuração, não se impunha, por ora, o cancelamento deferido, mas sim o bloqueio provisório de todas as transcrições e matrículas oriundas da transcrição 446, até a aferição correta dos imóveis, quando poderá o Juiz Corregedor Permanente analisar quais registros são passíveis de cancelamento" (realce nosso).

Em um de seus esclarecimentos diz o relator:

"As partes têm que requerer essa retificação. Há necessidade de se nomear perito, de se fazer levantamento no imóvel".

Em outro esclarecimento:

> "Como disse o Min. Carlos Alberto Menezes Direito - somados - como se fez administrativamente - os quinhões extrapolam a parte disponível, então há necessidade de retificação de divisas, de conferência de área, para verificar se não havia erro no *quantum*. (...).
>
> Só com o levantamento da área perimétrica é possível chegar-se a essa conclusão, se houve erro ou não e, para isso, é necessária a nomeação de um perito".

3. Todo esse esforço de realismo não impressionou a Fazenda Estadual: para converter o bloqueio em cancelamento de matrícula, moveu a presente ação anulatória apoiando-se apenas em uma simples "informação" de seus próprios quadros, *verbis*. "INFORMAÇÃO da Fundação Instituto de Terras", que é mero órgão burocrático do próprio Estado de São Paulo, informação essa que, segundo seus próprios termos, decorreu de "pesquisa cartorial da transcrição de nº 446".

Pelo que se vê do Ofício dirigido pela Fundação ITESP ao Dr. Procurador da Fazenda Estadual, em 03.11.2005, a Informação baseou-se no "cadastro de imóveis realizado por esta Fundação para subsidiar a Procuradoria Geral do Estado".

Trata-se, portanto, de documento produzido isoladamente por uma das partes, sem forma nem figura de juízo.

Causa espanto, *data venia* do digno prolator da sentença, que tenha sido esse o documento em que se fundou a decisão, sob a leve consideração de que se tratava de "laudo confeccionado pelo ITESP", portanto, Órgão Público" .

Ora, as regalias que favorecem a Fazenda Pública no processo civil não chegam, obviamente, a esse ponto.

4. Pelo que se vê das peças que me foram exibidas, sequer existiu laudo do ITESP, mas mera "informação", baseada nos cadastros lá existentes.

Laudos houve no correr da demanda, sendo que o perito de confiança do Juízo concluiu, categoricamente, de forma contrária à Informação do ITESP.

Com efeito, o Dr. Milton Fernando Barbosa – em relação ao qual nada se objetou, do ponto de vista ético, ou técnico, concluiu de forma clara que havia disponibilidade de área quando da aquisição por parte dos réus. A análise cartorial feita pelo ITESP partiu de uma transcrição (a de n. 446) ao passo que o perito partiu de outra (a de n. 1084). Daí a divergência.

Ora, a r. sentença, para afastar a conclusão do perito judicial, precisava indicar motivo plausível e não apenas dizer que o tal "laudo" do ITESP provinha de um Órgão Público, o qual – ao que se saiba – jamais gozou de fé pública de ordem legal.

5. A instrução da causa consistiu em laudo de perito judicial e laudos dos assistentes técnicos.

Os laudos, porém, não foram de ordem técnica, propriamente dita. Embora subscritos por engenheiros, consistiram em análises burocrático-cartoriais.

Não se buscou – como ordenou o STJ – o conhecimento da realidade física, da "disponibilidade qualitativa das áreas, retificação de divisas, de conferência de área, para verificar se não havia erro no *quantum* (...)".

Ainda: "só com o levantamento da área perimétrica é possível chegar-se a essa conclusão, se houve erro ou não e, para isso, é necessária a nomeação de um perito".

Repita-se: os laudos constantes dos autos são resultantes de mera pesquisa cartorial no Registro de Imóvel. São *estudos somente no papel,* sem nenhum levantamento topográfico, como admitiram perito e assistentes.

Em suma, os fatos se passaram de forma contrária ao que estava determinado no acórdão do STJ.

6. Na verdade e sempre com a devida vênia, tudo está a indicar a maneira superficial e arbitrária com que a ação foi proposta, desenvolvida e decidida.

A Fazenda Estadual não está defendendo patrimônio próprio, pois não se trata de defesa de qualquer bem público. Como a inicial admite, em seu primeiro parágrafo, a ação se fez em represália à propositura, pelos ora réus, de uma ação de desapropriação indireta decorrente da criação do Parque Estadual da Serra do Mar. Nessa ação ter-se-á de discutir apenas se houve ou não perda total ou parcial do *jus disponendi,* isto é, do poder de dispor que acompanha o direito de propriedade sobre o imóvel de que os réus são titulares. Nada mais do que isso.

Entretanto, a represália chegou ao exagero de pleitear (com êxito) a anulação do registro, por inexistência de área, o que equivale à aniquilação do próprio direito de propriedade registrada do cidadão.

Mesmo contrariando o que foi decidido pelo STJ, as perícias produzidas no curso do processo, isto é, os laudos decorrentes de estudos no papel, têm a sua validade, pois não apresentam vícios formais.

O que se estranha é a sentença haver ignorado o laudo isento do perito que concluiu pela existência de disponibilidade de área, o que leva necessariamente à improcedência da ação, por força da coerência que se exige entre a prova e a decisão.

7. Aspecto que chama a atenção e mostra as funestas consequências da decisão diz respeito à temática da posse.

Há fortes sinais de posse em favor dos réus. O perito, em resposta ao quesito n. 20 dos réus, informa que Alexandre Radovitch, ao vender o imóvel para o réu, exercia posse conforme menção de carta de remissão extraída em 23.12.1950 dos autos de ação de reintegração de posse movida contra Saint Clair de Bustamante e Silva e conforme levantamento topográfico realizado a pedido de réu ao engenheiro Eduardo Barbosa Macedo.

A autora não só deixou de arguir ausência de posse por parte do réu como ainda trouxe elementos cabais para a fortalecer a posse por eles exercida. O já mencionado Ofício dirigido pelo ITESP ao Dr. Procurador do Estado faz menção a nove pessoas que teriam "litígio de ocupação" com o réu LGJ e sua mulher.

E de se supor que tais litígios – frequentíssimos na região – tenham terminado de forma civilizada, pois, caso contrário, o quadro probatório da presente ação seria muito diverso.

Segundo a inicial e a Informação do ITESP que a acompanha, a matrícula anulanda (n. 7.453) é datada de 13.12.1978 e o título aquisitivo é a escritura de compra e venda datada de 31.10.1969. Assim, não havendo qualquer sinal de perda da posse por parte dos réus e considerando o prazo de 15 anos previsto no art. 1.238 do CC, é fortíssima a presunção de que os réus tenham domínio sobre o imóvel também por força de usucapião e não só em decorrência da transcrição do título.

Como é elementar, o usucapião consuma-se com o simples passar do tempo, independentemente da existência de sentença declaratória da propriedade.

E também elementar que o usucapião além de constituir forma originária de aquisição da propriedade é também, na aquisição derivada, meio de purificação do título e do registro, escoimando-os de eventuais defeitos e irregularidades.

E ainda elementar que o usucapião pode ser arguido em defesa, nos termos da velha e notável Súmula n. 237 do Supremo Tribunal Federal. O comum é essa arguição ocorrer em ação reivindicatória ou possessória, nada impedindo, porém, que o seja na ação de nulidade do registro cuja violência contra o direito do cidadão-proprietário é de percepção imediata. As mesmas razões que justificam a arguição da prescrição aquisitiva naquelas ações estão presentes na ação anulatória do registro da propriedade.

Todos esses importantes aspectos ficaram ausentes de qualquer debate como se fosse possível espoliar o cidadão do registro imobiliário de sua propriedade sem levar em conta as graves consequências do violento ato.

Caso houvesse perícia sobre a realidade física do imóvel, a posse teria vindo à tona e ficaria evidente o absurdo de se anular um registro de aquisição após mais de 40 anos de posse.

8. Em decorrência dos argumentos retro expendidos, e considerando, em resumo.

a) que o acórdão do STJ – proferido em litígio entre as mesmas partes e já transitado em julgado – deu pela validade do simples bloqueio e não do cancelamento do registro, deixando claro que para o cancelamento se faz necessário o conhecimento da realidade física do imóvel;

b) que a autora ignorou essa determinação e pediu o cancelamento com base exclusiva em sua pesquisa cartorial;

c) que os laudos existentes nos autos não abordaram a realidade física, sendo todos oriundos de pesquisa cartorial, ou seja, de "estudos feitos no papel";

d) que a desconsideração da realidade física do imóvel acarretou graves e injustos danos a quem possui o imóvel, sem contestações, há mais de 40 anos;

e) que o laudo do perito concluiu pela disponibilidade de área e, portanto, de forma favorável aos réus;

f) que cumpria à autora fazer a prova de sua alegação e a prova existente lhe foi desfavorável,

Chego à conclusão de que a ação é improcedente, de forma irremediável.

É o meu parecer, *sub censura* dos doutos.

São Paulo, 13 de maio de 2013.

José Osório de Azevedo Jr.
Professor de Direito Civil
O.A.B. 10.110

Atualidade da posse no direito brasileiro[1]

1. O período áureo

O período áureo do instituto da posse ocorreu, no direito brasileiro, durante a época colonial e parte do Império, isto é, até 1850. Nesse longuíssimo período, a posse confundiu-se com outro instituto de direito civil imobiliário, a ocupação, previsto hoje no art. 1.263 do Código Civil, ou seja, como meio de aquisição da propriedade móvel da coisa que não tivesse dono, como se fosse um "usucapião instantâneo".

As Ordenações Filipinas não previam a restrição da ocupação às coisas móveis e, assim, admitia-se que a ocupação abrangesse também os imóveis.

Nossos grandes autores não divergiam e bem explicam o fenômeno. Eis o que diz Cirne Lima:

> "Apoderar-se de terras devolutas e cultivá-las tornou-se coisa corrente entre nossos colonizadores, e tais proporções essa prática atingiu que pôde, com o correr dos anos, vir a ser considerada como modo legítimo de aquisição do domínio, paralelamente a princípio, e, após, em substituição ao nosso tão desvirtuado regime das sesmarias.
>
> Estes dois processos chegaram a ter-se por equivalentes – 'o método até 1822 usado para distribuição das terras por meio das sesmarias e o que se tem empregado de então para cá por meio das posses'.
>
> Depois da abolição das sesmarias, então, a posse passou a campear livremente, ampliando-se de zona a zona, à proporção que a civilização dilatava a sua expansão geográfica. Era a ocupação, tomando o lugar das concessões do Poder Público, e era, igualmente, o triunfo do colono humilde, do rústico

1. Publicada originalmente em AMORIM, José Roberto Neves; ELIAS FILHO, Rubens Carmo (Coord.). *Estudos avançados de direito imobiliário*. Rio de Janeiro: Elsevier, 2014.

desamparado, sobre o senhor de engenhos ou fazendas, o latifundiário sob o favor da metrópole".[2]

Também Lafayette:

"Antes da promulgação da citada lei (Lei 601, de 18 de setembro de 1850) vigorava o costume de adquirirem-se por ocupação (posse era o termo consagrado) as terras devolutas, isto é, as terras públicas que não se achavam aplicadas a algum uso ou serviço do Estado, províncias ou municípios".[3]

Para Lacerda de Almeida, "ocupação era de fato o que ocorria".[4]

Os litígios possessórios ocorriam entre os próprios posseiros ou entre posseiro e sesmeiro. Em todo o período colonial e até 1850, o embate típico – aquele que se estabelece entre proprietário e mero possuidor – não ocorria, por um motivo evidente: as terras não tinham dono, ou melhor, o dono era o rei, a Coroa, titular do domínio eminente, adquirido por conquista. Assim, o interesse de ambas as partes – dono sem posse, e possuidor sem domínio – era coincidente: ambos queriam e precisavam ocupar as terras virgens.

Os senhores originais, os índios, ficavam inteiramente fora de qualquer cena jurídica.

Bela página de Ribas deve ser lembrada:

"Os primeiros colonizadores do nosso país acharam-se em presença de imensas florestas e extensíssimos campos, sem dono.

Dizemos, sem dono, porque os seus míseros íncolas primitivos eram reputados incapazes de direitos.

Se nem direito tinham à sua liberdade e à sua vida, como poderiam tê-lo a suas florestas e campos?

Duvidou-se até algures se pertenciam à raça humana, se eram capazes dos sacramentos da Igreja; posto que viesse afinal prevalecer a afirmativa.

É certo que, de direito, esta extensíssima região, que constitui a nossa pátria, tinha um dono, o rei de Portugal.

2. [1] CIRNE LIMA, Ruy. *Pequena história territorial do Brasil:* sesmarias e terras devolutas. 2. ed. Porto Alegre, RS: Livraria Sulina Editora, 1954.
3. PEREIRA, Lafayette Rodrigues. *Direito das coisas.* Rio de Janeiro: B. L. Garnier – Liv. Editor, 1877. v. I, p. 102.
4. LACERDA DE ALMEIDA, Francisco de Paula. Rio de Janeiro: J. Ribeiro dos Santos, 1908, p. 124, nota 2.

Mas esse estava muito longe; e era muito difícil, dispendioso e demorado obter dele concessões de terras".[5]

Em tal ambiente, é natural que o instituto a vicejar haveria de ser a posse, a qual encontraria naturalmente o necessário apoio jurídico, como se viu acima, superando mesmo o enfrentamento com as sesmarias, que consistiam no meio formal de concessão de terras por parte da Coroa.

O já citado Cirne Lima refere-se à provisão de 14.03.1822, determinando que as medições e demarcações não podiam prejudicar os possuidores, os quais deviam ser conservados nas suas posses "bastando para título as reais ordens porque as mesmas posses prevaleçam às sesmarias posteriormente concedidas".[6]

Reconhecimento jurídico explícito da posse como ocupação e, portanto, como forma de aquisição imediata do domínio, é observado com a Lei de Terras, Lei n. 601, de 1850, e seu Regulamento, de 1854.

Essa lei, "uma das grandes leis da monarquia", no dizer de San Tiago Dantas,[7] visava a disciplinar a caótica situação jurídica fundiária de forma a extremar o domínio público do particular. Por ela, as posses então existentes foram legitimadas e consideradas de domínio particular. O diploma, entre outros pontos, conceituou o que era terra devoluta, proibiu a aquisição gratuita de terra pública, determinou o despejo de quem tivesse feito queimadas e derrubadas e alterou drasticamente o regime das posses.[8]

2. Novo período

O instituto posse entra em outro período, em outro regime, que é drasticamente diverso: a nova posse tem as características tradicionais, e só poderia ser reconhecida após as medições e demarcações, mantida a exigência de moradia e cultivo, em conformidade com toda a tradição do direito anterior.

Uma das graves falhas da Lei de Terras consistiu no seguinte: o reconhecimento da posse se dará a partir de declarações do próprio possuidor sobre localização e área.

5. RIBAS, Antônio Joaquim. *Da posse e das ações possessórias*. 2. ed. São Paulo: Miguel Melillo & Cia., 1901,p. 6 e s.
6. Ob. cit., p. 48.
7. *Problemas de direito positivo* – estudos e pareceres. Rio de Janeiro: Forense, 1953, p. 112.
8. Sobre tal lei, veja-se VARELA, Laura Beck. Das propriedades à propriedade: constituição de um direito. In: MARTINS-COSTA, Judith (Org.). *A reconstrução do direito privado*. São Paulo: Revista dos Tribunais, 2002, p. 756 e s.

As medições e demarcações nunca foram executadas pelo Poder Público, o qual não estava técnica e politicamente preparado para o desafio. Quanto aos particulares, também não tiveram melhores condições para tanto.

A consequência é que o instituto da posse entra numa outra fase, esta obscura do ponto de vista ético e jurídico.

Devendo iniciar-se o processo de legitimação da posse com a declaração do próprio posseiro, este não resistiu à tentação de expandir a própria posse.

Há notícia de posses (honestas, porque regularmente reconhecidas e comercializadas com terceiros normalmente), como a de José Teodoro de Souza que, "por si, valia por uma província: cerca de 60 quilômetros de testa por cerca de 150 de fundo".[9]

Nessas grandes áreas davam-se batalhas possessórias com a atuação de grileiros, isto é, com falsificações, violência, expulsão de pequenos posseiros e dizimação de tribos inteiras de índios, tudo com o beneplácito dos agentes estatais e mesmo da sociedade em geral.

A base legislativa continuava sendo a Lei n. 601/1854, acrescida da Lei Hipotecária – Lei n. 1.237/1864, revelando pela primeira vez a importância do registro imobiliário da transcrição do título para a circulação dos bens e garantia dos créditos. É a economia, com o surto cafeeiro, que também entrava em outra fase, com novas exigências legislativas.

Para o presente trabalho, o que interessa é a mudança nas concepções jurídicas sobre posse e propriedade, mudanças essas que ocorreram no Brasil como reflexo do que se passava no exterior.

3. O Código Civil

O caráter absoluto do direito de propriedade estabelecido pelo Código Civil dos Franceses e demais códigos europeus não poderia deixar de estar presente em todo ambiente social e jurídico do fim do século XIX, ocasião em que se gerou o Projeto que acabou convertido no Código Civil de 1916.

É de conhecimento comum que o Código já nasceu atrasado. Fatos históricos fundamentais, como a revolução industrial, as ideias socialistas que geraram a revolução comunista de 1917, a Encíclica *Rerum Novarum*, pouco ou nada repercutiram no Código.

Como disse o Prof. Miguel Reale, em entrevista ao Prof. Tercio Sampaio Ferraz, a propósito do primeiro protagonista do Código de 1916, "o que é bem

9. COBRA, Amador Nogueira. *Recanto do serão paulista*. São Paulo: Hennies & Cia., 1923, p. 24.

próprio de uma sociedade individualista e burguesa é o proprietário, como senhor absoluto daquilo que é seu: que faz e desfaz da sua propriedade". E o Prof. Tércio completou: "Clóvis Beviláqua estava, sem perceber, no crepúsculo de uma cultura".[10]

No que diz respeito à posse, não há dúvida: o instituto, que tivera o seu próprio apogeu, encontrava-se agora em seu ocaso.

Se hoje é fácil fazer tais afirmações, era difícil fazê-lo no começo do século XX, pelo menos no Brasil, porquanto as ideais assentadas no Código refletiam naturalmente, como dito acima, o pensar de seus juristas e da própria sociedade.

Na verdade, o Código foi recebido com imensa euforia. Diante da quantidade de leis esparsas, os que labutavam no foro saudaram alegremente o novo diploma.

Sintomática a efusão do Prof. Spenser Vampré: "no mais belo testemunho da unidade nacional: o Código Civil. E um brado de entusiasmo percorre o organismo da Nação".[11]

Registre-se, contudo, uma voz que refletia mentalidade diversa.

Carlos Maximiliano, embora não se referindo ao Código Civil e sim sobre a Constituição Brasileira de 1891, mostrou surpreendente atualidade sobre o direito de propriedade.

Ao comentar o art. 72, § 17, cita Puchta, discípulo do Savigny, e Lacerda de Almeida, em textos que consagram o aspecto absoluto da propriedade, e observa o constitucionalista:

> "Hoje, pelo menos entre juristas filósofos, não mais aceitam a doutrina da propriedade ilimitada nem tampouco o conceito individualista de uma prerrogativa, que é mantida por motivos sociais. Ninguém adota a definição proposta pela escola do século XVIII, que inspirou a dos códigos civis da França e da Itália, e é atribuída erroneamente ao Direito Romano: *jus utendi et abutendi re sua, quatenus juris ratio patitur*".[12]

10. *O Projeto de Código Civil*. São Paulo: Saraiva, 1986, p. 45.
11. SPENCER VAMPRÉ. *Interpretação do Código Civil*. São Paulo: Livraria e Oficina Magalhães, 1916, p. 101.
12. MAXIMILIANO, Carlos. *Comentários à Constituição Brasileira de 1891*, p. 683. Em tradução livre: direito de usar e dispor da coisa própria, submetida à razão de direito.

4. Ainda o Código Civil e Ihering

Segundo o entendimento praticamente unânime, no que diz respeito à posse, o CC/16 adotou a teoria de Ihering.

O próprio Beviláqua o afirma expressamente: "O (código) brasileiro afastou inteiramente a construção de Savigny, por não corresponder à realidade dos fatos, nem à lógica do direito, e adotou a teoria de Ihering (...)". E, para este, segundo Beviláqua: "É o interesse da propriedade que justifica a proteção da posse. Sem essa proteção, pronta e segura, a defesa do domínio seria incompleta". No seu *Direito das coisas*, repete: "O Código Civil adotou o pensamento de Ihering quanto ao conceito de posse como visibilidade da propriedade".[13]

Nessa teoria, a posse fica, por certo, em posição dependente, secundária, de subserviência, em relação à propriedade. A mera visibilidade não pode ser entendida como da essência de qualquer realidade jurídica. Se a posse é simples visibilidade do domínio, ela, posse, é vista como não tendo realidade própria, autônoma, mas apenas como reflexo do domínio.[14]

O CC/16 tratou longamente da posse, destinando-lhe 39 artigos com vários incisos e parágrafos, mas não a incluiu no rol dos direitos reais previstos no art. 674.

Assim, a grande maioria da doutrina nacional acabou entendendo que a posse, entre nós, não era direito real, como também não era direito pessoal, não passando de um fato cujos efeitos mereciam proteção legal.

Em tais circunstâncias, e adotada a propriedade como direito absoluto, a consequência não podia ser outra: a posse perdeu grande parte de sua relevância jurídica e social, passando a ser considerado um instituto jurídico de segunda classe. Com isso, conforme anota Laura Beck Varela,[15] operou-se, de certa forma, uma ruptura na tradição jurídica possessória brasileira, o que nos parece inegável, pois, em matéria possessória e mesmo dominial, não se cogitou mais dos indefectíveis e seculares requisitos de moradia e cultivo na utilização da propriedade imóvel.

A partir da secunda década do século XX, esse ponto de vista sobre a posse como instituto secundário, sem autonomia e mera exteriorização da propriedade, parece ter tomado conta, no Brasil, de todos os espíritos, atingindo o imaginário de juízes, advogados e de todos que labutam no foro.

13. BEVILÁQUA, Clóvis. *Código Civil comentado*. 2. ed. Rio de Janeiro: Livraria Francisco Alves, 1923. v. III, p. 9; *Direito das coisas*. 5. ed. atual por José de Aguiar Dias. Rio de Janeiro: Forense, s/d. v. I, p. 29.
14. Veja-se a crítica de Hernández Gil, apud Laura Beck Varela, op. cit., p. 815.
15. Op. cit., p. 822.

Bastante sintomático o pronunciamento de Manuel Rodrigues, então o jurista de maior prestígio sobre posse em língua portuguesa:

> "A posse é uma forma de proteção indiferenciada dos direitos sobre as coisas, uma proteção geral e rápida, e supõe, em certo modo, deficiência formal do título do direito, lentidão nos processos normais com que se defendem determinados direitos.
>
> Estes fundamentos, pode dizer-se de algum modo, existirão sempre, todavia não pode negar-se que os meios específicos de defesa de cada direito se tem vindo aperfeiçoando, que a titularidade dos direitos é hoje de mais fácil prova, que o cadastro da propriedade afastará dúvidas, e que a ação dos tribunais nos seus processos normais é menos lenta, podendo por isso até certo ponto poder-se afirmar que a posse é um instituto em decadência".[16]

Como veremos adiante, estava inteiramente enganado o grande jurista e eminente professor de Coimbra.

5. Desprezo crescente pelo instituto. A exceção de domínio

Observando a evolução do direito brasileiro sobre temas possessórios a partir de 1916, nota-se um desprezo crescente pelo instituto. Nos temas polêmicos – que não foram poucos – debatidos na doutrina e na jurisprudência, a posse era desprestigiada. Parecia haver uma conspiração surda e inconsciente contra a posse.

Vejamos alguns pontos, a começar pela exceção de domínio, prevista na parte final do art. 505 do CC/16, a saber:

> "Não obsta a manutenção, ou reintegração na posse, a alegação de domínio, ou de outro direito sobre a coisa. Não se deve, entretanto, julgar a posse em favor daquele a quem evidentemente não pertencer o domínio".

A incompatibilidade lógica entre a primeira e a segunda partes do artigo é evidente: a primeira consagra a tese secular segundo a qual posse e propriedade são institutos autônomos (*separata esse debet possessio a proprietate*) e a alegação de domínio não impede a proteção possessória; e a segunda privilegia o domínio em detrimento da posse, pois estabelece que não se deve julgar a posse contra quem tem o domínio.

Beviláqua, com todo seu prestígio, admite expressamente que a segunda parte é decorrência da doutrina adotada pelo Código: "se no pensamento de

16. *A posse*. 3. ed. Coimbra: Almedina, 1980, p. 12.

Ihering, é o interesse da propriedade que justifica a defesa da posse, (...) é um corolário dela a exceção em favor do domínio[17]".

A discussão se desenvolveu por oito décadas. Houve edição de normas processuais e manifestações do STF e do STJ. Destaques para o art. 923 do Código de Processo Civil, de 1973, para a Lei n. 6.820/80, e Súmula 487 do STF (1969).

O art. 923 do CPC, em sua redação original, tinha conteúdo semelhante à regra do art. 505 do CC, ou seja, mantendo a exceção de domínio. O STF, após candentes discussões, restringiu, em parte, o alcance do preceito, editando a Súmula 487: "Será deferida a posse a quem, evidentemente, tiver o domínio, se com base neste for ela disputada". Em 1980, a Lei n. 6.820/80 deu nova redação ao dispositivo: "Na pendência do processo possessório, é defeso, assim ao autor como ao réu, intentar ação de reconhecimento do domínio".

Parecia, então, que a polêmica estaria superada, mas não foi o que ocorreu: a exceção de domínio continuou sendo acolhida, no limite sumulado. A superação só se deu muitos anos depois, com a vigência do CC/2002, cujo art. 1.210, § 2º, dispôs: "Não obsta à manutenção ou reintegração na posse a alegação de propriedade, ou de doutro direito sobre a coisa".

E a I Jornada de Direito Civil promovida pelo Centro de Estudos Judiciários do Conselho da Justiça Federal, sob a coordenação científica do Ministro Ruy Rosado, do STJ, confirmou esse rumo do novo Código, como se vê do Enunciado 79:

> "A 'exceptio proprietatis', como defesa oponível às ações possessórias típicas, foi abolida pelo Código Civil de 2002, que estabeleceu a absoluta separação entre os Juízos possessório e petitório".

É fácil perceber quanto foi prejudicial para os possuidores a permanência da discussão na doutrina e na jurisprudência, por quase um século, em torno da expressão "não se deve julgar a posse em favor daquele a quem evidentemente não pertencer o domínio".

Houve tempos em que a fragilidade do sistema registral permitia, com relativa facilidade, obter-se a transcrição irregular de um título aquisitivo. A partir da juntada aos autos de um desses títulos, o "proprietário" ficava em posição extremamente favorável em relação ao mero possuidor. O mais frequente era o juiz optar, comodamente, contra aquele a quem, "evidentemente, não pertencia o domínio", isto é, contra o possuidor. Durante quase um século de discussão, quem perdia, nos processos judiciais duvidosos, era o possuidor.

17. *Comentários ao art. 505.*

6. Fato ou direito

Outro ponto em que a posse aparece minimizada está nas doutrinas e na postura de quem vê a posse como fato e não como direito. Independentemente do respeito que se tem pelas profundas lucubrações que são feitas em torno do tema, parece claro que a simples circunstância de afirmar-se, no ambiente jurídico, que algo não constitui um direito e sim um fato, revela grave desconsideração ao objeto da afirmação.

Observada a posse como ela se apresenta na sociedade e na legislação brasileiras, parece-nos mais realista dizer que se trata de um direito. É curioso notar que as mesmas doutrina e jurisprudência majoritárias que sempre estão a enaltecer a adoção da teoria de Ihering pelo Código Civil, particularmente ao dizer que "a posse é defendida para melhor defender-se a propriedade", abandonam Ihering quando se trata da querela sobre a natureza da posse, ou seja, se esta é fato ou é direito. Como se sabe, para Ihering, trata-se de direito, pois este consiste no interesse juridicamente protegido, e ninguém duvida de que o interesse do possuidor é protegido por todas as ordens jurídicas.

É de se lembrar que a "corrente do direito", embora minoritária, encontra apoio em autores de peso, como, por exemplo, Orlando Gomes, Caio Mário, Tito Fulgêncio, Herbert Chamoun e vários outros.

Chamoun foi o autor da parte de Direito das Coisas do Projeto de Código Civil de 2002 e, mesmo admitindo que a posse constitui direito real, não a coloca no rol do art. 1.418. Cremos que o jurista não encontrou apoio dentro da Comissão de Redação do Anteprojeto.

Arruda Alvim, em obra recente, entende que a posse é direito, mas direito pessoal, embora muito se aproxime à situação do direito de propriedade.[18]

Nos códigos, a posse não é tratada como direito – às vezes é disposta antes do direito de propriedade (BGB, art. 854; CC argentino, art. 2.351), às vezes depois (CC italiano, art. 1.170; CC suíço, art. 941) e, como regra geral, não consta do rol dos direitos reais. Ao que nos consta, somente o CC austríaco a relaciona como direito real.

O Código Civil fez mal em deixar de relacionar a posse como direito real. Se assim tivesse feito; o possuidor (portanto, camadas imensas da população) estaria muito mais amparado. Se ele está protegido pelas ações possessórias, se tem a prerrogativa do desforço pessoal, se pode adquirir por meio

18. *Comentários ao Código Civil Brasileiro*. Rio de Janeiro: Forense, 2009. v. XI, t. I, p. 81.

do usucapião, se pode comprar e vender sua posse, parece evidente que ele é titular de direitos. Um fato não se compra nem se vende.

Talvez haja aí um preconceito: o direito dos diversos países pode ter criado mais uma minoria discriminada: o possuidor. Se for chamado de posseiro, será considerado desde logo um ré probo.

7. A importância do fato

Mesmo considerando a posse como direito real, não se pode ignorar a relevância do fato em toda a problemática possessória. Como se sabe, o direito subjetivo comum nasce do fato e dele se desvincula, passando a ter vida própria, sendo protegido independentemente do fato que o gerou, salvo, é claro, eventuais anomalias ocorridas no nascimento.

Na posse, não. Ela não se desvincula do fato. A posse é reconhecida e defendida, com robustez, enquanto existente, enquanto o fato permanece, e durante o período concedido pela lei para o possuidor reagir.

Esta última afirmação, contudo, deve ser entendida com reservas, porquanto o CPC admite a ação possessória de força velha (art. 924), a qual, mesmo proposta além do prazo concedido ao possuidor, mantém o caráter possessório. Parece, portanto, que, pelo menos nesses casos, a posse continua merecendo proteção legal mesmo depois de desprender-se do fato.

Tão relevante é a ação do tempo sobre as relações jurídicas, particularmente no ambiente possessório, que a essa ação pode alterar significativamente a aplicação das normas legais, fazendo entrar em jogo novos ingredientes e acarretando a incidência de novos e superiores preceitos.

É o que se viu, ainda em 2012, no Município de São José dos Campos/SP, numa ação de reintegração de posse de área rural cujo processamento se atrasou por anos, e mil pessoas foram desalojadas violentamente, ficando ao Deus dará, tudo em nome de uma visão anacrônica do direito de propriedade e de sua proteção processual. O acontecimento foi chocante para a sociedade brasileira, deixando mal os Poderes Judiciário e Executivo paulistas, como tivemos oportunidade de relatar.[19]

19. AZEVEDO JÚNIOR, José Osório. *Ainda o Pinheirinho*. Letrado, publicação do IASP, n. 98, p. 12-13.

8. *Numerus clausus*

Também muito contribuiu para desprestígio da posse a opção maciça do direito brasileiro pela adoção da doutrina do *numerus clausus* dos direitos reais.

Como se disse, a opção se deu apenas pela doutrina, com natural reflexo na jurisprudência. Não houve opção de ordem legal, não existe lei impondo o preceito segundo a qual somente os direitos relacionados no art. 1.225 do Código e outros criados expressamente por disposição legal possam ser considerados direitos reais. Mas, no Brasil, esse entendimento em favor do *numerus clausus* parece ter tomado conta de todos os espíritos, tornando-se praticamente um dogma, no qual se crê com fé piedosa.

Com toda vênia e com o maior respeito aos que assim entendem, pensamos que, se a lei não impõe o *numerus clausus*, o mais sensato e menos autoritário é admitir-se o *numerus apertus*, com que mais livre se torna o sistema. A doutrina não obriga, o que obriga é a lei, e é esta que nos mostra a natureza dos institutos jurídicos. Repita-se: não temos lei enclausurando os direitos reais em um número fechado.

Com a adoção do *numerus apertus*, não se quer dizer que as partes possam a seu bel-prazer criar novos e estranhos direitos reais. O que se afirma é que é possível encontrar-se, na realidade da vida social e econômica, direitos que atuam naturalmente como direitos reais e como tais devem ser reconhecidos.

Pode-se citar a situação possessória de imóvel com realização de acessões e benfeitorias. Aí, o possuidor atua diretamente sobre o bem, sem qualquer intermediário, e chega a celebrar contratos, onerosos ou gratuitos, sobre os direitos patrimoniais de que desfruta, como adiante será exemplificado.

Orlando Gomes, a partir da 7ª edição de sua *Introdução ao direito civil*, dá sinal de poder haver uma brecha na rigidez do *numerus clausus*. Diz ele que outros direitos reais "não existem além dos definidos na lei, ou também nos costumes (*direitos reais consuetudinários*)" (g.n.).[20]

Em Portugal, a lei é expressa em favor do *numerus clausus* (art. 1.306) e mesmo assim existe lá ótima doutrina em favor do *numerus apertus*, com Oliveira Ascenção, para quem o costume "é uma fonte de direito hierarquicamente equivalente à lei". "Temos pois que, qualquer que seja a opinião do legislador físico e que por mais expressos que sejam os textos legais, é possível,

20. *Introdução ao direito civil*. 7. ed. Rio de Janeiro: Forense, 1983, p. 103.

por via consuetudinária, a introdução de novas figuras de direito real".[21] E dá como exemplo o instituto da colônia como um direito real fora da relação legal de direitos reais.

9. Ainda o numerus clausus

A rigidez de tal sistema fica patente na seguinte passagem de Arruda Alvim, em sua monumental obra:

> "Desta forma, acentua-se que o objetivo do sistema dos direitos reais é o de que a ele se submetam as realidades por ele disciplinadas; nunca, o contrário".[22]

Tal ponto de vista não me parece aceitável. As realidades têm existência própria, elas são o que são. Pertencem ao mundo do ser e não ao mundo do dever ser. Elas não devem – e não podem – se adaptar a nada. São as regras de direito – mesmo as referentes ao direito real – que não podem ignorar as realidades. Mesmo que, para tanto, seja preciso admitir a existência de direitos reais consuetudinários.

Orlando Gomes, escrevendo em 1969, faz interessante afirmação:

> "Se a posse é um direito, como o reconhece hoje a maioria dos juristas, é preciso saber se tem a natureza de um direito real ou pessoal. A circunstância de ceder a um direito superior, como o de propriedade, não significa que seja um direito pessoal. Trata-se de uma limitação que não é incompatível com o direito real. O que importa para caracterizar a este é o fato de se exercer sem intermediário. Na posse, a sujeição da coisa à pessoa é direta e imediata. Não há um sujeito passivo determinado. O direito do possuidor se exerce *erga omnes*. Todos são obrigados a respeitá-lo".[23]

Bom exemplo do que se está afirmando encontra-se na situação vivida pelo possuidor de lote de terreno em loteamento clandestino. Ele, possuidor – e são milhões de pessoas – não é considerado titular de direito real, porque seu contrato não pode ser registrado, já que o próprio loteamento não está registrado. Mas o comportamento do possuidor é idêntico ao daquele que adquiriu lote de loteamento regular, exerce poder diretamente sobre a coisa, sem qualquer intermediário, e sua posse é respeitada por todos.

21. *Direitos reais*. Centro de Estudos de Direito Civil da Faculdade de Direito de Lisboa, 1971, p. 232.
22. Op. cit., p. 208.
23. *Direitos reais*. Rio de Janeiro: Forense, 1969. p. 35.

O senso de realismo, que é a maior luz a iluminar o jurista, impede que se veja direito real num caso e direito pessoal no outro.

10. Registro de imóveis

No Brasil, a dificuldade maior para reconhecimento de um direito real fora da relação legal está na impossibilidade de registro imobiliário, requisito tido como indispensável para a existência do direito real.

Com efeito, tem-se entendido que a mera posse é incompatível com o registro. Segundo o mesmo mestre Arruda Alvim, "Independentemente da polêmica consistente em saber se a posse é fato ou é direito, mais precisamente, se é fato e direito também, para a posse, pura e simplesmente, não há espaço nos Registros de Imóveis".[24]

Entendemos que essa incompatibilidade não é antológica, porquanto o registro da mera posse é da tradição do direito português – arts. 528 e s. do CC/1867 e arts. 1.295 e s. do CC/16.

Entre nós, realmente não há previsão legal para o registro da mera posse. Mas é interessante notar que há quase um século já havia previsão de um amparo indireto para a posse. O CC/16 destinou uns poucos artigos ao Registro de Imóveis, o que fez surgir alguns anos depois os Decretos n. 4.827/24 e 18.542/28, os quais determinaram a inscrição da citação de ações reais ou pessoais reipersecutórias, relativas a imóveis. O diploma legal seguinte – Decreto n. 4.857/39, arts. 178, VII, e 281 – e o atual – Lei n. 6.015/73, art. 167, 1, 21 – mantiveram o mesmo preceito.

Filadelfo Azevedo – o principal autor sobre Registros Públicos, à época, 1924 – foi categórico ao aconselhar a inscrição das ações possessórias, o que fez com apoio em Câmara Leal, Sá Pereira e Azevedo Marques.[25]

Entretanto, e apesar do apoio doutrinário inicial, a posse prosseguiu no século XX a sua sina de desprestígio: a doutrina e a jurisprudência sufragaram, majoritariamente, a tese segundo a qual a ação possessória tem natureza de ação pessoal e de não de ação real e, assim, frustrou-se o registro da citação da ação possessória.

Para tanto muito contribuiu a Lei n. 8.952/94, que introduziu o § 2º ao art. 10 do CPC e, dessa forma, dispensou a participação do cônjuge, como autor ou réu em tal ação. A partir de então, ficou reforçada a interpretação em favor do caráter pessoal da ação possessória.

24. Op. cit., p. 454.

25. *Registros públicos*. Rio de Janeiro: Almeida Marques, 1924, p. 89.

Cremos, porém, que tal lei não permite essa interpretação tão ampla. À dispensa de participação de ambos os cônjuges na ação possessória pode ter sido adotada pelo legislador do processo por simples razões de ordem prática, a fim de facilitar a propositura e curso das ações possessórias e não para resolver as intrincadas querelas de direito civil sobre a natureza da posse, se é fato ou é direito e se é direito pessoal ou direito real. A verdade é que a posse ficou ainda mais distante do Registro de Imóveis, pois lhe foi negado o amparo indireto consistente no registro da citação da ação possessória.

11. A Súmula 237 do STF

Na primeira metade do século XX, a posse passou a ganhar mais relevo, a nosso ver, a partir de o STF haver acolhido o entendimento sobre a possibilidade de o usucapião ser alegado como defesa, independentemente de ter sido declarado por sentença. Tal se deu nas décadas de 1940 e 1950, embora ainda existissem votos vencidos no próprio STF. Serenou-se a questão com a edição da Súmula 237, em janeiro de 1964.

Essa súmula teve grande alcance e deu forte garantia às posses de longa data. O fundamento da súmula está no fato de o possuidor já ter se tornado proprietário com o esgotamento do lapso de tempo previsto para o usucapião. Permitiu, então, que o usucapiente defendesse seu direito de propriedade ao atuar passivamente, isto é, quando acionado judicialmente.

A evolução parou aí. Poderia ter ido além.

Com efeito, não se vê razão – nem mesmo de ordem lógica – para impedir que o usucapiente, já proprietário e bem extremado o imóvel, não pudesse defender ativamente o seu patrimônio, reivindicando-o de quem quer que injustamente o possua ou detenha. Entretanto, passados mais de 50 anos da edição da súmula, não se viu qualquer evolução nesse sentido.

12. As mudanças na ordem social

12.1. Loteamentos e jurisprudência

O ressurgimento da posse em todo ambiente jurídico brasileiro passa a verificar-se, a nosso ver, a partir do surgimento das graves mudanças na ordem social, tanto no campo como, e principalmente, nas cidades.

A nova realidade deixou clara a impossibilidade de que os institutos jurídicos, então existentes, ligados à propriedade, pudessem enfrentar os novos desafios. Foi em razão desses desafios que surgiu entre nós o DL n. 58/37, sobre loteamento urbano e rural. Foi, então, instituído, legalmente, o primeiro direito real após o CC/16, ou seja, o direito real do compromissário comprador – art. 5º. O direito à aquisição do lote e a posse decorrente do contrato ficaram solidamente garantidos.

Não é essa a posse que temos em vista no momento. A posse pura e simples, a mera posse, continuou desamparada de qualquer registro e, portanto, desconsiderada como direito real, segundo o entendimento comum dos autores. Mas ela, posse, veio à tona e desde então foi se apresentando vigorosamente na realidade brasileira, tanto social como jurídica.

Isto porque o DL n. 58/37, desprovido de normas punitivas, foi incapaz de evitar a proliferação de quantidades imensas de loteamentos clandestinos. Os contratos de aquisição de lotes – os novos compromissos de compra e venda – não podiam ser registrados e chegaram a ser considerados nulos de pleno direito.

Passam-se mais trinta anos e surgiu nova Lei de Loteamentos – DL n. 271/67 388/33, que nada resolveu. De útil, apenas criou mais direito real – a concessão de uso –, que teve razoável aplicação no direito público. Sobre esse decreto-lei e sobre a realidade dos loteamentos à época, pode ser visto o que então escrevemos.[26]

Na realidade, os adquirentes de lotes clandestinos ou ocupantes de áreas irregulares tinham como amparo jurídico apenas o velho e problemático instituto da posse.

Por todos os meios os tribunais procuravam minimizar a enorme insegurança jurídica em que se encontravam os adquirentes dos lotes irregulares. Ações sob diversas qualificações eram intentadas com o fim de obter a escritura definitiva de compra e venda – ação de adjudicação compulsória, ação para cumprimento de obrigação de fazer, ação com preceito cominatório etc.

Todas elas encontravam um obstáculo intransponível: o registro do contrato, requisito considerado indispensável pelo STF, que parecia, *data venia*, sofrer de certa obsessão em favor dos registros públicos, contrariando orientação dominante nos tribunais estaduais.

O panorama muda radicalmente com a Constituição Federal de 1988, que retirou a matéria da competência do STF e a atribuiu ao STJ, então criado, o qual em curto período de tempo ignorou a orientação do STF e editou a Súmula 239:

26. Considerações sobre a nova Lei de Loteamentos – DL 271/67 – A concessão de uso: um novo direito real, *RT* 388/33, republicado in *Doutrinas essenciais* – Direito registral, v. IV, São Paulo, Revista dos Tribunais, 2011, p. 1.159 e s.

"O direito à adjudicação compulsória não se condiciona ao registro do compromisso de compra e venda no cartório de imóveis".

No novo ambiente, estando o STJ mais próximo da realidade social do que o antigo STF, o instituto da posse ganha maior relevo, como se nota das demandas em torno dos embargos de terceiro propostos com fundamento na posse do compromissário comprador com contrato não registrado.

O STF já havia sumulado sua jurisprudência:

"Súmula 621. Não enseja embargos de terceiro à penhora a promessa de compra e venda não inscrita no registro de imóveis".

Essa súmula foi muito criticada, inclusive por nós.[27] Como é de conhecimento comum, o STJ não demorou para sumular em sentido contrário:

"Súmula 239. O direito à adjudicação compulsória não se condiciona ao registro do compromisso de compra e venda no cartório de imóveis".

13. Usucapião

A forma mais simples de observar a linha de recuperação do prestígio da posse no direito brasileiro durante o século XX está no exame da legislação sobre usucapião e seus prazos.

O CC/16 previa prazo de 30 anos para o usucapião extraordinário – art. 550. Esse prazo perdurou até 1956, quando passou a vigorar a Lei n. 2.437/55 que o fixou em 20 anos. E o CC/2002 reduziu para 15 anos, prazo este que pode ser de apenas 10 anos no caso de moradia habitual ou realização de obras e serviços de caráter produtivo – art. 1.28 e parágrafo único. Voltou-se à linguagem antiga da época áurea da posse: morada habitual e cultivo.[28] Isto significa que, independentemente de título, boa-fé e dimensão da área, o possuidor pode adquirir a propriedade em 10 anos.

O usucapião rural *pro labore* surgiu, pela primeira vez, na Constituição Federal de 1934, art. 125, imóvel de dez hectares, prazo de dez anos. Hoje, a área permitida é de 50 hectares e o prazo é de 5 anos, requisitos esses que constam tanto da CF (art. 191) como do CC (art. 1239). Na zona urbana, se a área for de até 250 m^2, o prazo é também de 5 anos – CF art. 183 e CC art. 1240.

Quanto ao novo tratamento dado ao usucapião pela legislação recente, é de lembrar ainda a hipótese do usucapião coletivo previsto pelo Estatuto da

27. A Súmula 621 do STF e o imóvel loteado, *RT* 611/276, republicado in *Doutrinas essenciais* – direito registral, v. IV, São Paulo, Revista dos Tribunais, 2011, p. 1.179 e s.
28. Lei n. 601/1850, art. 5º, e outras passagens.

Cidade – Lei n. 10.257/2001 – art. 10 e parágrafos, algo inimaginável na doutrina clássica sobre a posse. No entanto, já há notícia de aplicação concreta do preceito, como informámos em obra recente.[29]

Veja-se ainda – e principalmente – o estudo de Claudia Grieco Tabosa Pessoa, em que mostra – além das críticas – a boa acolhida do novo instituto por ela própria e vários outros bons autores, entre os quais Benedito Silvério Ribeiro e Francisco Eduardo Loureiro.[30]

Para o fim do presente artigo, o que se quer é mostrar que um instituto pioneiro que em outros tempos seria simplesmente execrado pela comunidade jurídica é hoje objeto de estudos sérios e acolhedores.

A propósito de usucapião, também é preciso lembrar a novidade trazida V pela Lei n. 11.977/2009, art. 60, a qual criou o programa habitacional Minha/Casa, Minha Vida. Trata-se do instituto que tem sido chamado de usucapião/administrativa, como fez alhures o Prof. Melhim Namem Chalub. O prazo continua o mesmo – 5 anos –, mas é o oficial do Cartório do Registro de Imóveis quem vai, mediante requerimento do interessado, declarar a conversão do título de legitimação de posse em propriedade.

Trata-se de tentativa evidente de facilitar a formalização do título de propriedade, evitando-se a necessidade de propositura de ação de usucapião, uma das mais complexas de todo o processo civil. No novo procedimento, a posse sai prestigiada, pois é convertida automaticamente em propriedade mediante providências da Administração e do Cartório do Registro de Imóveis.

Não se sabe ainda se a novidade de trocar uma burocracia por outra – talvez ainda mais rígida – alcançará o desejado êxito de facilitar a expedição do título. É aguardar para ver.

Sobre a legitimação de posse acima citada, abordaremos adiante – n. 18.

14. Lei n. 9.785/99

Em outro diploma da legislação especial, a posse também passou a ganhar novas dimensões. Na verdade, o legislador e o administrador público, atuando mais próximo da realidade social, mostraram-se mais abertos do que o jurista na percepção dos desafios impostos pelos novos tempos.

29. *Direitos imobiliários*, op. cit., p. 45, nota 28.
30. PESSOA, Claudia Grieco Tabosa. Da usucapião coletiva. In: GUERRA, Alexandre; BENACCHIO, Marcelo (Coord.). *Direito imobiliário brasileiro*. São Paulo: Quartier Latin, 2011, p. 347.

A Lei n. 9.785/99 é bem sugestiva. Como já tivemos ocasião de dizer,[31] essa lei alterou vários dispositivos da Lei do Parcelamento do Solo – Lei n. 6.766/79, um preceito da Lei de Desapropriação – DL n. 3.365/41 – e um da Lei de Registros Públicos – Lei n. 6.015/73.

Para desapropriar uma gleba e promover um loteamento de interesse público, o tempo exigido era seguramente de mais de dez anos. Isto porque havia o requisito de título de propriedade que somente pode ser expedido após o trânsito em julgado da sentença da ação expropriatória. Previu, então, a Lei n. 9.785/99 o registro do simples despacho de imissão na posse, para o que inseriu mais uma alínea (n. 36) no inciso I do art. 167 da Lei n. 6.015/73, como também previu o registro da respectiva cessão e promessa de cessão.

Quando ocorre o registro da sentença da ação expropriatória, a posse converte-se em propriedade e os contratos de promessa de cessão de posse convertem-se em compromissos de compra e venda. O que se deu, portanto, foi o seguinte: como era impossível o registro do loteamento da propriedade, que se registre então o loteamento da posse e dos consequentes contratos de cessão e de promessa de cessão de direitos possessórios. Eis, portanto, que essas posses passam a ingressar no restrito número dos direitos reais. Quanto a essas posses, ficam superadas as velhas querelas da indagação se posse é fato ou direito, ou se é direito pessoal ou real.

Se, na realidade, é a forma de o possuidor atuar sobre a coisa o que caracteriza a natureza real de um direito, e se há previsão para o registro de um certo tipo de posse, não vemos como não reconhecer nessa posse a natureza de direito real.

15. Constituição Federal de 1988

É com a CF/88 que o instituto da posse ganha notável dimensão no contexto do direito positivo brasileiro. A CF/88 refere-se ao vocábulo *posse* na maioria das vezes no sentido usado pelo direito público – tomada de posse pelo agente ou servidor público em seus cargos (art. 28 e outros). No sentido técnico do direito civil, o termo surge apenas no art. 231, § 2º, ao determinar que as terras tradicionalmente ocupadas pelos índios destinam-se à sua posse permanente etc.

Embora não se refira diretamente ao instituto da posse, é evidente o relevo constitucional do instituto a partir dos já mencionados arts. 183 e 191, que

31. Atualidade da posse. In: *Direitos humanos* – visões contemporâneas, edição da Associação Juízes para a Democracia, São Paulo, Revista dos Tribunais, 2001, p. 62.

consagram o usucapião *pro labore*, urbano e rural, para a aquisição do direito de propriedade dos imóveis urbanos de até 250 m² e dos imóveis rurais de área não superior a 50 hectares. Esses dispositivos são reproduzidos pelo CC, nos arts. 1240 e 1.239, sendo que o art. 183 foi também reproduzido pelo art. 9º do Estatuto da Cidade, que no art. 10 trata do usucapião coletivo. Na verdade, quanto ao conteúdo, natureza ou efeitos do instituto da posse, a CF é omissa. Autonomamente, trata apenas da propriedade, estando, portanto, incluída aí a posse, que é o que nos interessa neste momento.

Os preceitos mais relevantes da CF na defesa do direito de propriedade são os dos arts. 5º, XII, e 170, II, que tratam respectivamente das garantias individuais e dos princípios em que se assenta a ordem econômica. Ambos os incisos são logo seguidos dos n. XXIII e III, que consagram o princípio da função social da propriedade. A CF quis deixar expresso, por duas vezes, que o direito de propriedade que é garantido é aquele que cumpre sua função social e não o direito de propriedade abstratamente considerado.

Tradicionalmente se diz que o *jus possidendi*, isto é, a posse fundada em direito, em regra o direito de propriedade, não interessa aos estudos da posse pura e simples, da posse pela posse, ou seja, do *jus possesionis*.

Não é mais o que acontece no direito brasileiro. Adotado o princípio da função social da propriedade, da forma enfática como fez a CF/88 – e também pelo CC/2002, como veremos adiante a doutrina e a jurisprudência sobre a posse nunca mais será a mesma, pois é impossível detectar-se a incidência efetiva do princípio sem o exame concreto do exercício da posse.

Apesar da obviedade, isto está sendo afirmado para deixar patente que, ao garantir o direito de propriedade que atende à sua função social, a CF está também garantindo a posse que esteja atendendo ao mesmo princípio. Como se sabe, é comum usar-se a expressão *propriedade* para significar o objeto do direito de propriedade, geralmente um imóvel. Diz-se, então, esta propriedade (ou este imóvel) não está cumprindo a sua função social.

Se, entretanto, o imóvel está sendo utilizado para moradia ou para outra exploração econômico-social, dir-se-á que tal propriedade cumpre sua função social. Isto é dito antes mesmo de se indagar sobre quem tem direito sobre o imóvel, ou seja, se se trata de um possuidor proprietário ou um possuidor não proprietário (ou sem qualquer outro direito). Em ambas as hipóteses – e numa primeira análise –, o princípio da função social está presente, está sendo atendido. Na realidade, o que a CF está visando é a posse, seja a posse do proprietário ou a do não proprietário. Pelo menos nesse contexto constitucional, parece estar invertido o axioma iheringuiano: agora, defende-se a propriedade para a melhor defesa da posse.

16. Ainda a CF/88

Bons autores modernos têm ressaltado a presença da posse na CF. Entre eles, Ana Rita Vieira de Albuquerque:

> "torna-se evidente que o instituto da posse não pode deixar de receber esse influxo constitucional, adequando as suas regras à ordem constitucional vigente como forma de cumprir a sua função de instituto jurídico, fruto do fato social em si, verdadeira emanação da personalidade humana e que, por isso mesmo, é ainda mais comprometido com os próprios fundamentos e objetivos do Estado Democrático e a efetividade do princípio da dignidade da pessoa humana".[32]

Teori Zavascki:

> "Discorrer sobre a tutela da posse no atual sistema jurídico brasileiro pressupõe superar a noção, ainda corrente, de que ela representa, simplesmente, a exteriorização do direito de propriedade.
>
> (...) a tutela constitucional da posse opera-se pela funcionalidade, vale dizer, em vista da obtenção de objetivos especiais, enunciados de forma expressa ou compreendidos genericamente, no princípio da função social das propriedades.
>
> A Constituição, embora não assegure, explicitamente, um genérico 'direito à posse', inegavelmente tutela a posse quando necessário para atingir finalidades específicas, entre as quais a da concretização do princípio da função social das propriedades. Das suas disposições normativas e dos seus princípios é que se devem extrair os marcos norteadores, fundantes e legitimadores (a) das normas infraconstitucionais que tutelam a posse, nomeadamente nos casos em que há comprometimento do direito de propriedade (...); e (b) das soluções pretorianas para outros conflitos entre posse e propriedade, de natureza civil e penal, para os quais não há regramento positivado, ou este se mostra inadequado ou insuficiente, quando, então, cumpre ao juiz, ele próprio, formular a solução harmonizadora, o que fará à luz daqueles mesmos princípios etc.".[33]

17. Direito à moradia

Em outros pontos também se evidencia a defesa da posse na CF/88. Veja-se o caso do direito à moradia, expresso no art. 6º: "São direitos sociais a

32. Da função social da posse. In: FARIAS, Cristiano Chaves de; ROSENVALD, Nelson. *Curso de direito civil*. 8. ed. Salvador: JusPodivm, 2012. v. 5. Reais.

33. A tutela da posse na Constituição e no Projeto de Código Civil. In: MARTINS-COSTA, Judith (Org.). *A reconstrução do direito privado*. São Paulo: Revista dos Tribunais, 2002, p. 842 e s.

educação, a saúde, a alimentação, o trabalho, a moradia Parece evidente que só é possível garantir-se o direito constitucional à moradia com a consequente garantia possessória".

Marcelo de Oliveira Milagres, outro competente autor moderno, assim se pronuncia sobre o tema da moradia: "O que se pretende é: garantir a segurança da posse associada à necessária urbanização de espaços urbanos de exclusão". Citando o Programa das Nações Unidas para os Assentamentos Humanos:

"A segurança da posse – sua estabilidade pelo decurso do tempo – é um dos fundamentos do direito à moradia. Todas as pessoas devem ter um grau de segurança de posse que lhes garanta proteção contra despejos forçados, expropriação, deslocamentos e outras ameaças".[34]

18. O Código Civil/2002

O Código Civil/2002, editado na vigência da CF/88, não podia deixar de consagrar também o princípio da função social da propriedade. Foi-o que fez, expressamente, no art. 1.228, § 1º, ao dizer que o direito de propriedade deve ser exercido em consonância com suas finalidades econômicas e sociais. E no parágrafo único do art. 2.035, elevou à condição de norma de ordem pública aquelas que dão efetividade ao princípio, a saber:

> "Parágrafo único. Nenhuma convenção prevalecerá se contrariar preceitos de ordem pública, tais como os estabelecidos por este Código para assegurar a função social da propriedade e dos contratos".

Como foi dito acima, adotado o princípio da função social, ganha relevo o *jus possidendi*, porque é essa posse que vai dar legitimidade ao próprio direito de propriedade. Como também já foi dito, o CC reduziu os prazos de usucapião e reproduziu (arts. 1.239 e 1.240) os preceitos constitucionais sobre o usucapião *pro labore* urbano e rural. O CC também merece aplauso por ter posto fim à querela sobre a famigerada exceção de domínio, que tantos danos causou à evolução do instituto da posse entre nós.

Também merece elogio a preocupação do CC ao enaltecer a posse trabalho. O elogio vale só para a intensão do legislador, pois constitui critério de interpretação revelador do empenho do Código em valorizar a posse de cunho social. No que diz respeito à praticidade do preceito, a crítica há de ser severa. Já no ano de 2003, tivemos oportunidade de dizer em um Simpósio de Direito Civil:

> "Entendo, s.m.j., que o novo instituto não terá maior aplicação. A ocupação de "extensas áreas por número considerável de pessoas" é problema grave,

34. *Direito à moradia*. São Paulo: Atlas, 2011, p. 21.

urbano ou rural, que exige, para seu equacionamento, a intervenção positiva da Administração Pública. Isoladamente, o Poder Judiciário – desequipado e despreparado para desafios tão dramáticos – é impotente, não dará conta do recado".

Há também dificuldade de ordem técnico-jurídica. Esse usucapião coletivo do CC exige o requisito de boa-fé e é impossível exigir boa-fé em situações como essa. O preceito do CC, entretanto, não fará falta, porque existente o usucapião coletivo do Estatuto da Cidade.[35]

Passados mais de dez anos da vigência do Código, não se tem notícia, ao que nos consta, de aplicação efetiva daquele dispositivo, pelo menos nos tribunais.

19. A Legitimação de posse prevista na Lei n. 11.977/2009 – Programa Minha Casa, Minha Vida

A Lei n. 11.977/2009, com as alterações trazidas pela Lei n. 12.424/2011, representa mais uma relevante hipótese em que a posse foi guindada à categoria de direito real, constituindo enorme esforço para regularizar a cidade ilegal de que falam os urbanistas.

Pelo art. 47, IV, da Lei n. 11.977/2009, a legitimação de posse é o "ato do poder público destinado a conferir título de reconhecimento de posse de imóvel objeto de demarcação urbanística, com identificação do ocupante e do tempo e natureza da posse". Essa legitimação de posse será objeto de registro – Lei n. 6.015/73, art. 167, 1, n. 41.

A demarcação urbanística consiste no levantamento feito pela Administração da situação da área ocupada e na caracterização da ocupação, com elaboração de planta e memorial descritivo. O auto de demarcação urbanística será objeto de averbação – Lei n. 6.015/73, art. 167, II, n. 26.

A partir da demarcação urbanística, o Poder Público concederá título de legitimação de posse aos ocupantes cadastrados, que não sejam possuidores de outro imóvel, título esse que também será registrado. Passados cinco anos da data do registro, o possuidor poderá requerer ao oficial do Cartório do Registro de Imóveis a conversão do título de legitimação de posse em registro de propriedade, tendo em vista sua aquisição por usucapião.

A novidade maior está no registro da conversão do título da legitimação de posse em registro da propriedade, evitando, assim, a ação de usucapião.

35. Posse. Direito real do promitente comprador. In: GOZZO, Débora; ALVES, J.C. Moreira; REALE, Miguel (Coord.). *Principais controvérsias no novo Código Civil.* São Paulo: Saraiva, 2006, p. 151.

Frise-se, contudo, que o direito de propriedade propriamente dito já poderia pertencer ao possuidor, desde que ele já tivesse, anteriormente, tempo suficiente para usucapir. Isto porque a lei teve a cautela de deixar expresso que estão salvaguardados os direitos decorrentes da posse antes exercida – art. 60. Nota-se o esforço do legislador em facilitar o registro da propriedade. Se vai haver êxito, só o futuro dirá.[36]

Cremos que o maior mérito do novo sistema está em prestigiar a atuação da Administração Pública, permitindo-lhe agir de forma muito mais ampla e positiva para zelar da funcionalidade do solo municipal, o que seria impossível com a utilização apenas dos instrumentos jurídicos tradicionais e estratificados sobre posse e propriedade.

Para efeito do presente artigo, parece-nos extremamente relevante a possibilidade de a Administração promover regularizações fundiárias e, principalmente, expedir títulos de legitimação de posse (art. 47, IV, da Lei n. 11.977/2009), após demarcação urbanística, com a "finalidade de identificar seus ocupantes e qualificar a natureza e o tempo das respectivas posses" (art. 47, III, da lei citada). Esses títulos de legitimação de posse – estejam ou não registrados – constituem título público comprobatório da existência da posse com o que o possuidor estará muito mais amparado social, jurídica e economicamente. Essa posse passa a ser posse titulada, como, aliás, ficou reconhecido na VI Jornada de Direito Civil, promovida pelo Conselho da justiça Federal, em abril de 2013, a saber:

> "Enunciado 563 – O reconhecimento da posse por parte do Poder Público competente anterior à sua legitimação nos termos da Lei n. 11.977/2009 constitui título possessório".

20. Considerações finais

O histórico do instituto da posse no direito brasileiro mostra que seu período áureo durou mais de três séculos, nos quais a posse confundia-se com a ocupação e era modo de aquisição da propriedade independentemente de usucapião. O instituto foi desvirtuado na época negra dos grileiros e entrou em forte declínio no período em que se cultuou o direito de propriedade de forma individualista e absoluta, como fez o CC/16.

Ganha hoje novas dimensões para o enfrentamento dos graves desafios sociais perante os quais o regime da propriedade registrada tem se mostrado francamente insuficiente e até deletério. O exame do direito positivo brasileiro

36. Outras observações no nosso *Direitos imobiliários da população urbana de baixa renda*. São Paulo: Sarandi, 2011, p. 632.

das últimas décadas não deixa dúvidas sobre a ocorrência de um novo período para o "velho e enigmático instituto". Após o apogeu e o ocaso, dá-se o ressurgimento da posse, com plena força e enorme eficácia social. É o que se vê da legislação a partir da década de 1990, bem como da doutrina e da jurisprudência nesse período. Sintoma inequívoco de tal fenômeno consiste na intensa atividade editorial recente em torno do tema, com enfoque no direito positivo brasileiro e abandono da fixação tradicional no direito romano e no direito comparado. Destaque para a rica produção da Escola do Rio de Janeiro, cujas figuras exponenciais são os Professores Ricardo Pereira Lira e Gustavo Tepedino.

Referências

ALBUQUERQUE, Ana Rita Vieira de. Da função social da posse. In: FARIAS, Cristiano Chaves de; ROSENVALD, Nelson. *Curso de direito civil.* 8. ed. Salvador: JusPodivm, 2012. v. 5. Reais.

ARRUDA ALVIM. *Comentários ao Código Civil Brasileiro.* Rio de Janeiro: Forense, 2009. v. XI, 1.1.

ASCENÇÃO, José de Oliveira. *Direitos reais.* Centro de Estudos de Direito Civil da Faculdade de Direito de Lisboa, 1971.

AZEVEDO, Filadelfo. *Registros públicos.* Rio de Janeiro: Almeida Marques, 1924.

AZEVEDO JÚNIOR, José Osório. Ainda o Pinheirinho. *Letrado*, publicação do IASP, n. 98, p. 12-13.

_____. A Súmula 621 do STF e o imóvel loteado, *RT* 611/276. In: *Doutrinas essenciais*: direito registral, v. IV, São Paulo, Editora Revista dos Tribunais, 2011, p. 1.179 e s.

_______. Atualidade da posse. In: *Direitos humanos* – visões contemporâneas, edição da Associação Juízes para a Democracia, São Paulo, Editora Revista dos Tribunais, 2001, p. 62.

_____. Considerações sobre a nova Lei de Loteamentos – DL 271/67 – A concessão de uso: um novo direito real, *RT* 388/33, republicado in *Doutrinas essenciais* – direito registral, v. IV, São Paulo, Editora Revista dos Tribunais, 2011, p. 1.159 e s.

_____. Direitos imobiliários da população urbana de baixa renda. São Paulo: Sarandi, 2011.

_____. Posse. Direito real do promitente comprador. In: GOZZO, Débora; ALVES, J.C. Moreira; REALE, Miguel (Coord.). *Principais controvérsias no novo Código Civil.* São Paulo: Saraiva, 2006.

BEVILÁQUA, Clóvis. *Código Civil comentado.* 2. ed. Rio de Janeiro: Livraria Francisco Alves, 1923. v. III.

_____. *Direito das coisas.* 5. ed. atual. por José de Aguiar Dias. Rio de Janeiro: Forense, s/d. v. I.

CIRNE LIMA, Ruy. *Pequena história territorial do Brasil*: sesmarias e terras devolutas. 2. ed. Porto Alegre, RS: Sulina, 1954.

COBRA, Amador Nogueira. *Recanto do sertão paulista.* São Paulo: Ed. Hennies & Cia., 1923.

GOMES, Orlando. *Direitos reais.* Rio de Janeiro: Forense, 1969. t. 1.

_____. *Introdução ao direito civil.* 7. ed. Rio de Janeiro: Forense, 1983.

LACERDA DE ALMEIDA, Francisco de Paula. *Direito das cousas.* Rio de Janeiro: J. Ribeiro dos Santos, 1908.

MAXIMILIANO, Carlos. *Comentários à Constituição Brasileira de 1891.* Brasília: Senado Federal, Conselho Editorial, 2005.

MILAGRES, Marcelo de Oliveira. *Direito à moradia.* São Paulo: Atlas, 2011.

PEREIRA, Lafayette Rodrigues. *Direito das coisas.* Rio de Janeiro: B. L. Garnier, 1877. v. I.

PESSOA, Claudia Grieco Tabosa. Da usucapião coletiva. In: GUERRA, Alexandre; BENACCHIO, Marcelo (Coord.). *Direito imobiliário brasileiro.* São Paulo: Quartier Latin, 2011.

PINHEIRO, Luís Lima. *A cláusula de reserva de propriedade.* Coimbra: Almedina, 1988.

REALE, Miguel. *O Projeto de Código Civil.* São Paulo: Saraiva, 1986.

RIBAS, Antônio Joaquim. *Da posse e das ações possessórias.* 2. ed. São Paulo: Miguel Melillo & Cia., 1901.

RODRIGUES, Manuel. *A posse*. 3. ed. Coimbra: Almedina, 1980.

SANTIAGO DANTAS, Francisco Clementino. *Problemas de direito positivo*: estudos e pareceres. Rio de Janeiro: Forense, 1953.

SPENCER VAMPRÉ. *Interpretação do Código Civil.* São Paulo: Livraria e Oficina Magalhães, 1916.

VARELA, Laura Beck. Das propriedades à propriedade: constituição de um direito. In: MARTINS-COSTA, Judith (Org.). *A reconstrução do direito privado.* São Paulo: Revista dos Tribunais, 2002, p. 756 e s.

ZAVASCKI, Teori. A tutela da posse na Constituição e no Projeto de Código Civil. In: MARTINS-COSTA, Judith (Org.). *A reconstrução do direito privado*. São Paulo: Revista dos Tribunais, 2002.

Aquisição da propriedade imobiliária através de compromisso de compra e venda[1]

Código Civil de 1916. DL 58/37, Lei 6.766/79 e Lei 9.785/99. O Código Civil de 2002. A orientação do Conselho Superior da Magistratura. A decisão normativa do Corregedor Geral da Justiça na Dúvida de nº 9000012.75.2012.8.26.0506. O futuro.

1. Tanto o CC/16 como o de 2002 mantiveram o sistema tradicional de transmissão da propriedade através de dois atos, ou dois momentos: o *titulus* (o contrato) e também o *modus*, ou seja, a tradição para os bens móveis e o registro imobiliário para os imóveis.

O contrato, por si mesmo, não transfere, apenas cria a obrigação de transferir a propriedade. Consiste apenas no *titulus*; a propriedade só será transferida no segundo momento, quando houver o registro, isto é, quando ocorrer o modus *acquisitionis*.

Por ser causa da transferência, o contrato de compra e venda é considerado título translativo do domínio. O ato seguinte – o registro –não é ato negocial, é simples fato jurídico.

Mesmo sem acarretar diretamente a transferência da propriedade, a relevância do contrato é enorme: no momento de sua celebração – e não no momento do registro – é que devem ser examinadas as questões relativas à capacidade das partes, os vícios da vontade, a incidência das leis civis, tributárias etc.

O *titulus* por excelência é o contrato de compra e venda, é este contrato que vai ser levado a registro e acarretar, como regra, a transferência da propriedade do imóvel.

1. Publicado originalmente em GUERRA, Alexandre Dartanhan de Mello; MALFATTI, Alexandre David. *Reflexões de magistrados paulistas nos 25 anos do Código de Defesa do Consumidor*. Escola Paulista da Magistratura, 2015.,

O que se quer indagar aqui é se o compromisso de compra e venda pode ser considerado título de transmissão da propriedade.

No regime do Código de 1916, não podia.

2. O CC/16 ignorou o compromisso de compra e venda. Para tal diploma, compromisso (art. 1.037 e s.) era um sistema de cláusula arbitral, que nunca funcionou e que acabou revogado expressamente pela Lei de Arbitragem - Lei 9.307/96.

Mesmo não previsto pelo CC/16, o CCV de imóvel foi largamente utilizado, como contrato preliminar, na prática jurídica e negocial de então, pois, não sendo proibido, entendia-se, corretamente, que era permitido.

Ocorre que, como negócio jurídico imobiliário, o sistema revelou-se enormemente insatisfatório em razão do preceito do art. 1.088 daquele Código, que consagrava a prerrogativa de qualquer das partes de se arrepender antes de assinar o instrumento público obrigatório, desde que pagasse perdas e danos. Essas perdas e danos frequentemente não passavam do valor das arras.

Como a valorização imobiliária sempre superava o valor da moeda, principalmente em épocas em que não havia o instituto da correção monetária, a aquisição do imóvel se frustrava, ocasionado grave dano ao comprador.

3. Foi esse fato que gerou a edição do DL 58/37, dando nova dimensão jurídica ao compromisso de compra e venda.

Já dissemos, em várias, passagens,[2] que as inovações maiores foram as seguintes: a) a facilidade de forma para a negociação de imóvel, admitindo-se contrato por instrumento particular; b) a criação de um novo direito real, o direito do compromissário comprador, para garantir a aquisição e evitar onerações ou futuras alienações; c) a vedação do arrependimento, na medida em que o contrato passou a comportar execução específica, com a possibilidade de propor-se ação de adjudicação compulsória do imóvel.

A doutrina reagiu negativamente, com repercussões na jurisprudência.

Mas, aos poucos, aquelas inovações foram sendo absorvidas pelo sistema.

Verificou-se, então, um salutar fenômeno de influência do novo regime do imóvel loteado no do imóvel não loteado, tanto na jurisprudência como na legislação. Por exemplo: a Lei 649/49 dissipou dúvidas quanto à aplicação ampla de importantes dispositivos referentes ao direito real e à adjudicação compulsória, estendendo tais prerrogativas para os imóveis não loteados. Mais tarde, o DL 745/69 também estendeu para os imóveis não loteados a exigência

2. O Compromisso de compra e venda, *in*: *O Novo Código Civil* – estudos em homenagem ao Prof. Miguel Reale, 2. ed, São Paulo, LTr, jan. 2006, p. 466 e s.

de notificação prévia para que o compromissário pudesse purgar a mora e evitar a resolução automática do contrato.

Mas certa interpretação literal do texto do DL gerou intermináveis discussões em torno da necessidade do registro do contrato para obter-se a adjudicação compulsória do imóvel.

Em relação à terminologia, observa-se que o DL 58/37 adotou as expressões tradicionais e vulgares: *compromisso de compra e venda*, *compromitente* e *compromissário*. Muitos autores criticam o termo *compromisso*, mas é a expressão que a lei usa e serve ainda para distinguir o compromisso da simples promessa, a qual não apresenta as características nem produz os mesmos efeitos daquele (Orlando Gomes, *Direitos reais*, Forense, 1969, p. 448).

4. De qualquer forma, a verdade é que o sucesso do DL 58 foi imenso. Sua aplicação se generalizou, absorveu a utilização das arras e passou a estar presente no início de quase toda aquisição imobiliária. Embora revogado, o DL 58 aparece citado, até hoje, em doutrina e jurisprudência, porquanto suas grandes inovações foram repetidas pelos diplomas posteriores.

Entretanto, os anos mostraram suas deficiências, particularmente quanto à ausência de normas urbanísticas e também de normas penais para os infratores, além de omissão quanto ao sistema de transmissão da propriedade.

Assim é que, no sistema do DL 58, que foi estendido, no essencial, para os imóveis não loteados pela Lei n. 649/49, e outras, como se disse acima, a transmissão imobiliária continuou sendo a prevista pelo CC/16, ou seja, com a necessidade de um segundo contrato por instrumento público para poder ser registrado.

Com isso, mesmo depois de esgotado o conteúdo real do contrato, ou seja, a entrega definitiva e irreversível da posse e o pagamento do preço, permanecia a exigência de uma escritura pública para a aquisição formal do direito de propriedade sobre o imóvel.

Como era comum o compromitente vendedor, por desídia ou má-fé, recusar-se a outorgar a escritura, choveram ações de adjudicação compulsória, ou de cumprimento de obrigação de fazer, sempre com a discussão preliminar sobre a necessidade de registro do contrato como condição da ação.

O fato é que o caminho a ser percorrido pelo compromissário comprador na busca da propriedade continuou sendo uma *via crucis* que frequentemente terminava no calvário do insucesso.

5. Urgia modificar-se a lei. A primeira tentativa frustrou-se com Nova Lei de Loteamento - DL 271/67.[3]

No campo das tentativas, destaque para o Projeto de Código Civil, de 1965, de Orlando Gomes, que dispunha em seu art. 567, § 1º:

> "Se o instrumento da promessa encerra todos os elementos da compra e venda constituirá título hábil à transferência do domínio mediante sua transcrição e do documento de quitação ao promitente-comprador, se esta já não constar da promessa inscrita".

Foi o que houve de mais avançado até hoje, pois abrangia todo tipo de imóvel, fosse loteado ou não.

Anos depois, surge nova lei sobre loteamentos - a Lei do Parcelamento do Solo Urbano - Lei 6.766/79, que trouxe alguma novidade para o que nos interessa neste momento.

O anteprojeto dessa lei[4] previa expressamente a transferência da propriedade do lote mediante o registro do compromisso e averbação de comprovante da quitação. Dispensava, portanto, a chamada "escritura definitiva". Esta importante parte, contudo, não constou da lei.

Mas restou um vestígio da novidade no texto do art. 41, ainda em vigor, numa hipótese excepcional, a saber:

> "Art. 41 - Regularizado o loteamento ou desmembramento pela Prefeitura Municipal, ou o Distrito Federal quando for o caso, o adquirente do lote, comprovando o depósito de todas as prestações do preço avençado, poderá obter o registro de propriedade do lote adquirido, valendo para tanto o compromisso de venda e compra devidamente firmado".

Quebrou-se o tabu: pela primeira vez na legislação brasileira, admitiu-se a transmissão da propriedade imobiliária apenas por força do contrato preliminar, o compromisso, independentemente da celebração do segundo contrato, ou seja, a compra e venda por escritura pública.

6. Embora a desnecessidade desse segundo contrato por escritura pública já estivesse muito clara para a doutrina e para os setores mais voltados para o interesse da coletividade, as iniciativas individuais de algum parlamentar não iam avante.

3. AZEVEDO JÚNIOR, José Osório. Considerações sobre a nova lei de loteamentos, *Revista dos Tribunais,* n. 388, p. 31; e *Doutrinas essenciais,* v. IV, *Direito Registral,* Org. de Ricardo Dip e Sérgio Jacomino, Revista dos Tribunais, 2011, p. 1159-178.
4. Cf. AZEVEDO JÚNIOR, José Osório. Loteamento. In: JABUR, Gilberto Haddad (Coord.). *Direito dos contratos.* São Paulo: Quartier Latin, 2006. p. 288, nota 2.

Passam-se cerca de vinte anos e, inopinadamente, surge a Lei n. 9.785, de 29.01.1999. Foi mais uma lei revolucionária que aparece no direito brasileiro no ambiente do loteamento.

Teve como objetivo final, criar facilidades para a implantação de loteamentos e conjuntos habitacionais para pessoas de baixa renda, promovidos por entidades públicas, ou suas delegadas. Para tanto, alterou vários dispositivos da Lei 6.766/79; um preceito da Lei de Desapropriação e um da Lei de Registros Públicos.

Para o que nos interessa no momento, deu-se aí a consagração definitiva da tese de que o compromisso de compra e venda configura *titulus adquirendi* para efeito de transmissão da propriedade imóvel, embora restrito ao campo do imóvel loteado.

Diz o § 6º, introduzido ao art. 26 da Lei 6.766/79:

> Art. 26 – § 6º – Os compromissos de compra e venda, as cessões e as promessas de cessão valerão como título para o registro da propriedade do lote adquirido, quando acompanhados da respectiva prova de quitação.

7. Já era esse o panorama legislativo e doutrinário quando foi editado o CC/2002.

Como se sabe, toda a rica construção jurídica em torno do ccv se fez pela jurisprudência durante mais de 60 anos, construção esta que foi ignorada pelo novo Código. Por exemplo, e para citar apenas dois pontos sensíveis: a desnecessidade do registro do contrato para viabilizar a ação de adjudicação compulsória, bem como a visão do ccv *como* justo título para a contagem dos prazos de usucapião.

Com efeito, em relação ao tema do ccv, o novo CC representou enorme atraso. A esse propósito, veja-se o texto citado na nota n. 1. Imperdoável que os autores do Projeto tenham ignorado a proposta de Orlando Gomes de dezenas de anos anteriores (item 5 retro), muito mais lúcida e moderna do que acabou codificado.

Na verdade, tudo sugeria um retrocesso imenso para o ccv após a vigência do novo Código.

Mas não foi o que aconteceu, graças ao descortino e independência do Superior Tribunal de Justiça, que, por exemplo, manteve a Súmula 84[5] e 239[6] e continuou julgando como antes.

Foi, aliás, sintomático que na primeira Jornada de Direito Civil promovida pelo Centro de Estudos do Conselho da Justiça Federal, sob a coordenação científica do Ministro Ruy Rosado, do STF, foi aprovado o importante Enunciado n. 87, a saber:

> "Considera-se também título translativo, para fins do art. 1.245 do novo Código Civil, a promessa de compra e venda devidamente quitada (arts. 1417 e 1418 do CC e § 6º do art. 26 da Lei 6.766/79)".

8. Ainda bem que o CC/2002, pelo menos, manteve a legislação especial, inclusive a relativa ao parcelamento do solo urbano, motivo pelo qual continuou em vigor a mencionada Lei 9.785/99 que consagrou o ccv como título translativo da propriedade do imóvel loteado, ao dar nova redação ao § 6º do art. 26 da Lei 6.766/79, conforme visto acima (item n. 6).

A nova redação pegou de surpresa os estudiosos da matéria, inclusive, ao que parece, os setores ligados às relações públicas do sistema cartorário. O fato é que o tema que parecia intocável e que sempre mofara, por anos, nos escaninhos do Congresso, converteu-se inesperadamente em lei.

Ao que me consta, vários Cartórios de Registro de Imóveis do Estado de São Paulo aplicaram a lei normalmente, desde o início, ou seja, registraram inúmeros compromissos completando a transferência da propriedade dos respectivos lotes.

Contudo, o Conselho Superior da Magistratura, nos anos de 2003 e 2004, passou a entender que o mencionado § 6º, do art. 26, da Lei 9.785/99 não teria aplicação nos casos de loteamentos comuns, mas apenas nos de loteamentos promovidos pelo Poder Público ou por entidades delegadas (COABs etc.).

Com isso, o alcance da lei inovadora foi drasticamente reduzido.

9. Inconformados com a interpretação antissocial que foi dada ao dispositivo, escrevemos artigo de doutrina intitulado *A dispensa de escritura na venda de imóvel loteado. Crítica da orientação do Conselho Superior da Magistratura de São Paulo* – Revista do IASP, n. 20, julho –dez./2007, p. 150 e s.

5. "É admissível a oposição de embargos de terceiro fundados em alegação de posse advinda do compromisso de compra e venda de imóvel, ainda que desprovido do registro."
6. "O direito à adjudicação compulsória não se condiciona ao registro do compromisso de compra e venda no cartório de imóveis."

Passam-se mais alguns anos, e com novas composições do colegiado, particularmente com os votos dos Des. Maurício Vidigal e Maia da Cunha, AP. 0012161-30.2010.8.26.0604, o CSM aceita as críticas e muda de orientação.

Com isso não se conformou o Colégio Notarial de São Paulo, o qual, como *amicus curiae*, pretendeu que o CSM voltasse à orientação anterior – recurso na Dúvida de n. 9000012.75.2012.8.26.0506.

Mas não teve êxito.

Muito pelo contrário; o atual Corregedor, Des. Hamilton Eliot Ackel, não só manteve a nova orientação do Conselho, como, diante da relevância do caso, decidiu em caráter normativo e determinou a publicação da decisão no DJE por três vezes, em dias alternados, o que se fez em 06, 08 e 12.05.2014.

10. Tão relevante é a decisão da Egrégia Corregedoria que é preciso divulgá-la, pois a questão ainda é pouco absorvida pela comunidade jurídica, motivo por que pedimos vênia para transcrever vários pontos do parecer do Dr. Swarai Cervone de Oliveira, Juiz Assessor da Corregedoria, parecer este adotado, por seus fundamentos, pelo Exmo. Corregedor, a saber:

> "Pela leitura do art. 26, § 6º, percebe-se que não houve menção do legislador a loteamentos populares, tratando-se de norma genérica, aparentemente dirigida ao registro da propriedade de qualquer lote. A redação é clara, sem ambiguidades, o que, em tese, dispensaria maior esforço hermenêutico.
>
> Tanto assim que sequer foi cogitada interpretação diversa pelos doutrinadores que comentaram as inovações legislativas introduzidas pela Lei nº9.785, de 29/01/1999, logo após sua edição.
>
> MARCELO BERTHE, em artigo intitulado 'As alterações das leis federais 6.015/73 e 6.766/79 e do dec.-lei federal 3.365/41. Algumas notas sobre os reflexos no registro imobiliário', comenta que o § 6º, do art. 26, envolve matéria de grande relevância, 'porque se refere não só às cessões de posse, mas também aos compromissos de compra e venda em geral, tratados no art. 26 da lei 6.766/79, bem como às respectivas cessões e promessas de cessão' (*Revista de Direito Imobiliário* n. 46, janeiro-junho 1999, ano 22, p. 50).
>
> JOÃO BAPTISTA GALHARDO, após transcrever o teor do § 6º e consignar a validade dos compromissos de compra e venda, cessões e promessas de cessão, como títulos para o registro da propriedade, ressalva apenas que a validade limita-se à primeira transferência, do loteador para o primeiro adquirente, valendo transcrever:
>
> 'Esse parágrafo aplica-se uma única vez com referência ao lote, ou seja, quando o domínio houver de ser transferido do loteador para o comprador' (Aspectos registrários da aplicação da lei federal nº 9.785, de 29.01.1999, in *Revista de Direito Imobiliário* nº 46, janeiro-junho de 1999, ano 22, p. 38),

sem qualquer alusão ou restrição da aplicabilidade do dispositivo a loteamentos populares.

Nesse contexto, respeitosamente, é possível afirmar que a interpretação restritiva acolhida por este Colendo Conselho Superior da Magistratura não se coaduna com a literalidade do texto legal e com a ideia inspiradora da norma acima mencionada.

Cumpre então enfrentar a questão sob o enfoque da interpretação sistemática e teleológica.

Alega-se que o § 6º, do 26, deve ser interpretado à luz dos §§ 3º, 4º e 5º do mesmo dispositivo, que trata das cessões de posse de parcelamentos populares, tratando-se de dispositivo voltado a realizar uma função social em benefício da população de baixa renda.

Ocorre que, salvo melhor juízo, a função social na lei de parcelamento do solo não se limita aos loteamentos populares, estendendo-se ao regramento do tema em geral. Isso porque o parcelamento do solo está diretamente ligado ao crescimento das cidades, à destinação de áreas para uso residencial, comercial e industrial, e à criação de áreas públicas como ruas e praças, envolvendo o interesse público na organização e aproveitamento dos espaços, em benefício da coletividade. Daí afirmar-se que: 'O registro predial, em matéria de parcelamento do solo, não atua tão somente como tábua da propriedade e de suas mutações. Ele figura como instrumento de controle urbanístico e protetivo-social' (BEATRIZ AUGUSTA PINHEIRO SAMBURGO, CLÁUDIA HELENA TAMISO E JOSÉ CARLOS DE FREITAS. Comentários à Lei 9.785, de 29.01.1999, sobre as alterações introduzidas na Lei 6.766/79, in *Revista de Direito Imobiliário* nº 46, janeiro-junho de 1999, ano 22, p. 11).

Nessa esteira, o argumento calcado na função social não se afigura suficiente para limitar o alcance do § 6º aos lotes populares, haja vista que a função social refere-se à lei de parcelamento do solo como um todo, não se resumindo a proteger a população de baixa renda:

'As leis sobre loteamento são leis protetivas, de ordem pública, com forte conteúdo social' (José Osório de Azevedo Júnior, A dispensa de escritura na venda de imóvel loteado. Crítica da orientação do Conselho Superior da Magistratura de São Paulo. In Revista do Instituto dos Advogados de São Paulo. Ano 10, nº 20, jul.-dez./2007, p. 161).

Por fim, cabe acrescentar um derradeiro argumento de cunho interpretativo.

A regra do art. 5º, da Lei de Introdução ao Código Civil, determina que, na aplicação da lei, o juiz deve atender aos fins sociais a que ela se dirige e às exigências do bem comum.

Ora, a simplificação da primeira transferência da propriedade, do loteador ao adquirente, independentemente da natureza do lote, acaba por facilitar a inserção do bem no mercado, contribuindo para a segurança jurídica e para a circulação de riqueza, coadunando-se como o bem comum e com o fim social de zelar pela juridicidade do parcelamento".

11. É importante frisar que a interpretação do texto legal acatada definitivamente pelo CSM beneficia enormemente a ambas as partes envolvidas no negócio imobiliário de compra de lote.

Os compradores, porque ficam dispensados dos ônus cartoriais e despesas judiciais comuns, as quais surgem naturalmente em decorrência do longo tempo verificado com os loteamentos, como mortes, separações, inventários, alvarás e até ações de usucapião.

Os loteadores também são favorecidos, pois ficam dispensados de cumprir a obrigação de outorgar escritura a pessoas às vezes até desaparecidas e poder encerrar definitivamente o seu empreendimento.

A sociedade como um todo também é beneficiada, pois, como acentuado na decisão, facilita a inserção do bem no mercado, contribuindo para a segurança jurídica e a circulação da riqueza.

O único figurante que se sente prejudicado é o cartório, que fica sem o privilégio de lavrar uma escritura reconhecidamente inócua e dispensada agora por expressa disposição legal.

No caso, o Colégio Notarial nem foi parte no feito, nele tendo ingressado como *amicus curiae*, ou seja, amigo do tribunal, para auxiliar na busca de um bom julgamento. Mas a realidade mostrou que se tratava apenas da defesa de um mero interesse corporativo, um privilégio cartorário, uma reserva de mercado para a prestação de um serviço inútil.

12. Para registrar o contrato com a quitação, ou simplesmente averbar a quitação se o contrato já estiver registrado, o comprador poderá encontrar alguma dificuldade para exibir o instrumento de quitação.

Se o contrato é de prazo muito extenso, o comprador pode ter perdido recibos ou não ter meios para localizar o vendedor, ou seus sucessores.

A solução está no processo simples de justificação. Com a apresentação de alguns recibos de prestações ou de tributos e contas diversas, testemunhas informando a posse do comprador no imóvel e a inexistência de qualquer ação por parte do vendedor, a procedência da justificação será fatal e a sentença valerá como a quitação e será levada ao registro de imóveis para completar a aquisição da propriedade do imóvel pelo comprador.

O loteador que desejar encerrar definitivamente o seu empreendimento e formalizar a transmissão da propriedade dos lotes talvez encontre dificuldade de ordem tributária, uma vez que haverá necessidade de prova do pagamento do imposto de transmissão a cargo do adquirente. De qualquer forma, a quitação é ato unilateral e o credor se desonera do seu dever emitindo a declaração cabal de que recebeu a totalidade do preço.

13. Como se sabe, na medida em que um privilégio se torna anacrônico e ilegítimo, seu titular apega-se a ele sem qualquer outra razão a não ser o próprio privilégio. Ignora o interesse da coletividade, a ordem pública, os fins sociais da lei, os princípios fundamentais da ordem econômica. É inútil esperar do titular de um privilégio, nessas circunstâncias, qualquer ação fundada em alguma racionalidade jurídica.

Por isso, se faz necessário que tais privilégios sejam extirpados coercitivamente, como fez o legislador ao editar a Lei 9.785/99 e introduzir o § 6º ao art. 26 da Lei 6.766/79. E como fez o Senhor Corregedor ao dar plena eficácia ao preceito e reconhecer a necessidade de sua ampla divulgação.

14. Como se vê do histórico já mencionado, a evolução do tema ocorreu sempre no sentido da desburocratização da aquisição imobiliária, mas desenvolveu-se de forma lentíssima, pois as novidades surgiam após décadas e décadas.

Sempre se notou também a forte influência, seja na legislação seja na jurisprudência, do regime jurídico do imóvel loteado no do imóvel não loteado.

Assim, por exemplo, a instituição do direito real, a admissão do instrumento particular, a exigência de outorga conjugal, a vedação do arrependimento, a adjudicação compulsória etc.

15. Quanto ao futuro, é de se esperar que a evolução continue no sentido de facilitar o negócio imobiliário e prestigiar o interesse da coletividade.

No que diz respeito ao progresso na legislação, não se deve ser otimista, pois o nosso Legislativo costuma manter a tradição de favorecer interesses corporativos.

A Jurisprudência, embora lenta, como é de sua natureza, é mais aberta e pode trilhar caminhos mais abertos.

Hoje, temos a Lei 6.766/79, art. 26, § 4º, com a redação da Lei 9.785/99, cujo texto já foi transcrito no item 6, que dispensa a escritura pública de venda e compra nos casos dos chamados imóveis loteados.

É de se esperar que o próximo passo seja dado pelos tribunais estendendo o preceito para qualquer tipo de imóvel.

Parece-me que essa questão do imóvel ser loteado, ou não, é um complicador inteiramente injustificável.

Se a chamada *escritura definitiva é* inócua e inútil para uma hipótese, como já se discutiu no direito brasileiro *ad nauseam*, não pode deixar de sê-lo também para a outra hipótese. As mesmas razões de decidir e a mesma *ratio legis* estão presentes em ambas as hipóteses.

Nesse ponto, merece respeitosa crítica a decisão normativa retro transcrita no ponto em que, numa interpretação meramente literal, entendeu que a escritura é dispensada apenas na *primeira transferência da propriedade, do loteador ao adquirente.*

16. A meu ver, nada justifica tal restrição. Quase todo imóvel particular urbano não submetido à Lei de incorporações originou-se de um loteamento.

Veja-se em São Paulo: seja nos bairros ricos, seja nos bairros pobres, a grande maioria dos imóveis originou-se de loteamentos. Não se vê razão lógica para deixar de ser considerado loteado o imóvel adquirido apenas porque houve a outorga e o registro de uma primeira escritura de venda. Se uma gleba bruta foi loteada, as marcas físicas e jurídicas permanecem indelevelmente nos novos imóveis até que a lei as altere.

É verdade que, ao dispensar a escritura, o § 4º, do art. 26, da Lei 6.766/79 refere-se a *título para o registro da propriedade do lote adquirido.*

Mas lote de quê? Evidentemente, lote de *terreno.* Lote não tem significado próprio. O importante é a realidade do terreno e não a simples expressão *lote,* que é um mero termo partitivo, que não tem autonomia, que apenas indica uma fração de uma outra realidade que, no caso, é o terreno.

Se no ccv de um terreno consistente em um lote está, por disposição legal, dispensada a escritura definitiva, não se vê razão lógica para não dispensar a escritura quando outro e posterior ccv tenha por objeto o mesmo terreno.

Um terreno que foi adquirido inicialmente como um lote em um dos renomados loteamentos de São Paulo continua com seu carisma jurídico indefinidamente até que nova legislação urbanística possa atingi-lo. Continuará, por exemplo, tendo de respeitar indefinidamente os ônus relativos aos recuos, finalidade do uso, percentual de área construída e demais restrições, como determina a própria Lei do Parcelamento do Solo.[7]

Em tais circunstâncias, não é razoável considerar que o imóvel, como num passe de mágica, deixou de ser considerado loteado simplesmente porque foi outorgada a primeira escritura, ou porque foi registrado o ccv com a prova de quitação.

Se o novo proprietário tem de suportar os ônus e restrições que incidem sobre o imóvel por força da Lei 6.766/79, ele, proprietário, também precisa

7. "Art. 45. O loteador, ainda que já tenha vendido todos os lotes, ou os vizinhos são partes legítimas para promover ação destinada a impedir construção em desacordo com restrições legais ou contratuais."

gozar da vantagem, concedida por essa mesma lei, ao afastar a exigência da, com a devida vênia, famigerada escritura definitiva.

17. Concluindo, espera-se, em relação à evolução do tema, que surja lei expressa estendendo o preceito do art. 26, § 6º, da Lei 6.766/79, para qualquer tipo de imóvel.

Como também se espera que a jurisprudência caminhe no mesmo sentido.

O eminente Ministro Ruy Rosado, ao tomar conhecimento da decisão da Corregedoria de São Paulo, ponderou: "As boas teses terminam vencendo".

É verdade. Mas como demoram!